Beauce

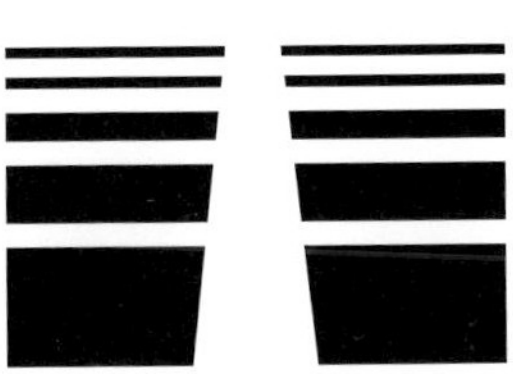

ch. 1

AF291263

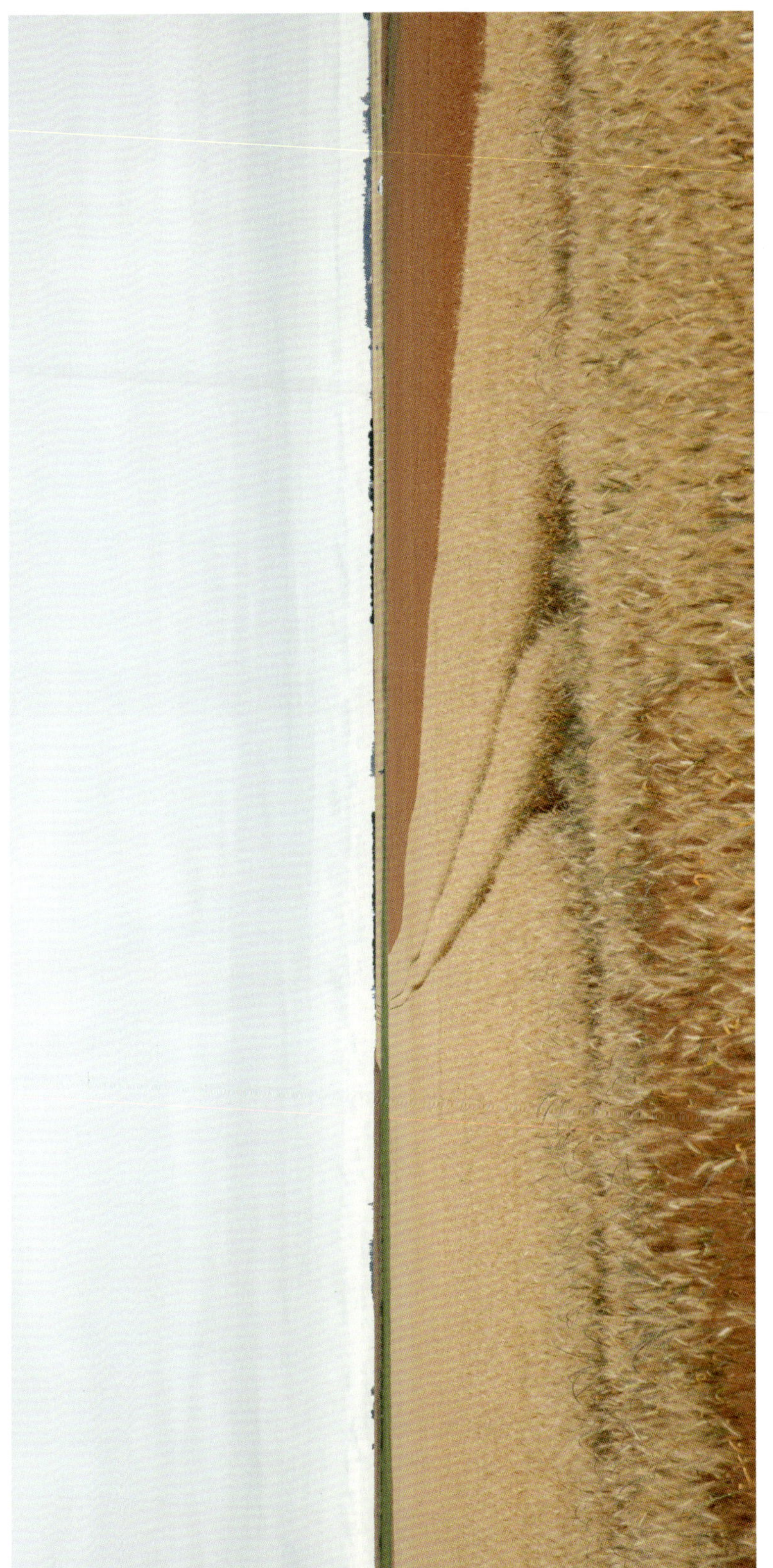

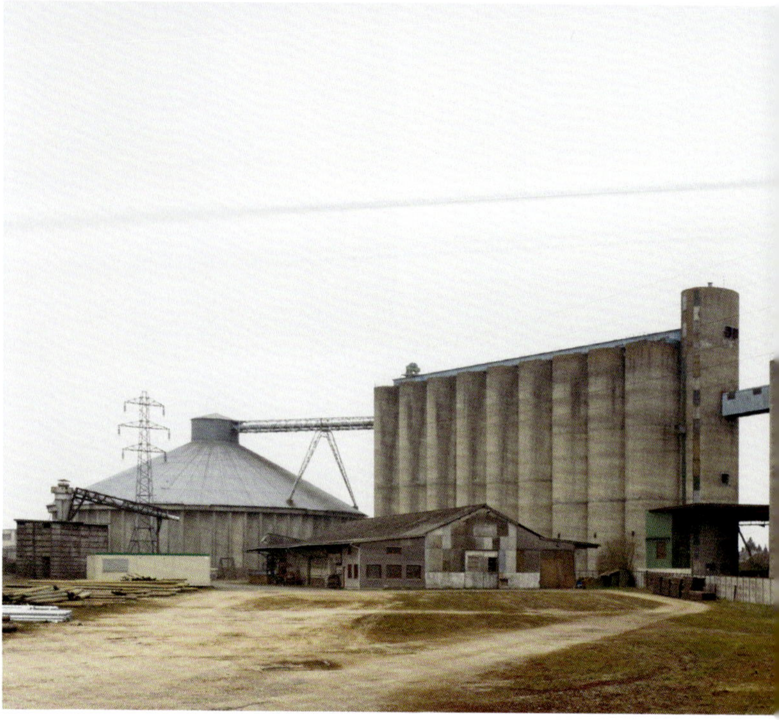

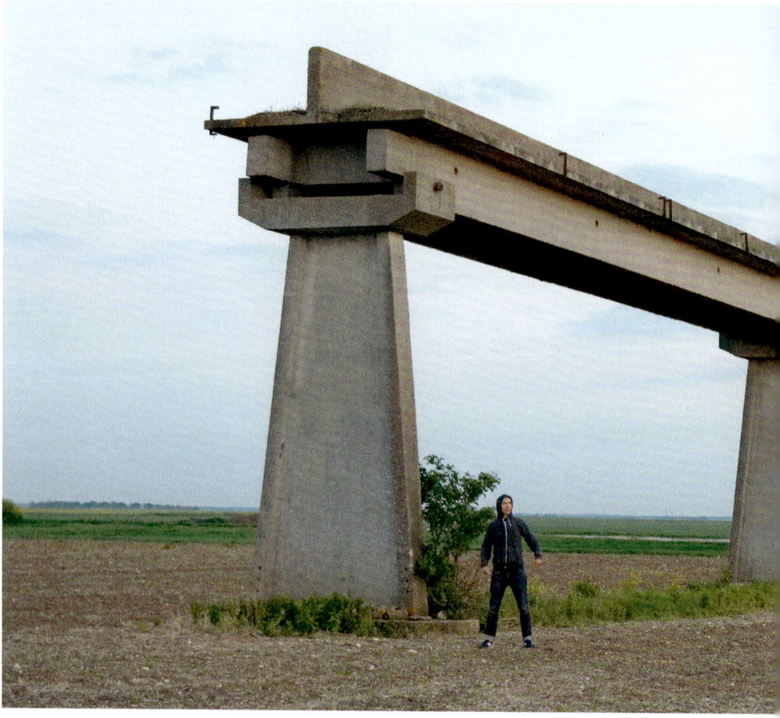

Courville-sur-Eure
Ruan
← Beauce

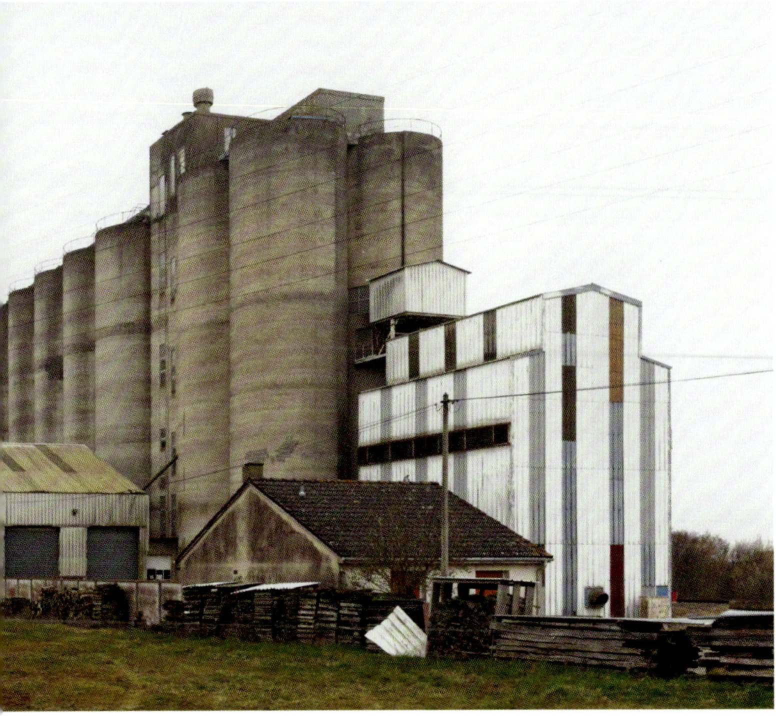

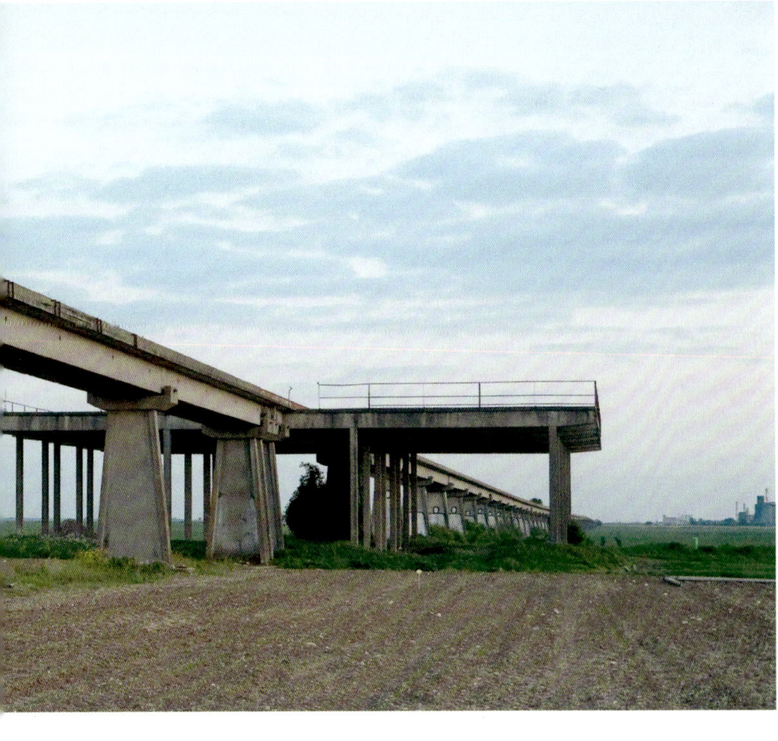

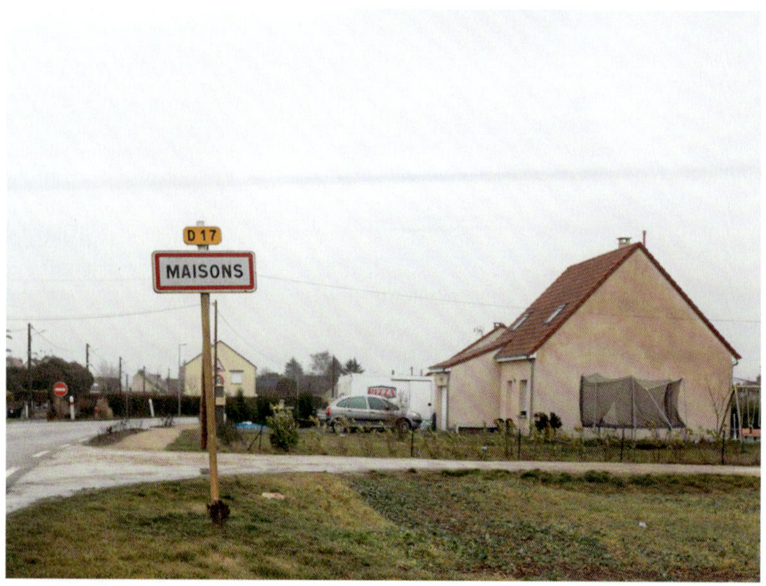

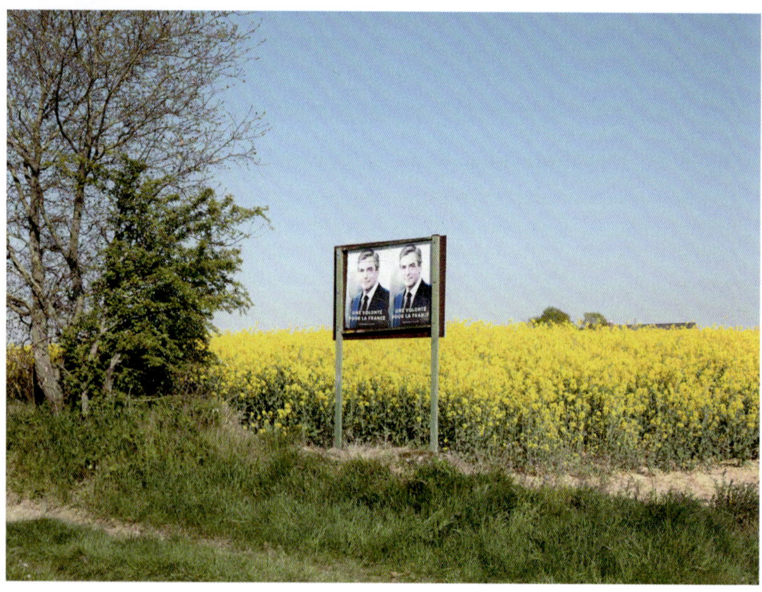

Maisons
Beauce

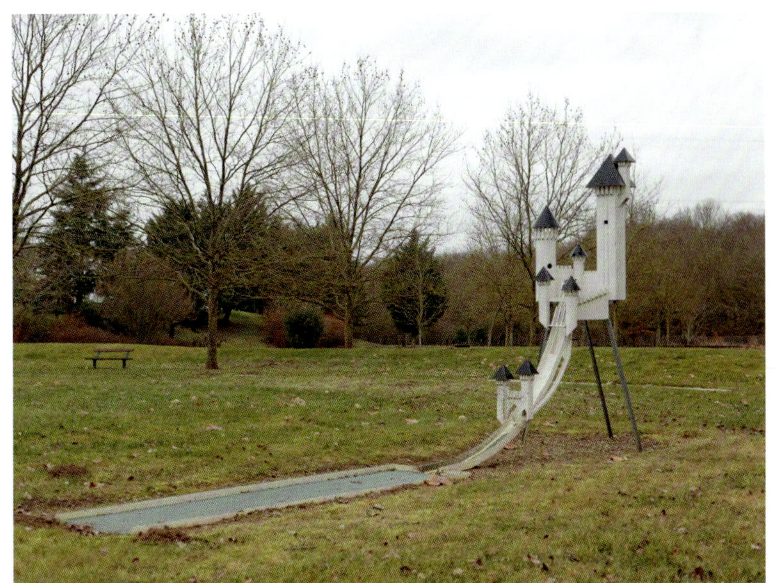

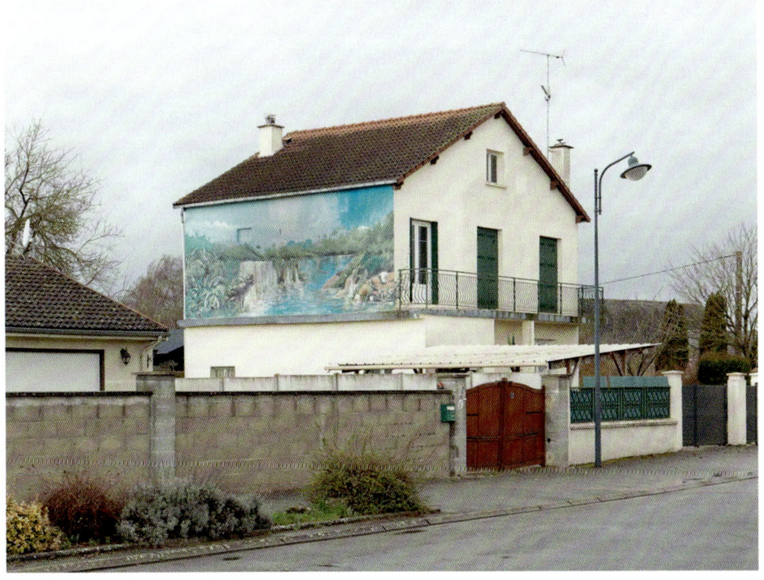

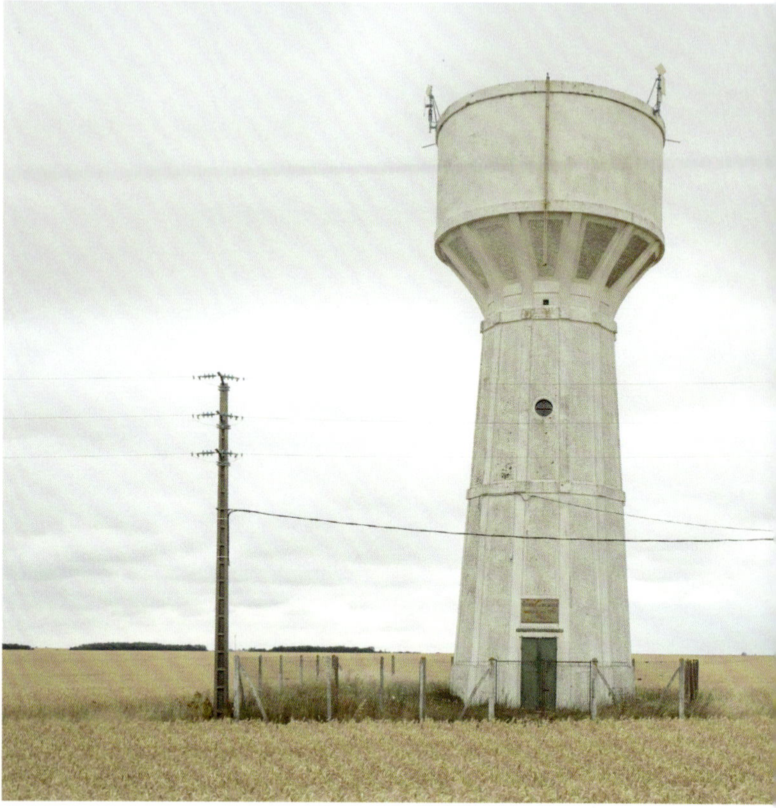

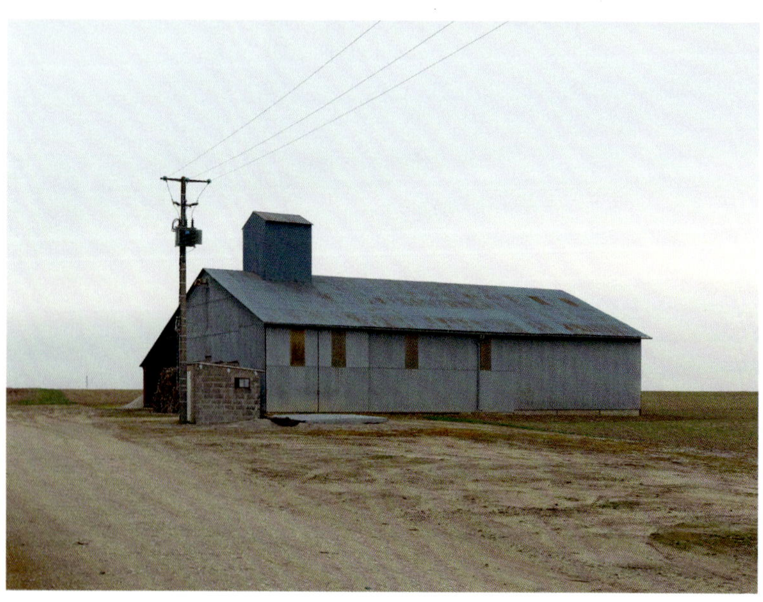

Vitray-en-Beauce
Beauce

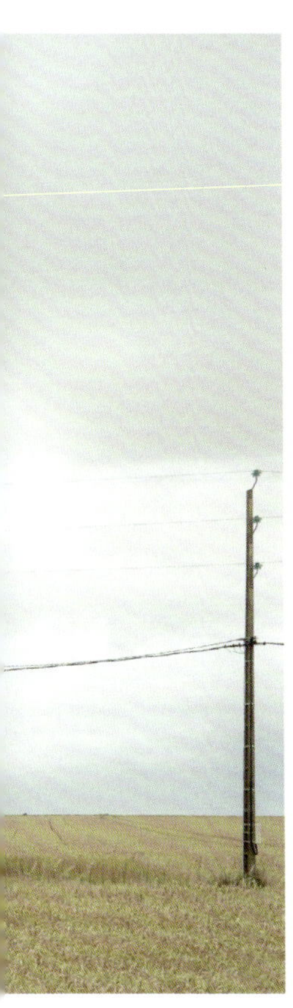
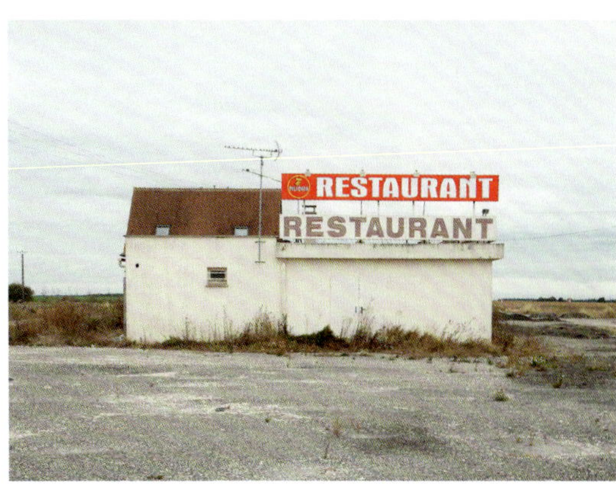

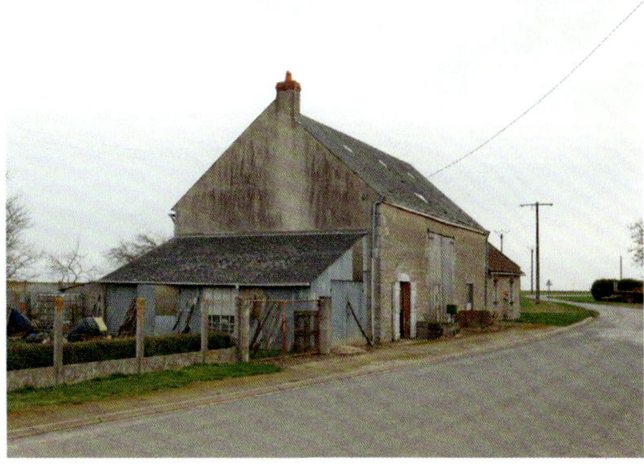
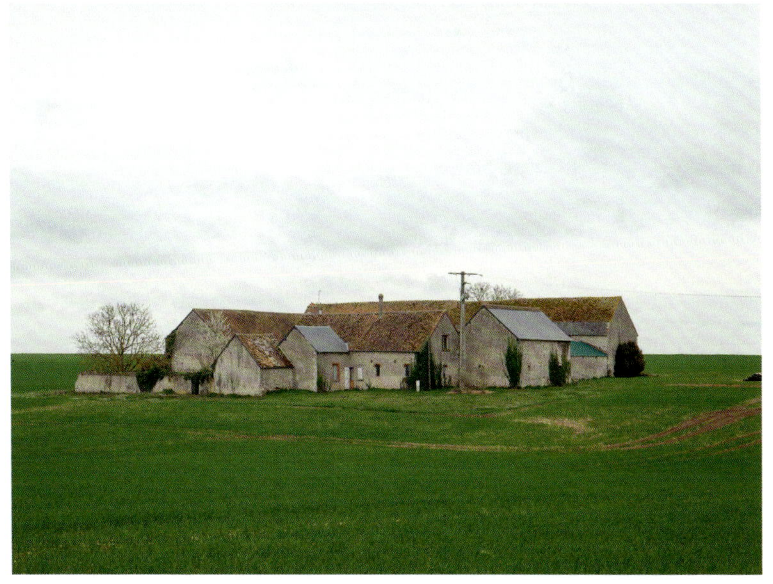

Beauce (2)
Barmainville

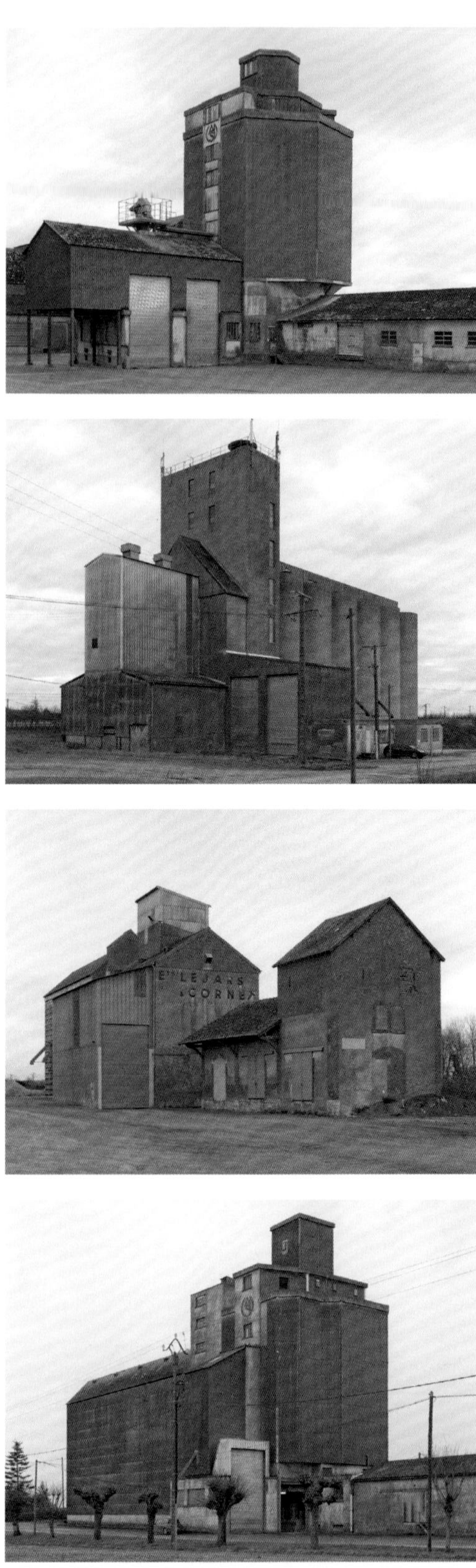
Ets LEJARS
& CORNET

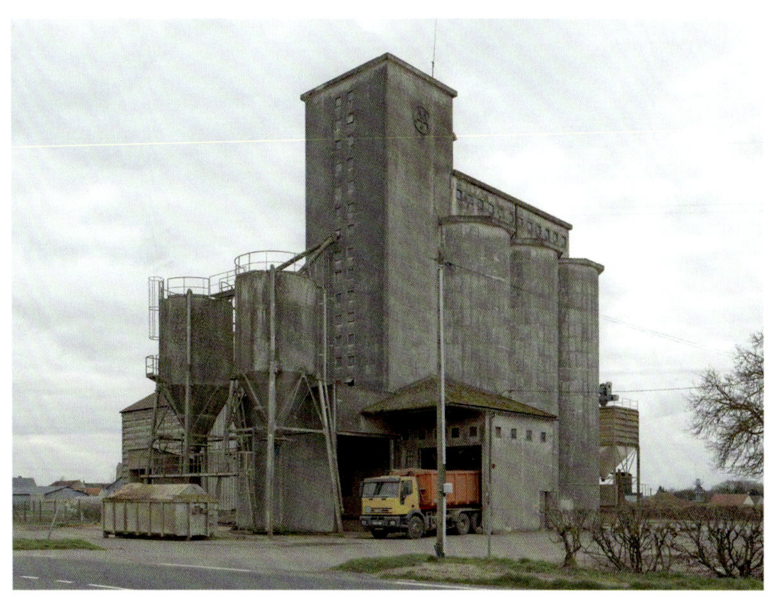

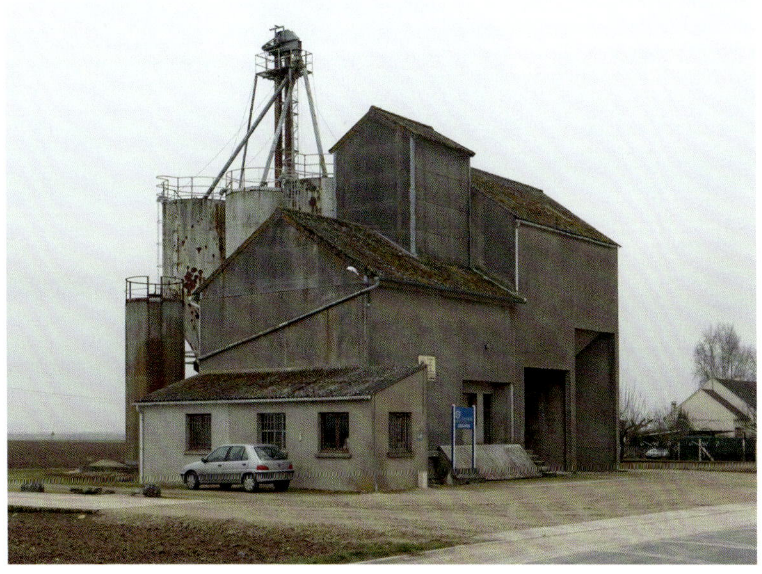

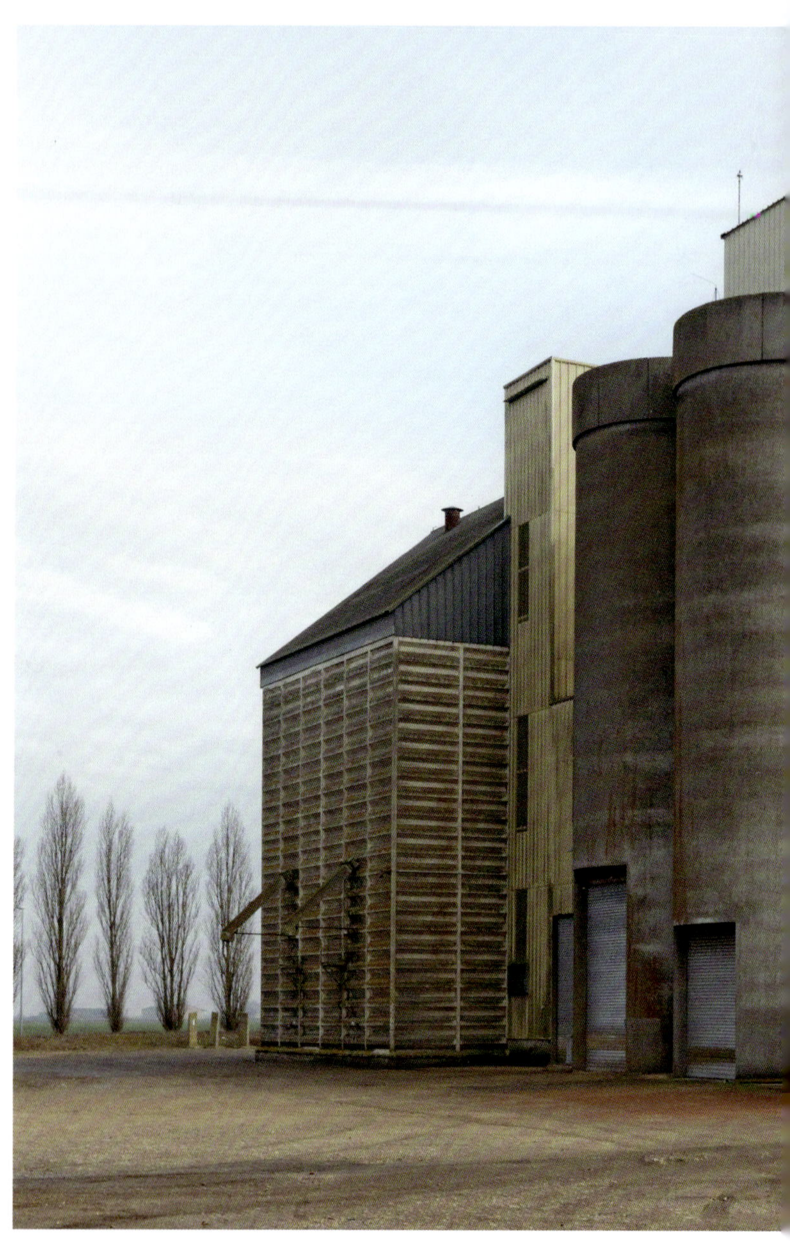

Bazoches-les-Gallerandes

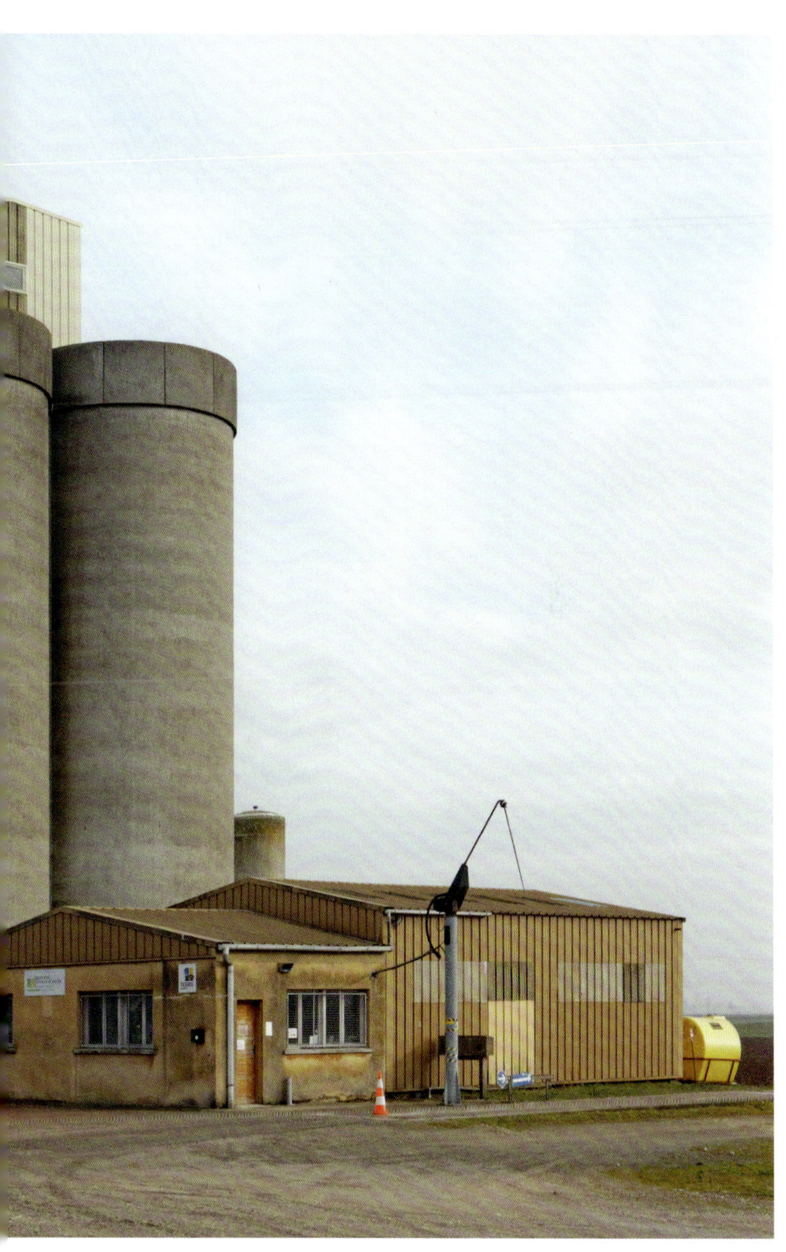

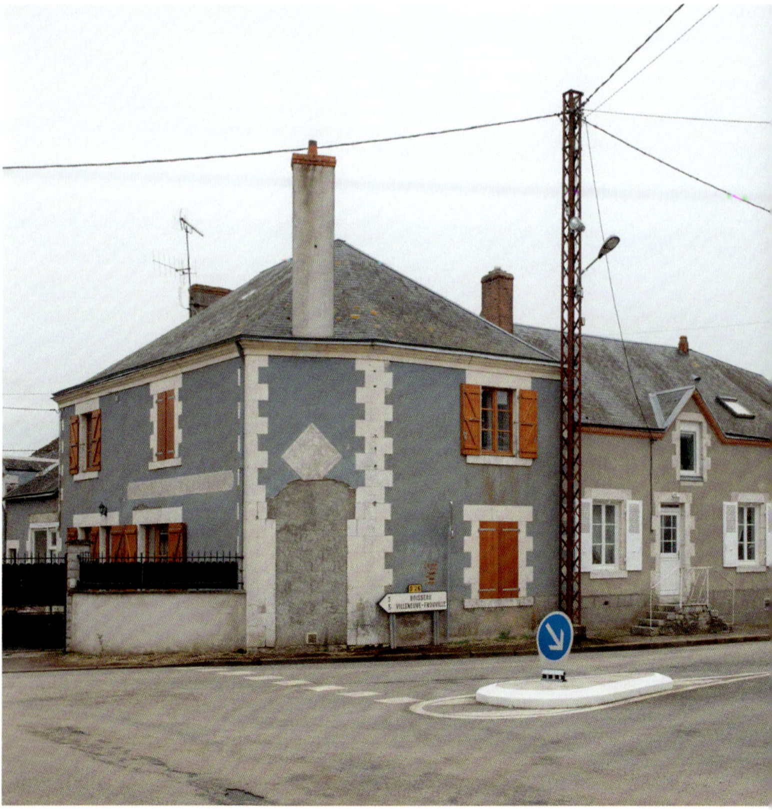

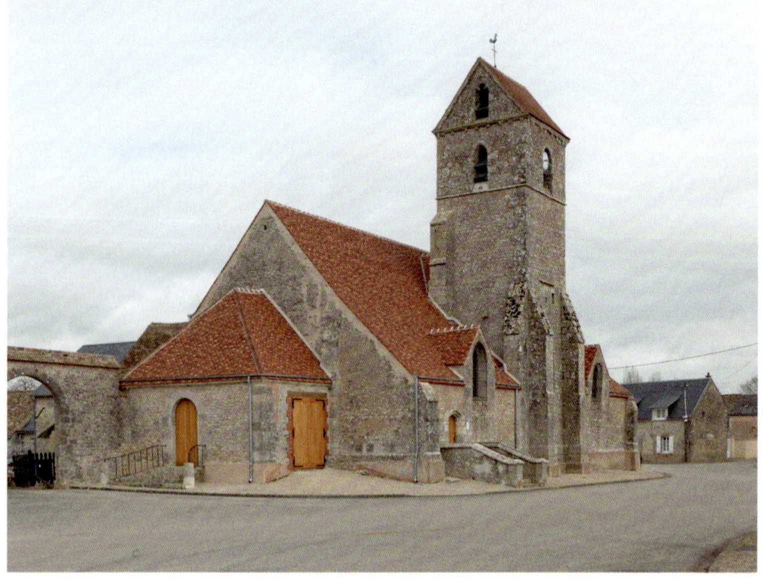

Conan
Trancrainville

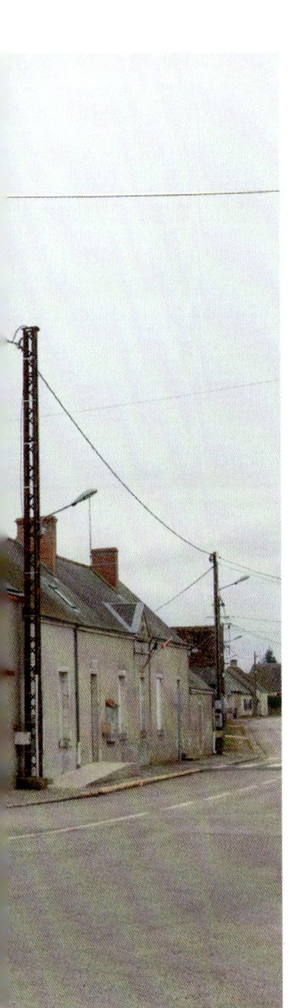

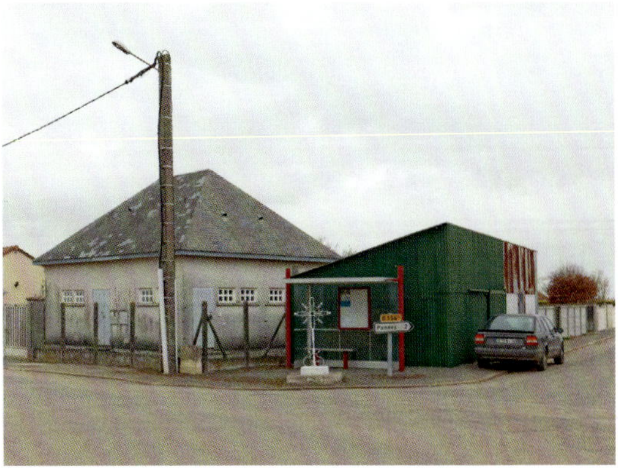

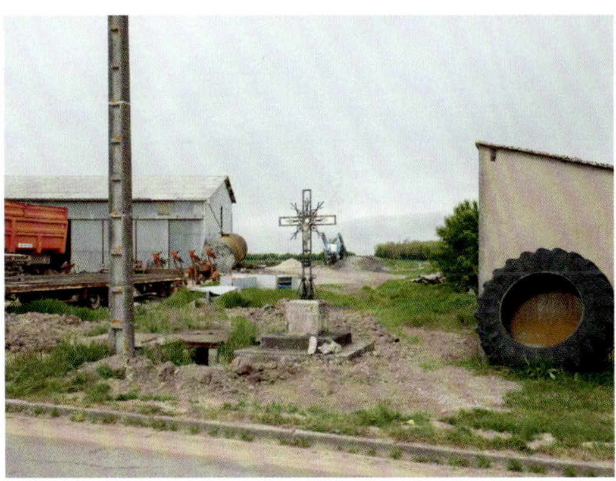

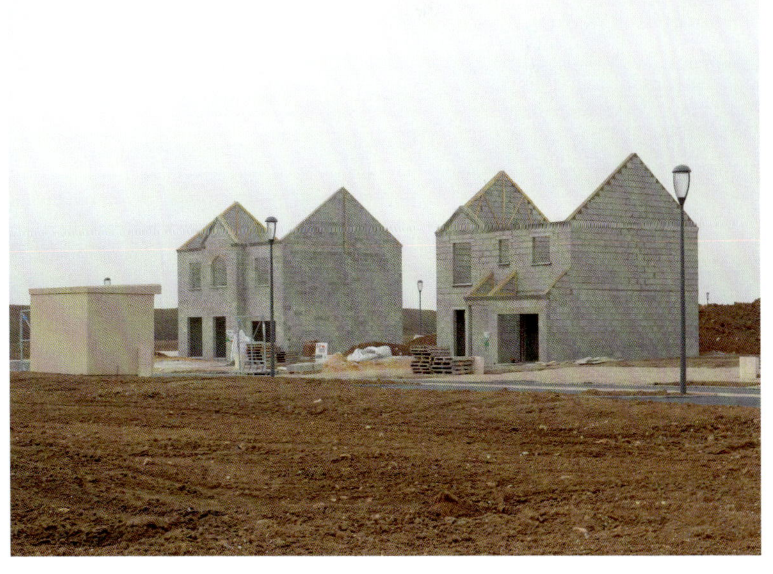

Bazoches-les-Hautes
Artenay
Ablis

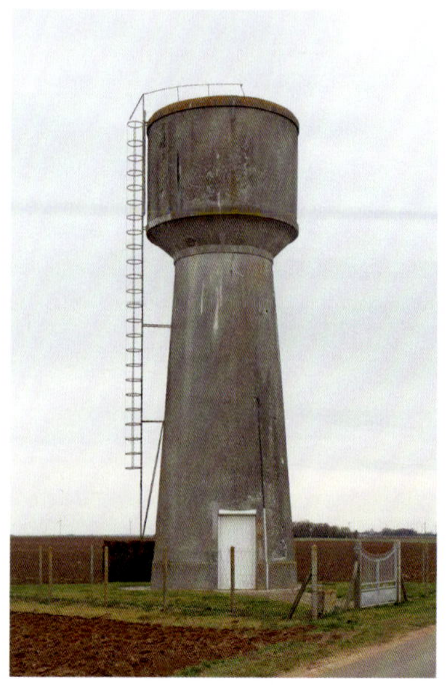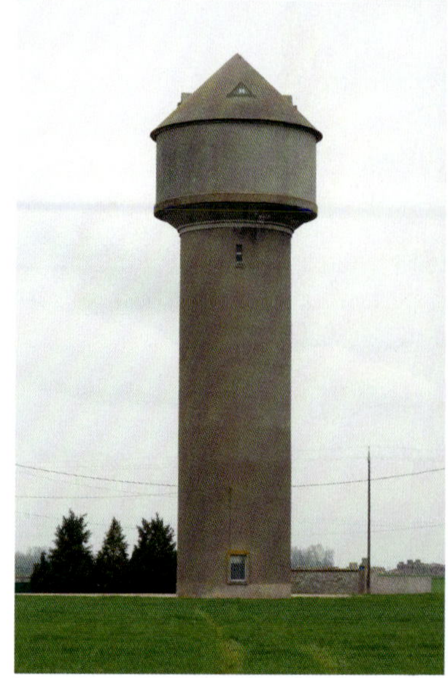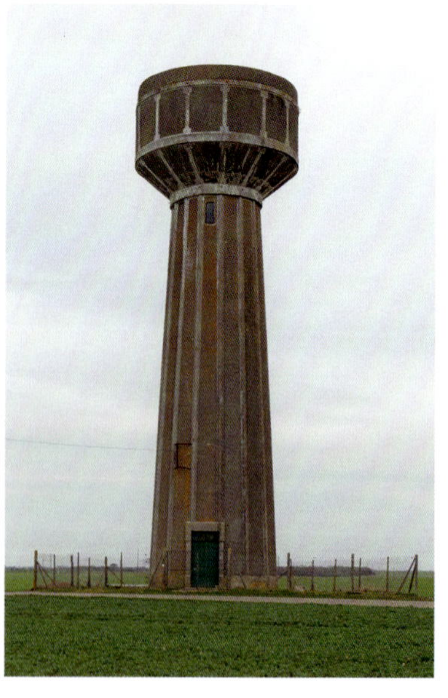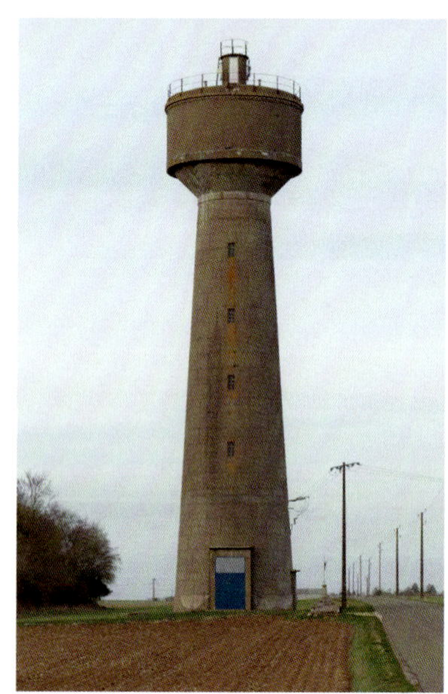

Beauce (4)

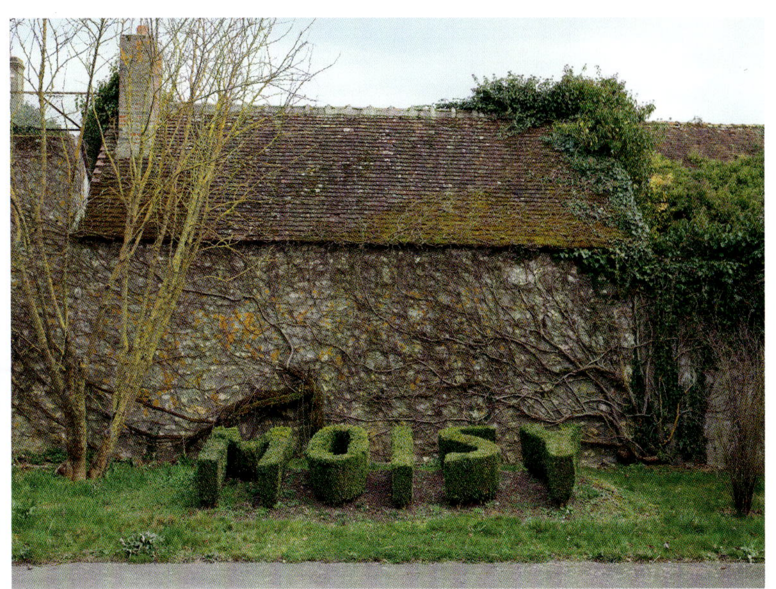

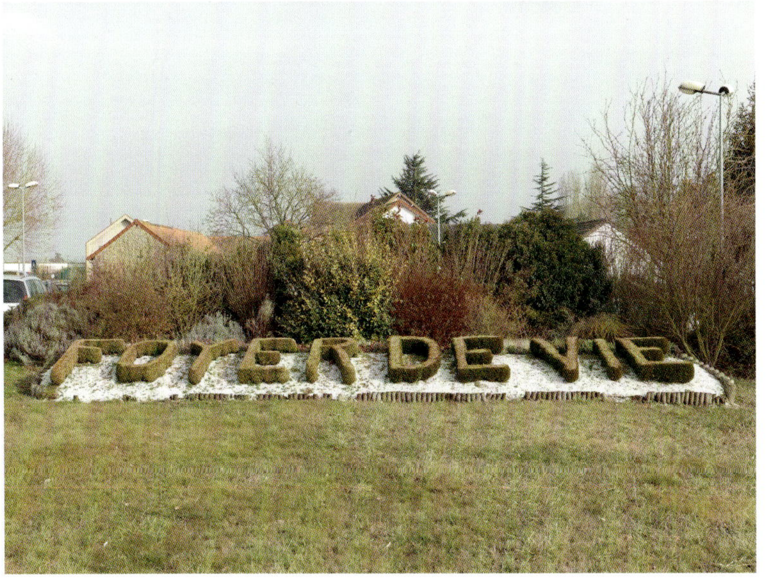

Moisy
Courville-sur-Eure

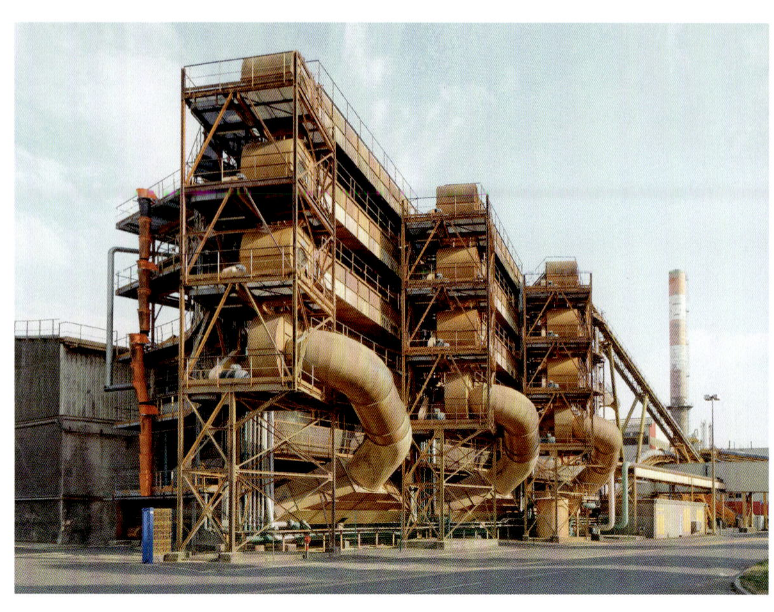

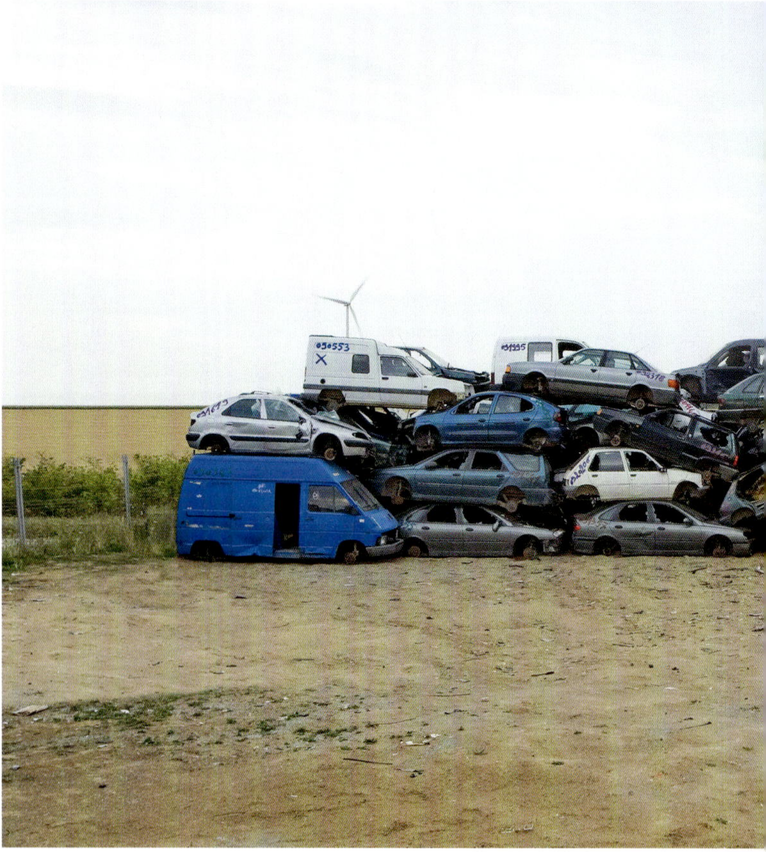

Artenay
Bonneval

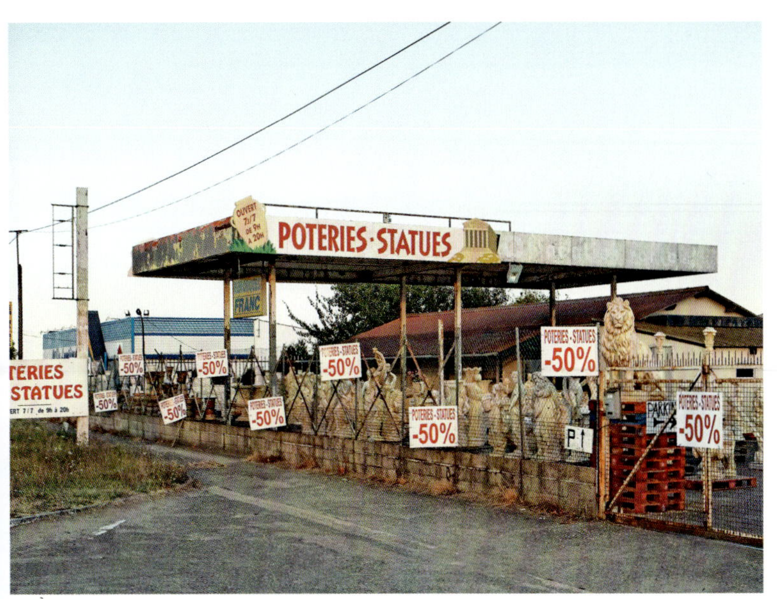
POTERIES · STATUES
OUVERT 7/7 de 9h à 20h
FRANC
TERIES STATUES
ERT 7/7 de 9h à 20h
POTERIES · STATUES -50%
PARKING

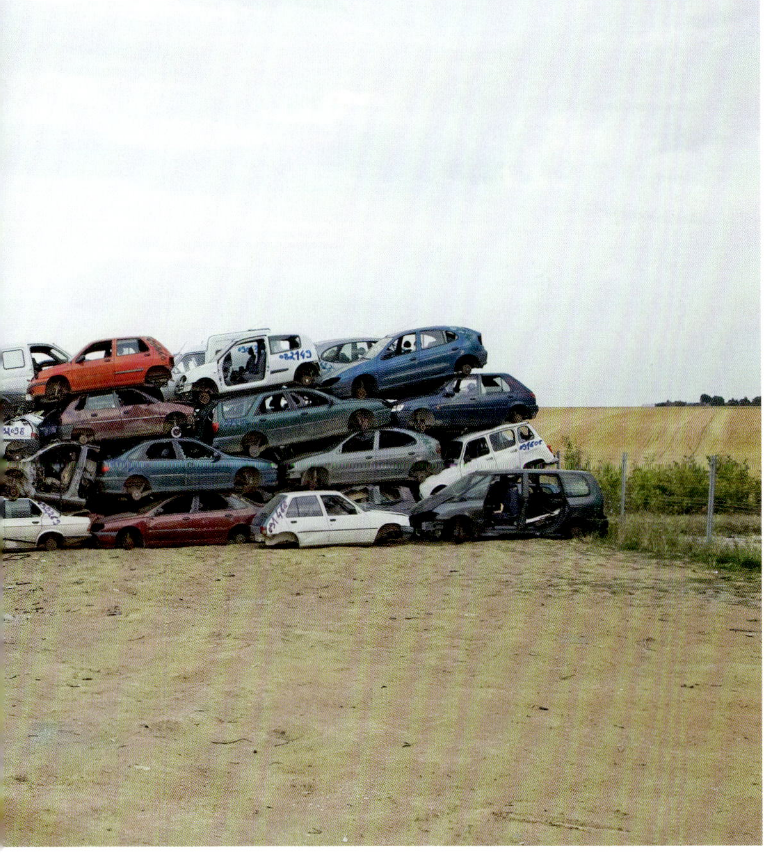

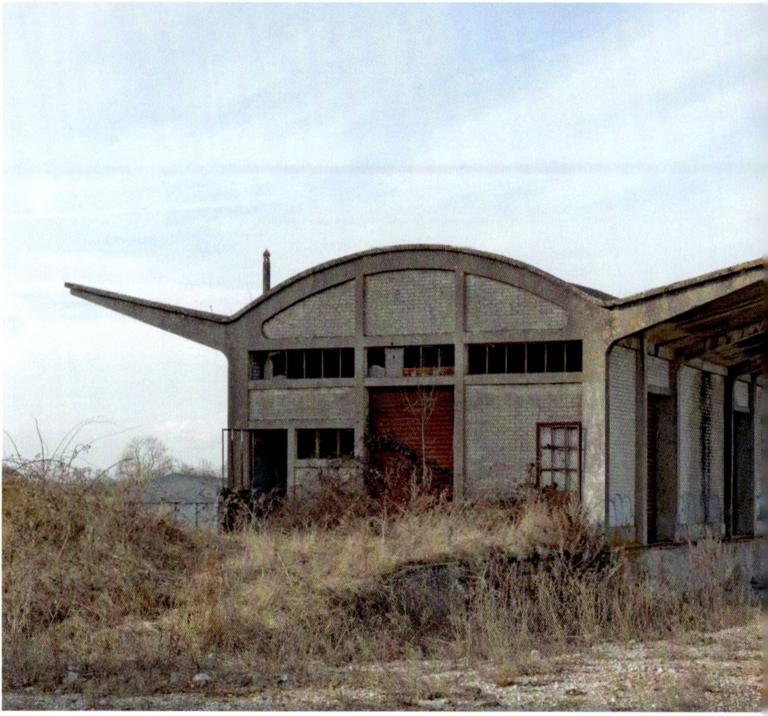

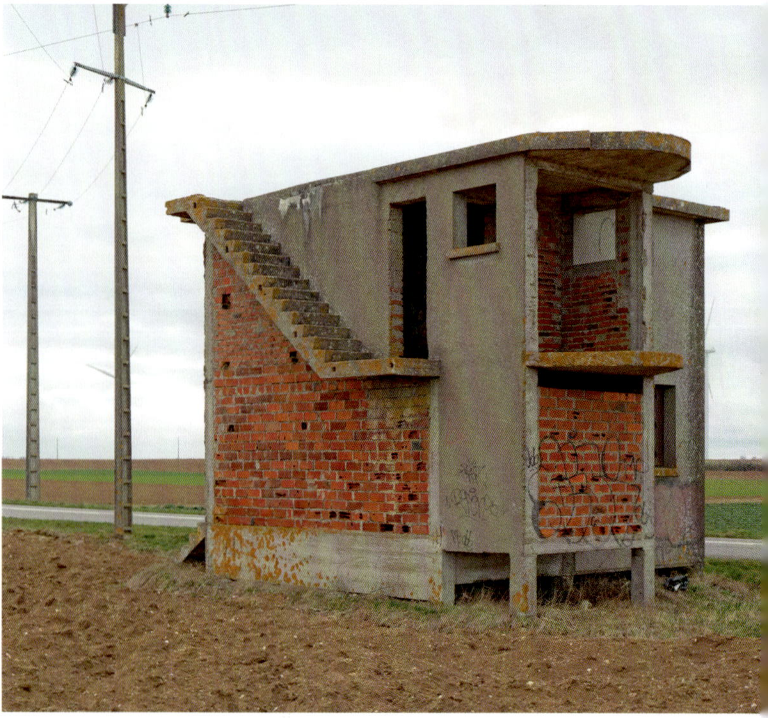

Berchère-les-Pierres
Epieds-en-Beauce

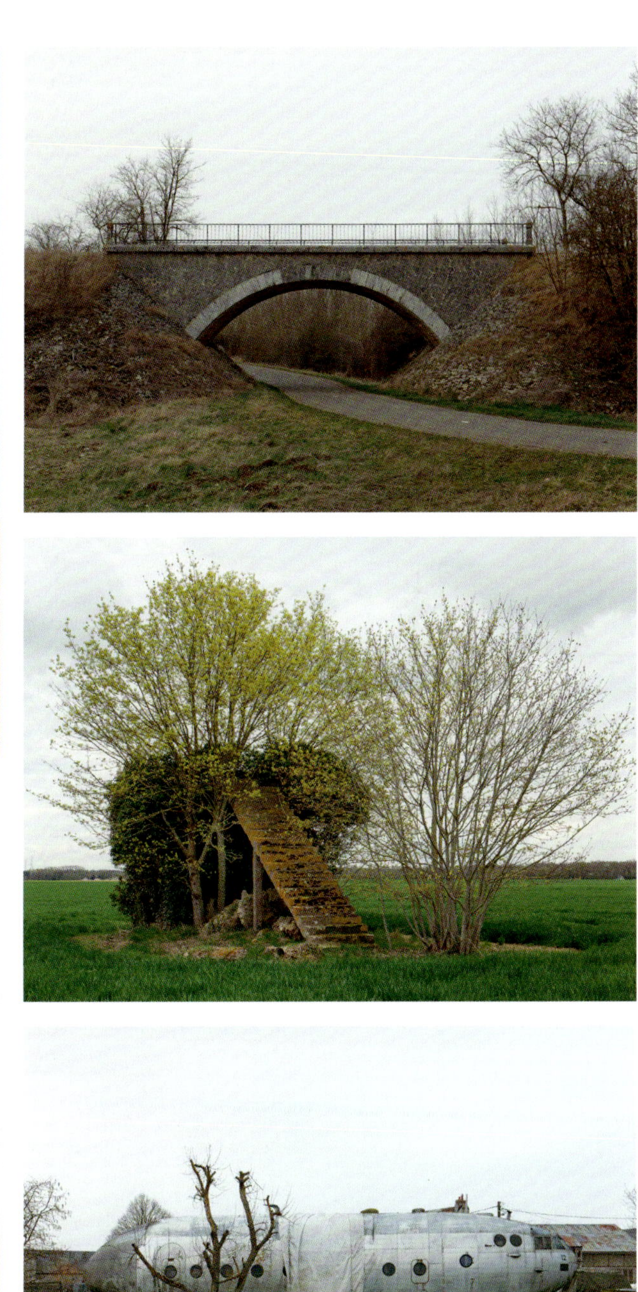

Péronville
Chartres
Saint-Péravy-la-Colombe

→ Épernon (2)
  Ouzouer-le-Marché

→→ Mainvilliers

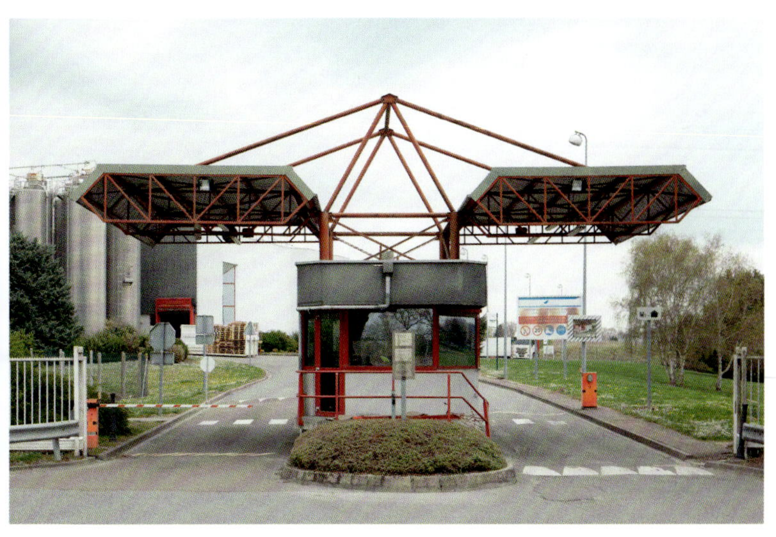

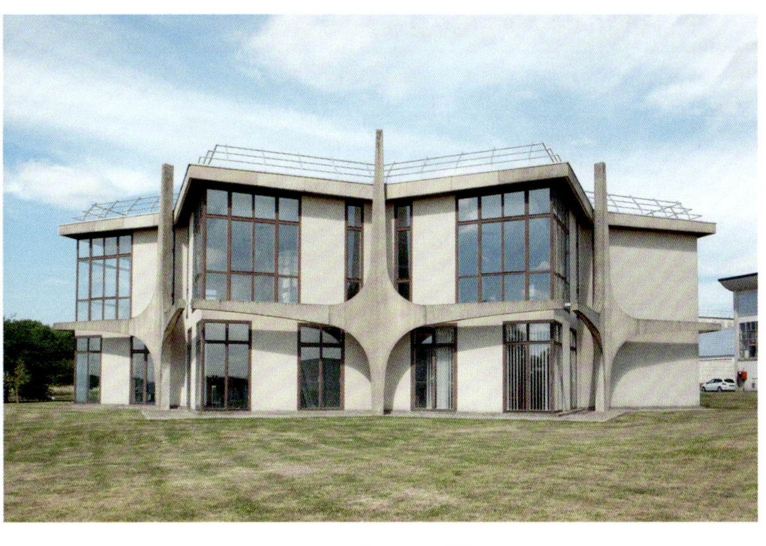

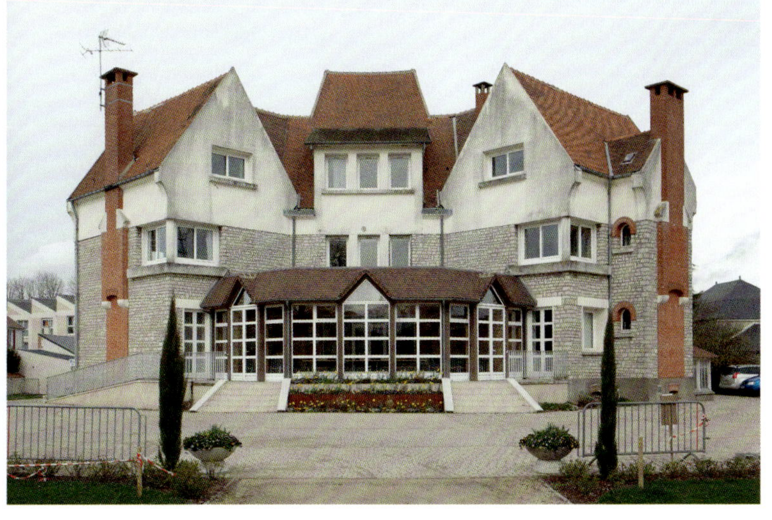

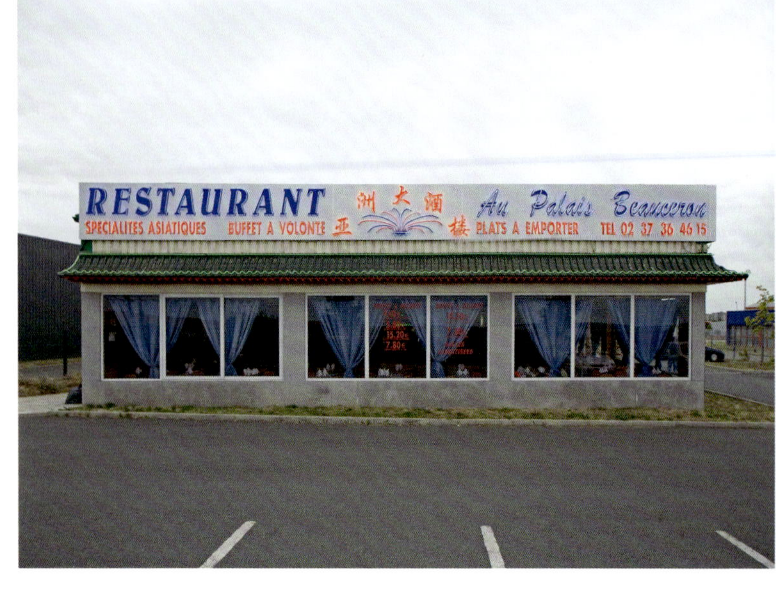
RESTAURANT
SPECIALITES ASIATIQUES   BUFFET A VOLONTE
Au Palais Beauceron
PLATS A EMPORTER   TEL 02 37 36 46 15

Cévennes méridionales

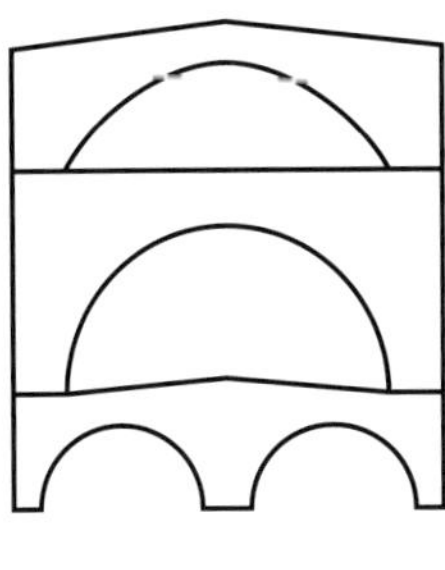

ch. 2

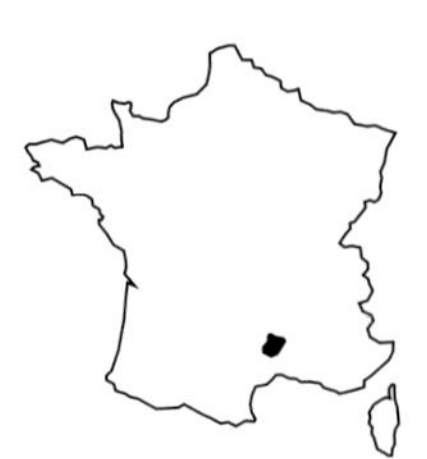

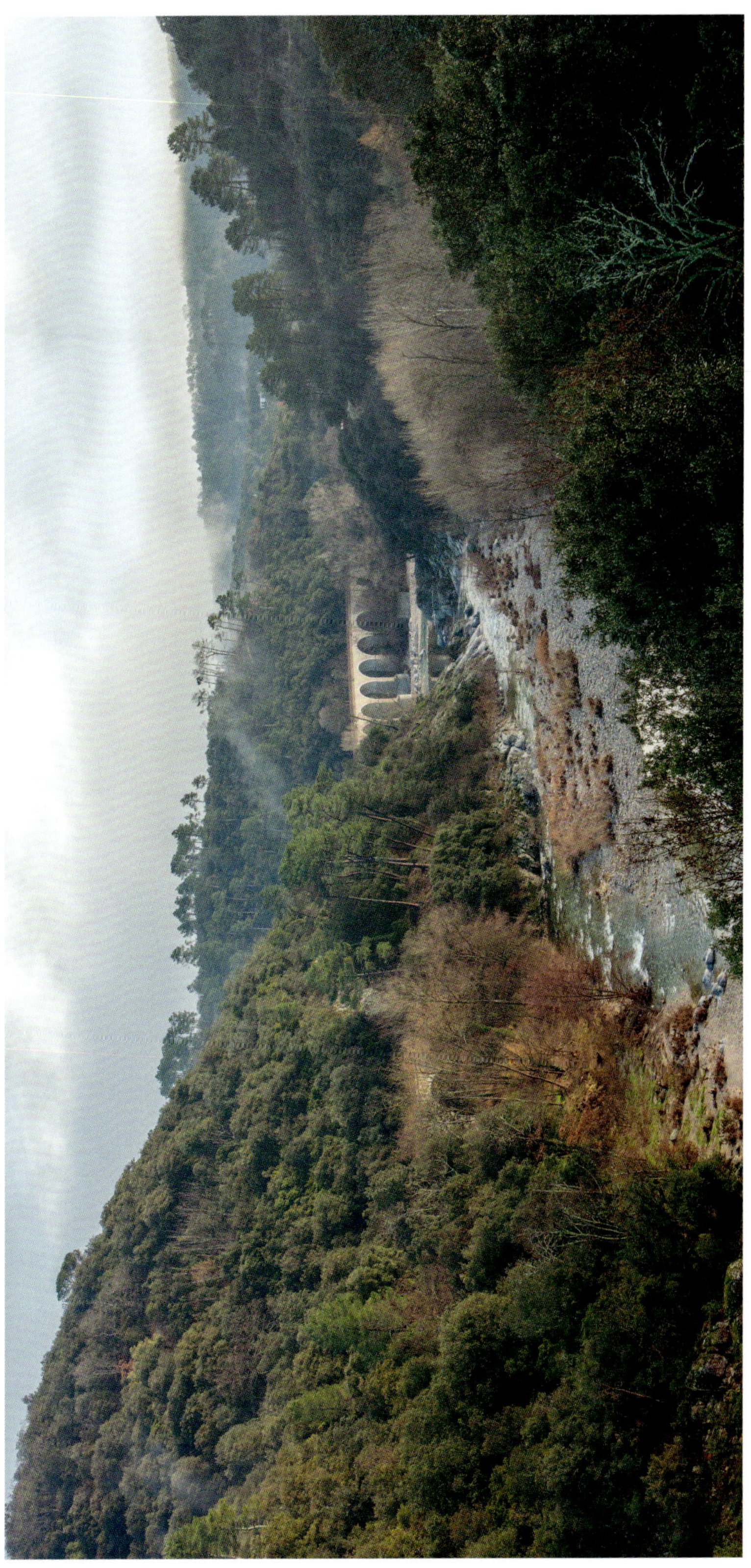

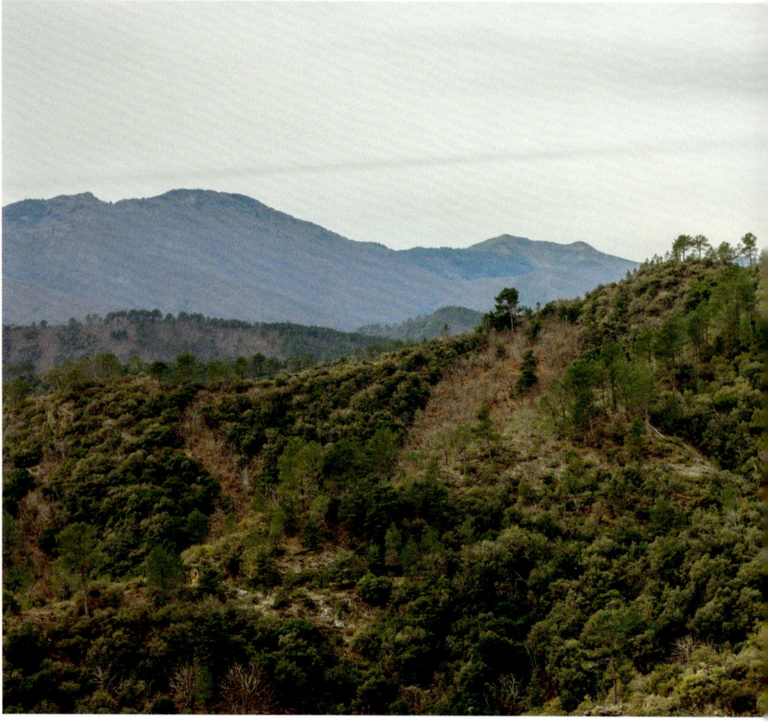

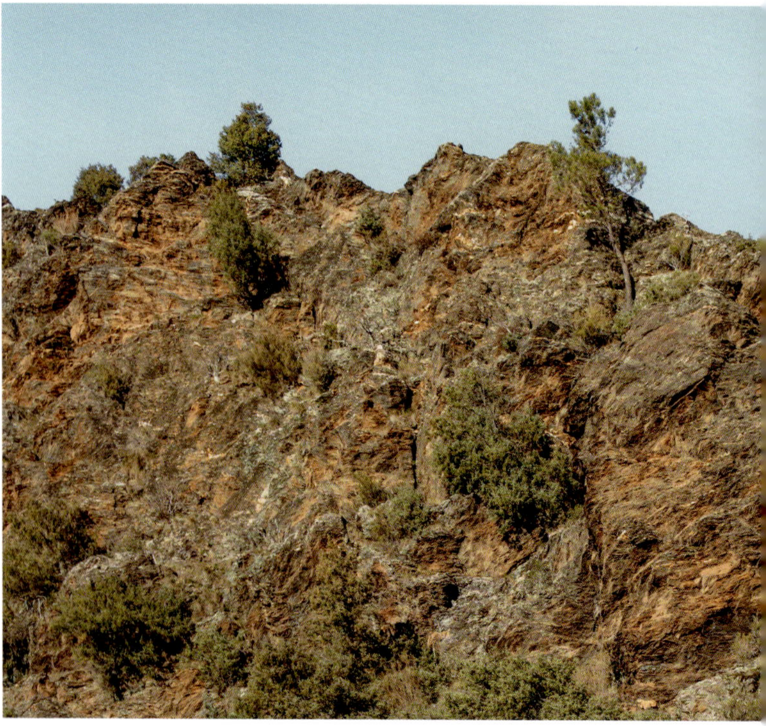

← Corbès

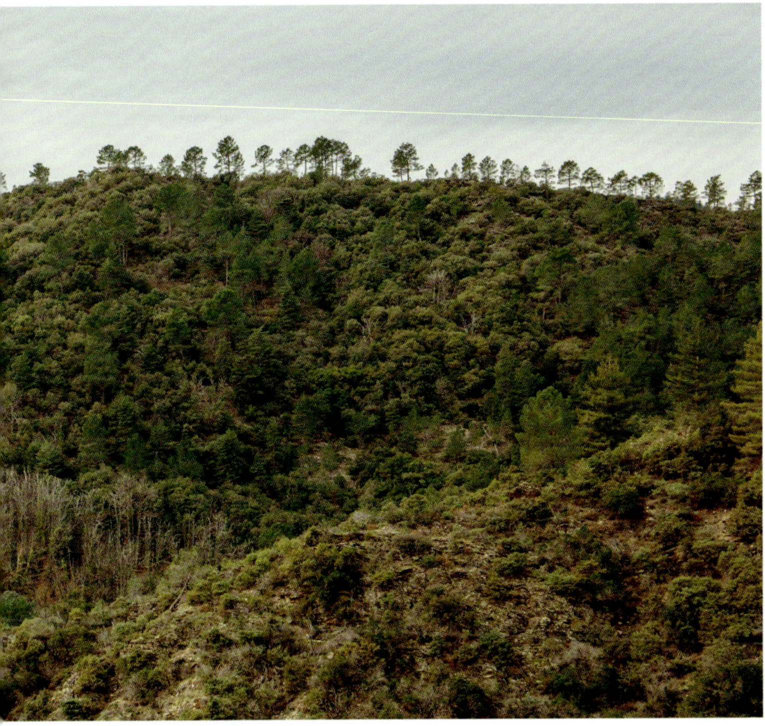

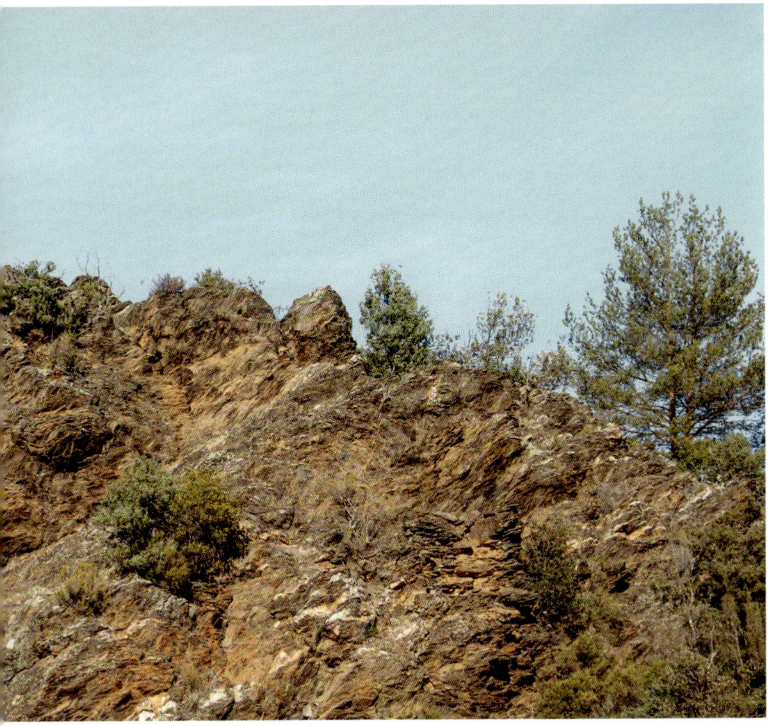

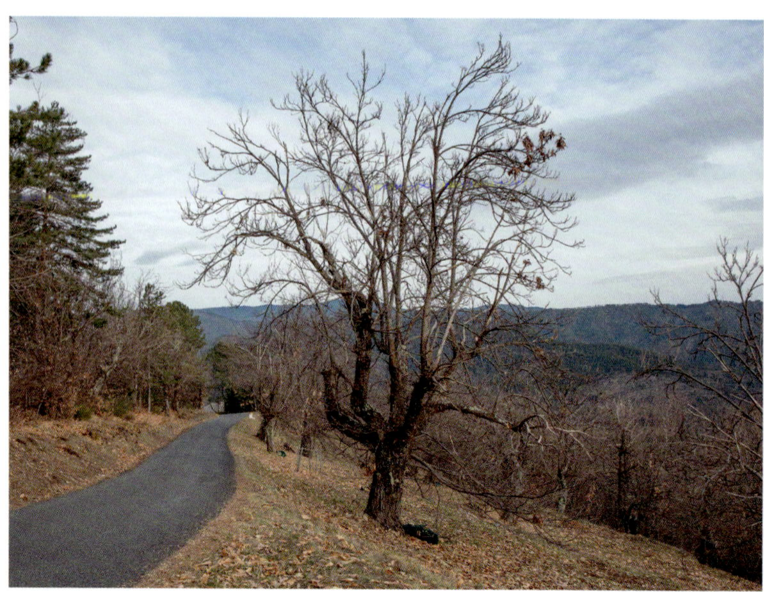

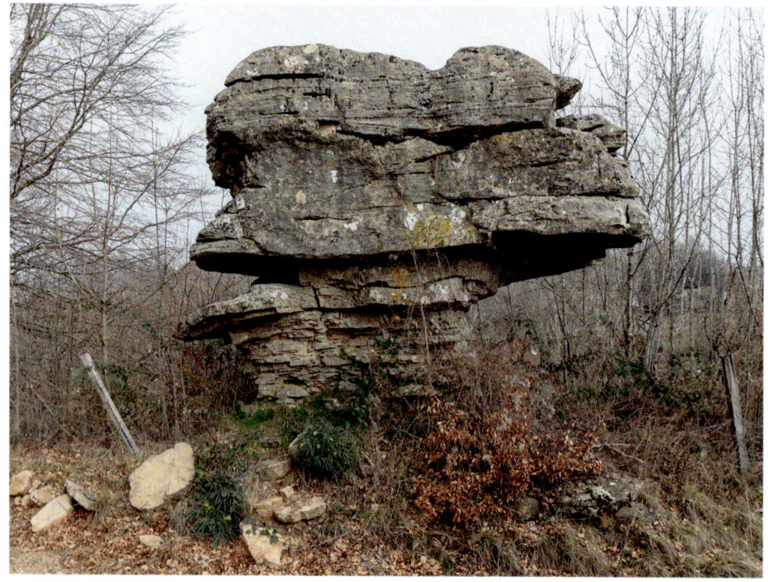

Châtaignier
L'Hospitalet

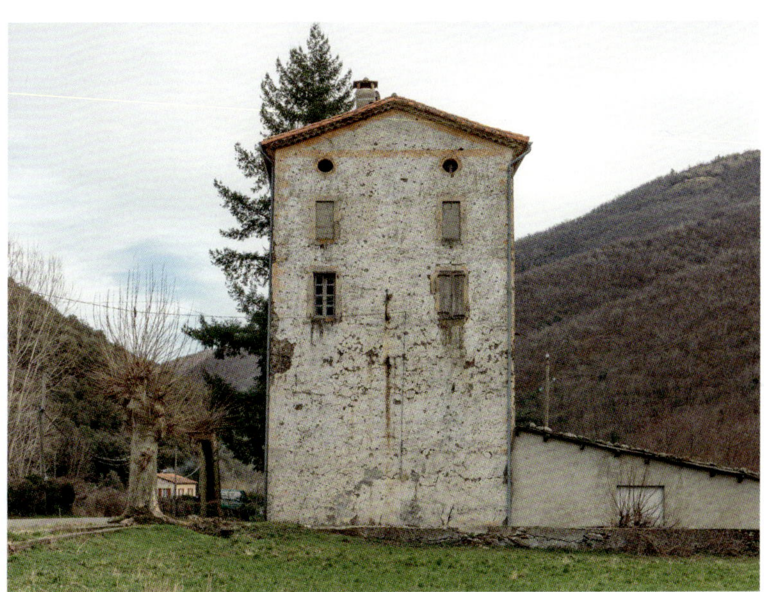

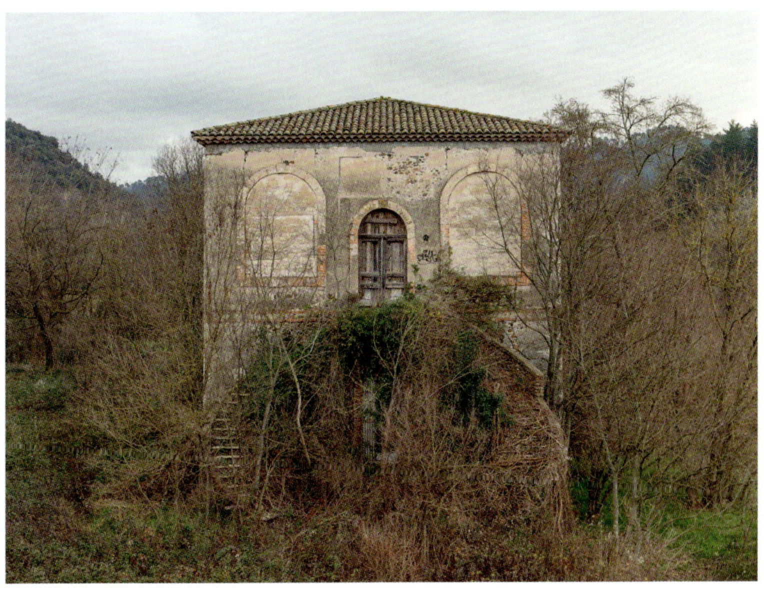

Valleraugue
Thoiras

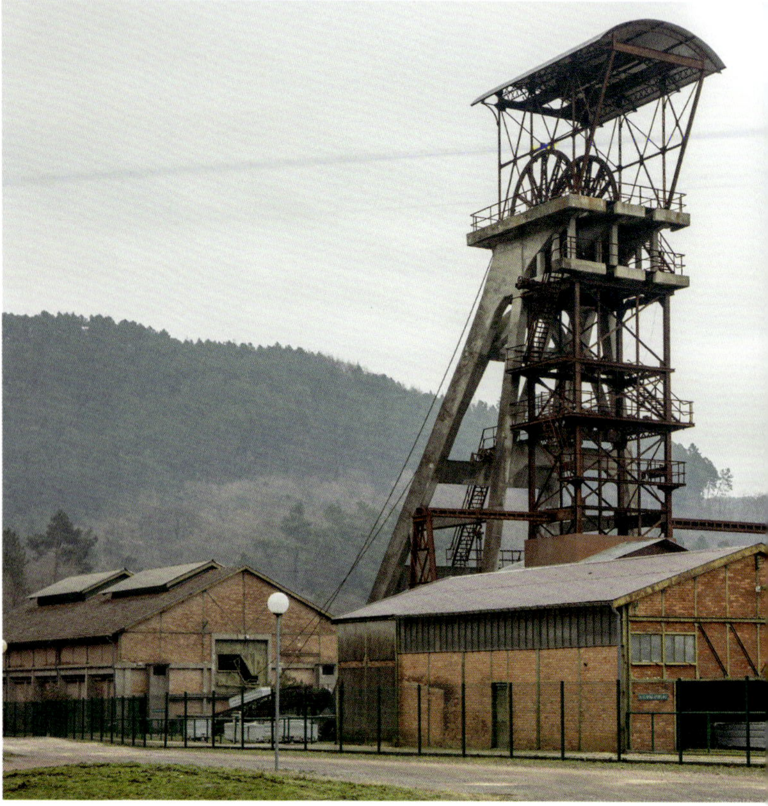

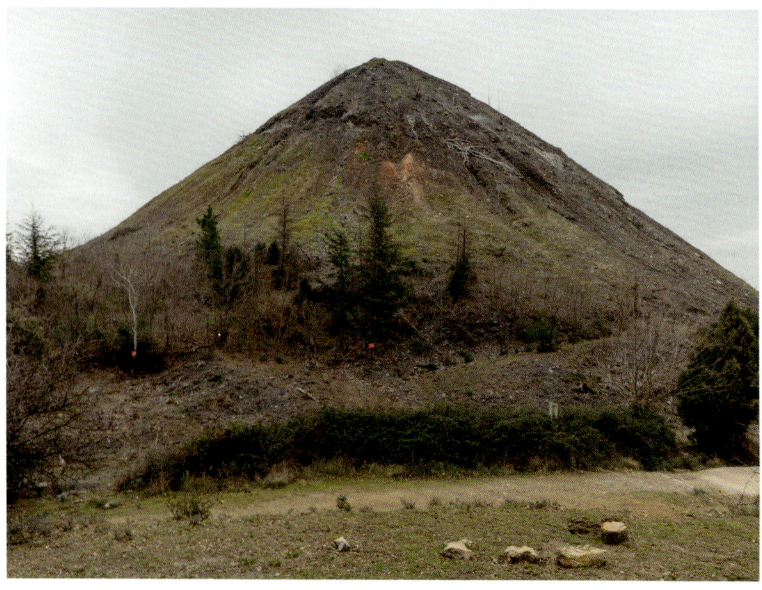

La Grand-Combe
Alès

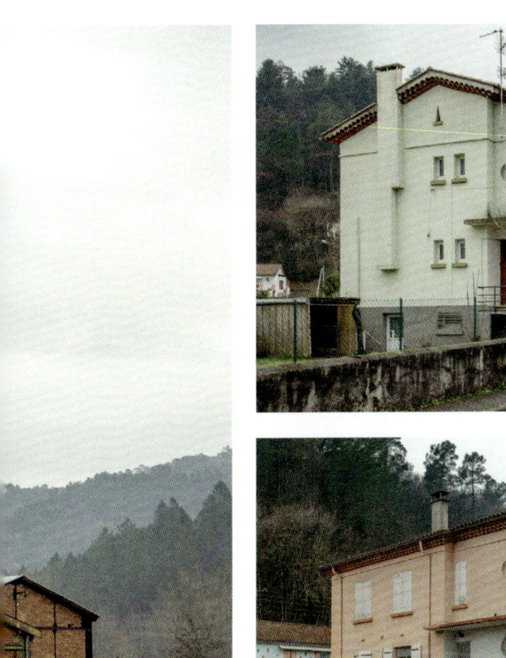

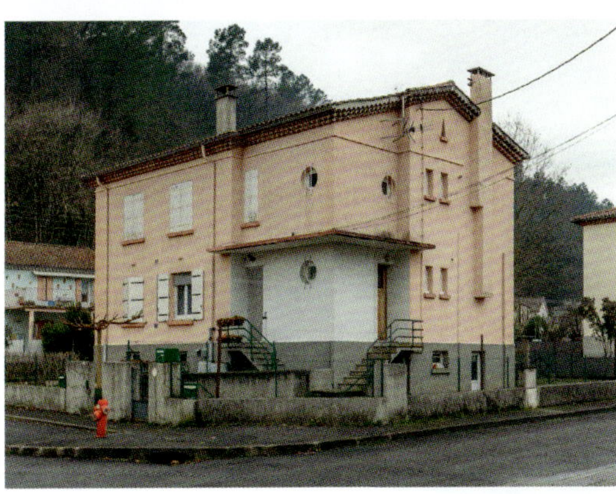

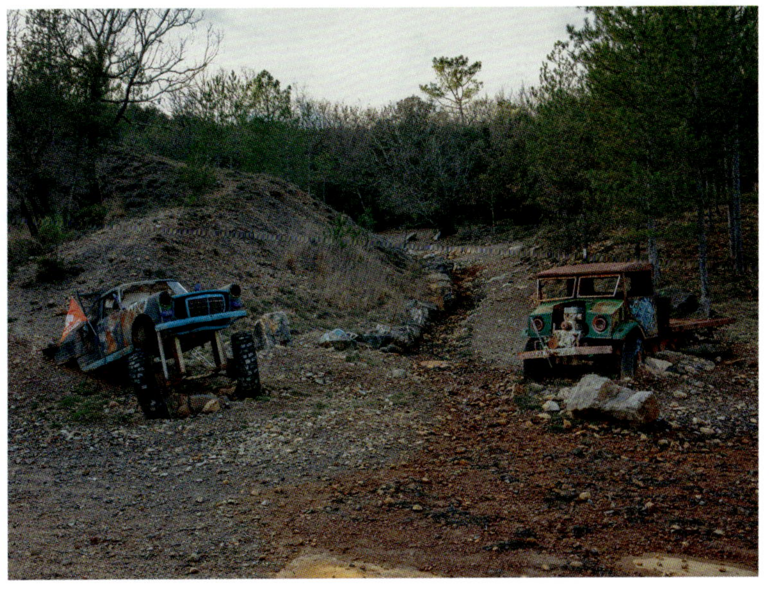

La Grand-Combe (2)
Saint-Felix-de-Pallières

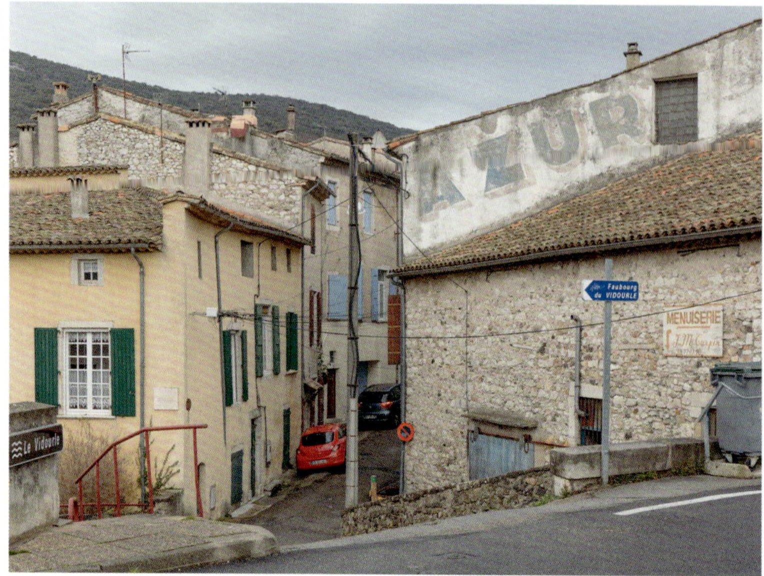

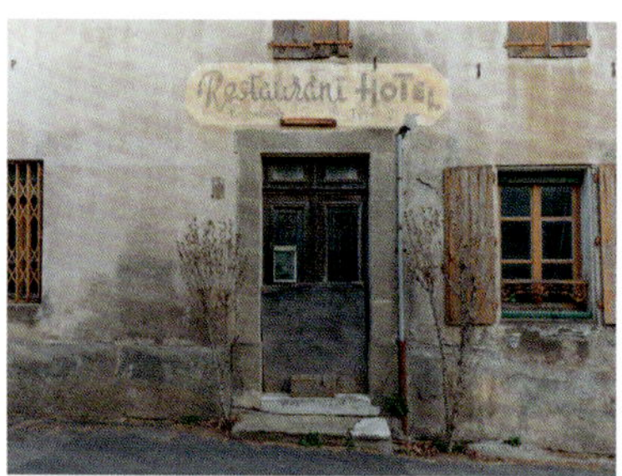

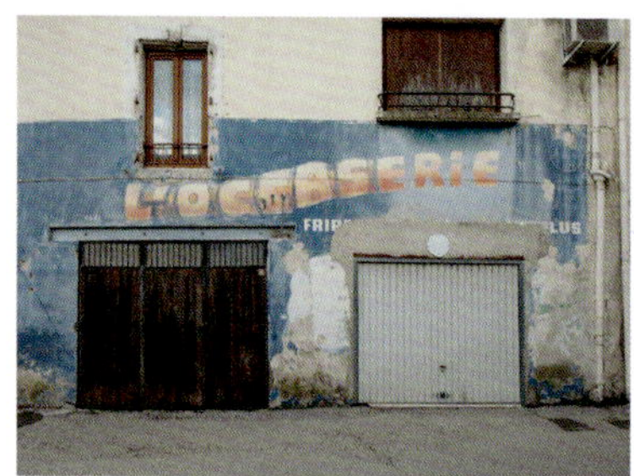

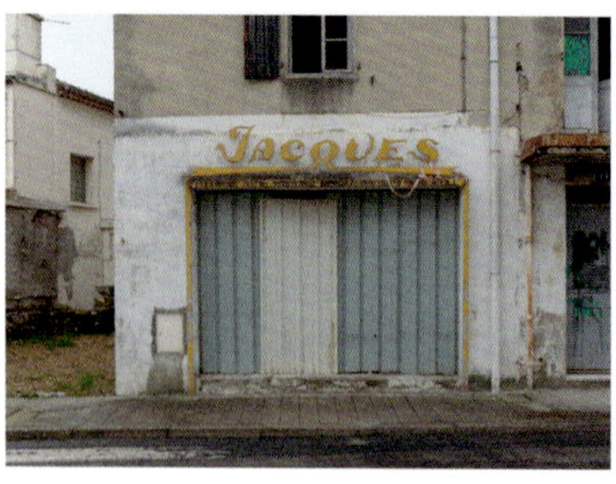

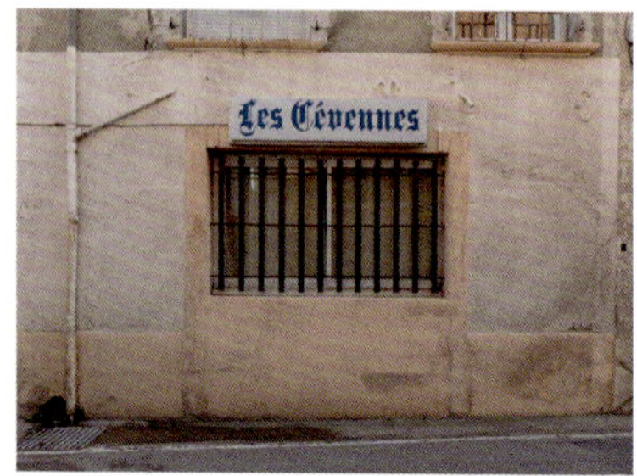

Saint-Hippolyte-du-Fort
Saint-Germain-de-Calberte
La Grand-Combe

Anduze
Saint-Hippolyte-du-Fort

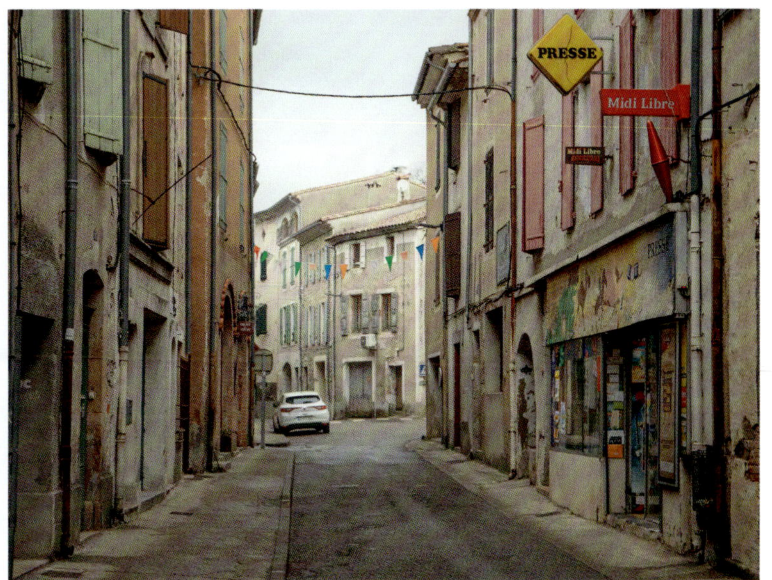

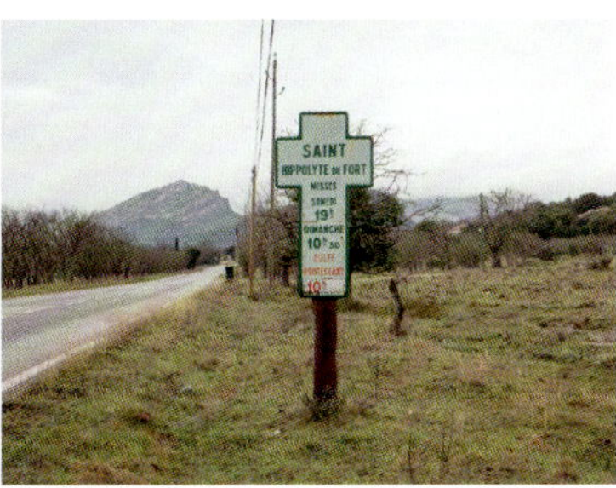

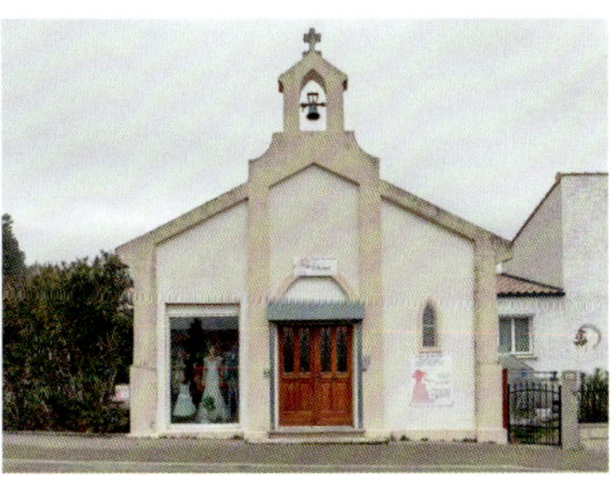

Lasalle
Saint-Hippolyte-du-Fort
Malbosc

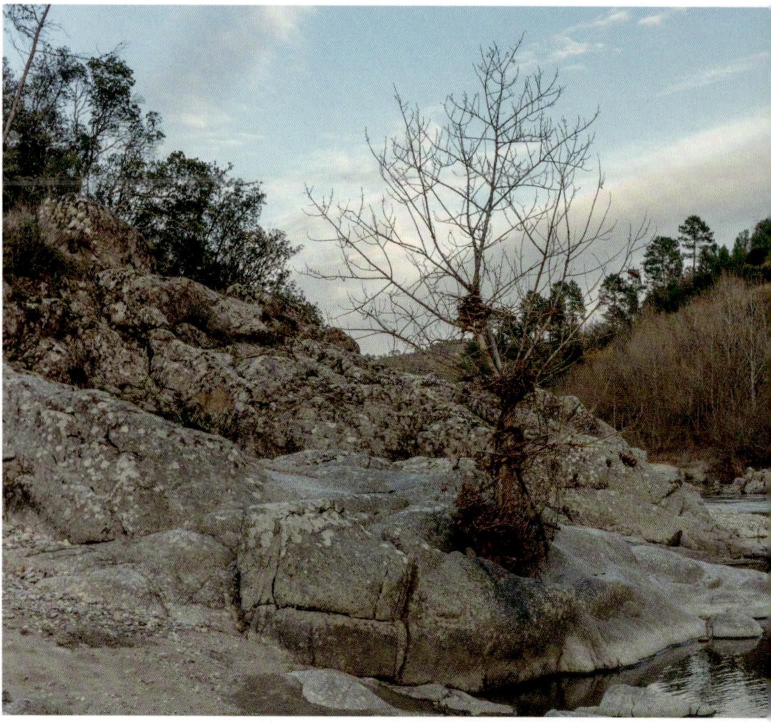

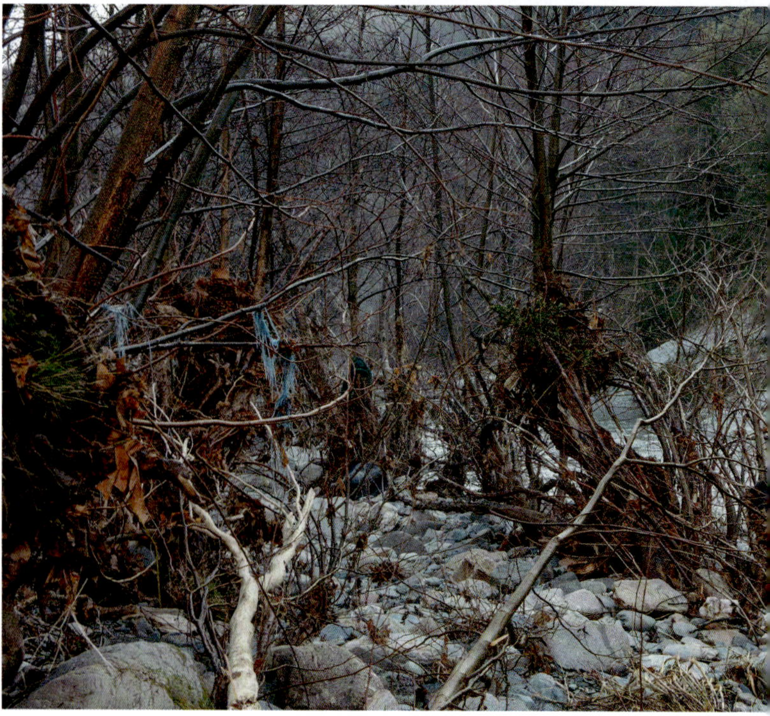

Gardon de Saint-Jean (2)

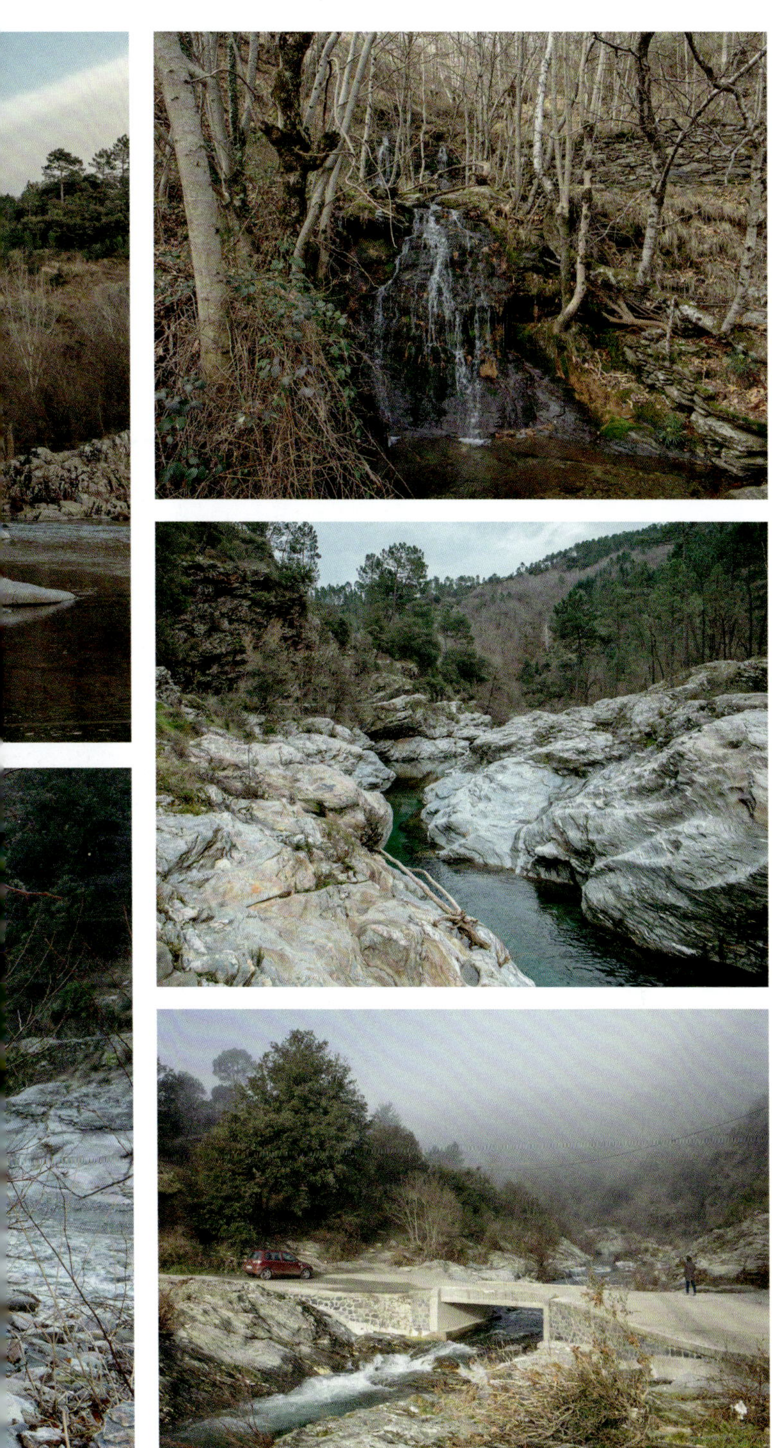

Molezon
Saint-Étienne-Vallée-Française
L'Estréchure

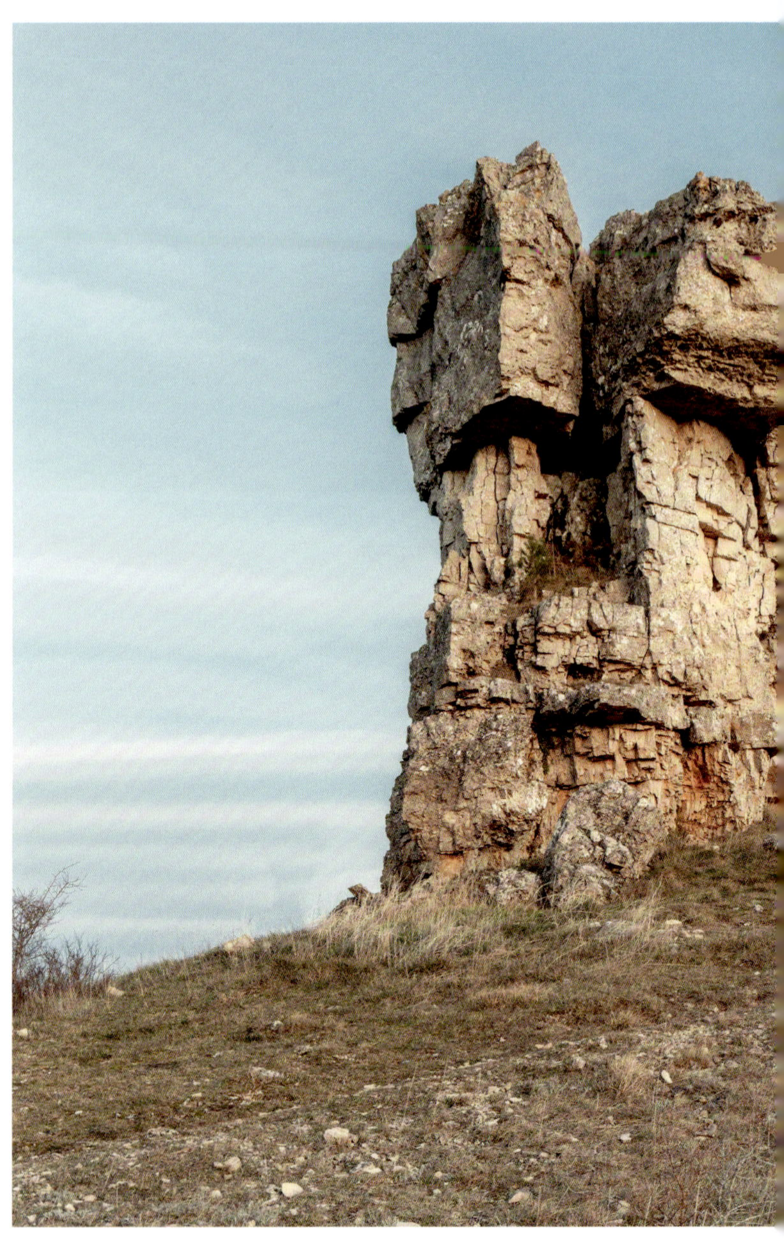

Barre-des-Cévennes

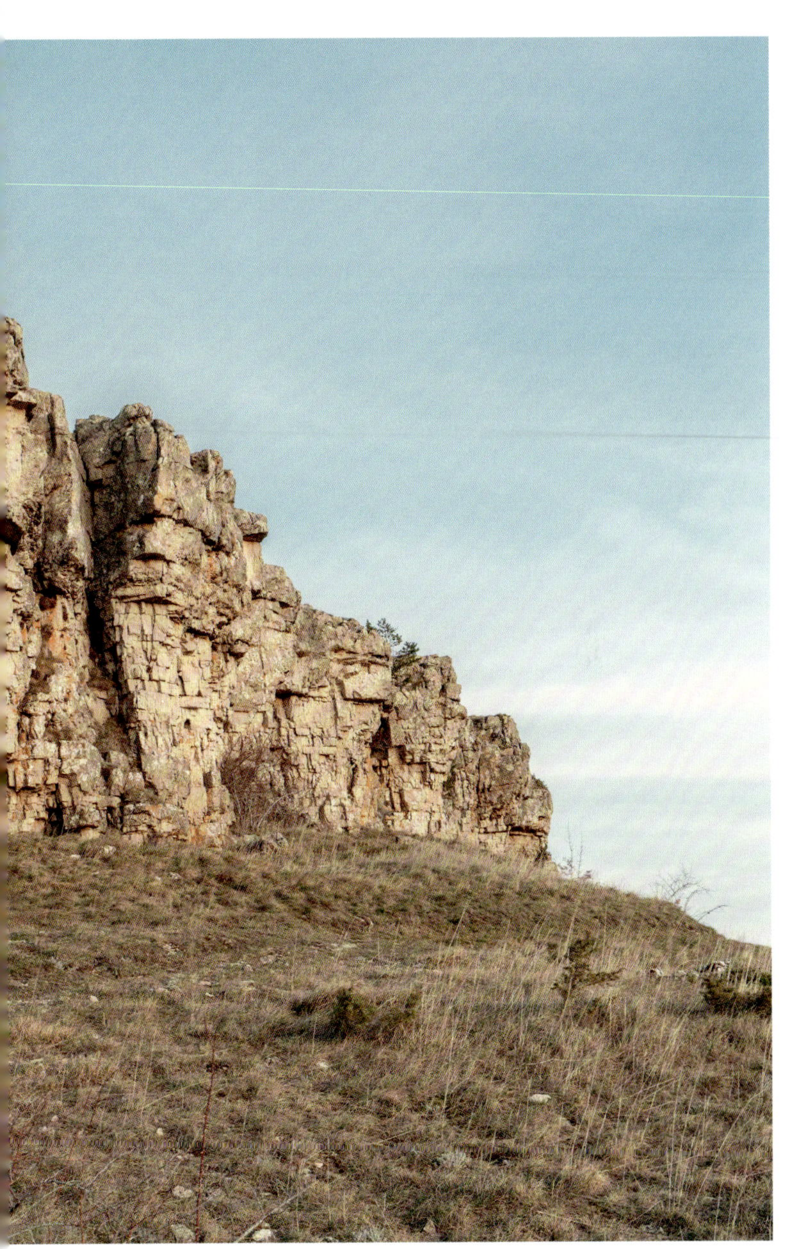

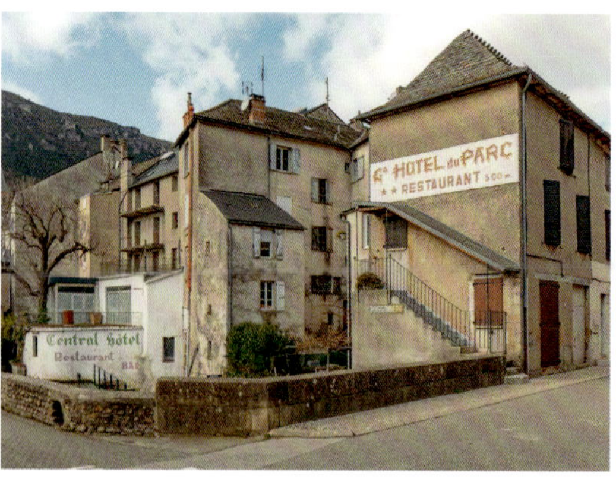

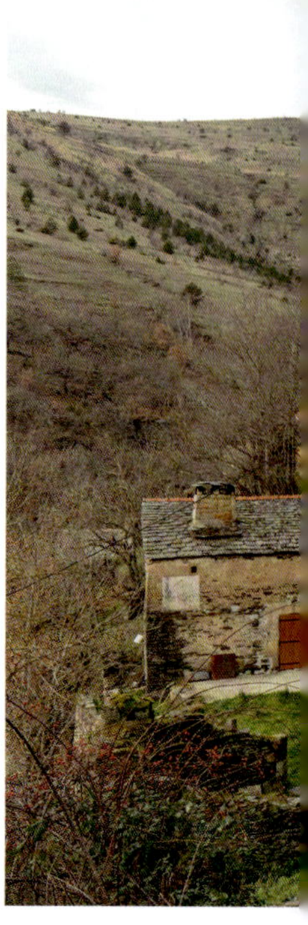

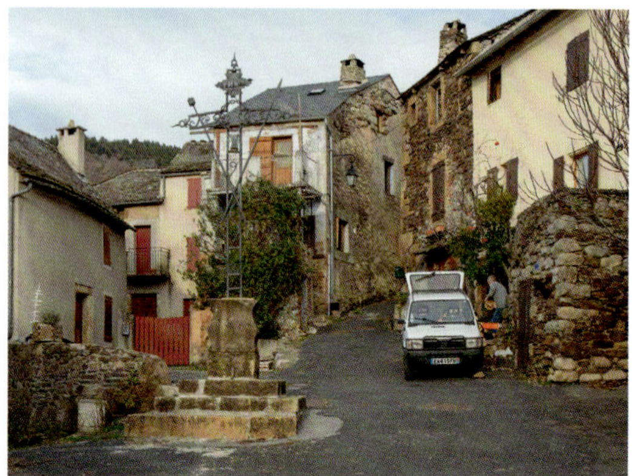

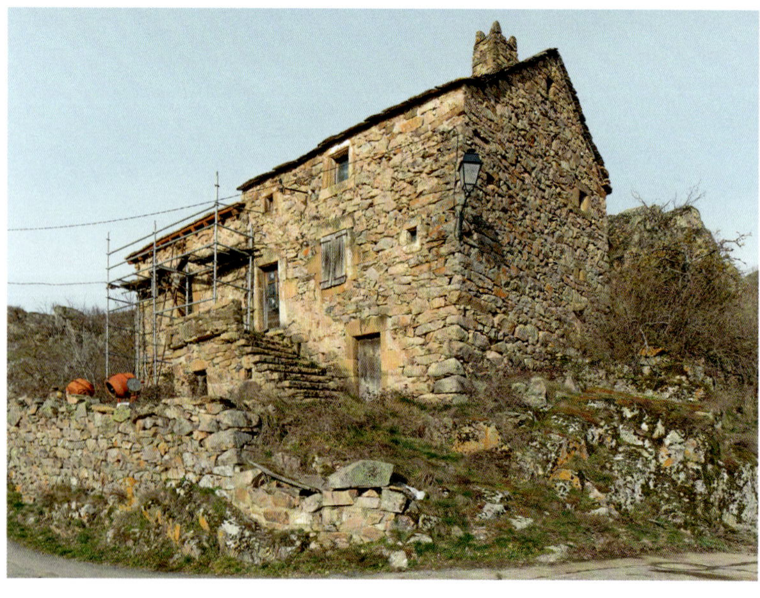

Florac
Bédouès-Cocurès
Les Bondons

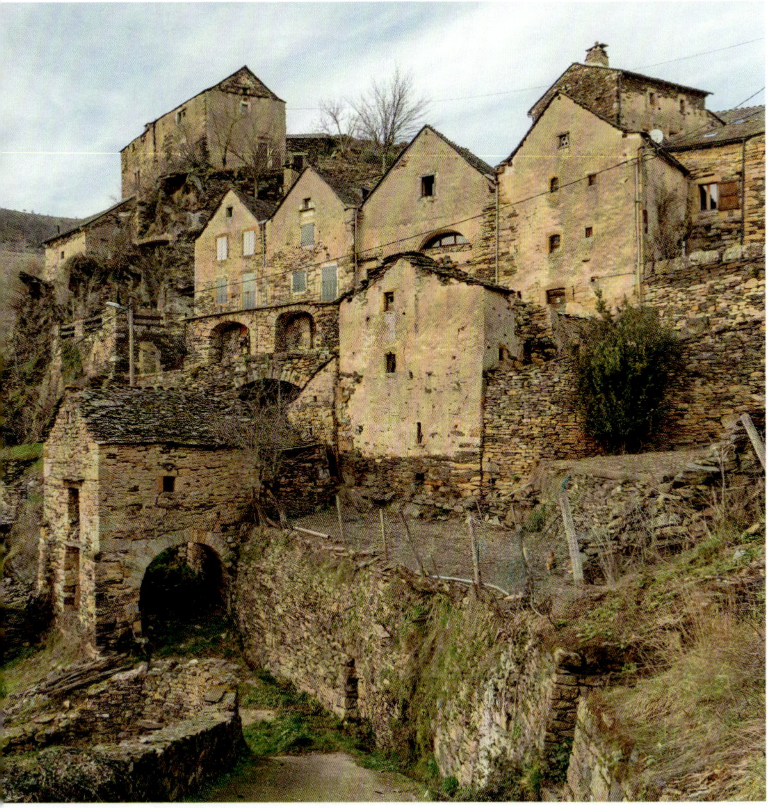

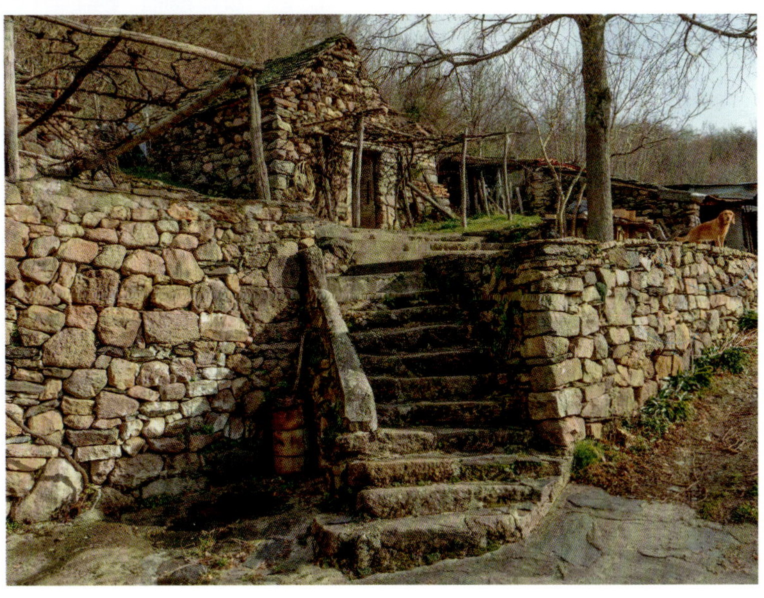

Malbosc
Les Bondons

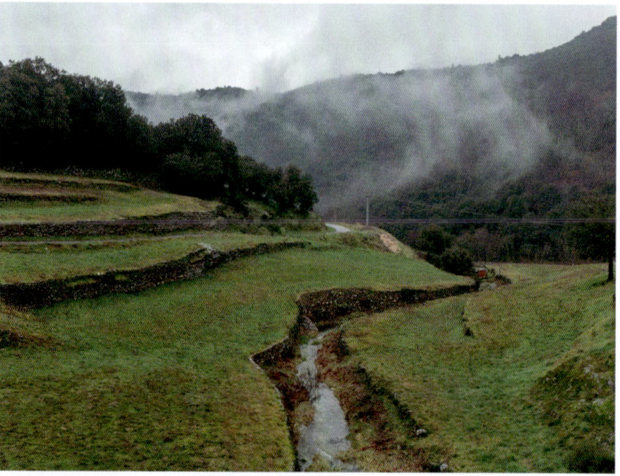
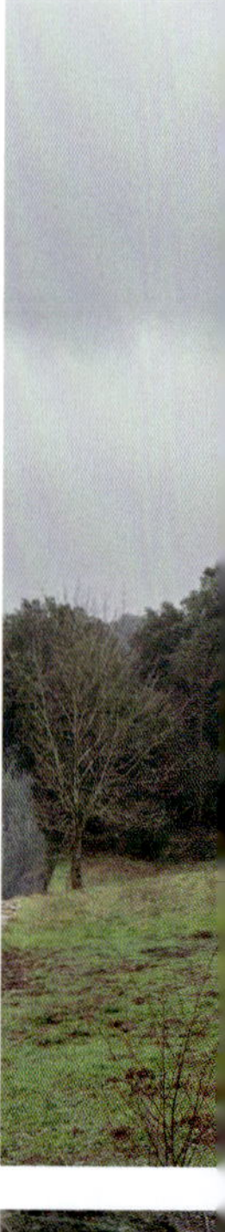
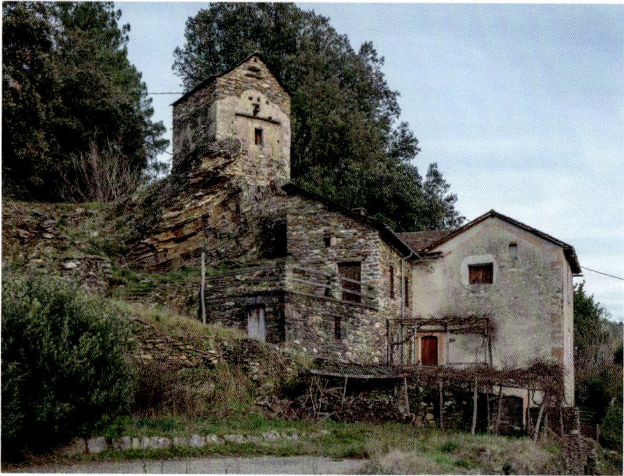
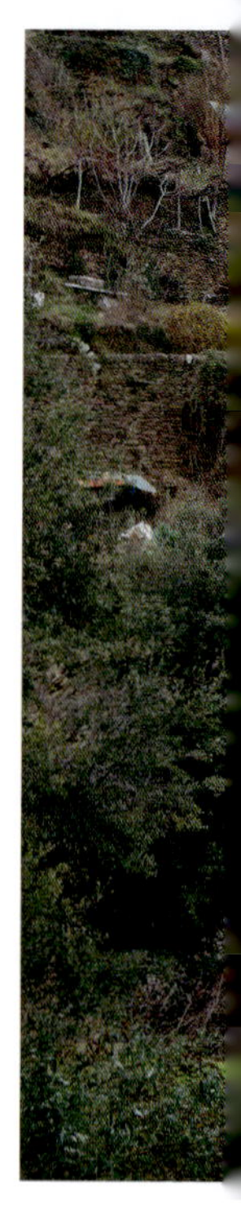
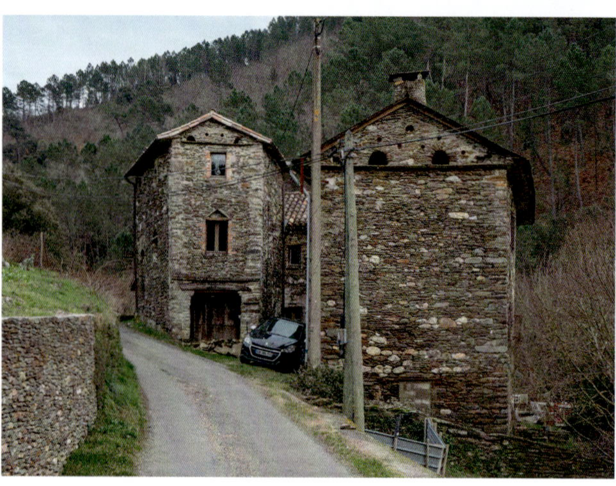

Saint-André-de-Valborgne
Mialet
Saint-Étienne-Vallée-Française

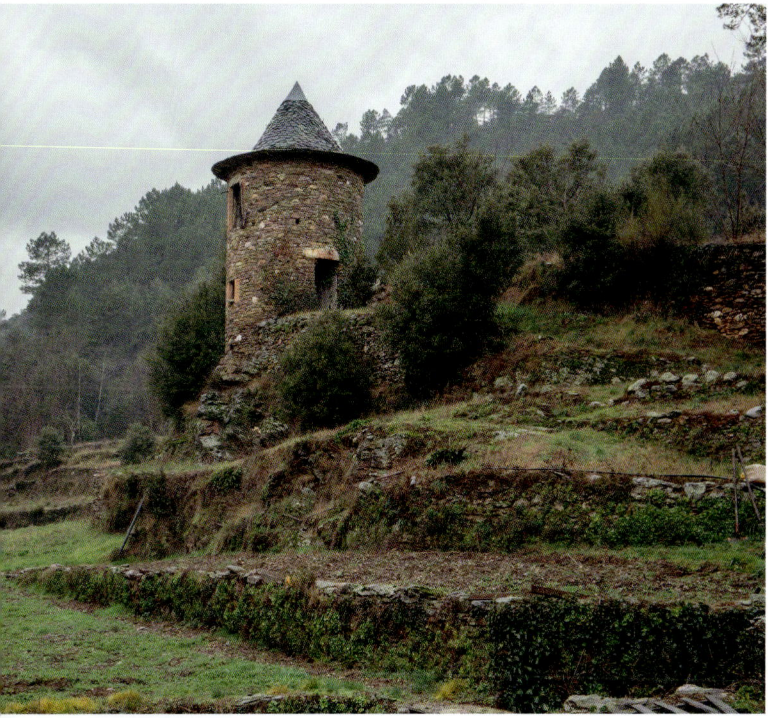

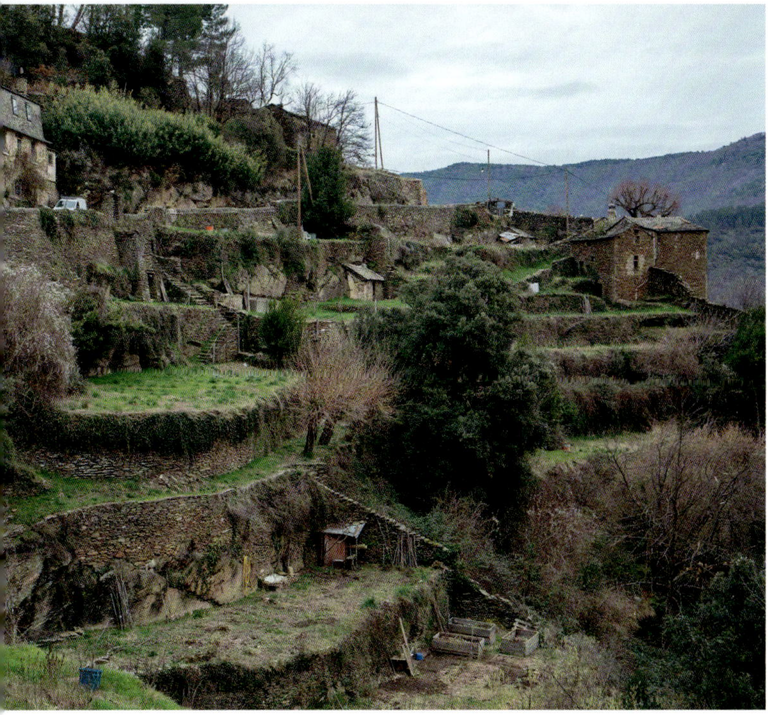

Saumane
Saint-Germain-de-Calberte

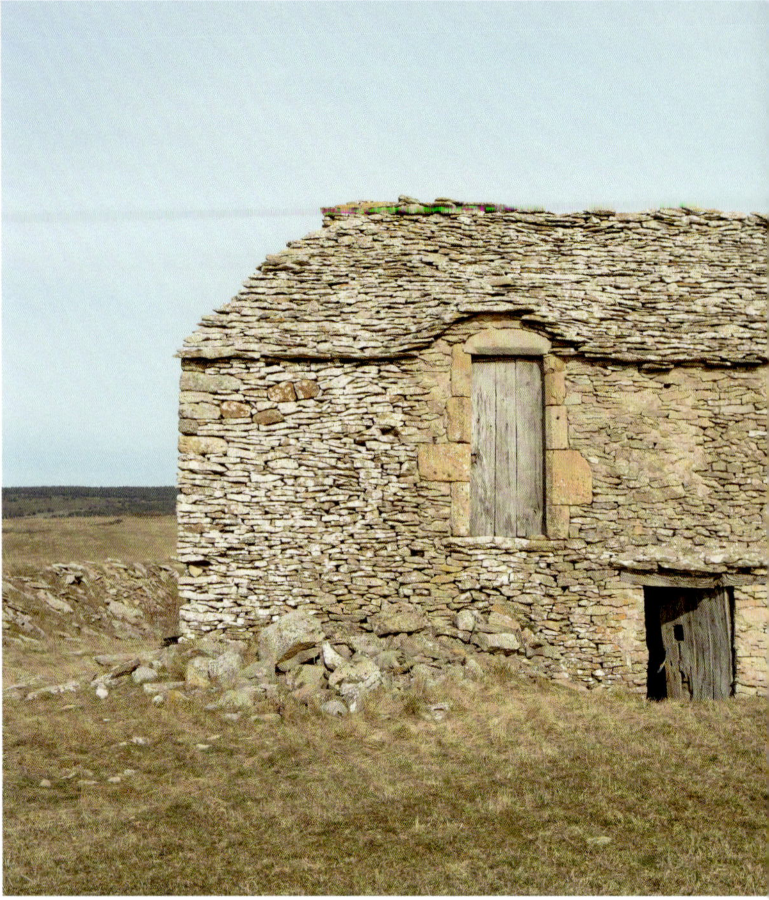

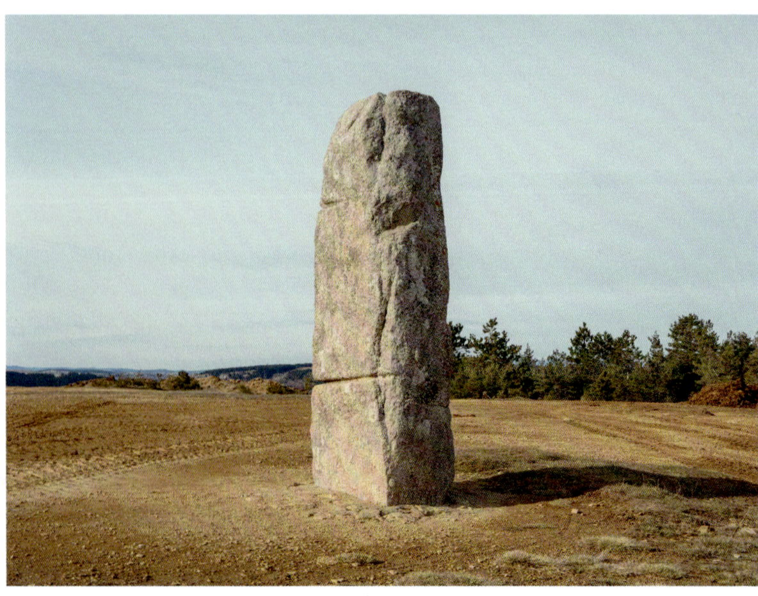

Les Bondons (2)

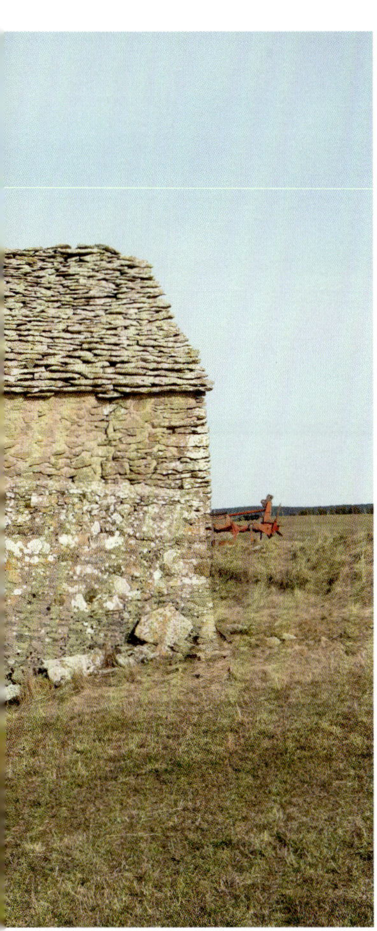
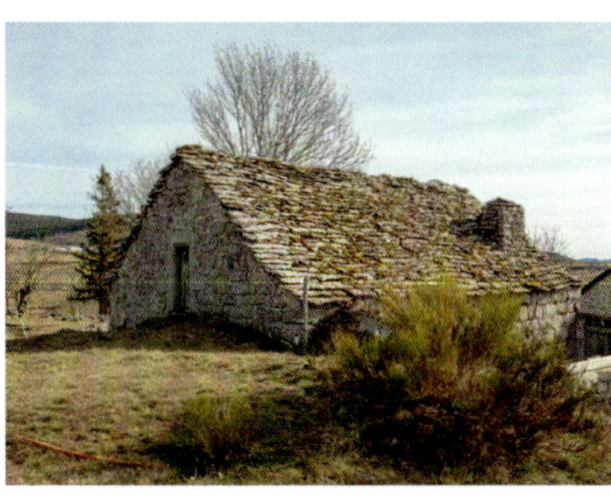
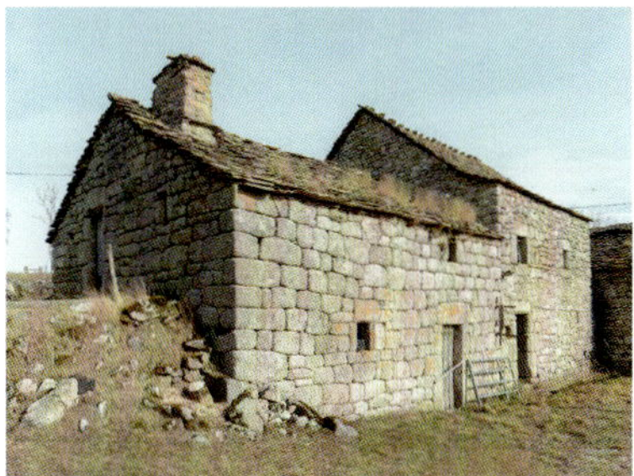
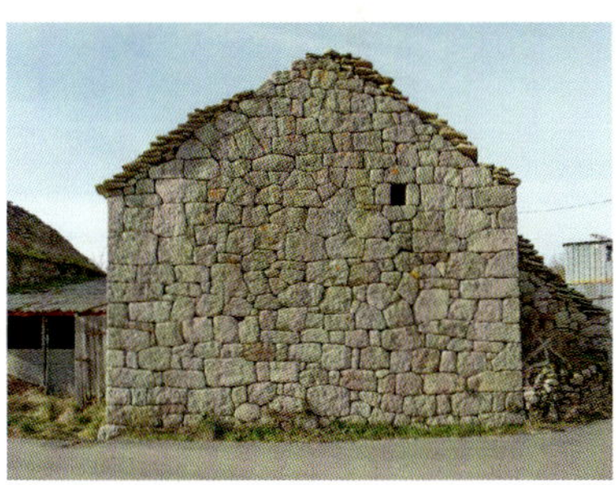
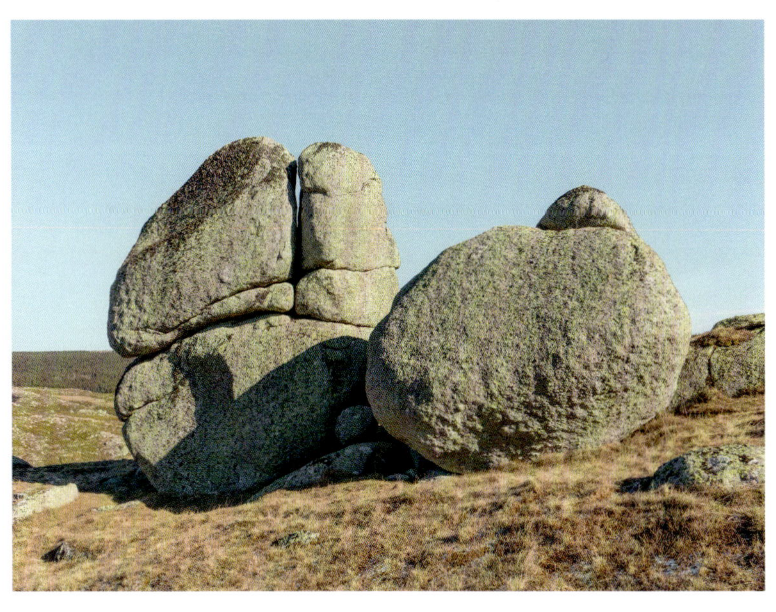

Les Bondons (3)
Mont Lozère

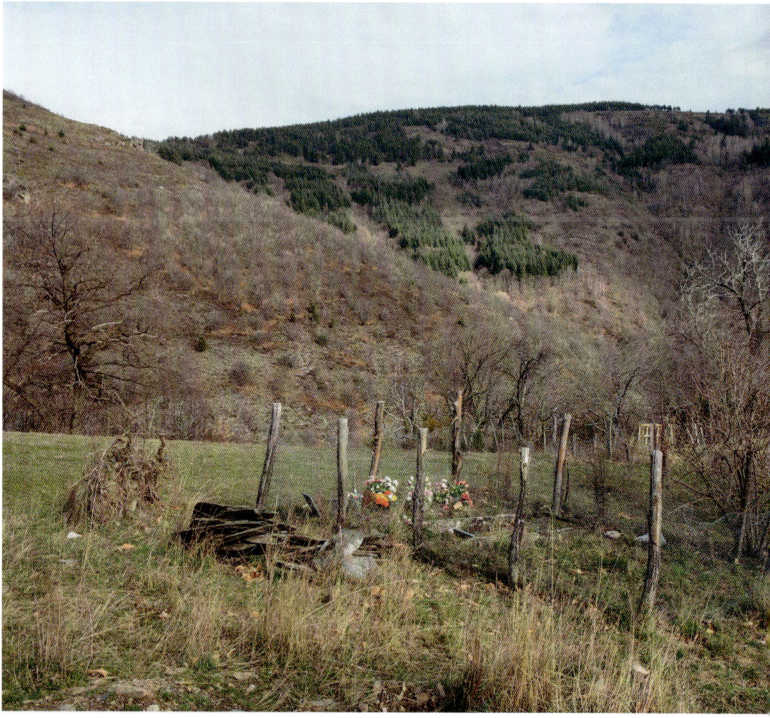

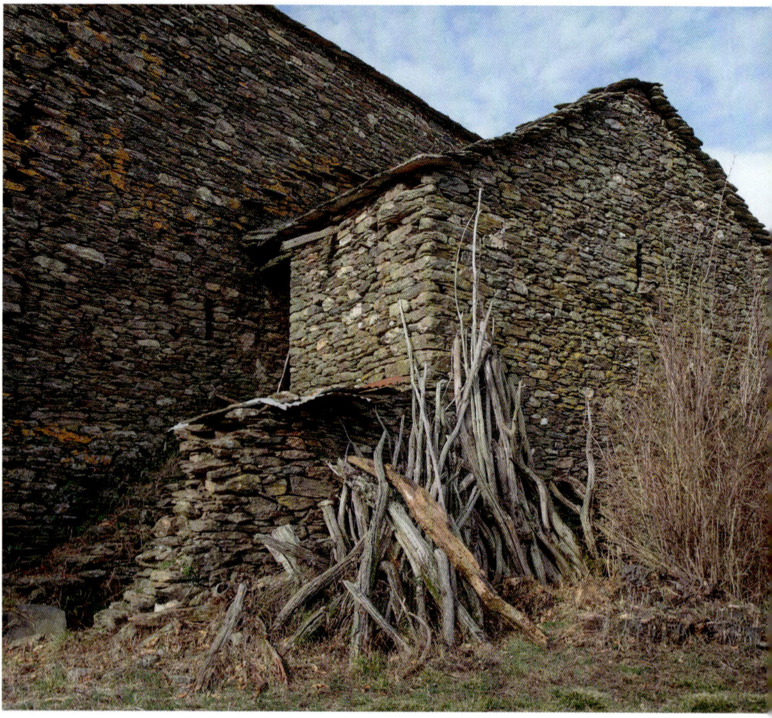

Molezon, *Trabassac Haut* (5)

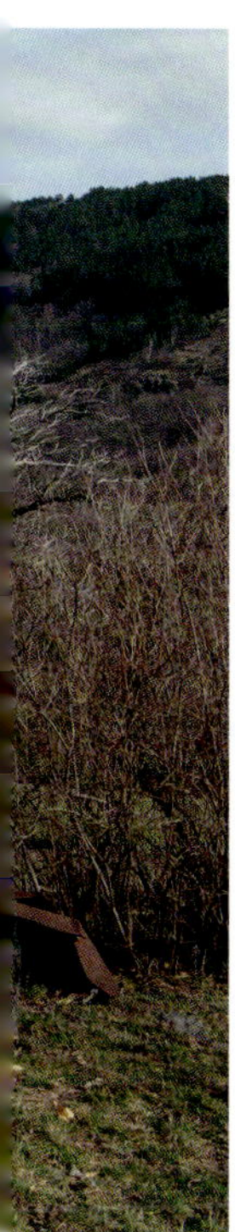

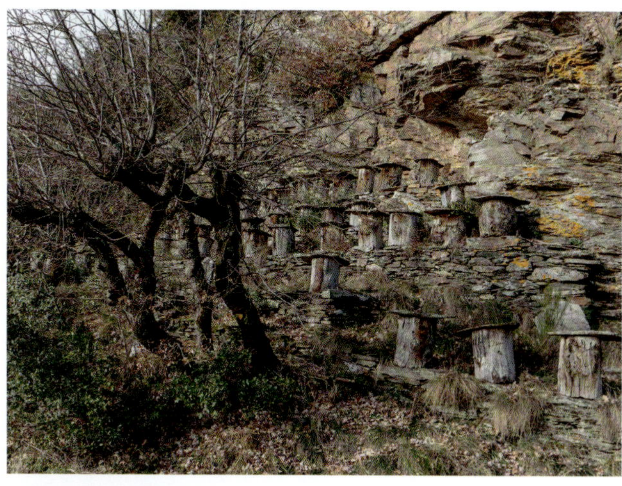

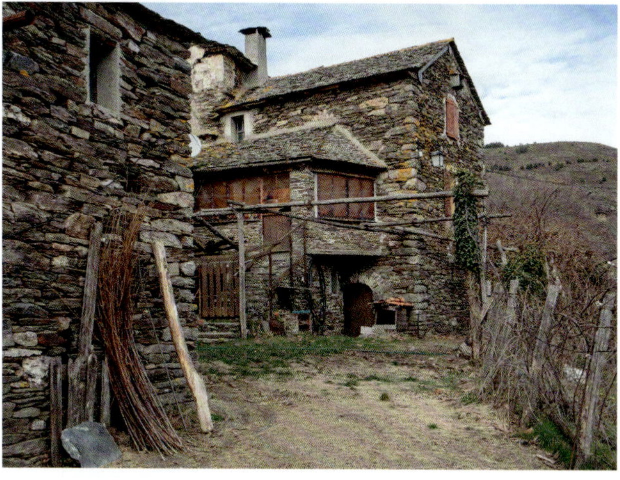

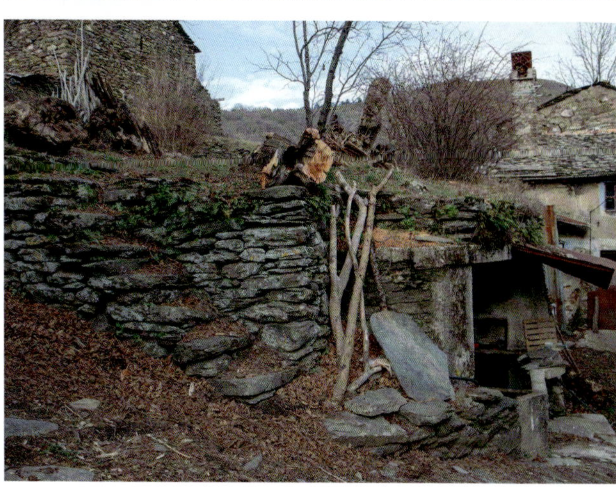

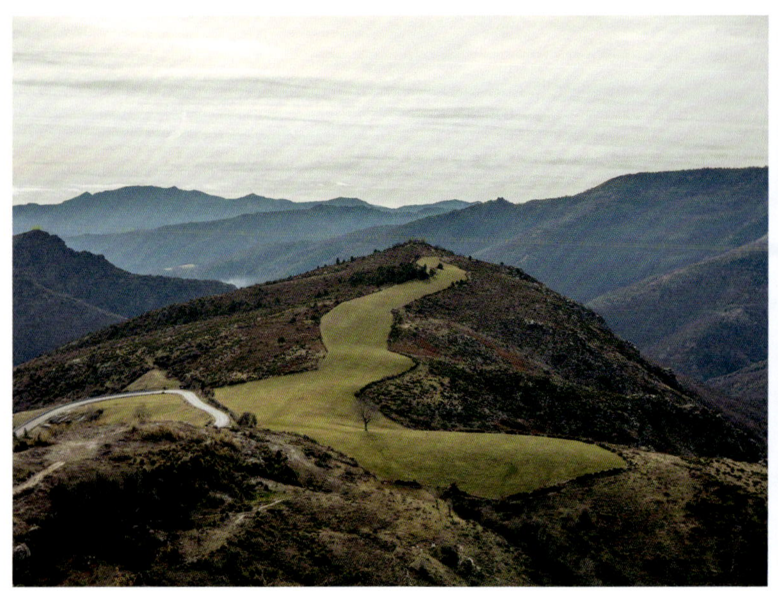

Faucigny

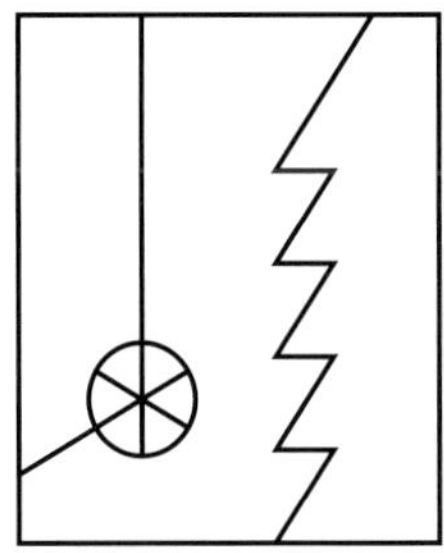

ch. 3

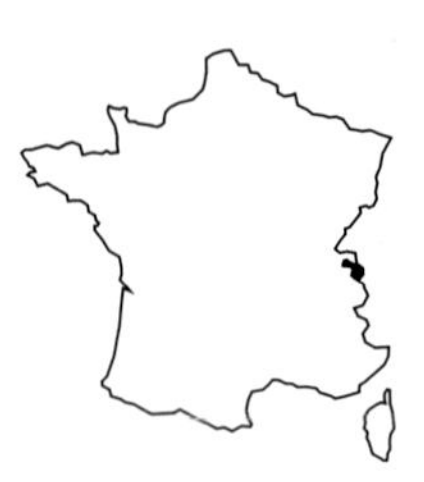

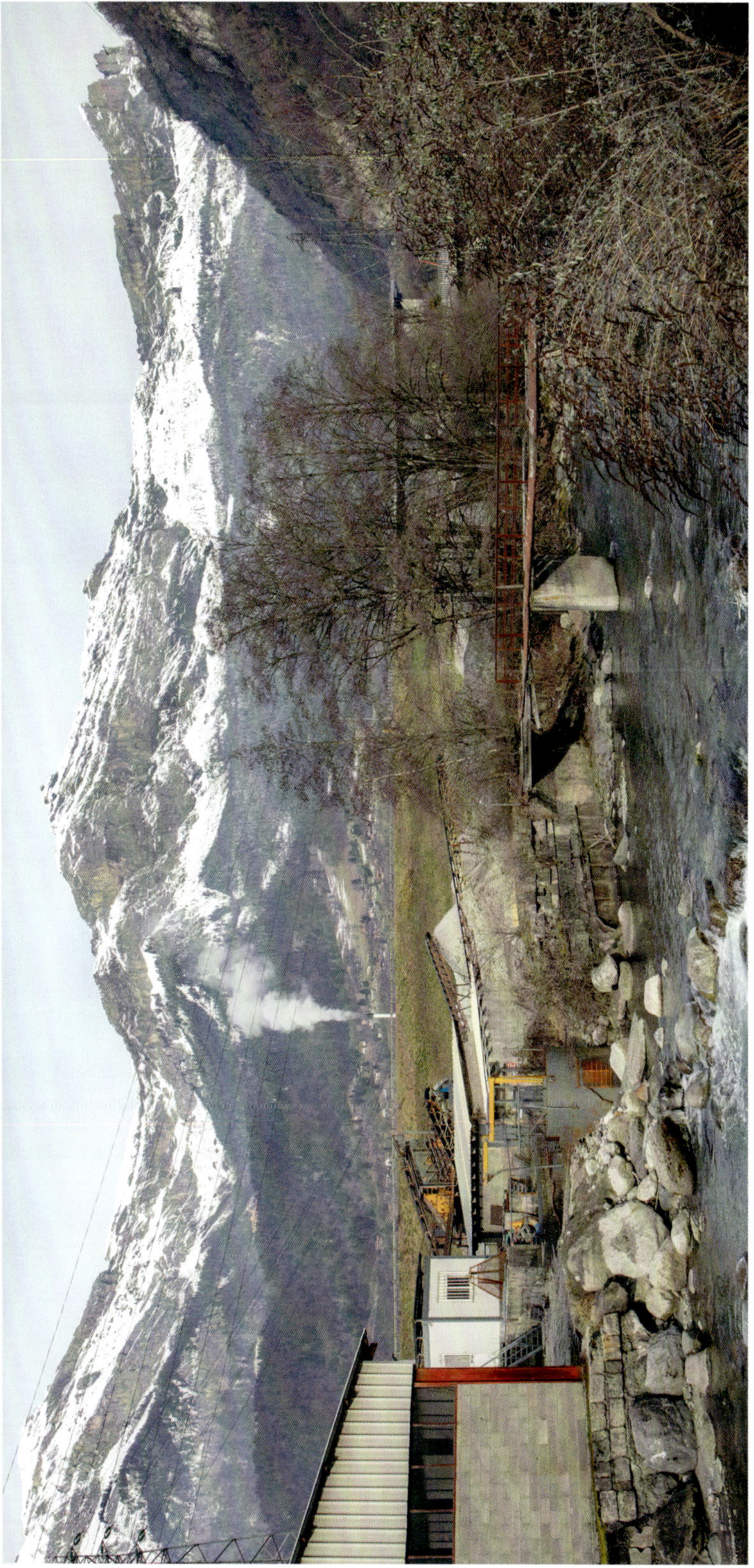

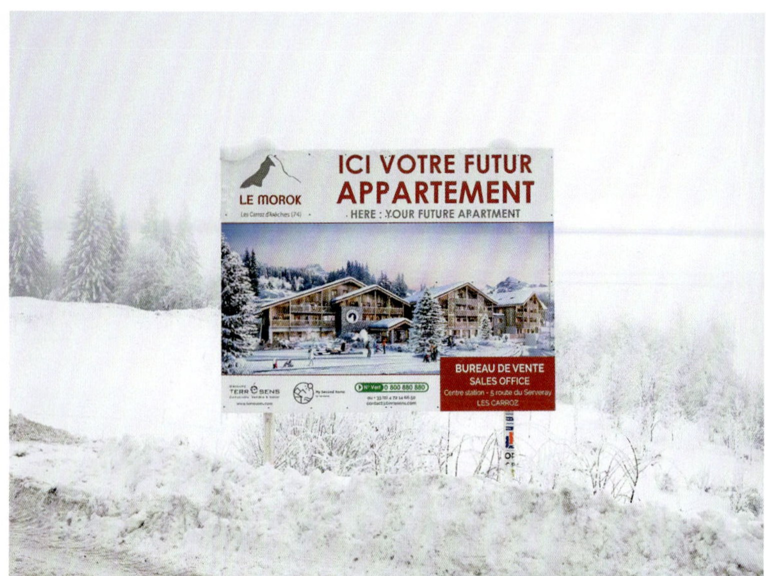

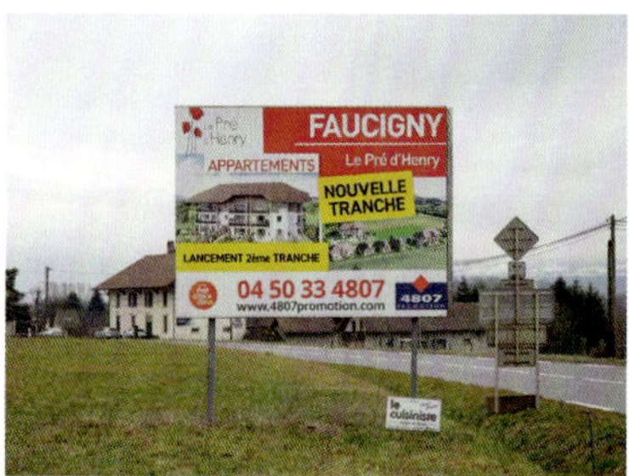

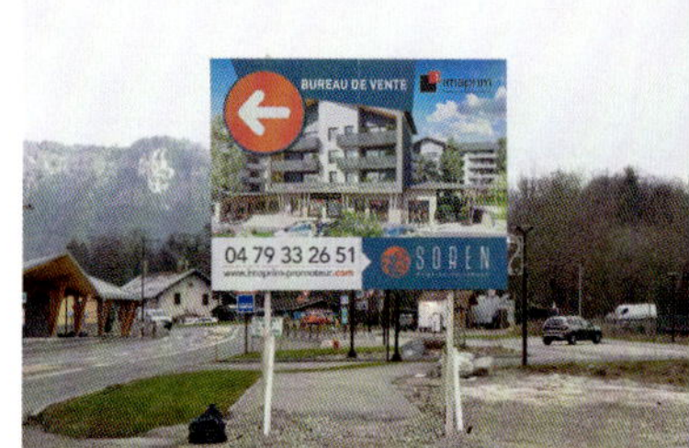

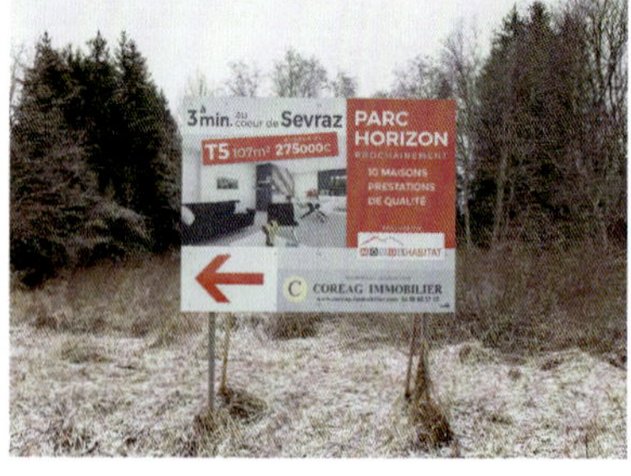

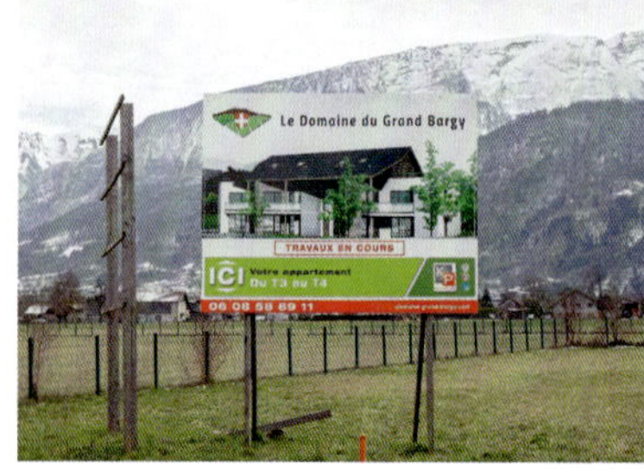

← Passy

Arâches-la-Frasse
Contamine-sur-Arve
Viuz-en-Sallaz

Fillinges
Marignier

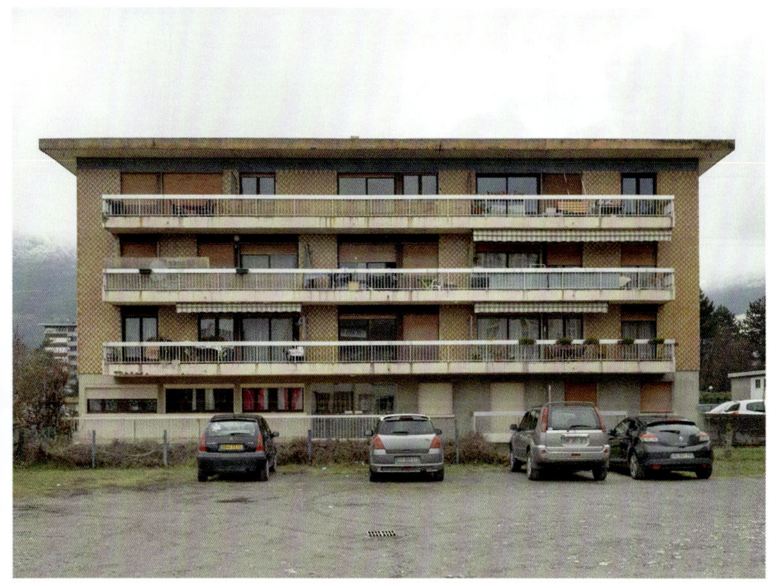

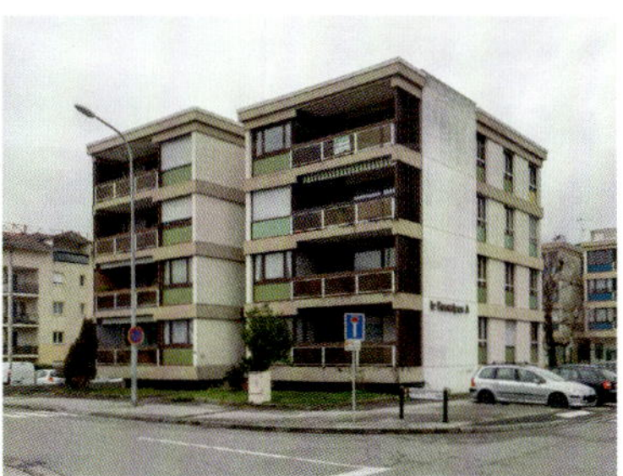

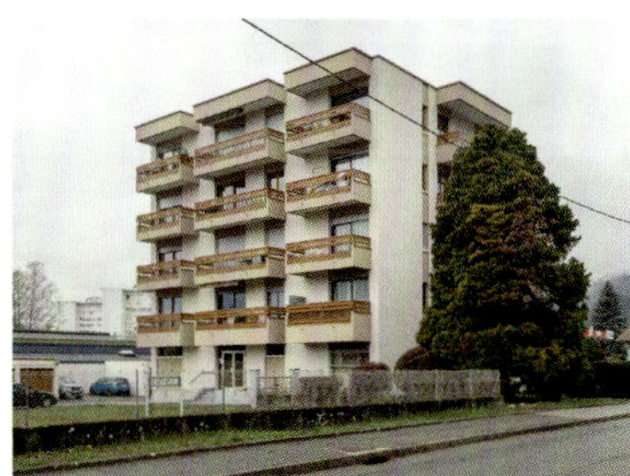

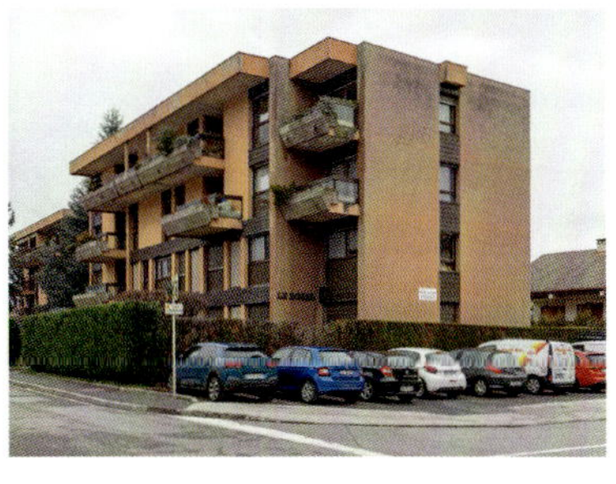

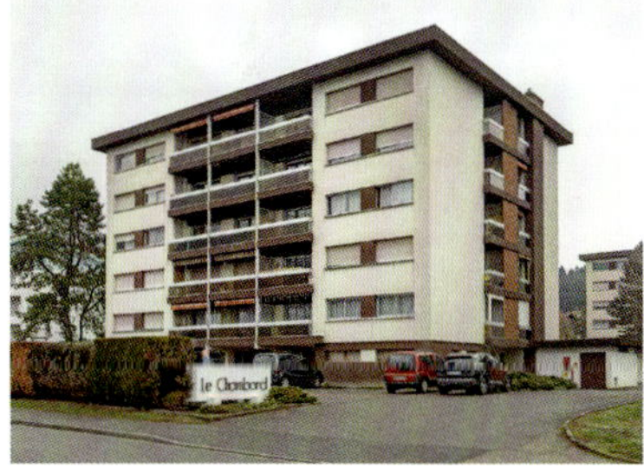

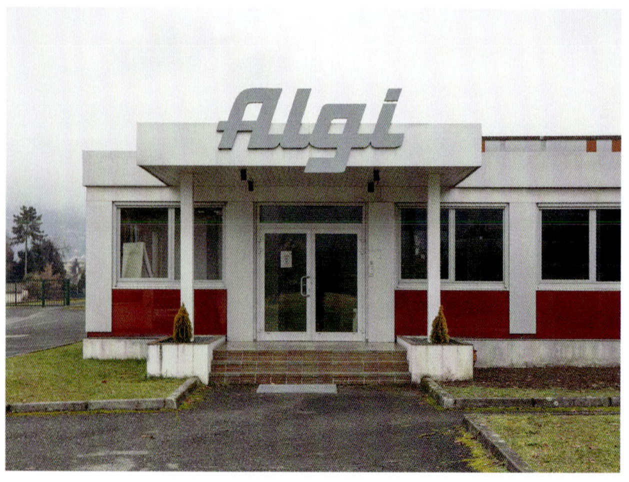

Algi

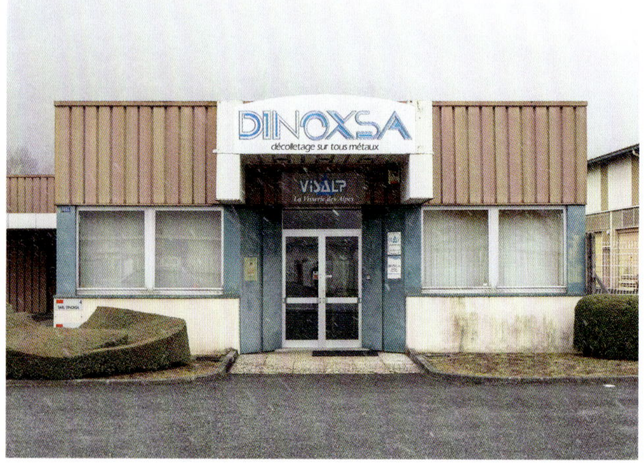

DINOXSA
décolletage sur tous métaux
ViSALP
La Visserie des Alpes

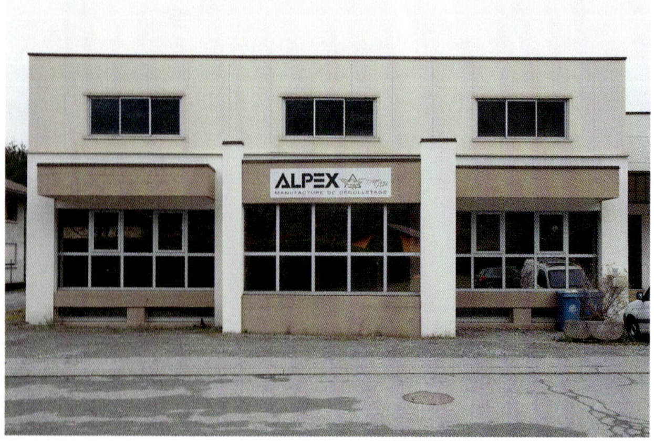

ALPEX
MANUFACTURE DE DÉCOLLETAGE

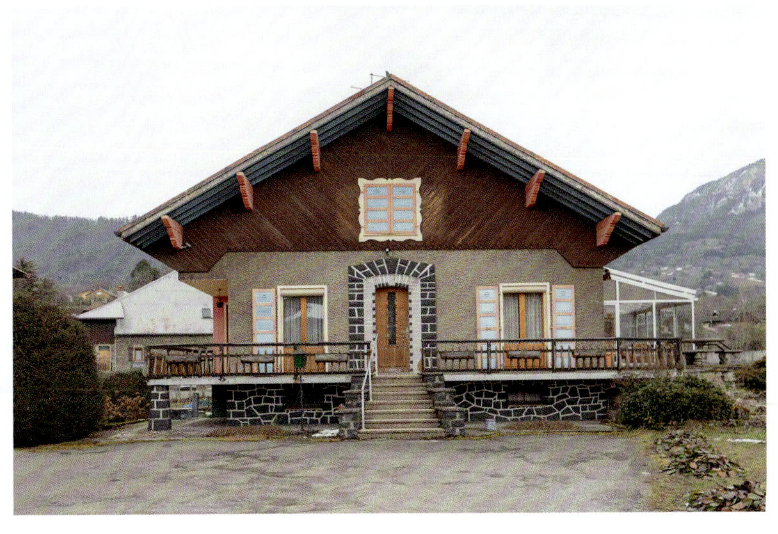

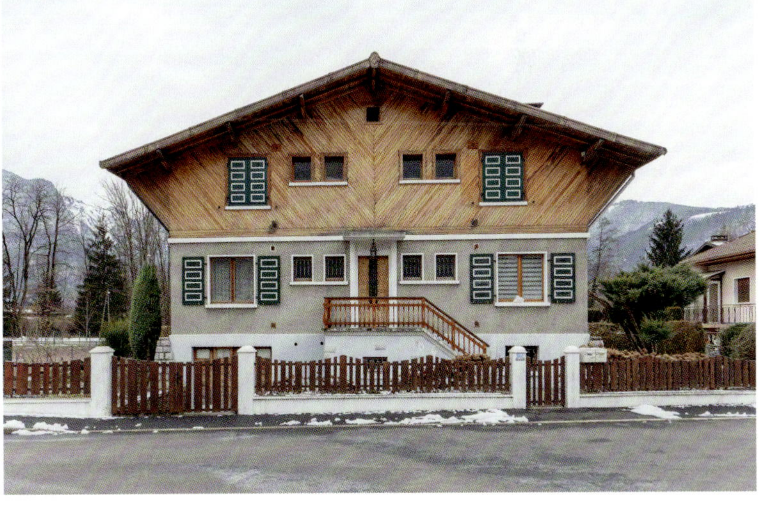

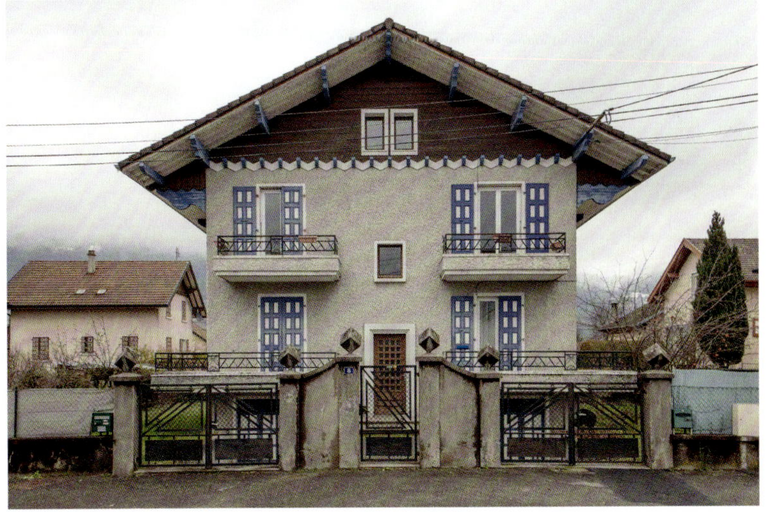

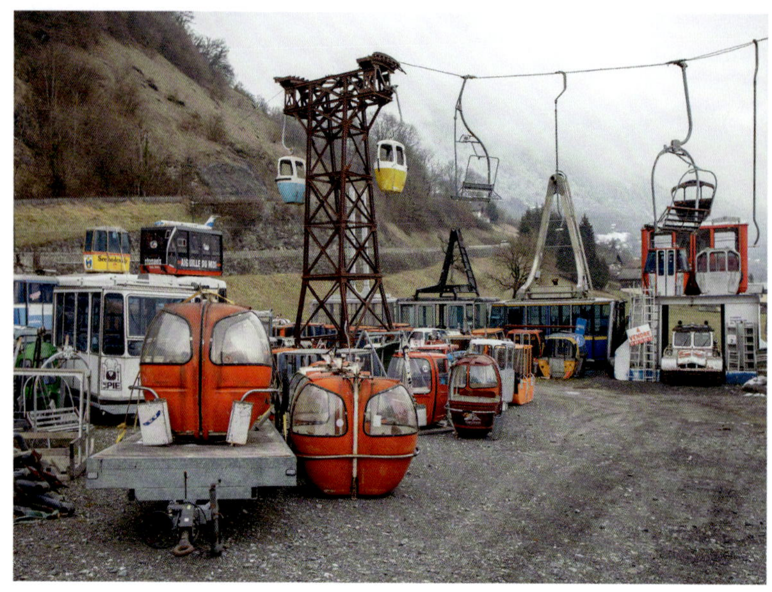
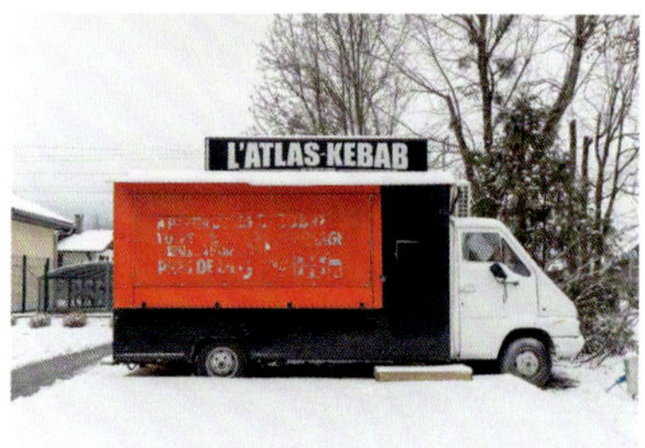

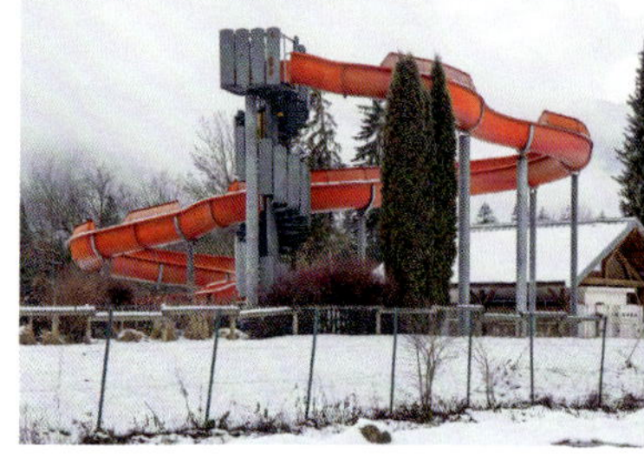
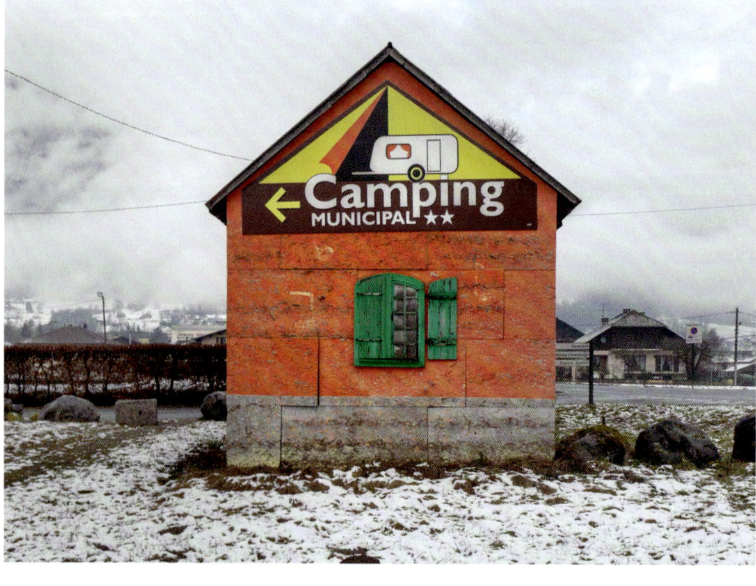

Taninges   Samoëns
Marignier   Taninges

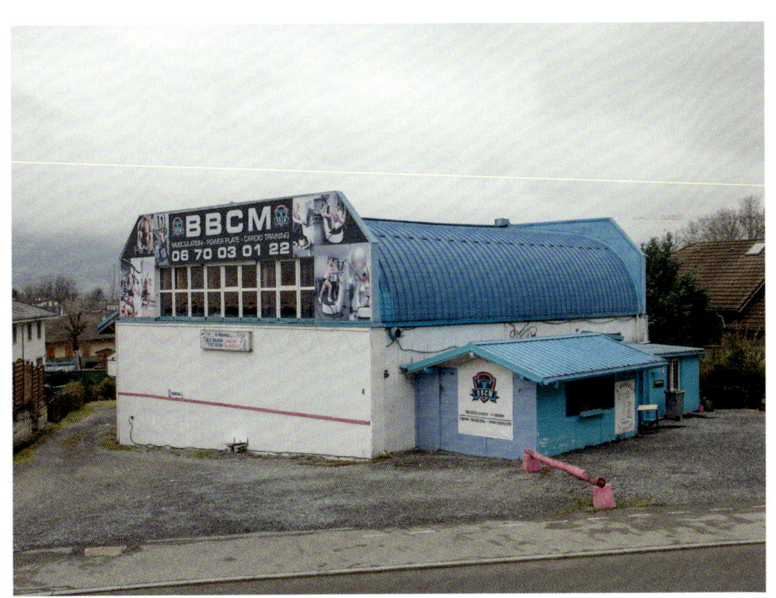

BBCM
MUSCULATION - POWER PLATE - CARDIO TRAINING
06 70 03 01 22

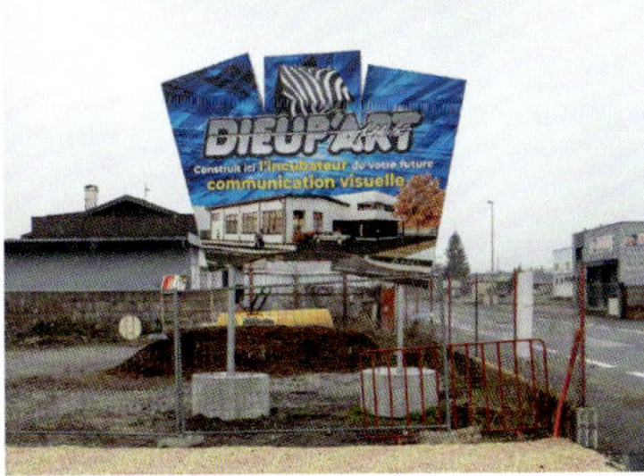

DIEUP'ART
Construit ici l'incubateur de votre future
communication visuelle

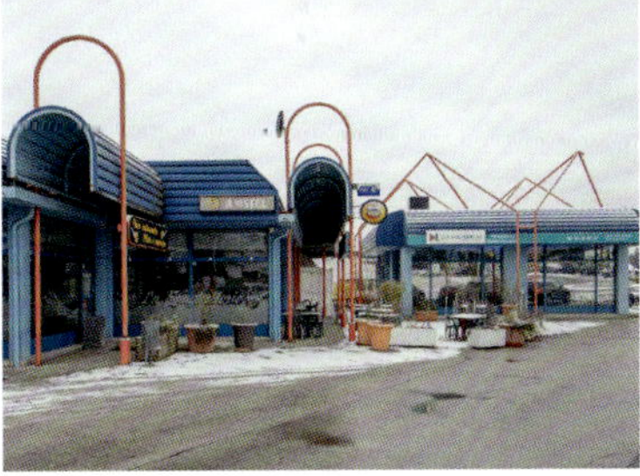

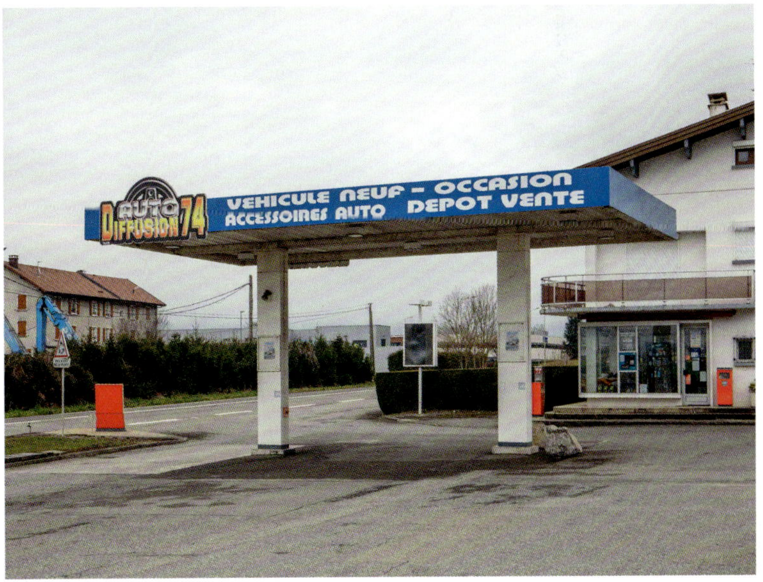

AUTO
DIFFUSION 74
VEHICULE NEUF - OCCASION
ACCESSOIRES AUTO   DEPOT VENTE

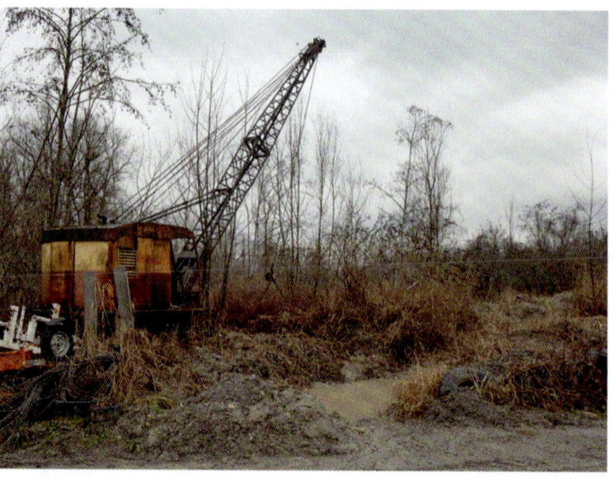

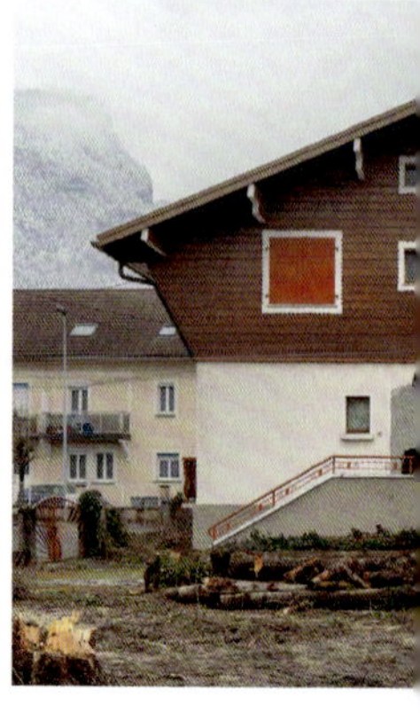

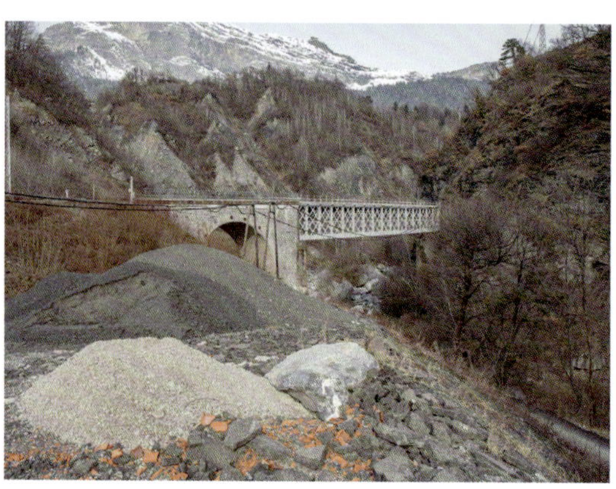

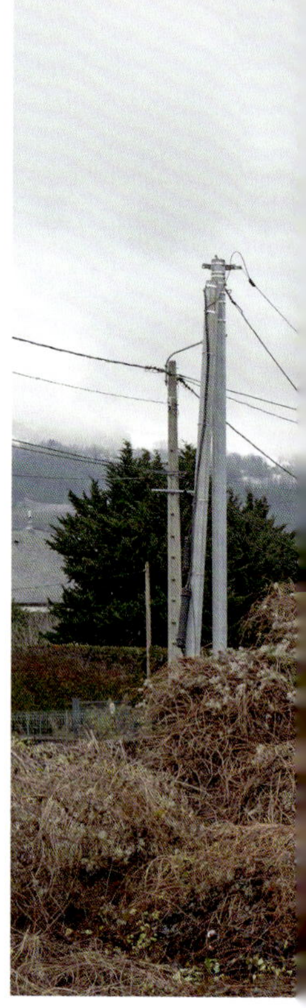

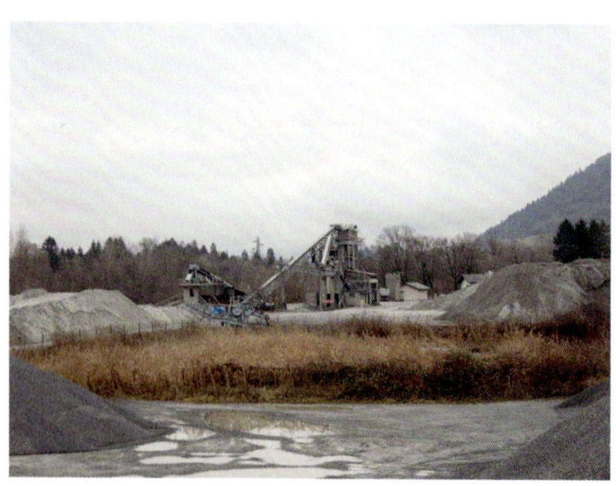

Contamine-sur-Arve
Passy
Vougy

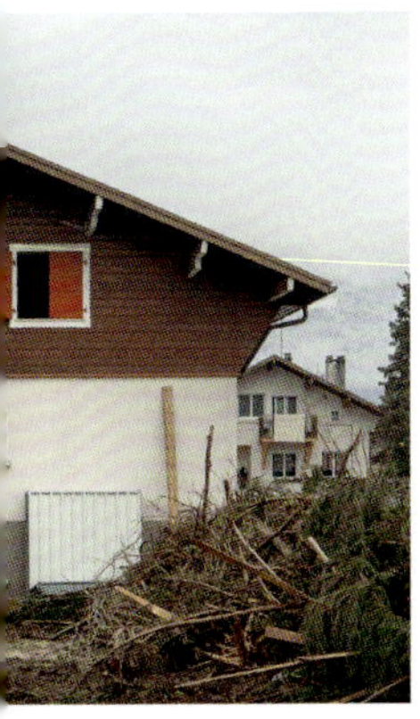
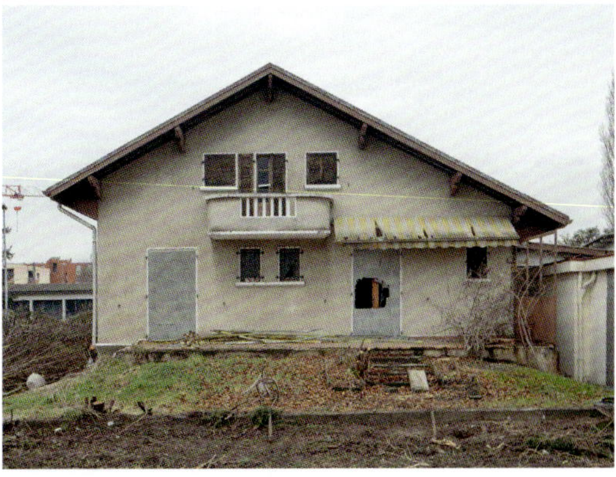

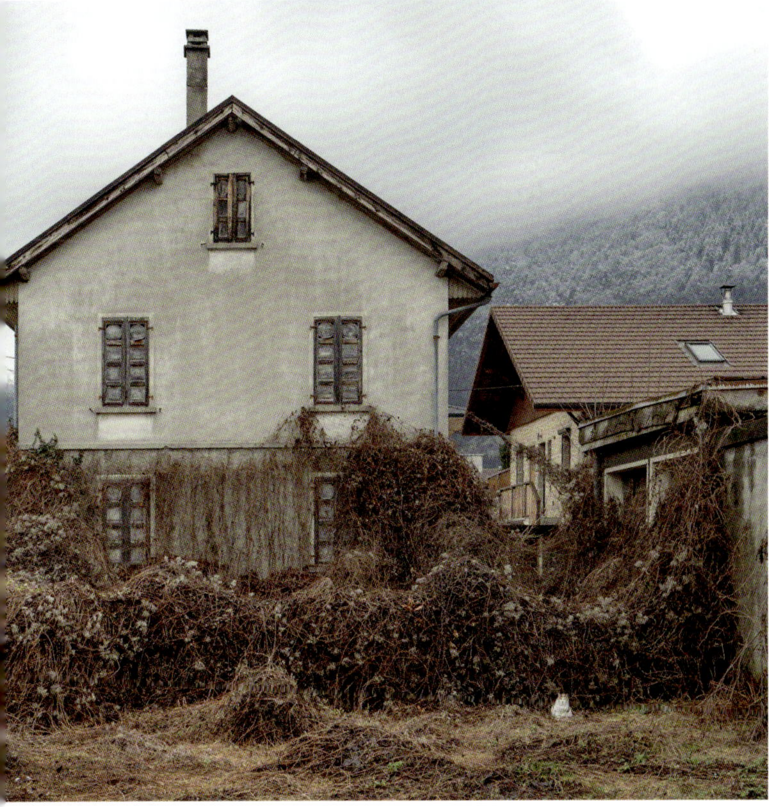

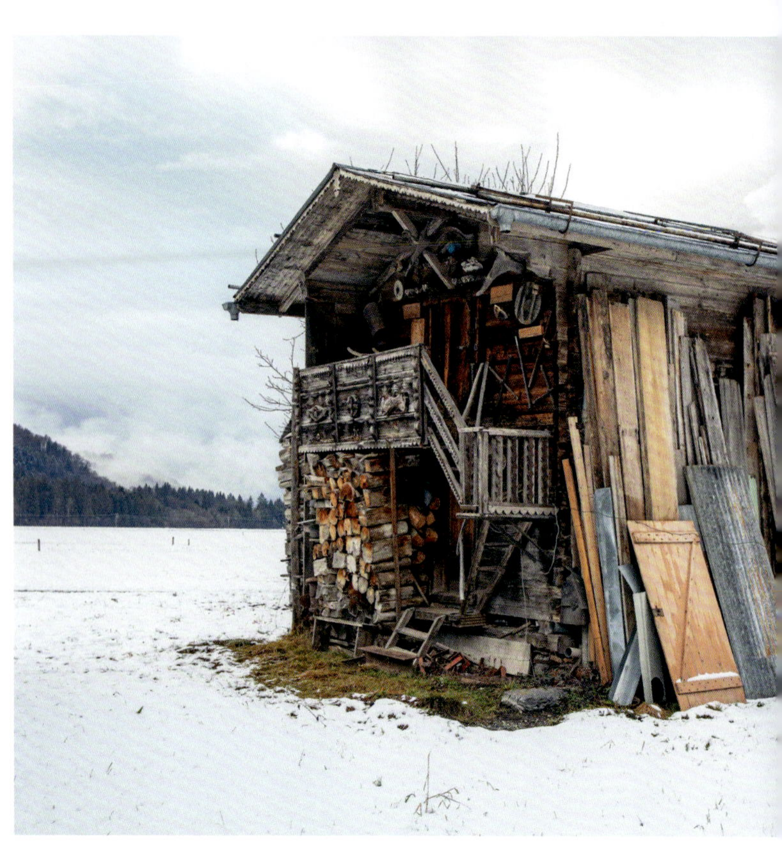

Samoëns

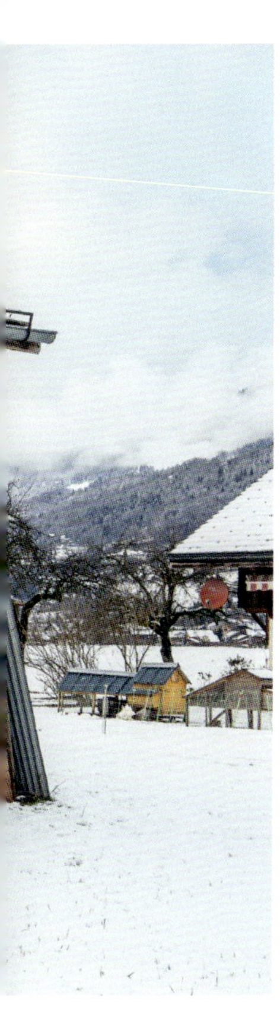

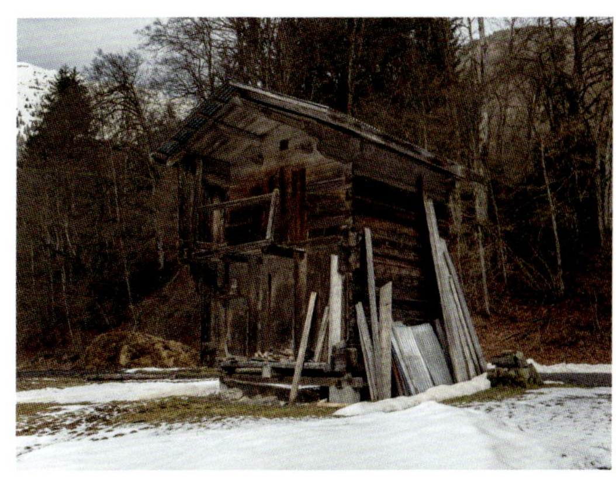

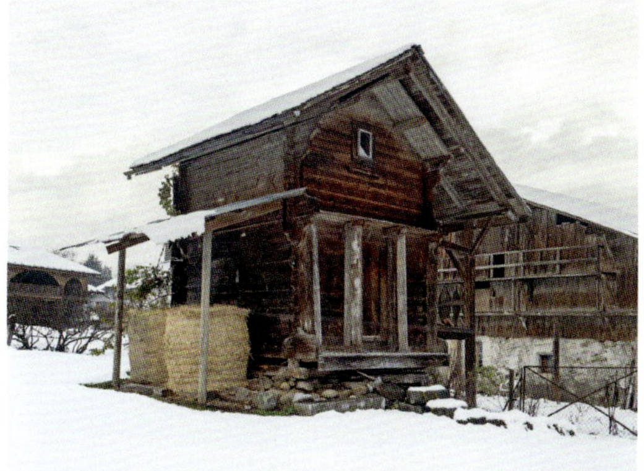

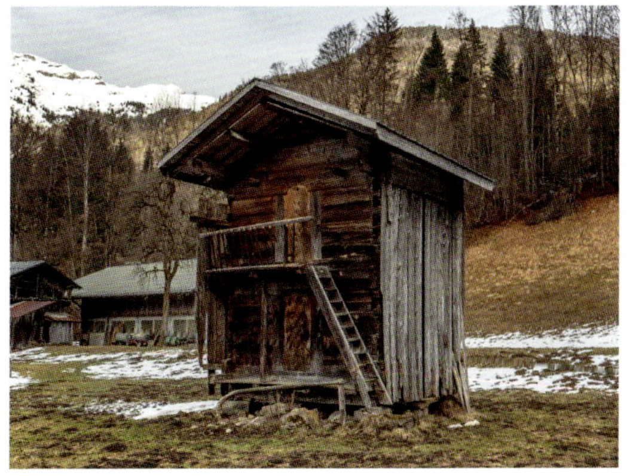

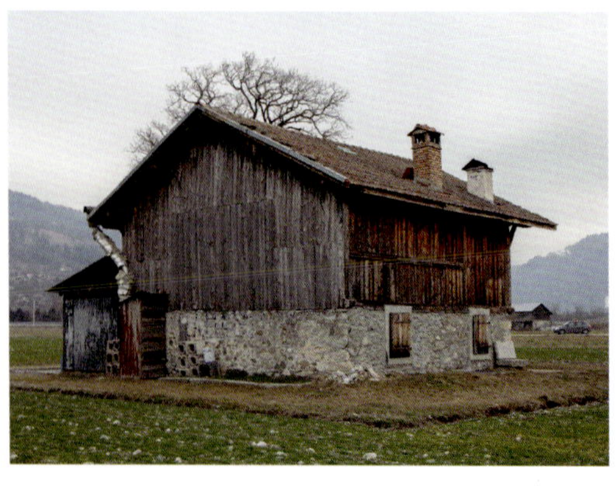

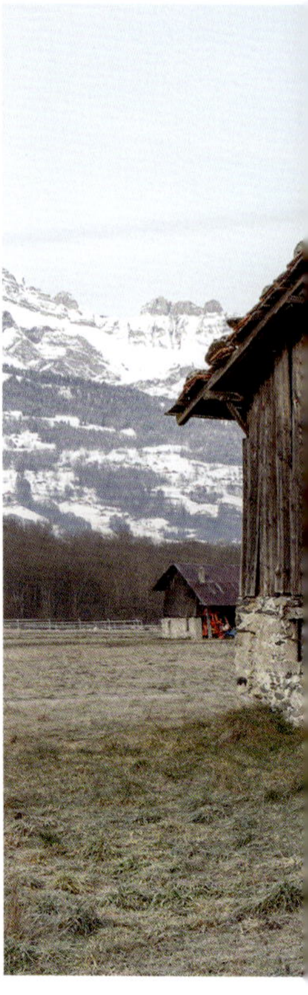

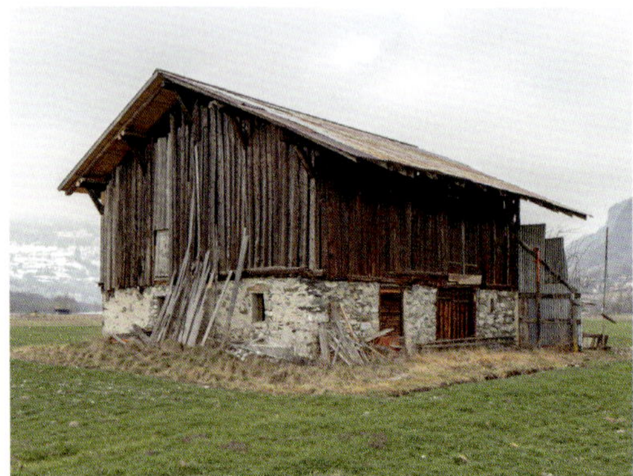

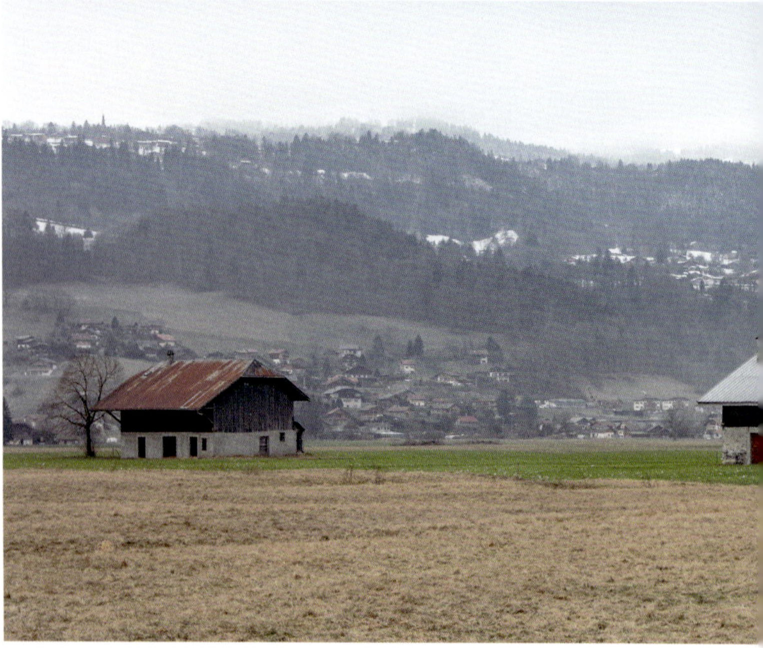

Granges de Passy

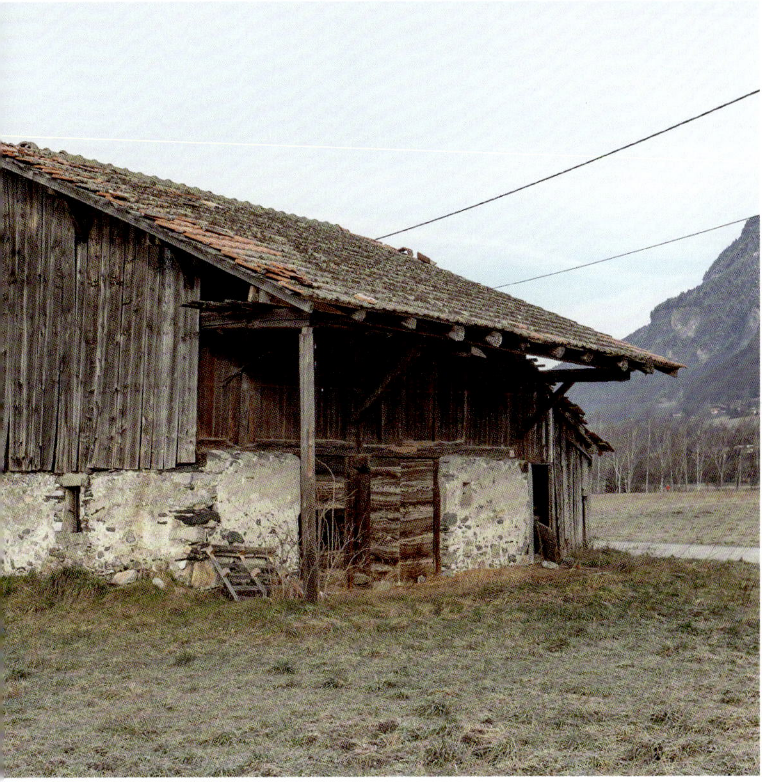

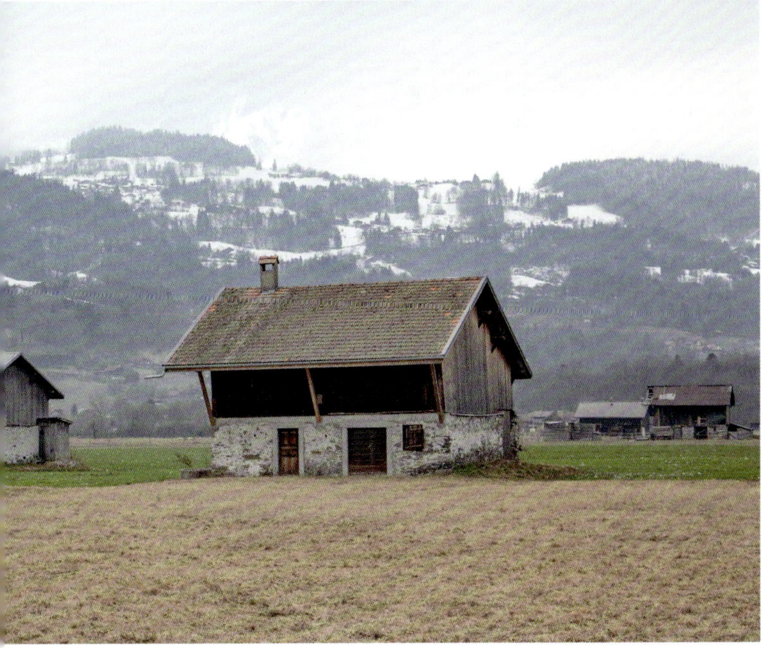

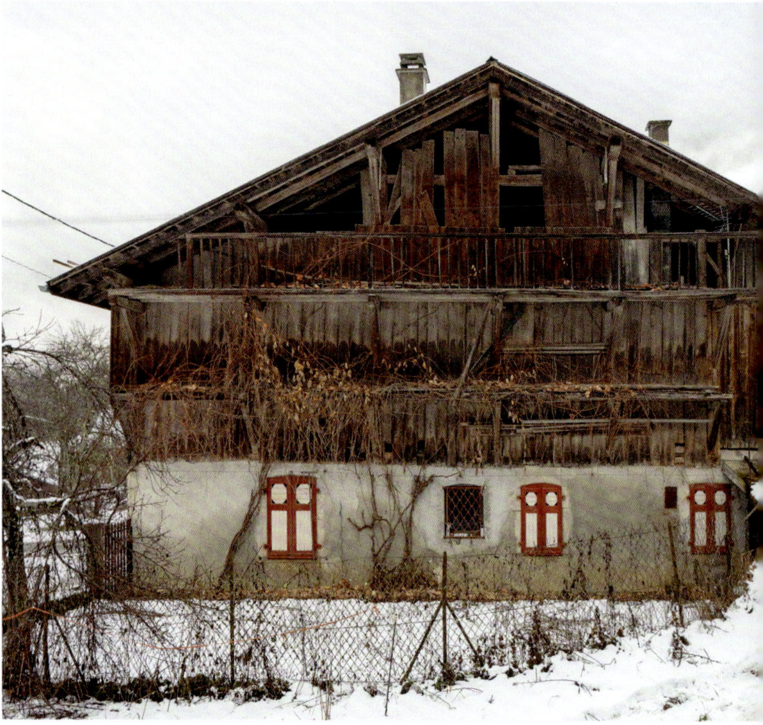

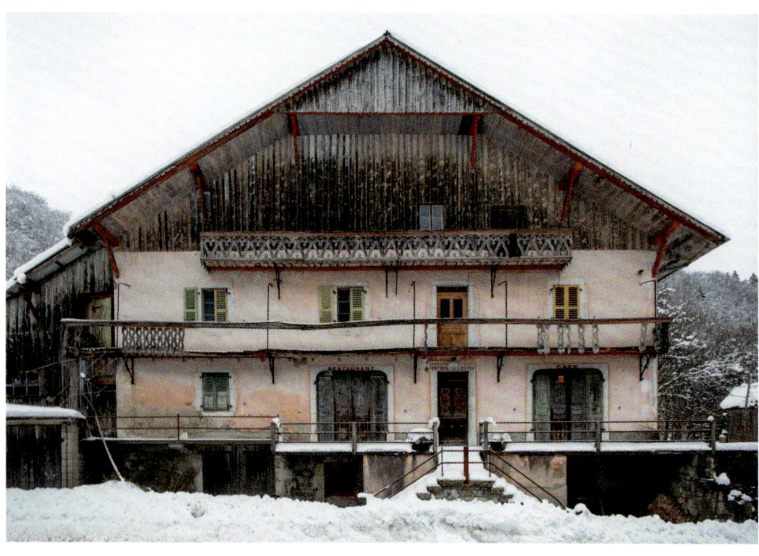

La Rivière Enverse
Mégevette

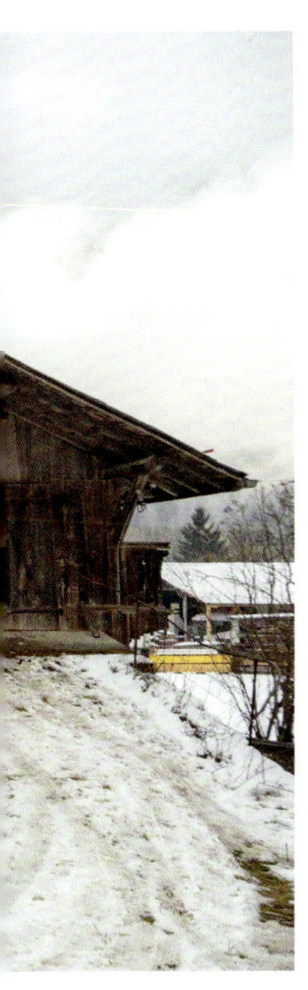
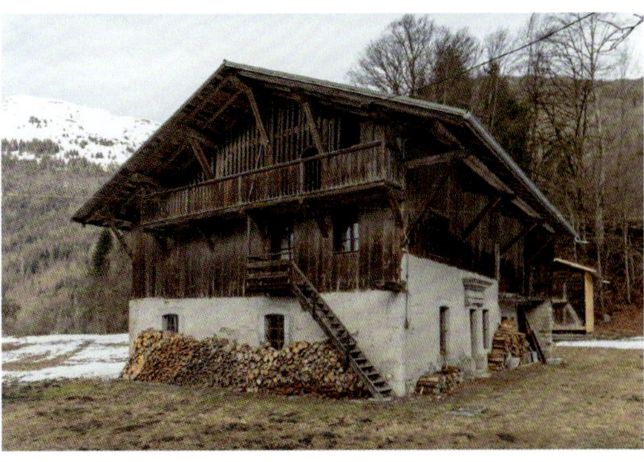
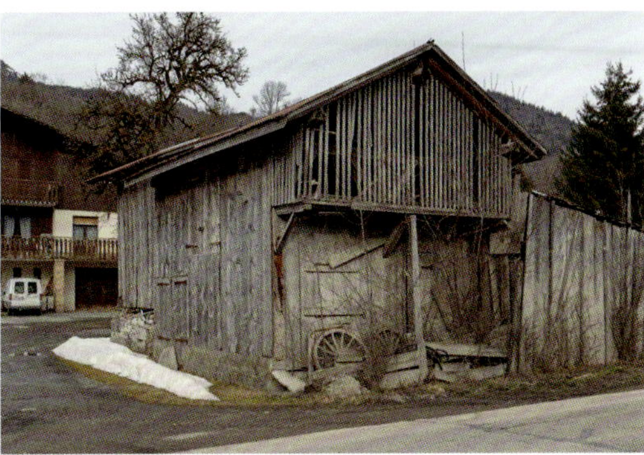
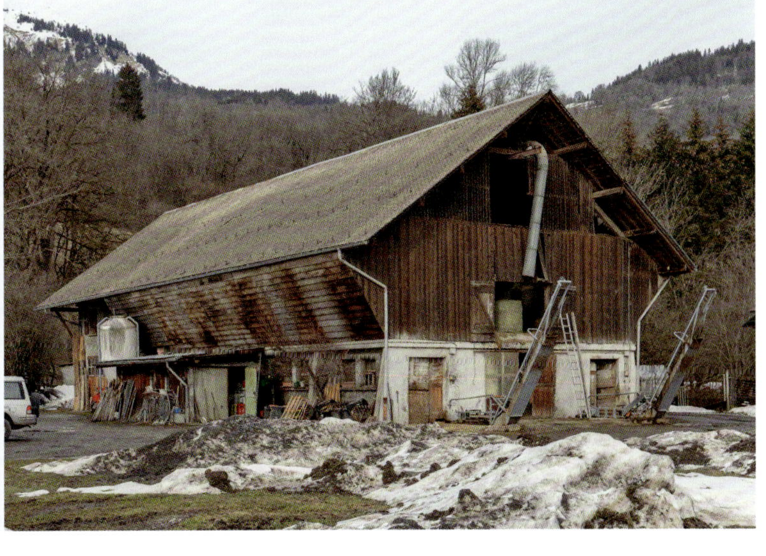

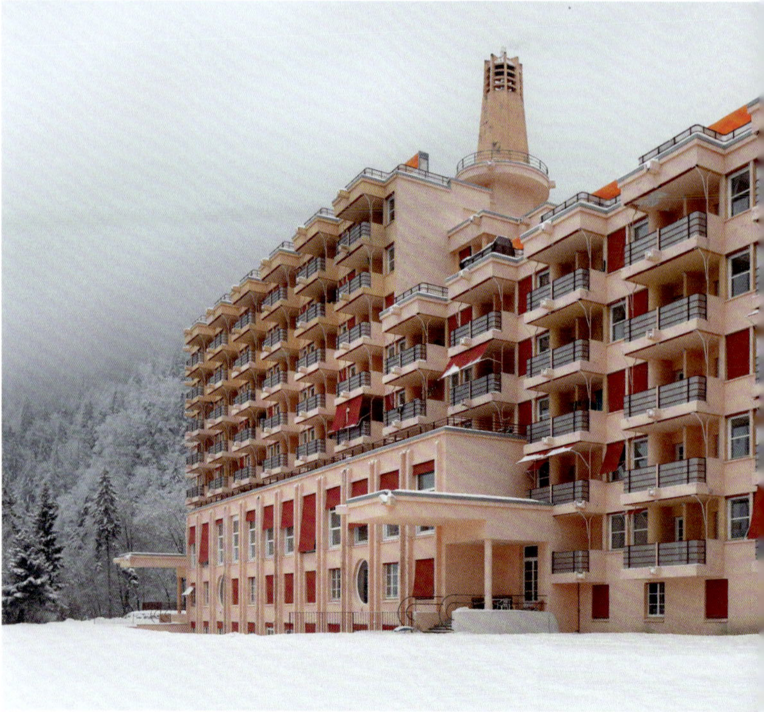

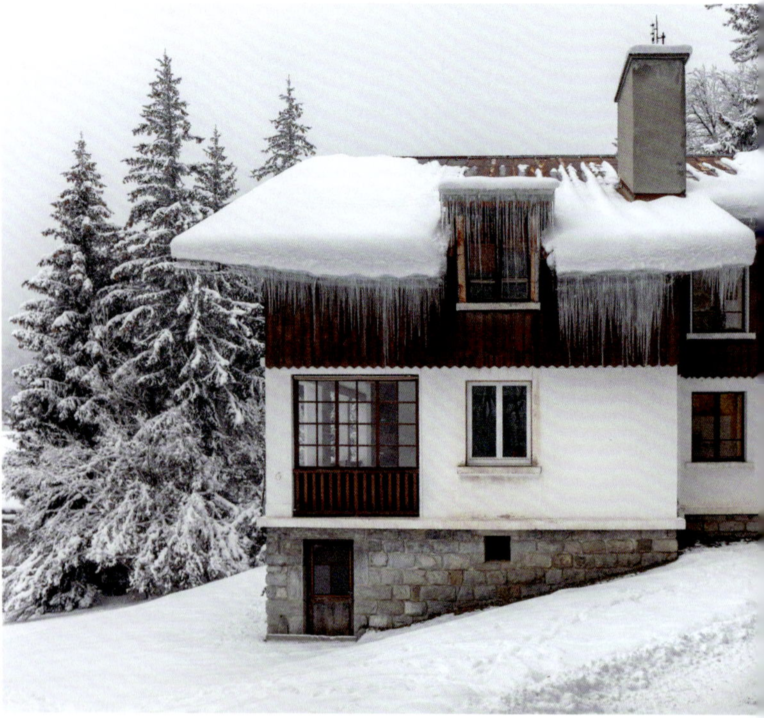

Plateau d'Assy

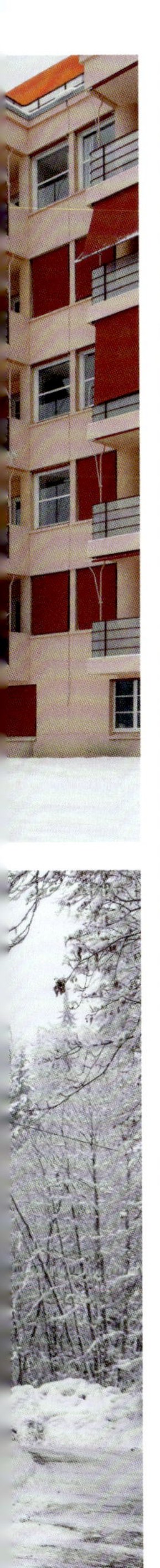

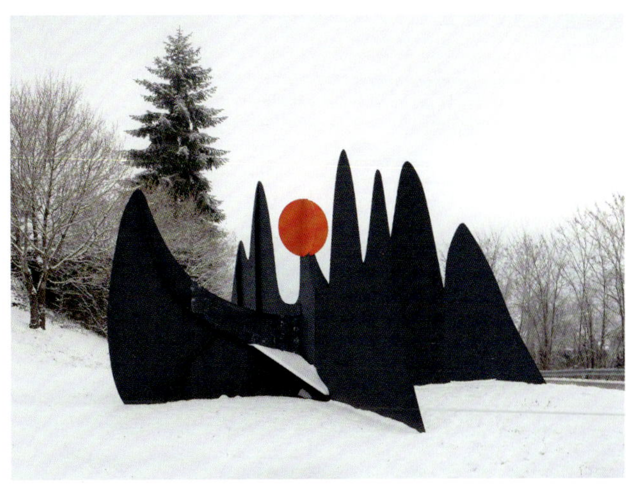

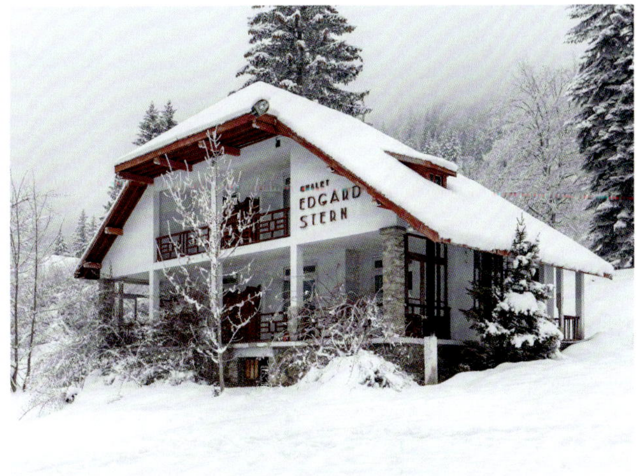
CHALET
EDGARD
STERN

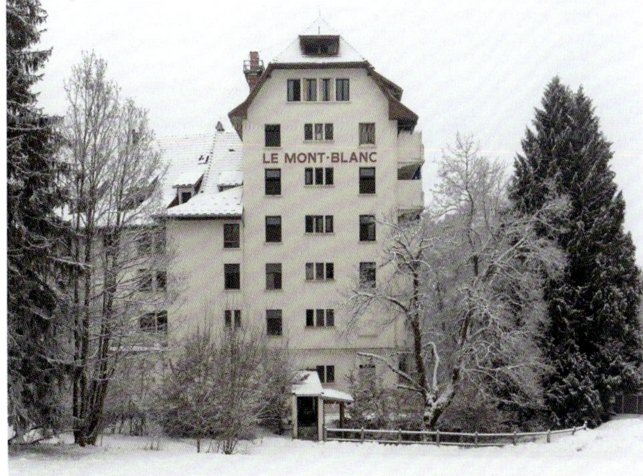
LE MONT-BLANC

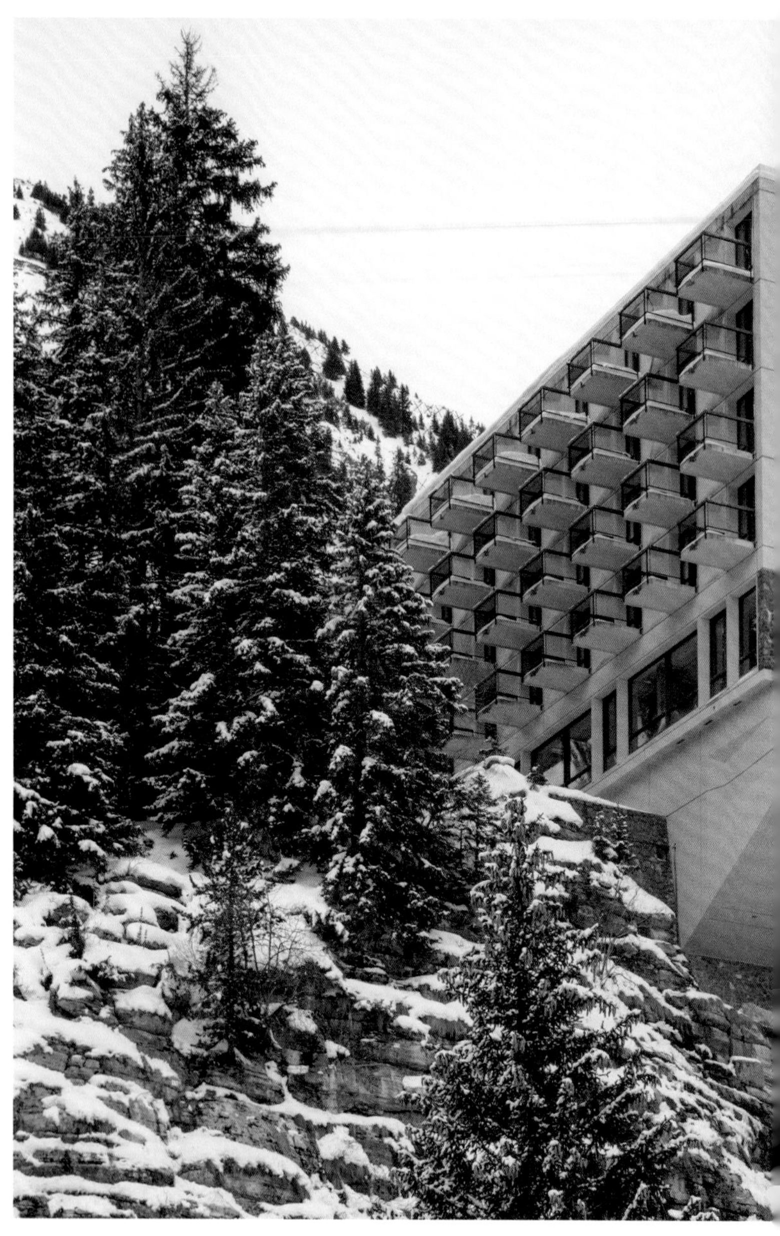

Flaine

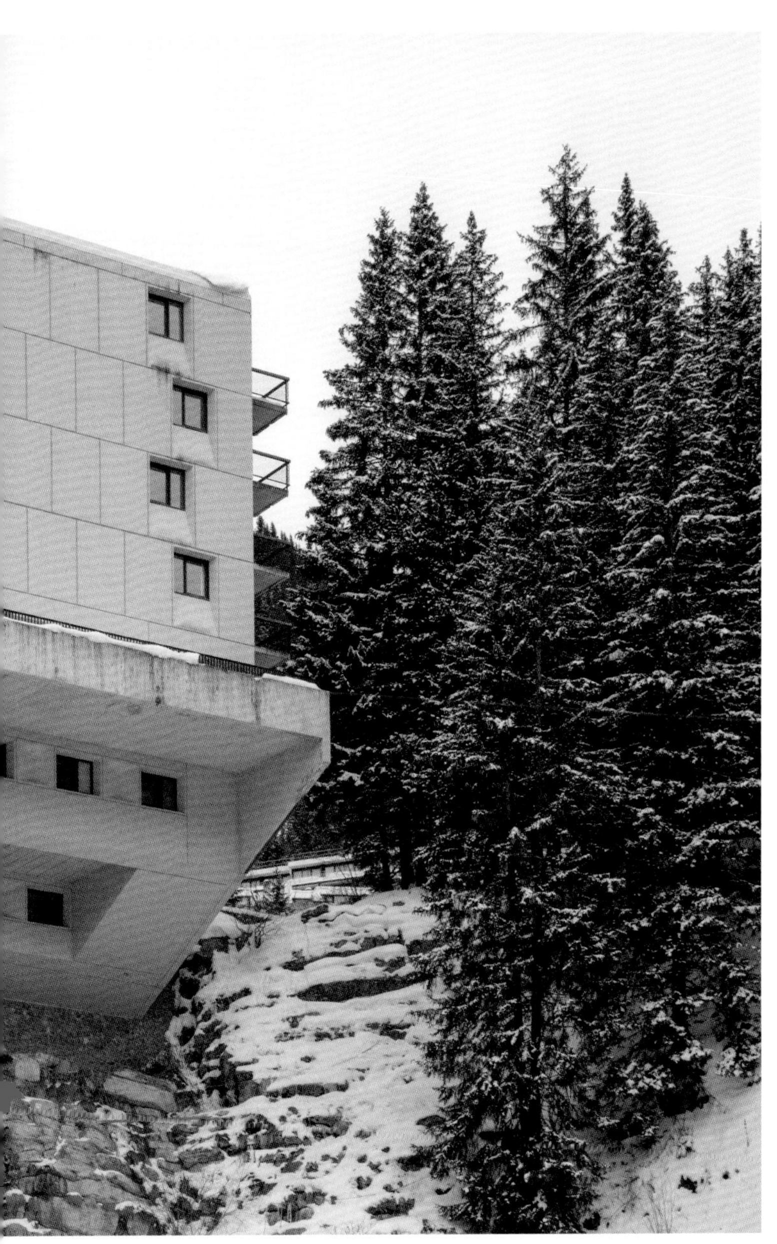

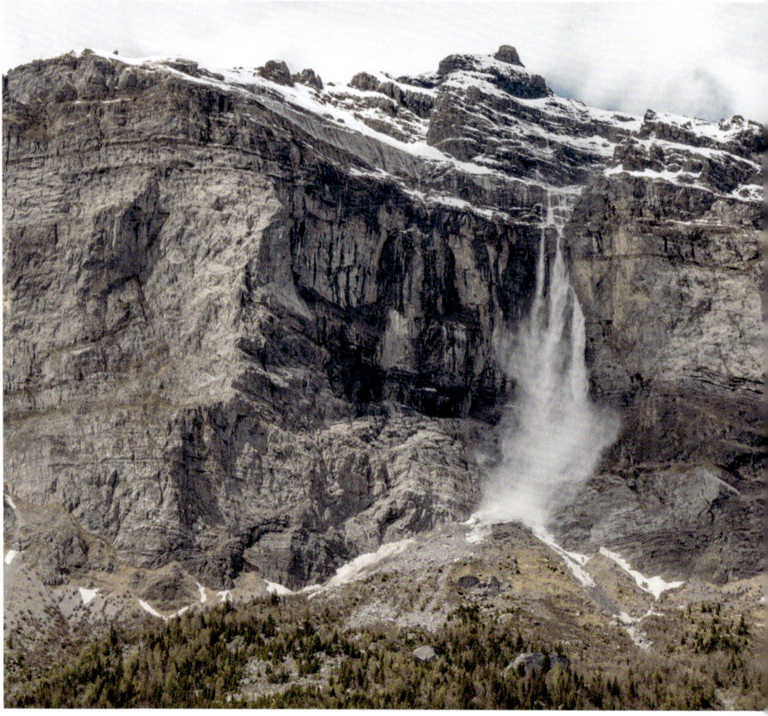

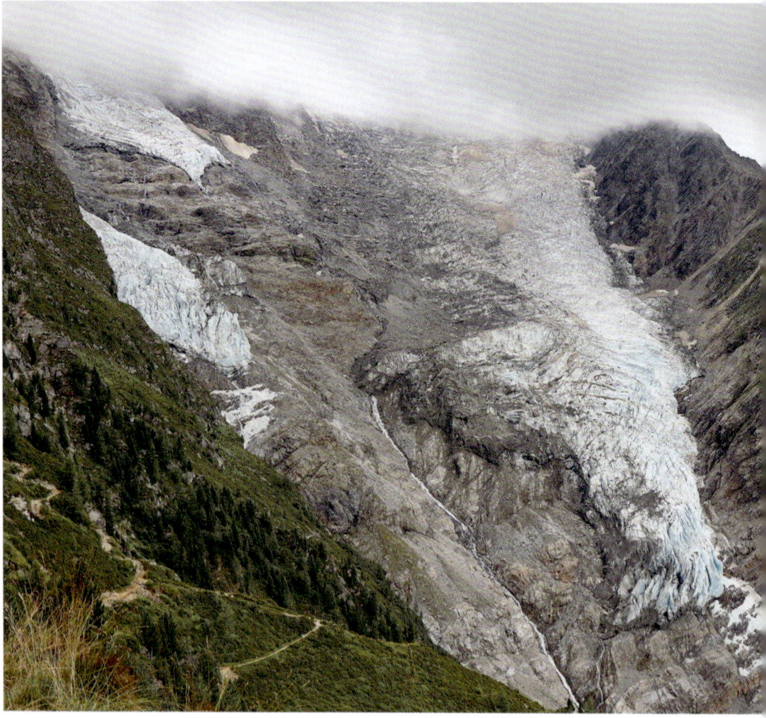

Plateau d'Assy
Chamonix, *Glacier de Taconnaz*

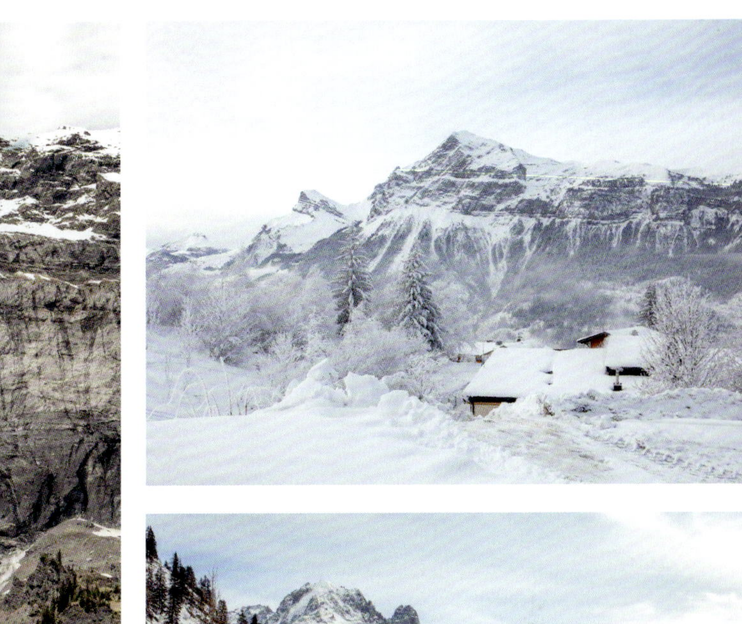

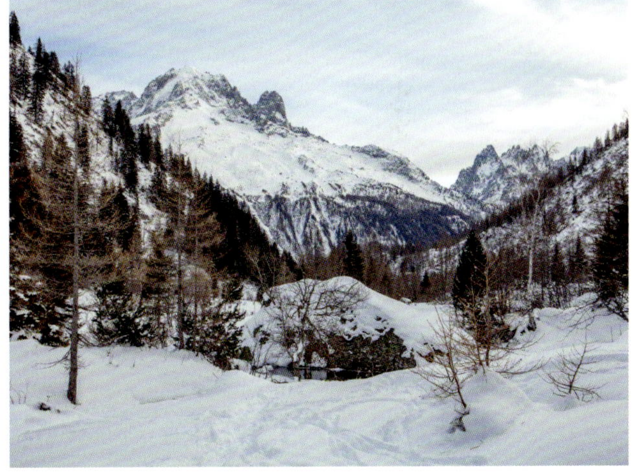

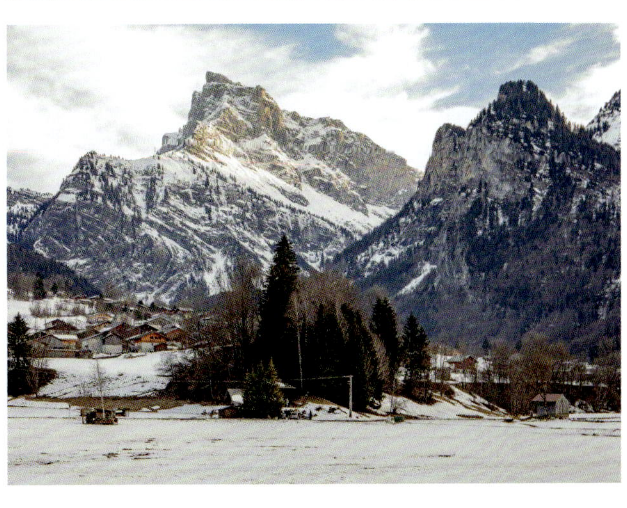

Arâches-la-Frasse
Vallorcine, *Col des Montets*
Sixt-Fer-à-Cheval   → Morillon   71

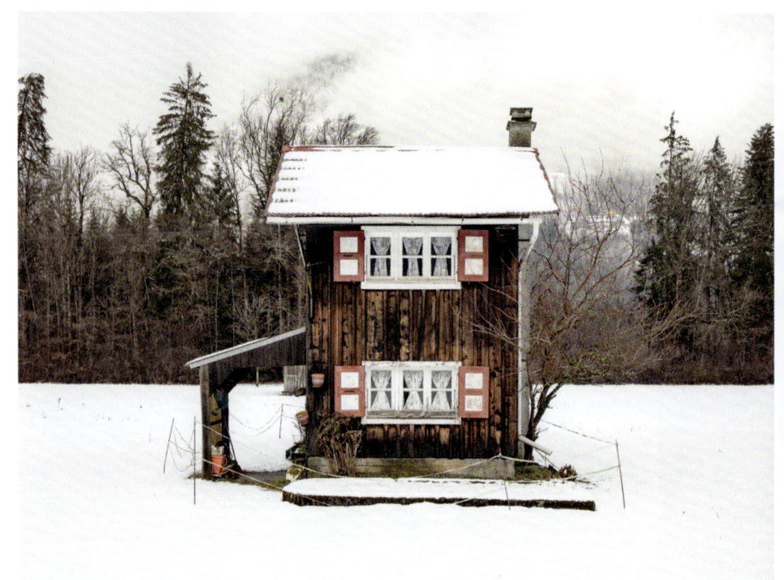

Amers

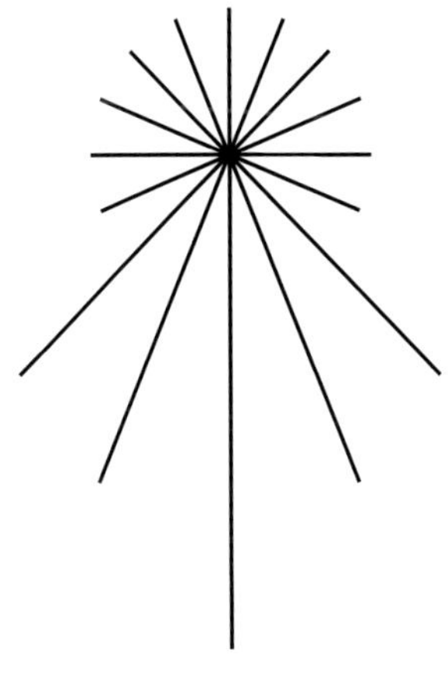

ch. 4

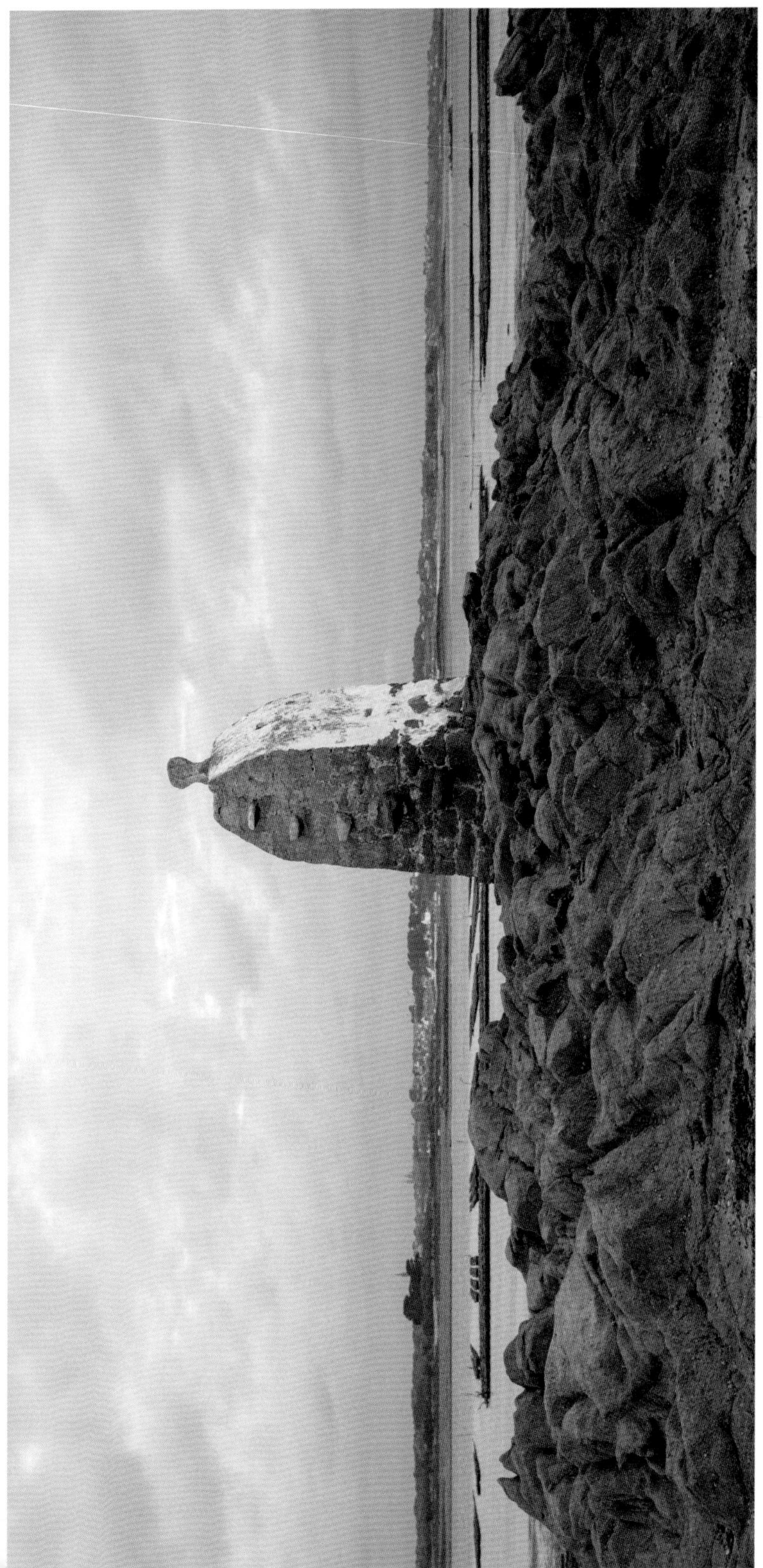

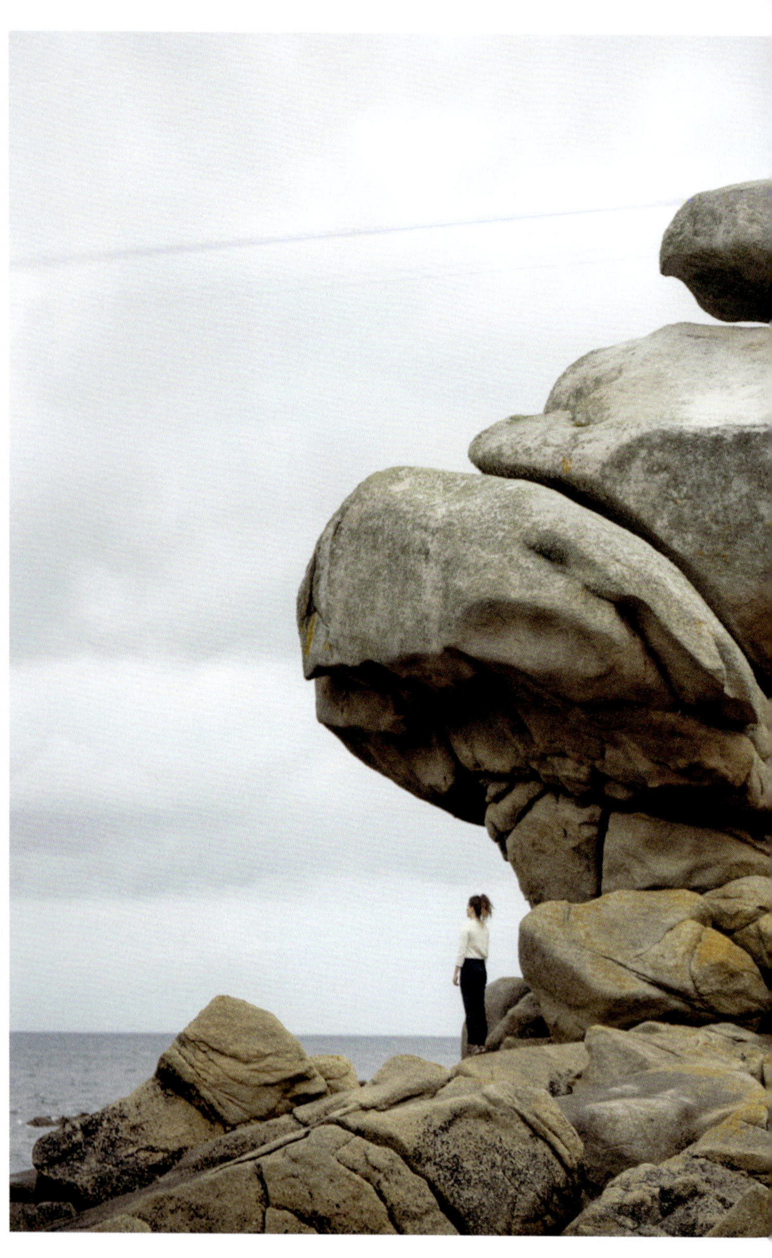

← Carantec, Léon

Plougasnou, Trégor

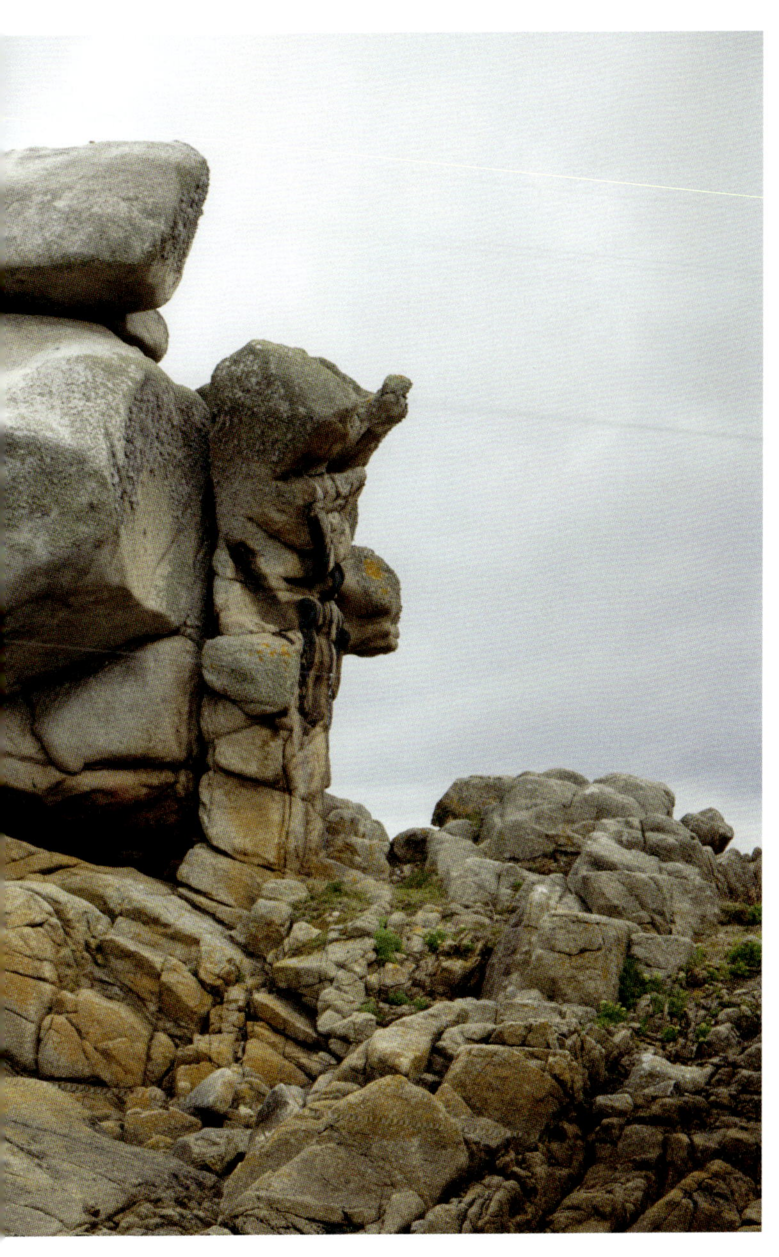

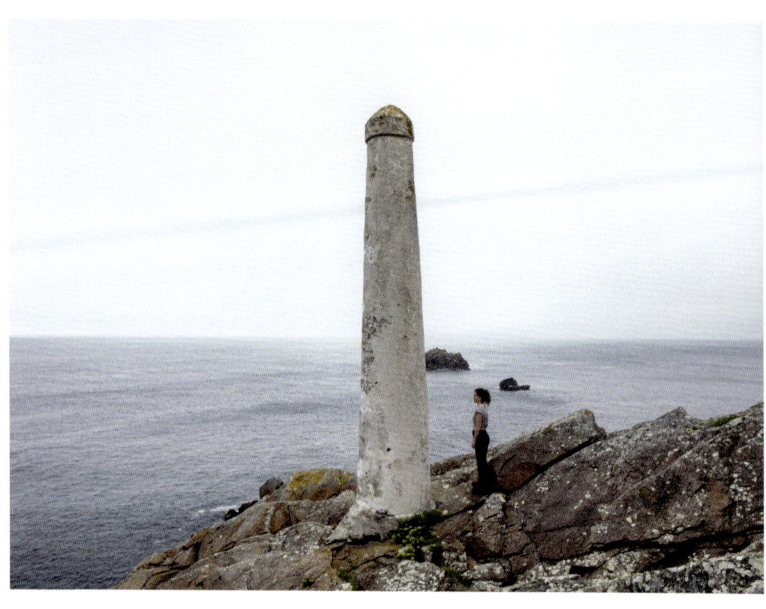

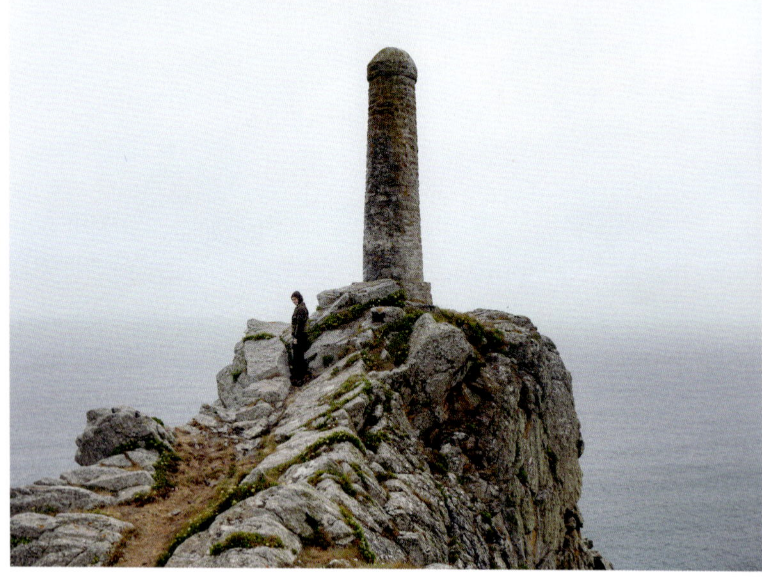

Beuzec-Cap-Sizun, Cornouaille
Cléden-Cap-Sizun, Cornouaille

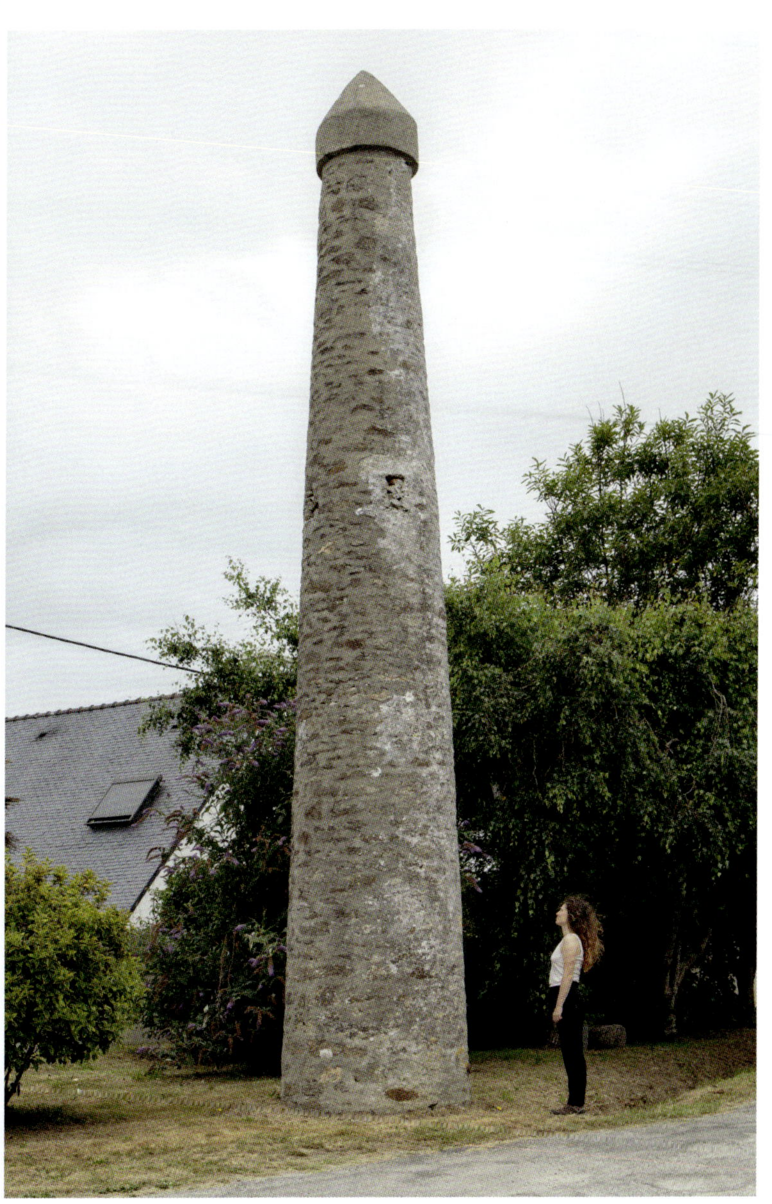

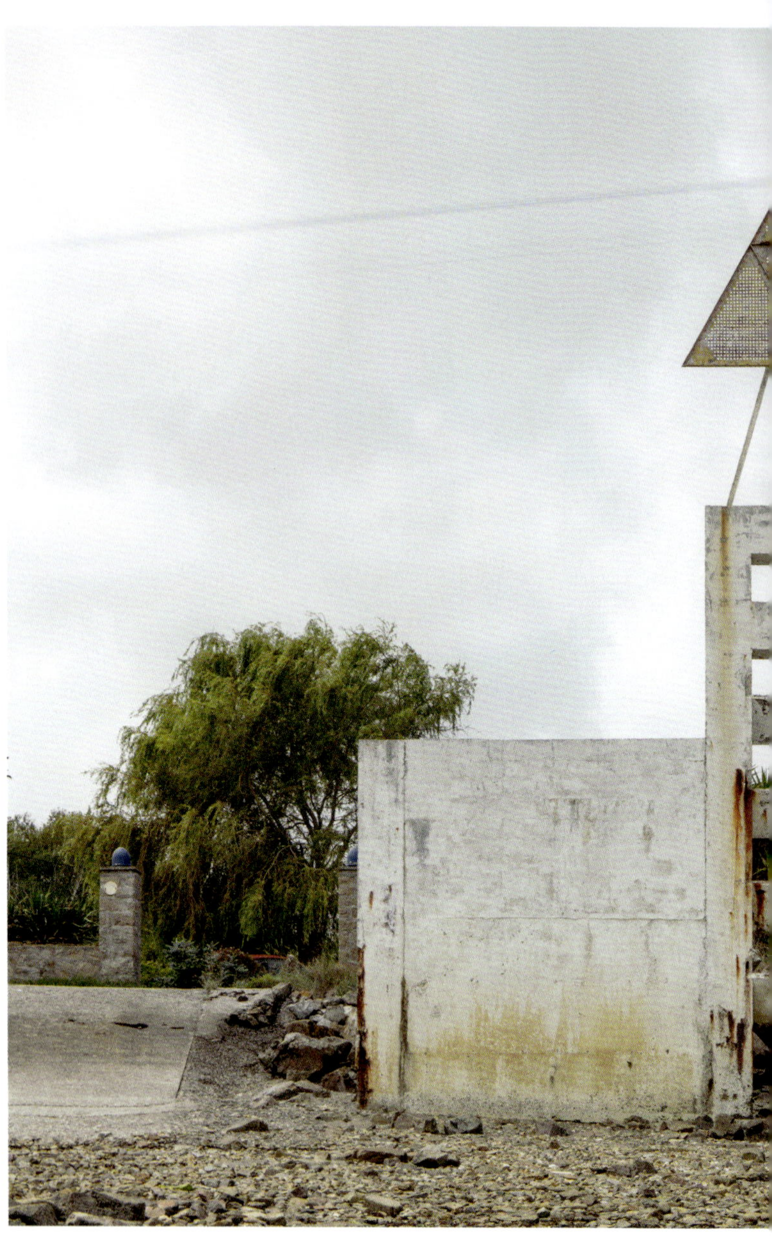

Crozon, Cornouaille

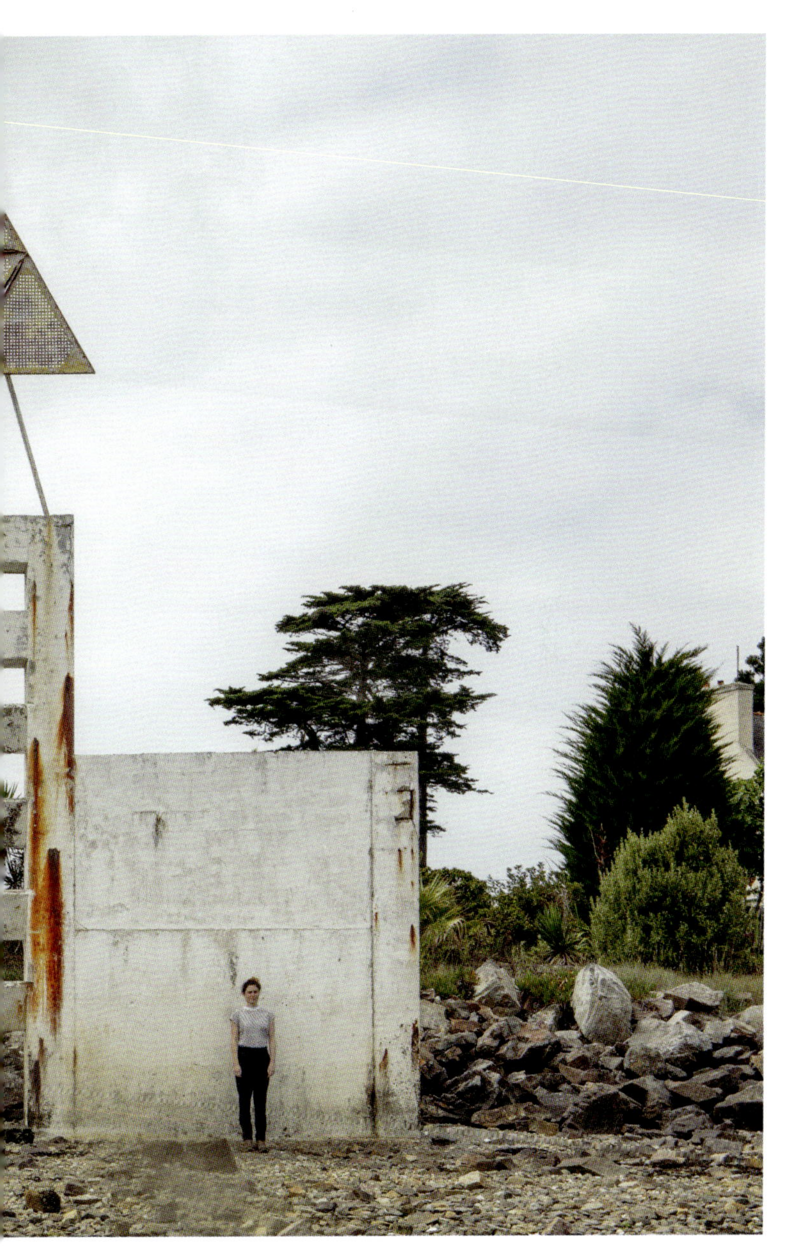

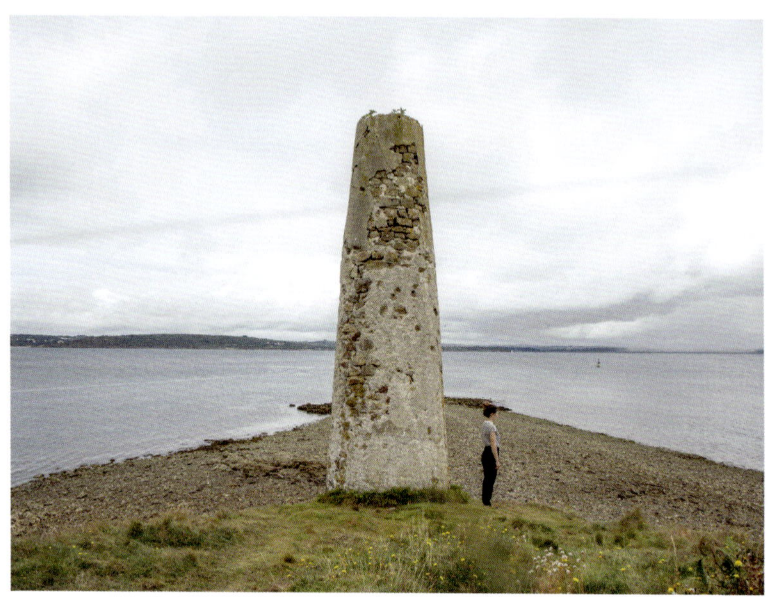

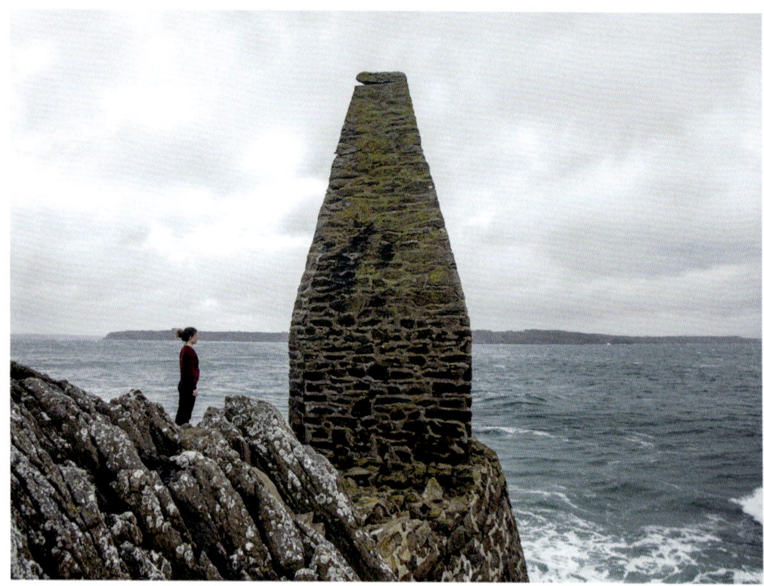

Lanvéoc, Cornouaille
Plouzané, Léon

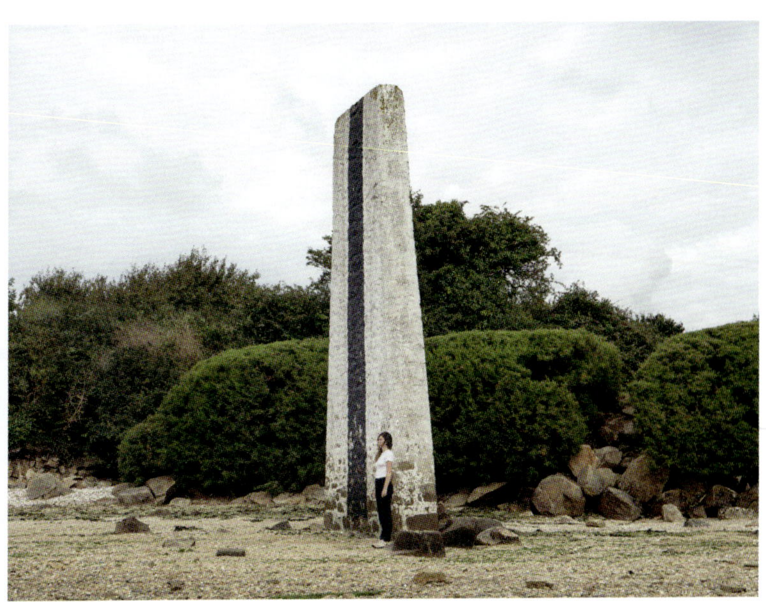

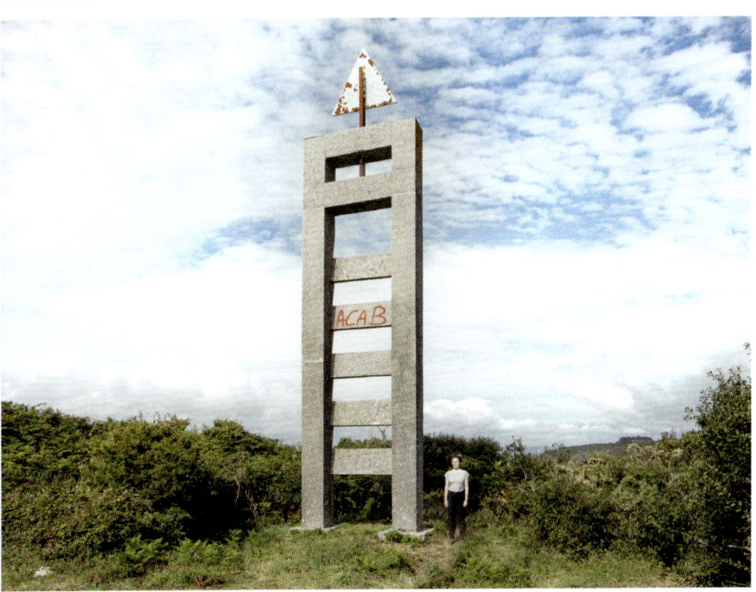

Carantec, Léon
Roscanvel, Cornouaille

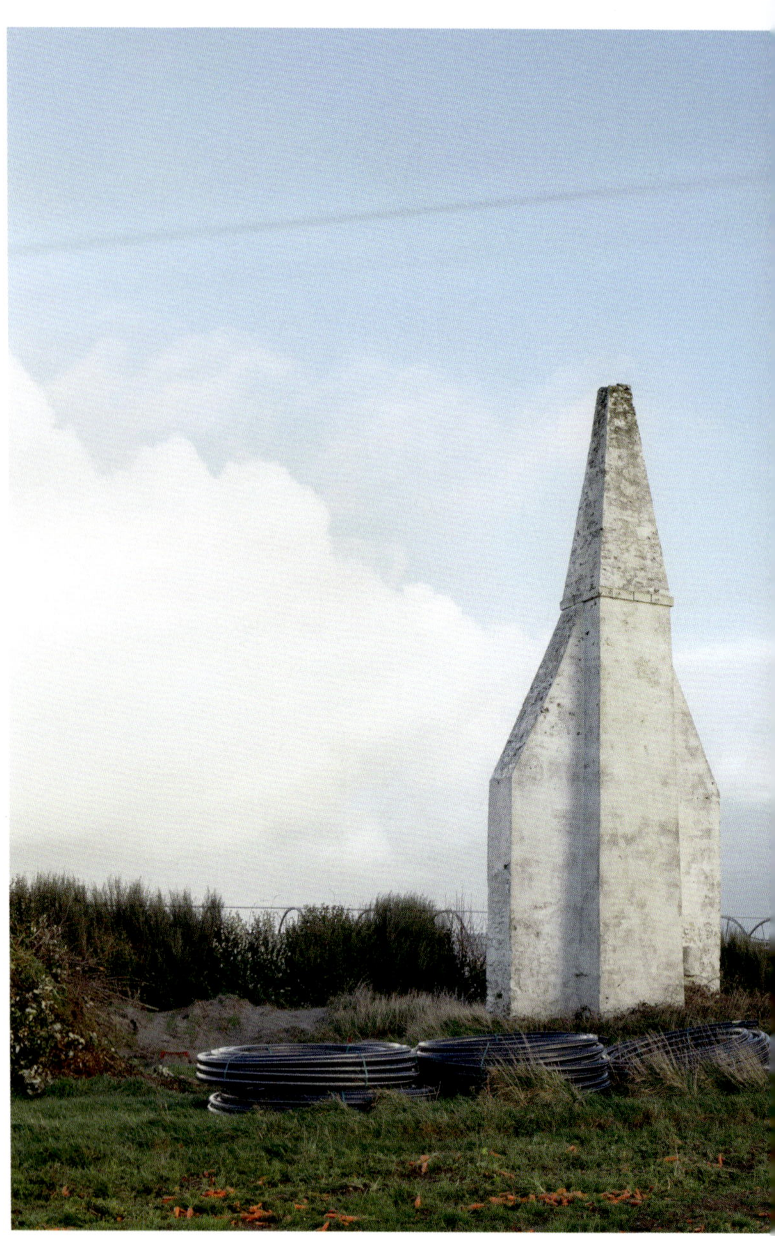

Plougonvelin, Léon

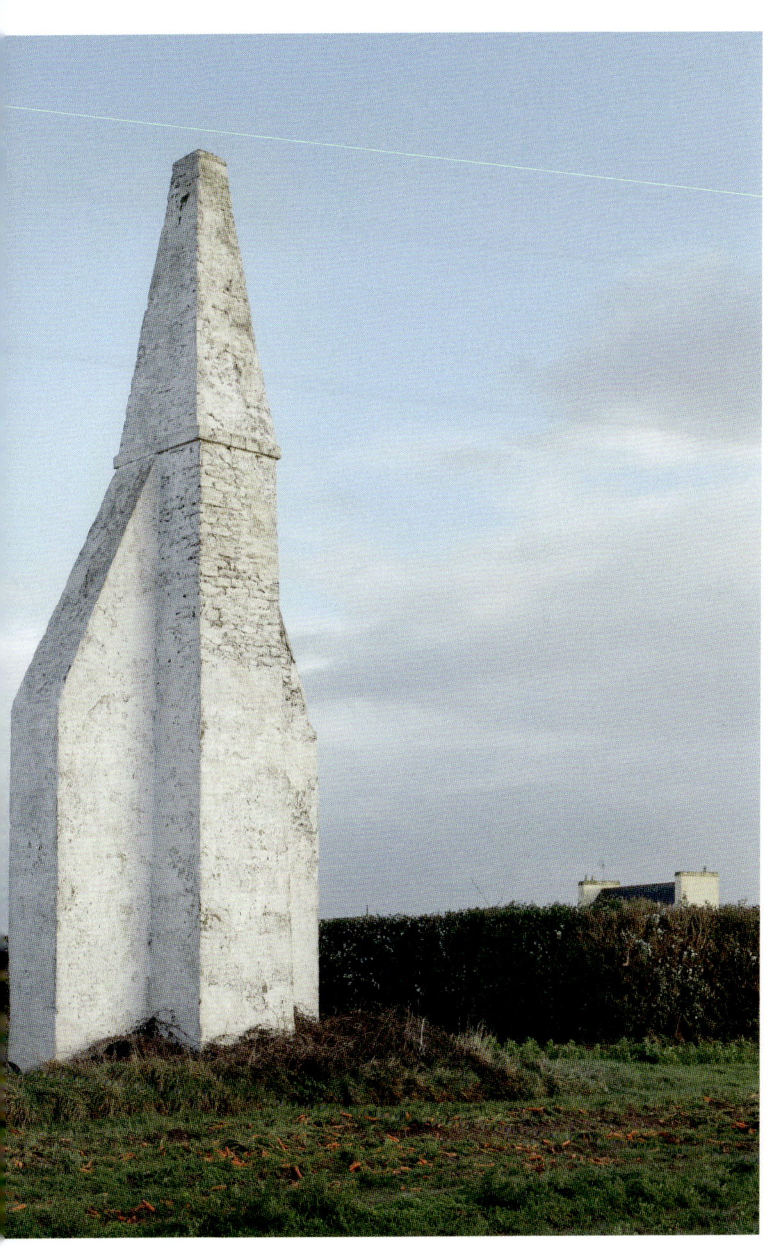

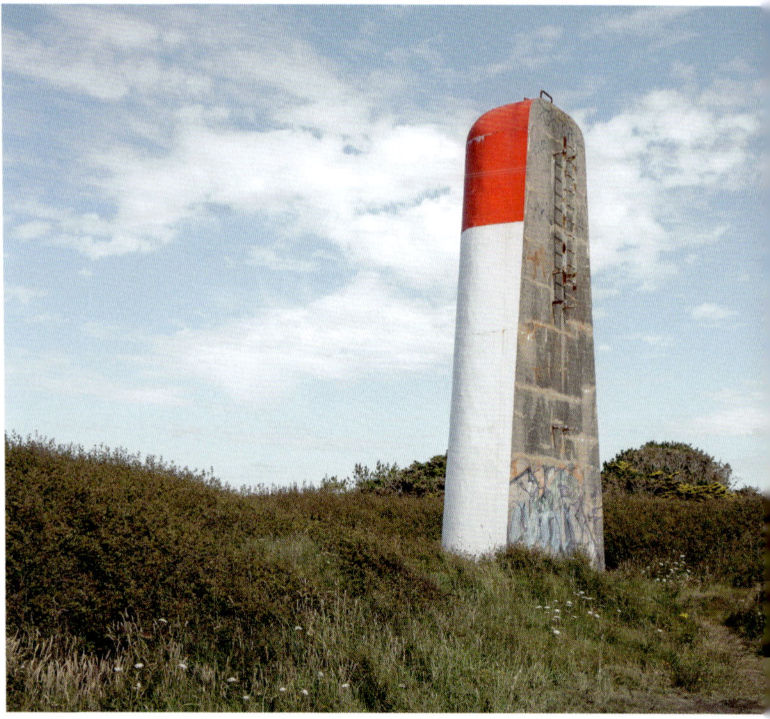

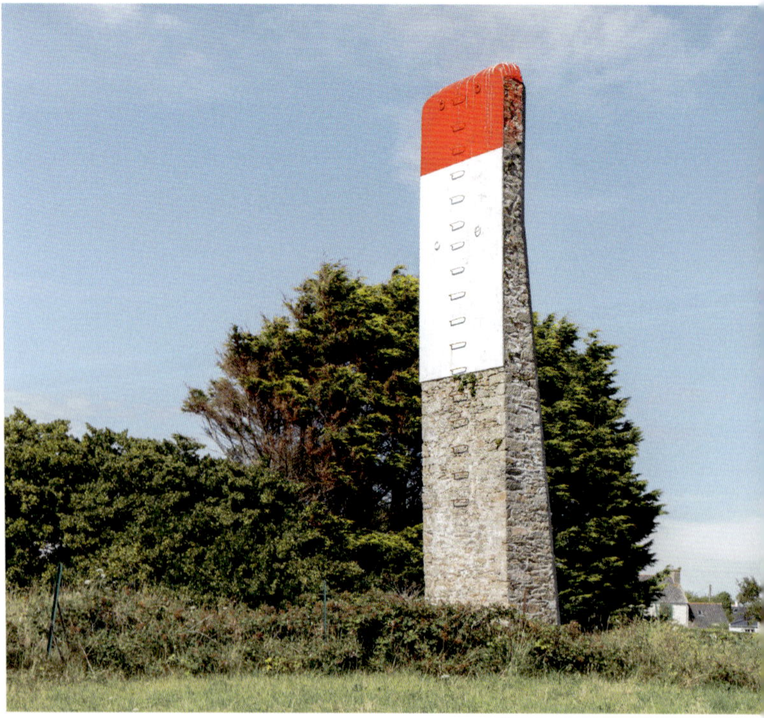

Landunvez, Léon
Ploudalmézeau, Léon

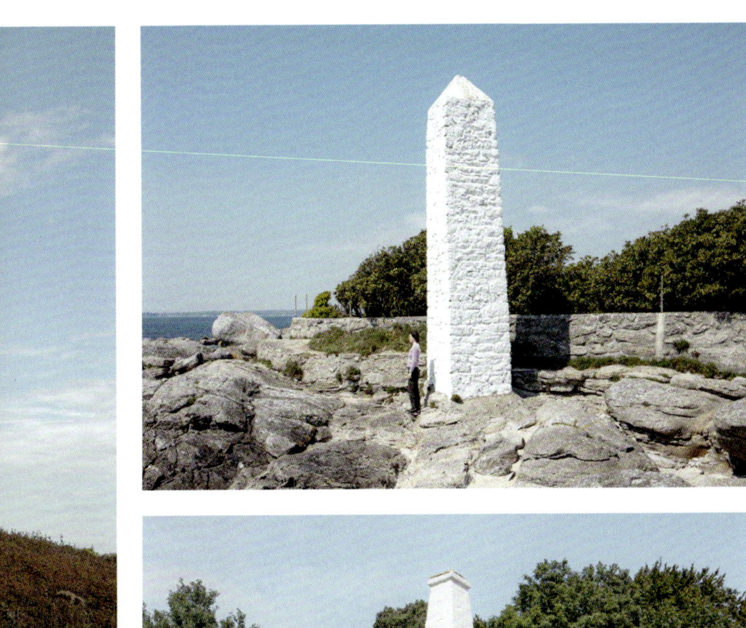

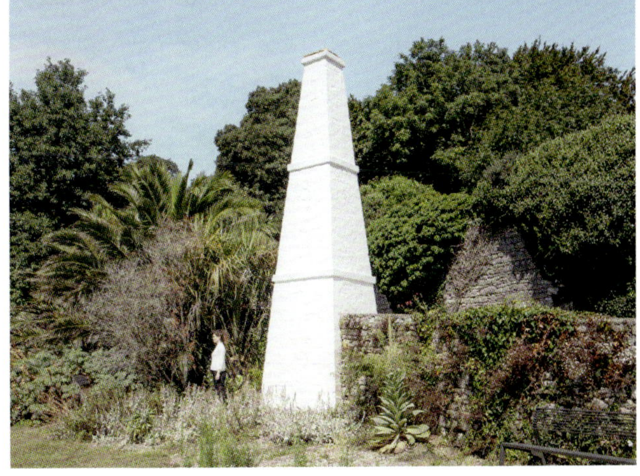

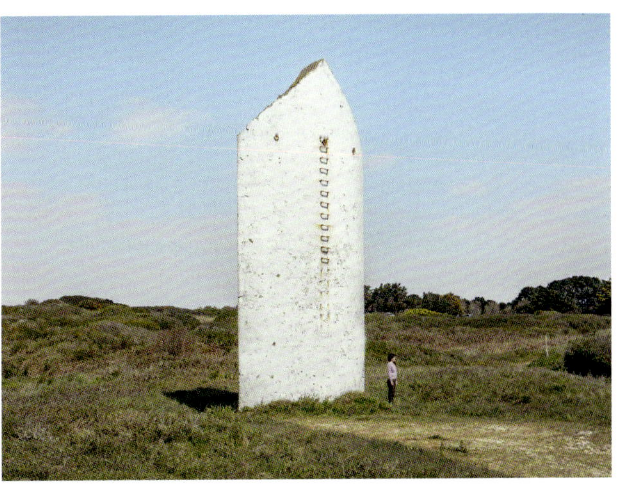

Trégunc, Cornouaille
Audierne, Cornouaille
Névez, Cornouaille

87

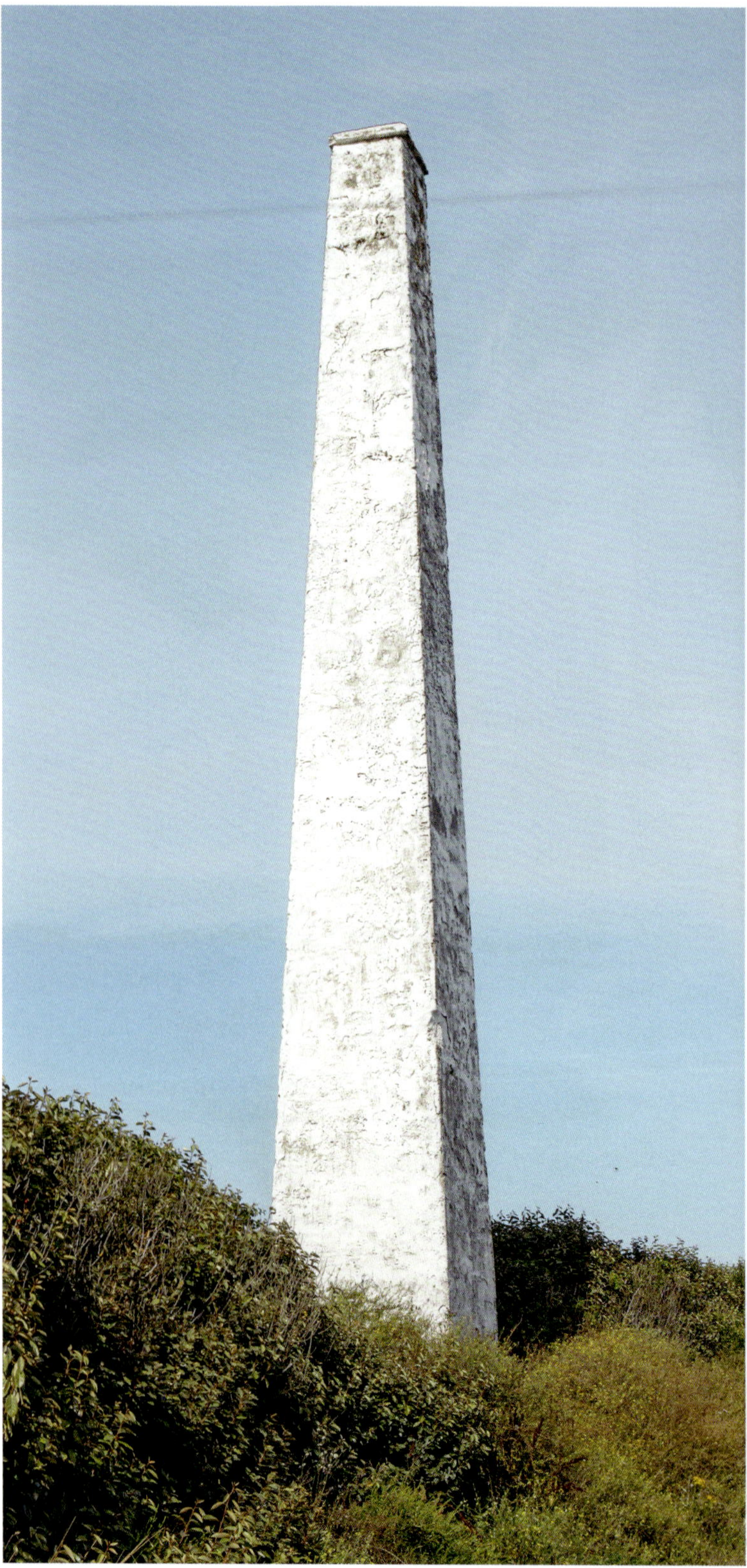

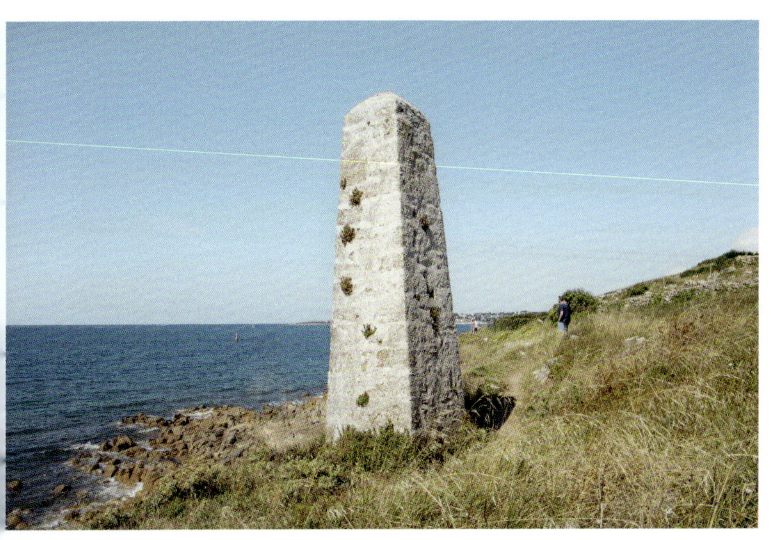

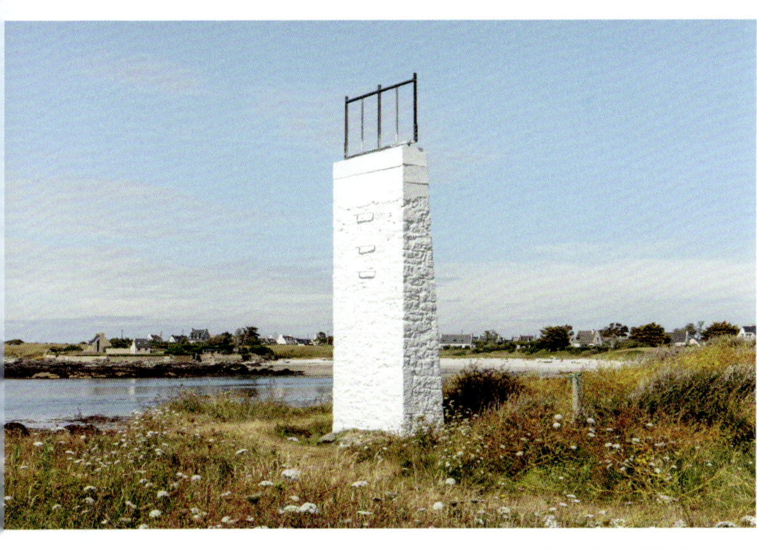

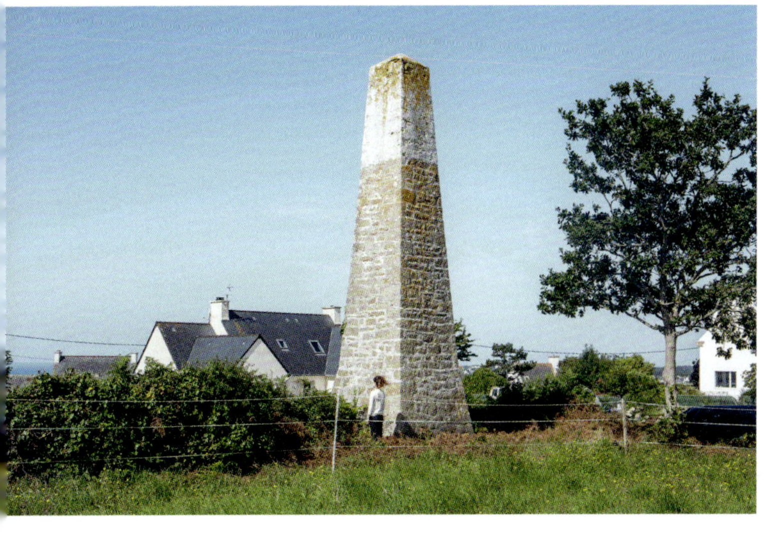

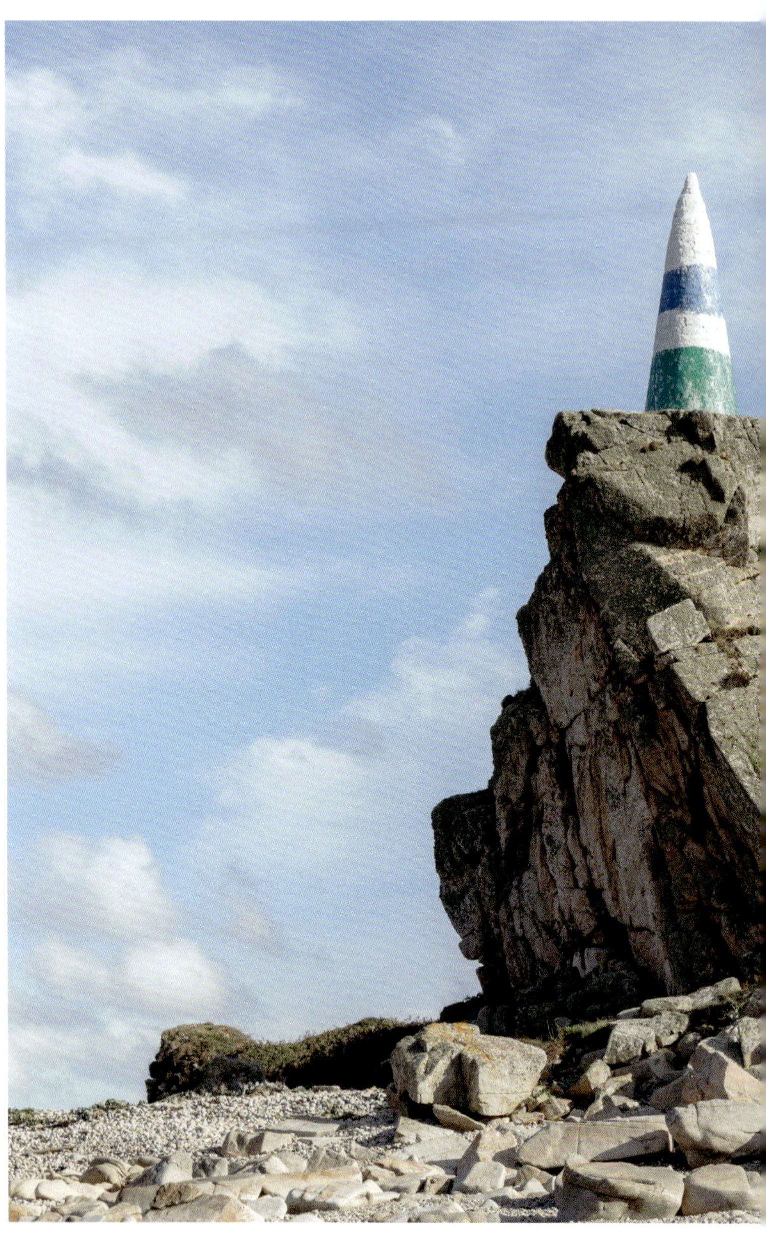

←← Plougonvelin, Léon

← Audierne, Cornouaille
   Ploudalmézeau, Léon
   Audierne, Cornouaille

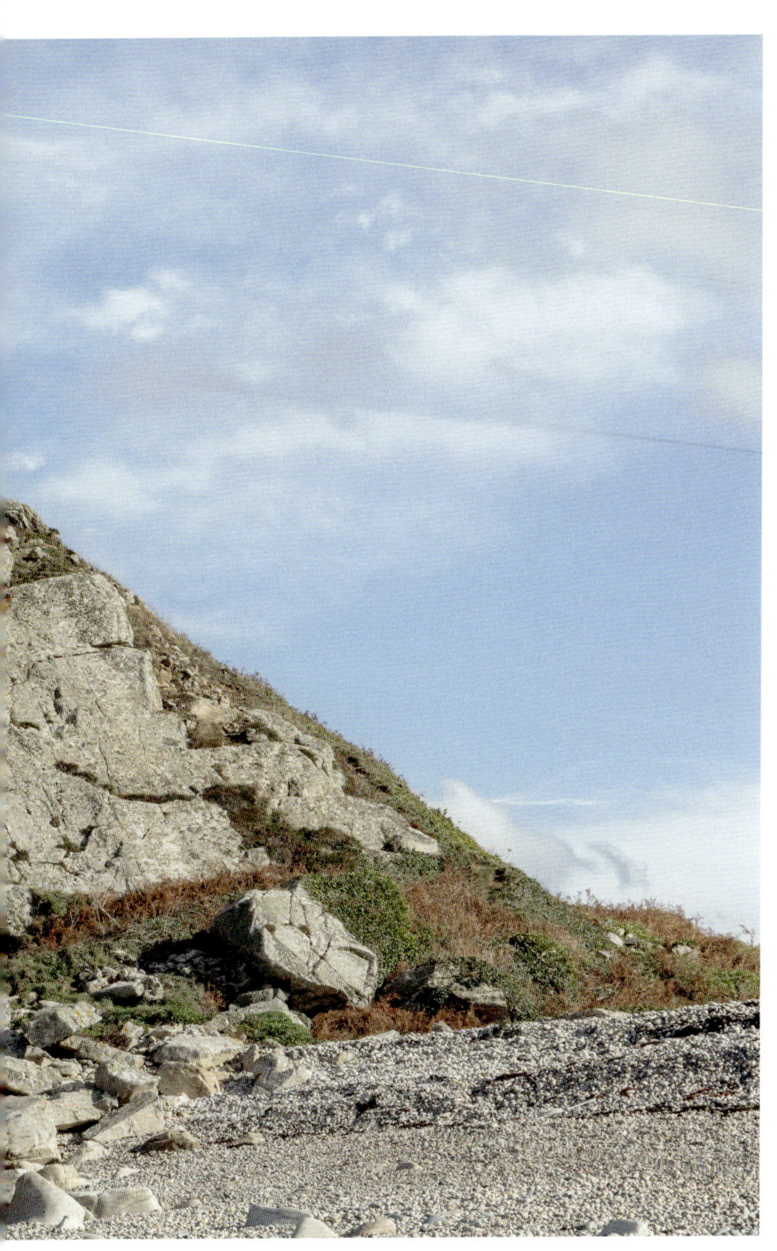

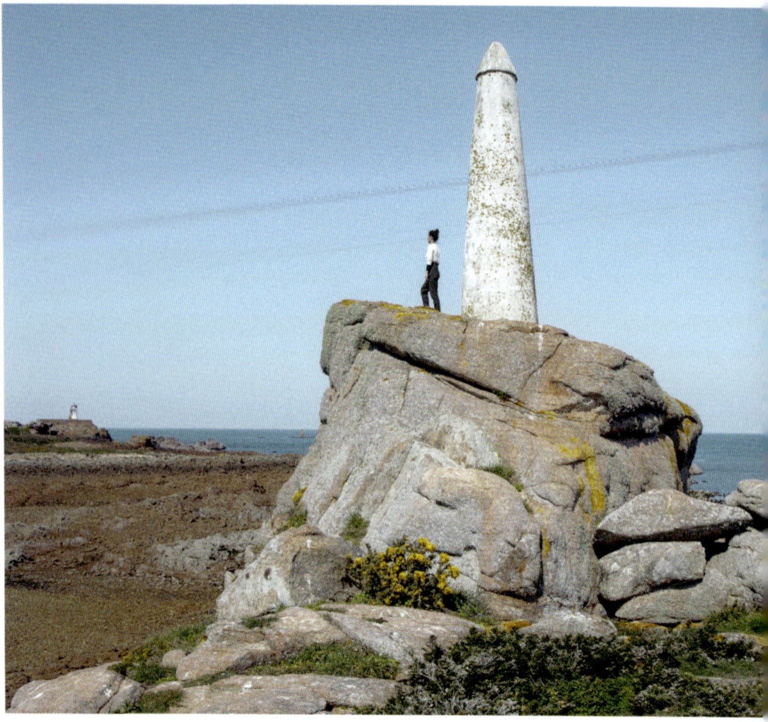

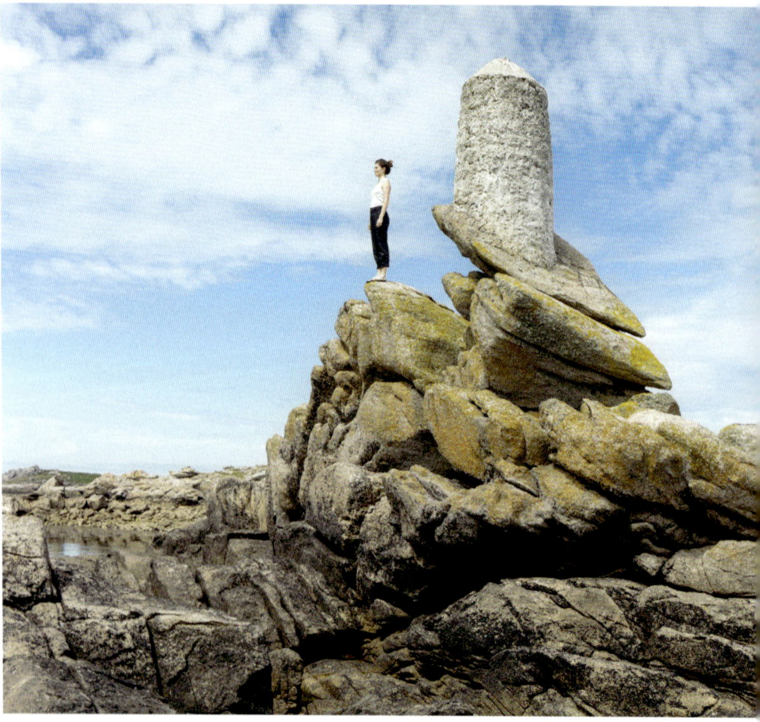

Île-de-Bréhat, Goëlo
Porspoder, Léon

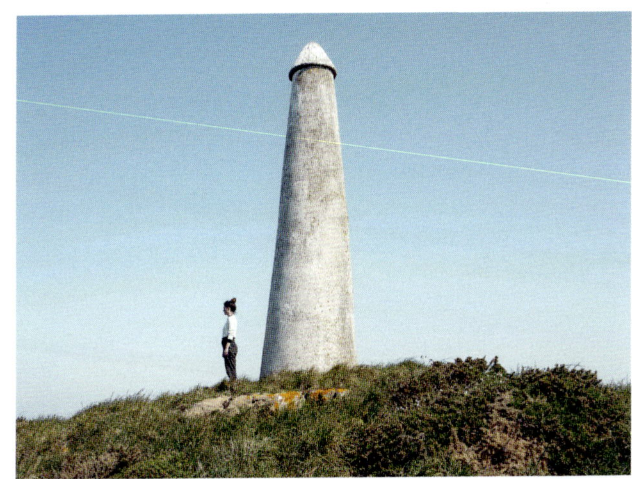

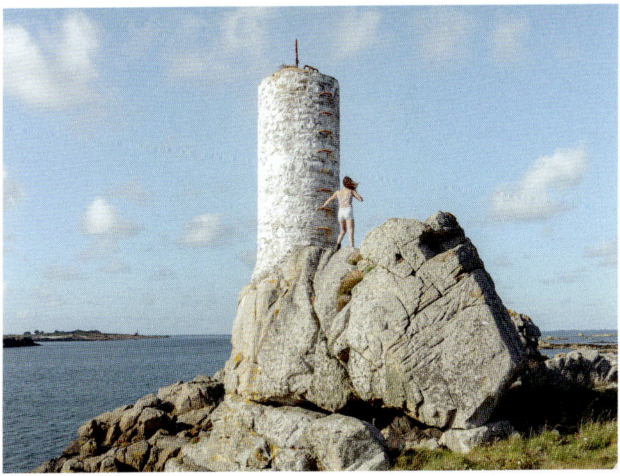

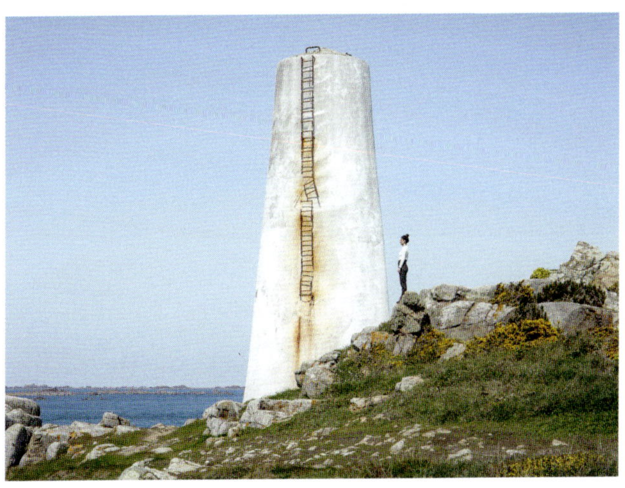

Île-de-Bréhat, Goëlo
Kerbors, Trégor
Île-de-Bréhat, Goëlo

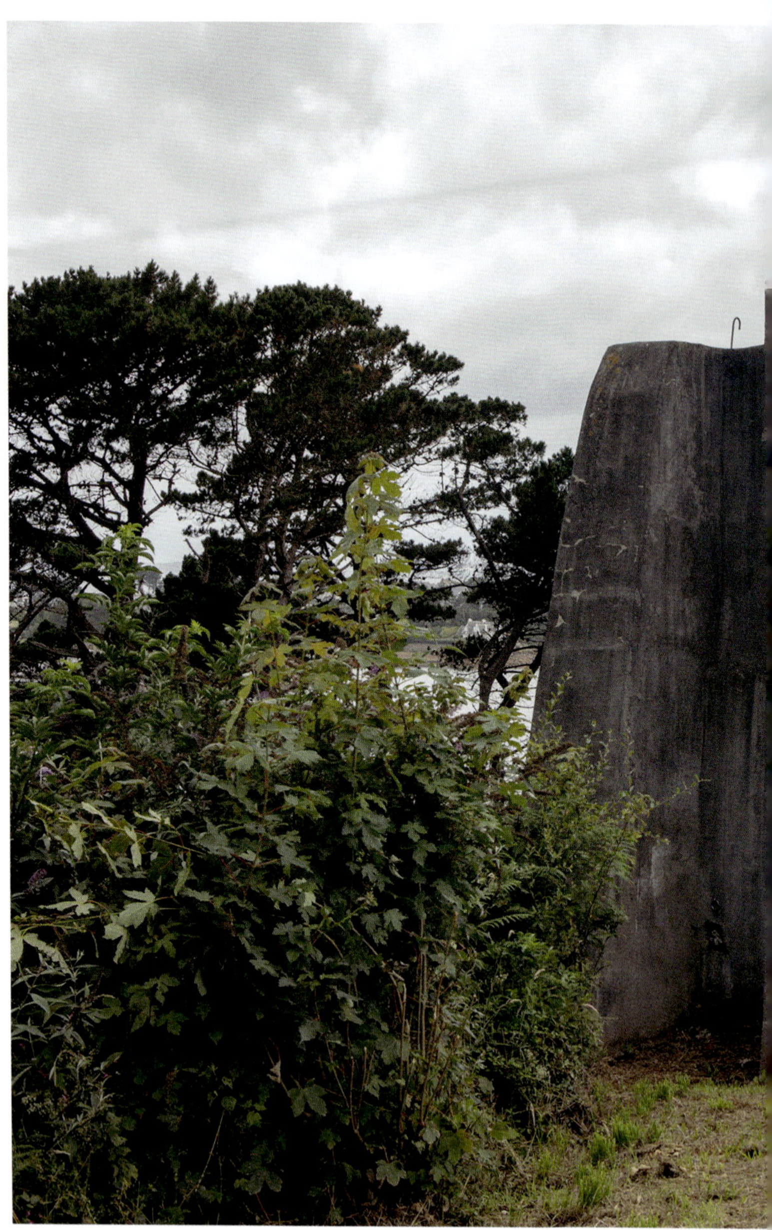

Plougasnou, Trégor

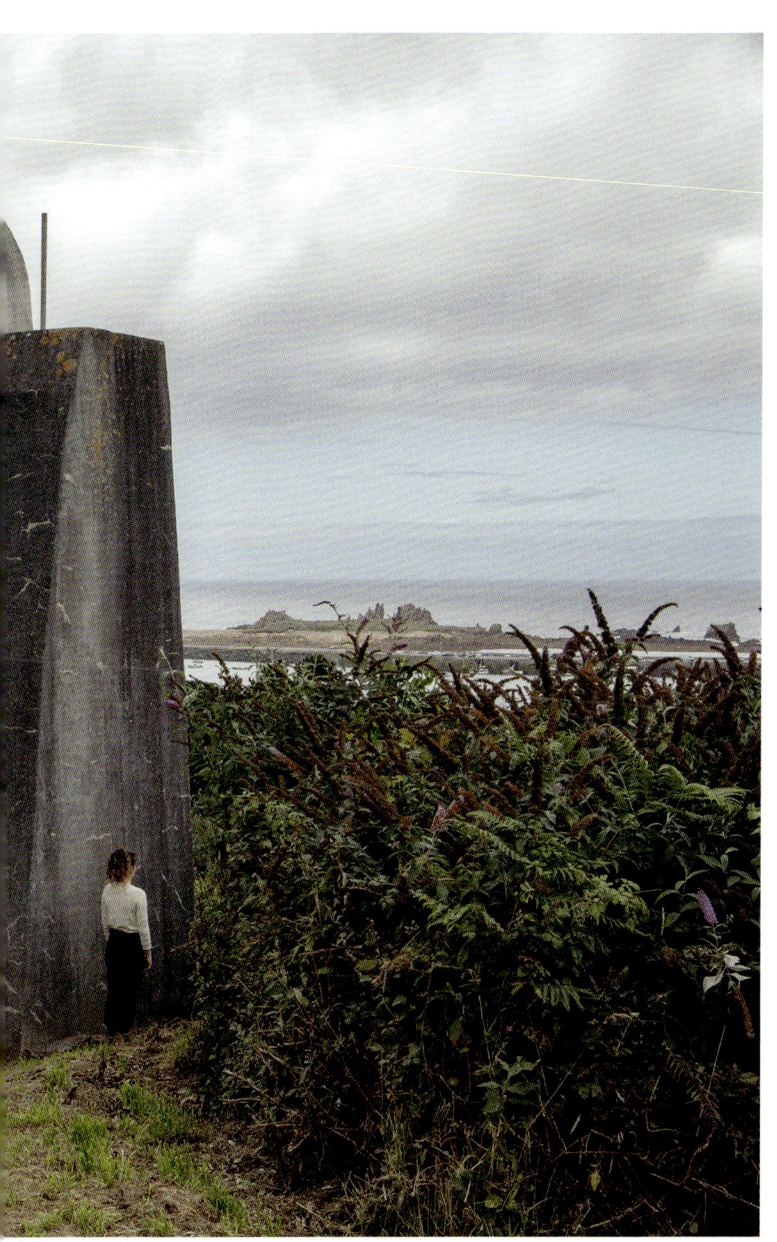

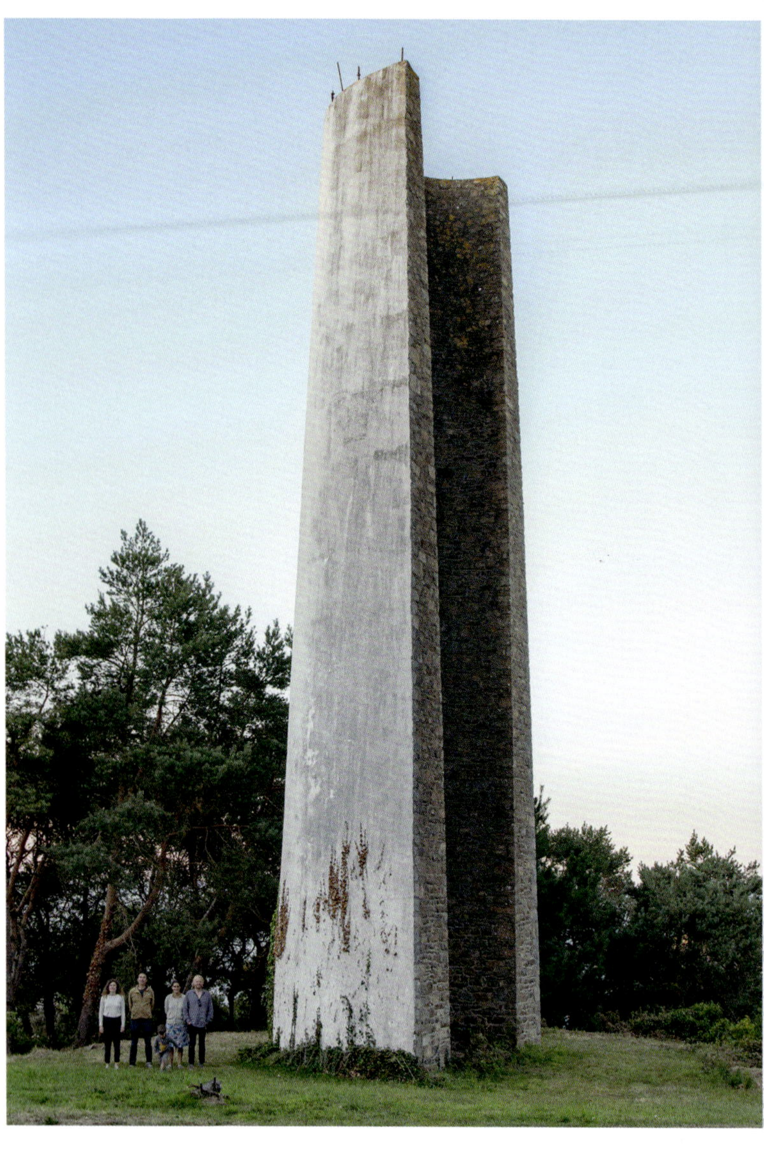

Forez

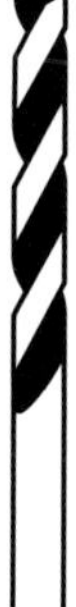

ch. 5

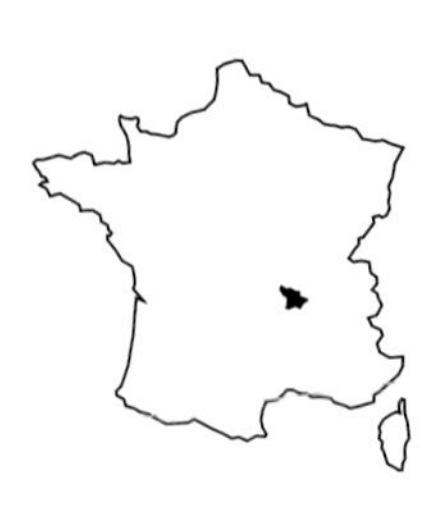

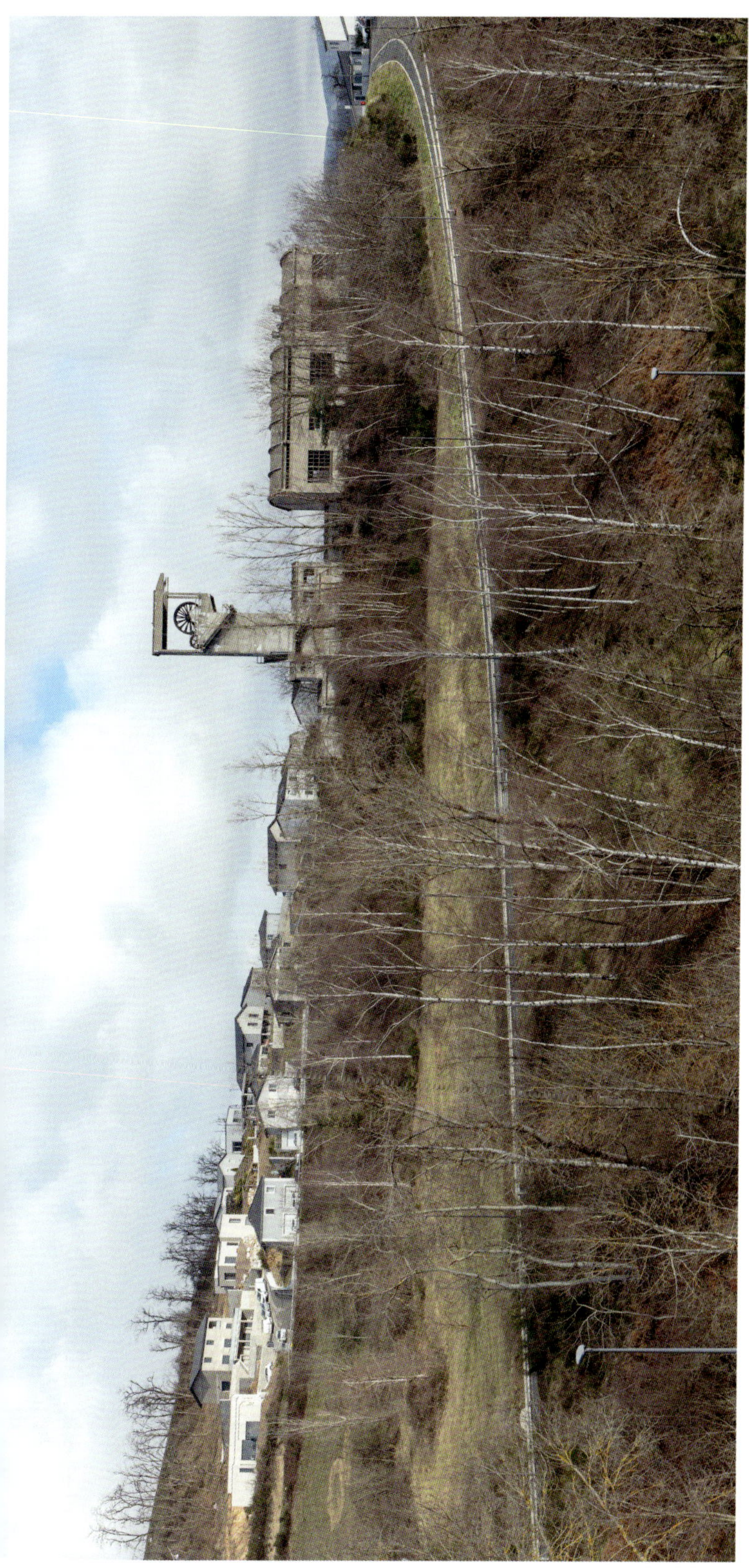

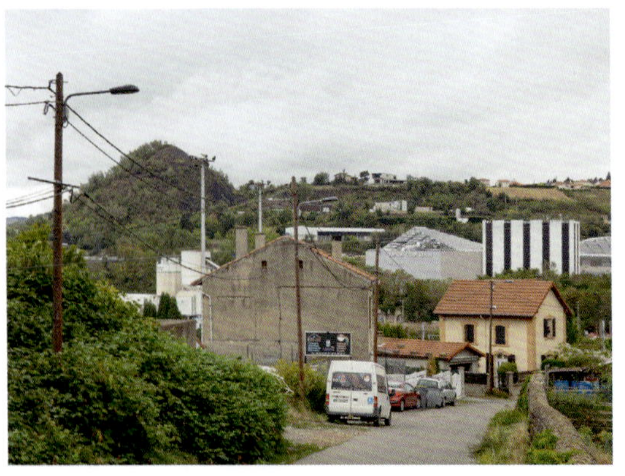

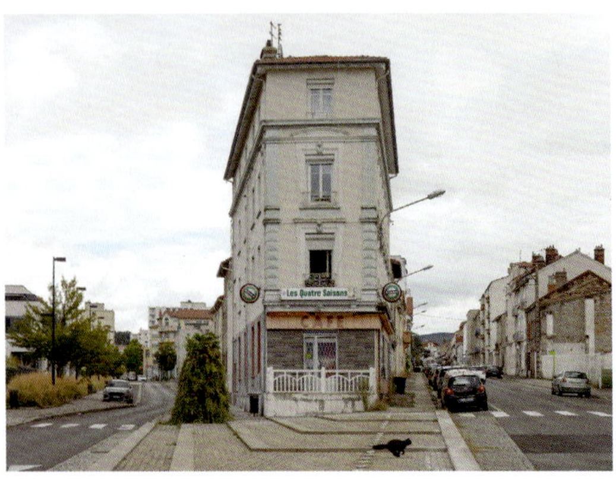

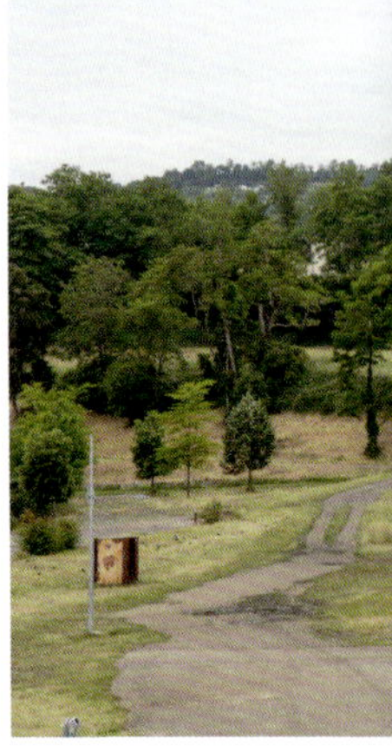

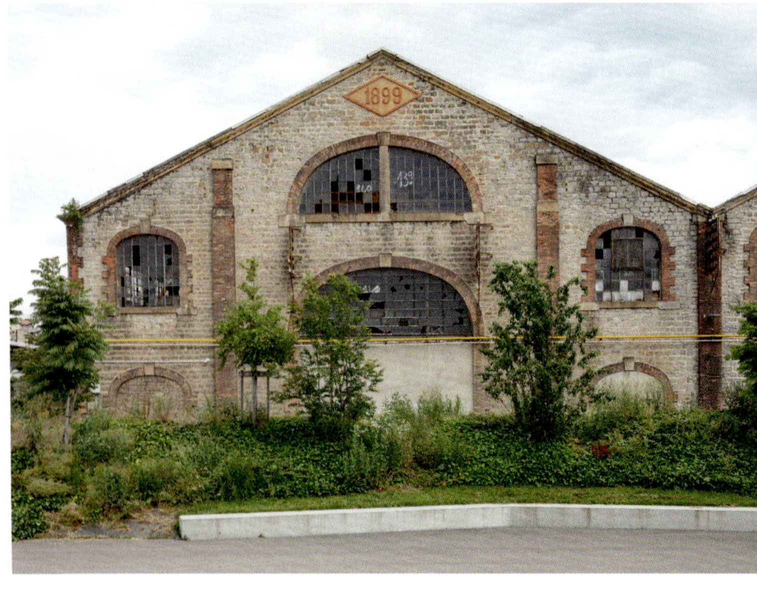

Saint-Étienne
Le Chambon-Feugerolles
← La Ricamarie   Saint-Chamond

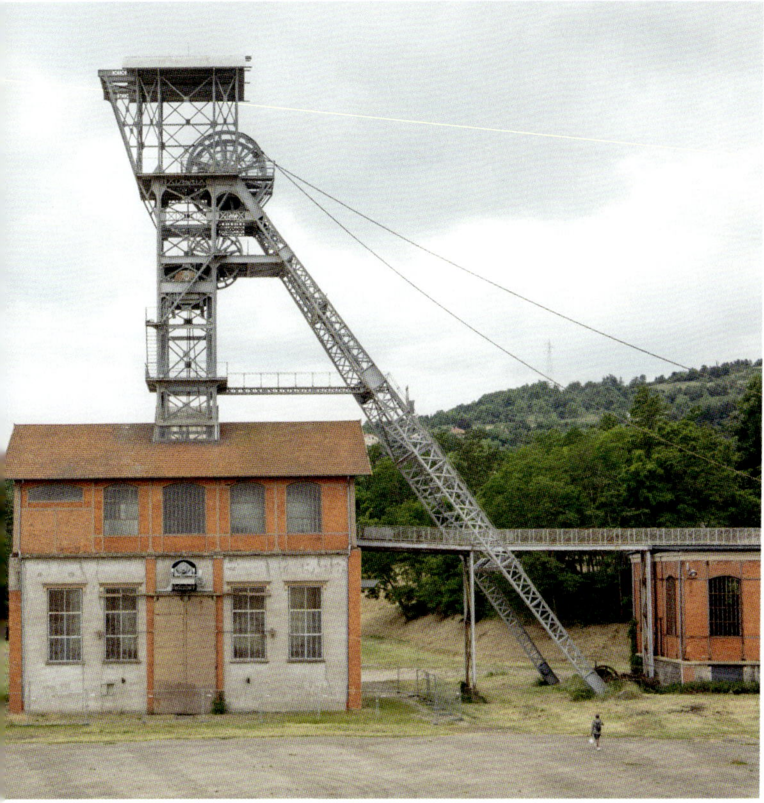

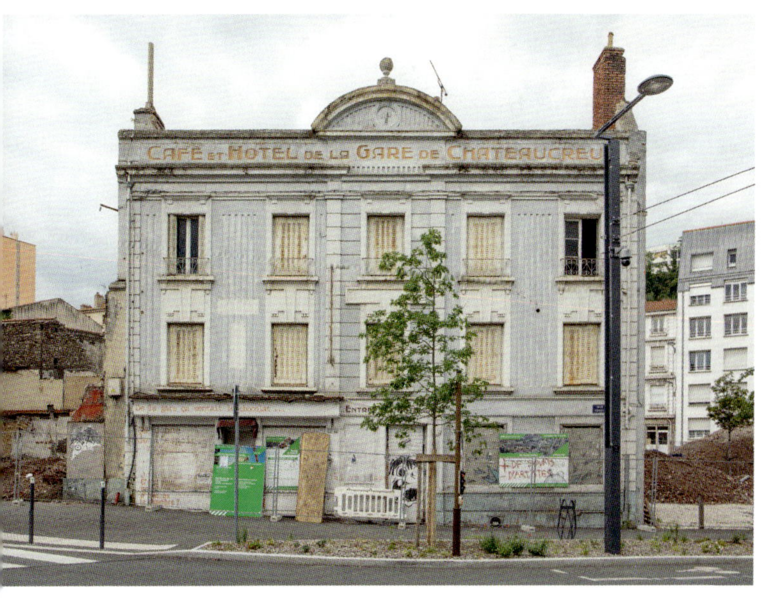

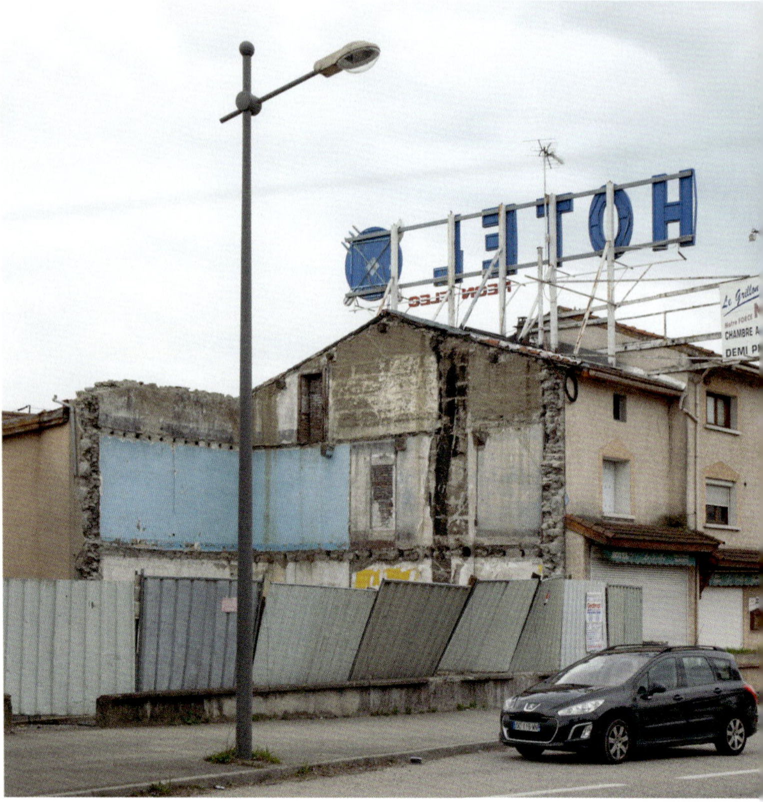

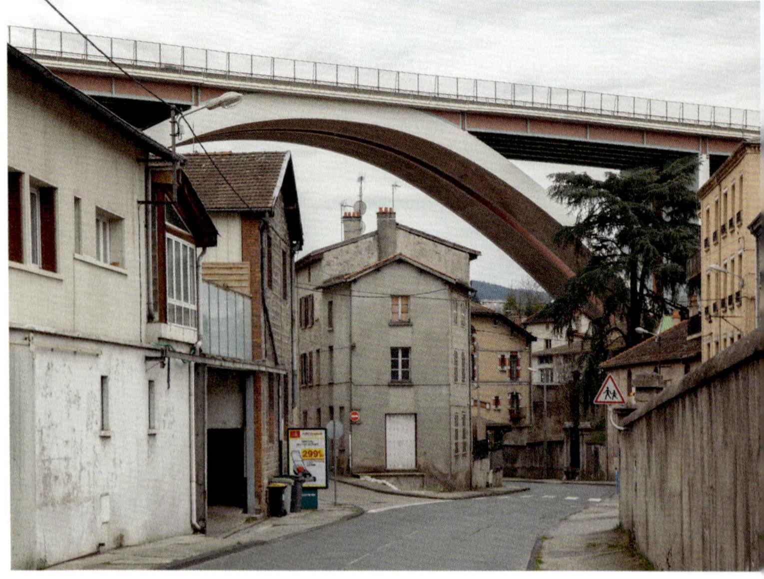

Rive-de-Gier (2)

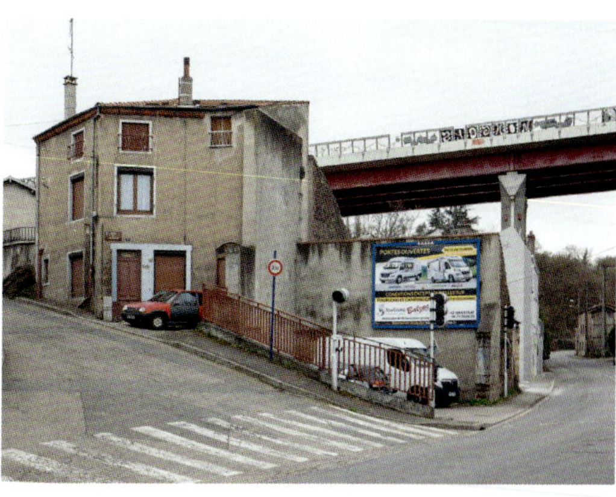

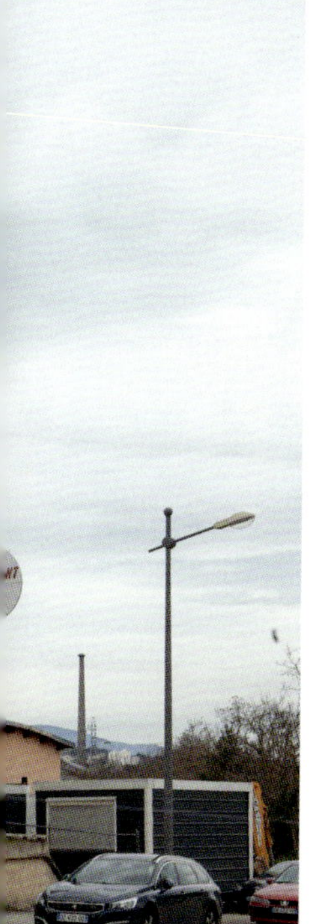

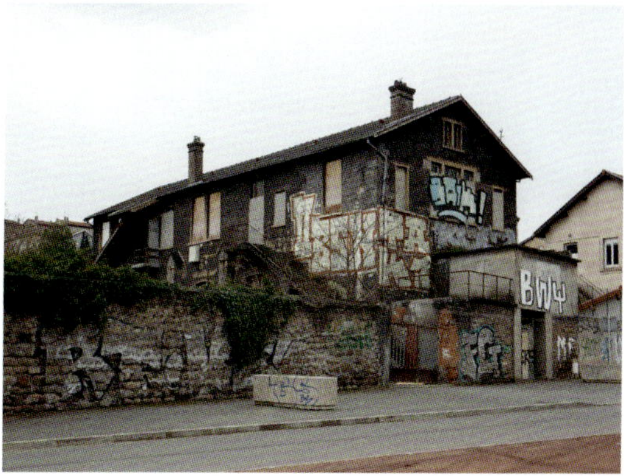

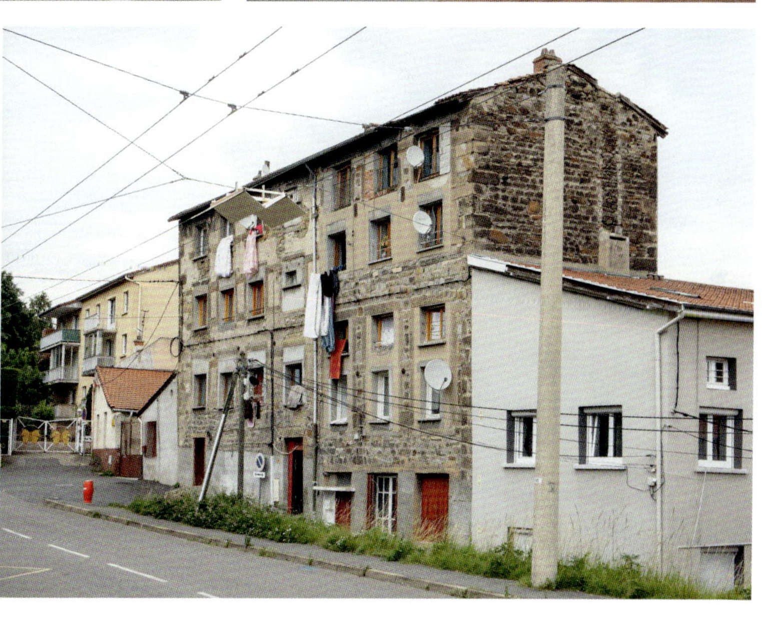

Saint-Chamond
Lorette
Saint-Étienne

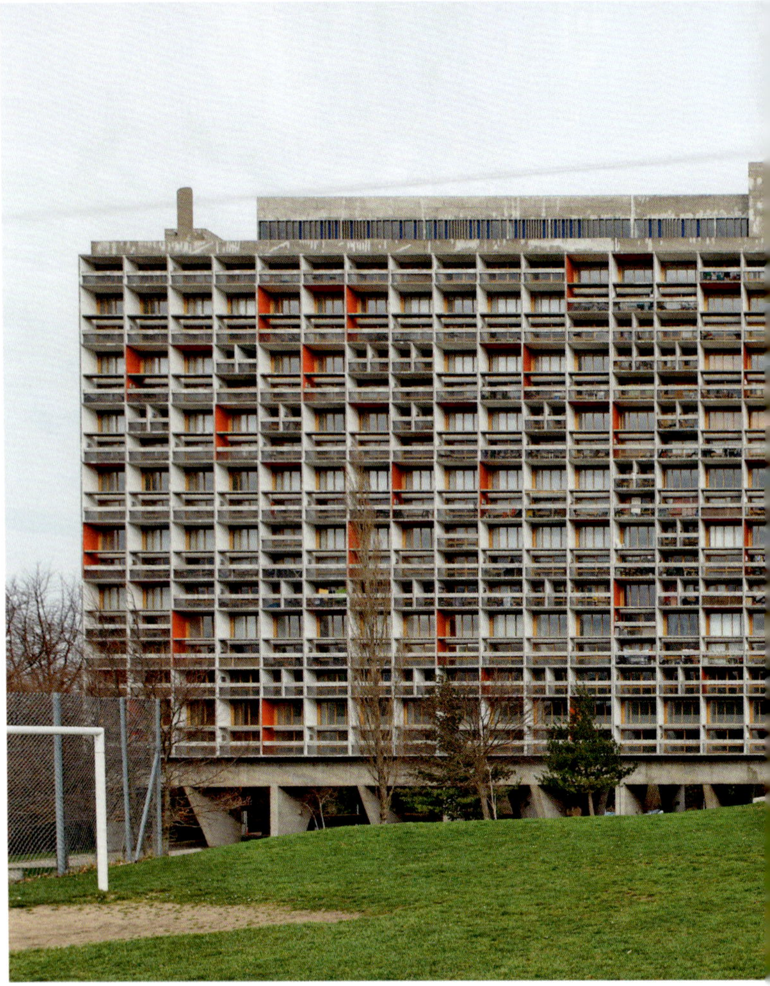

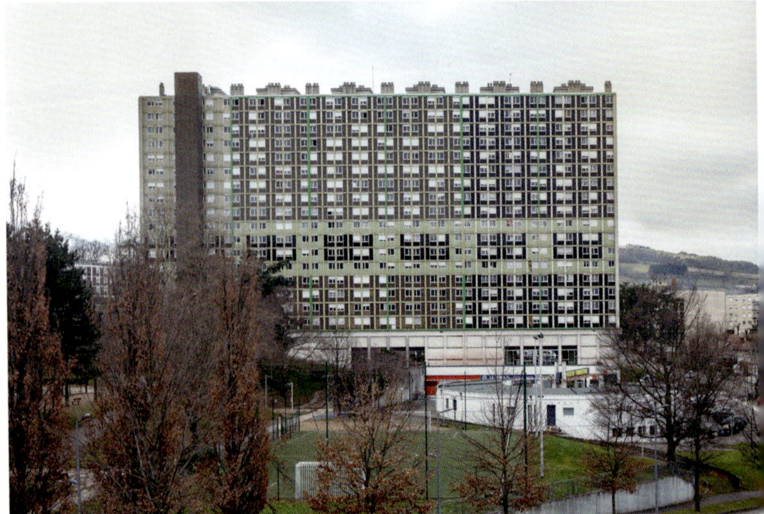

Firminy (2)

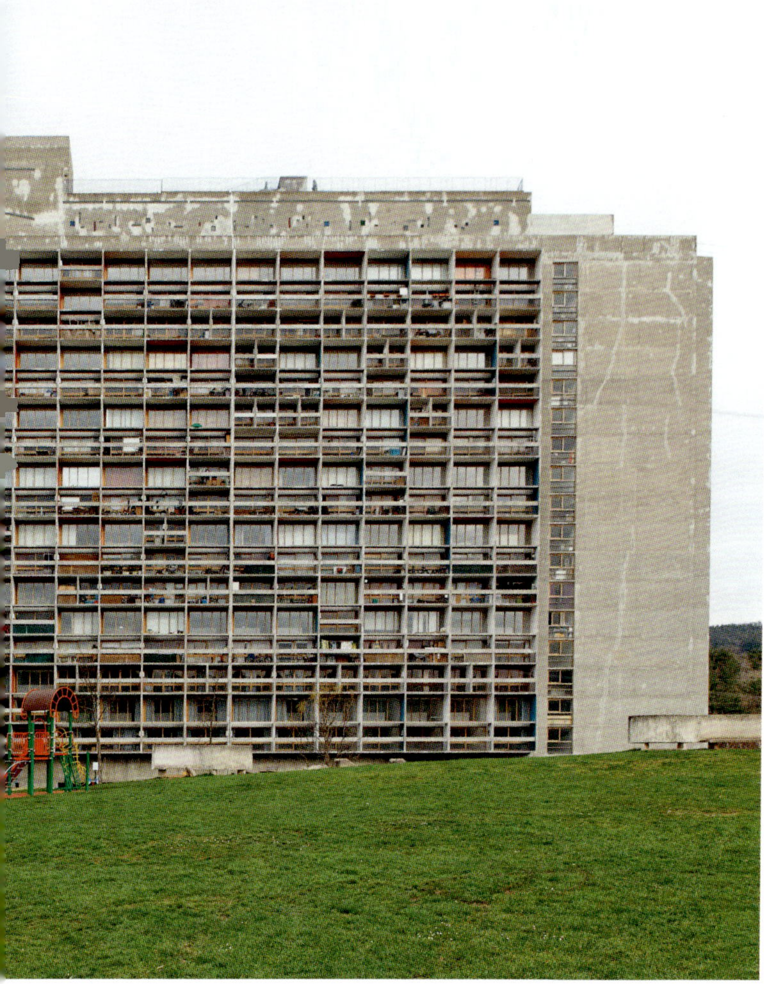

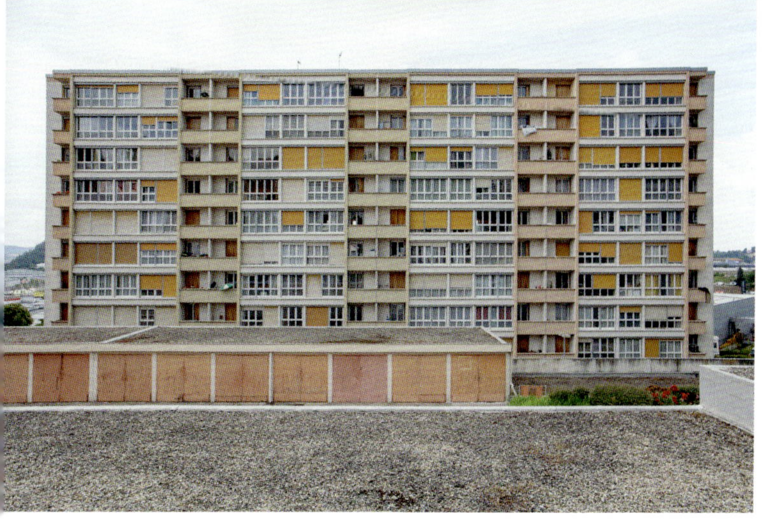

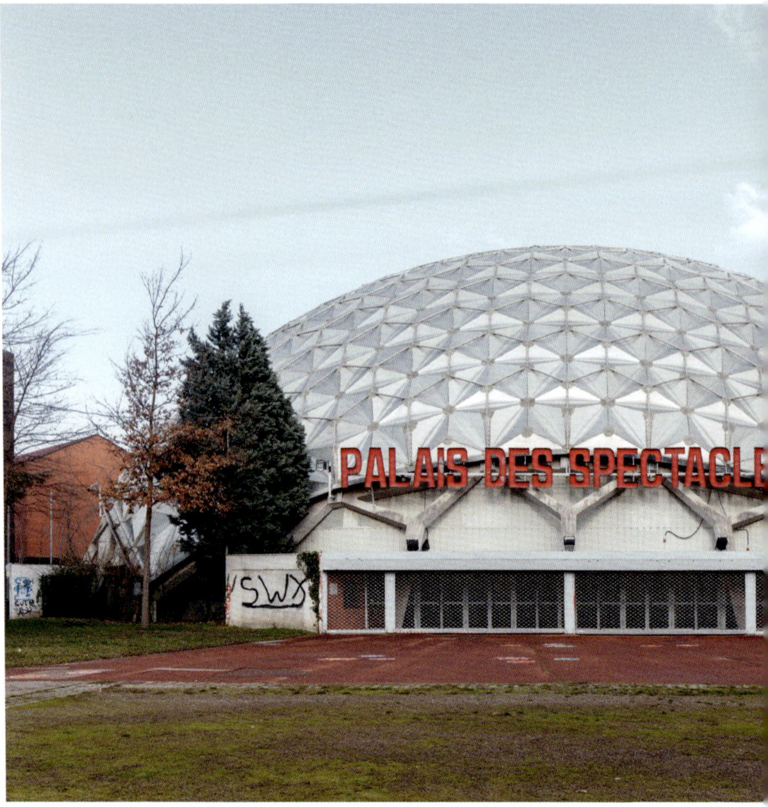

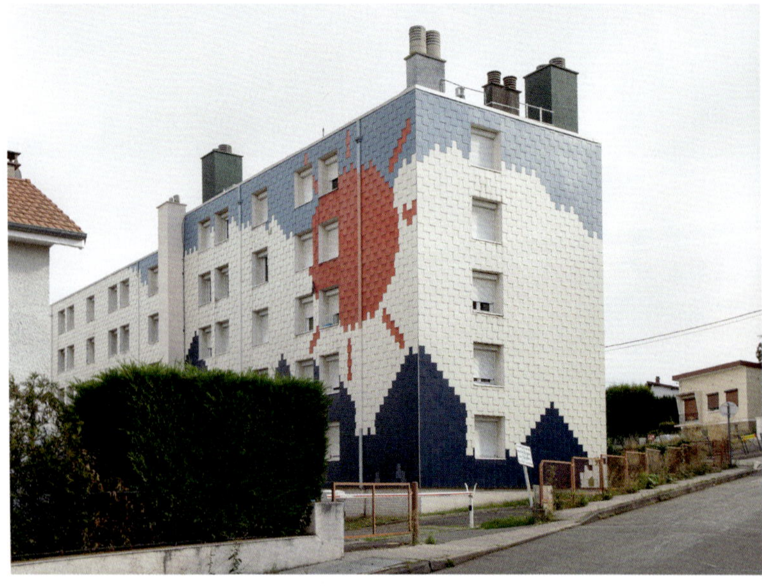

Saint-Étienne (2)

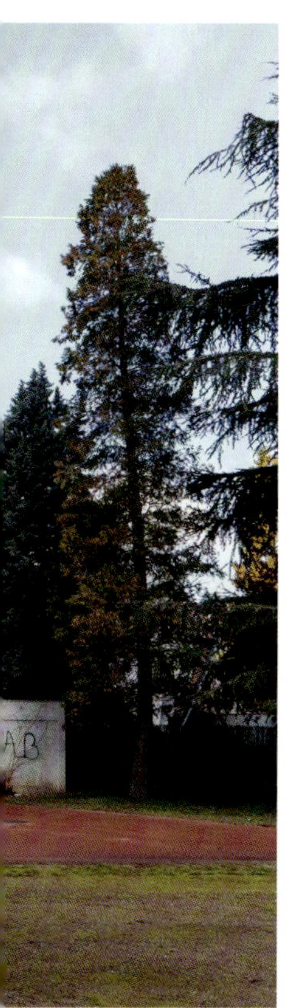

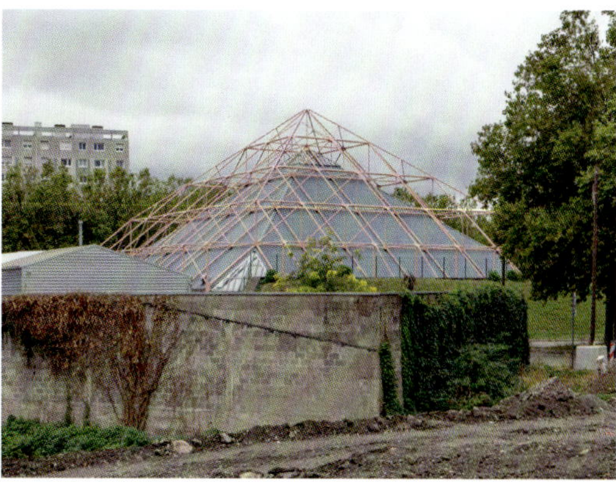

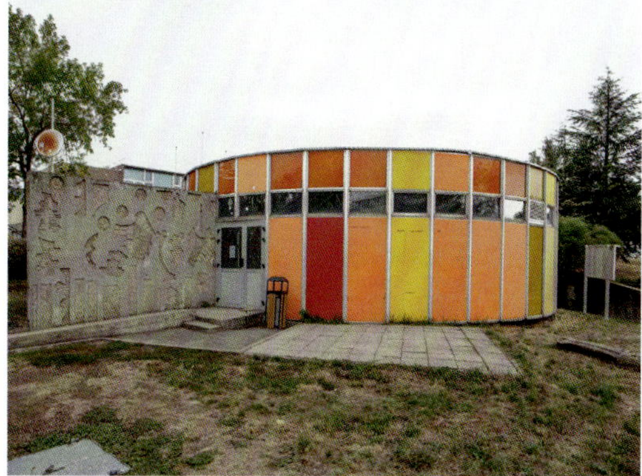

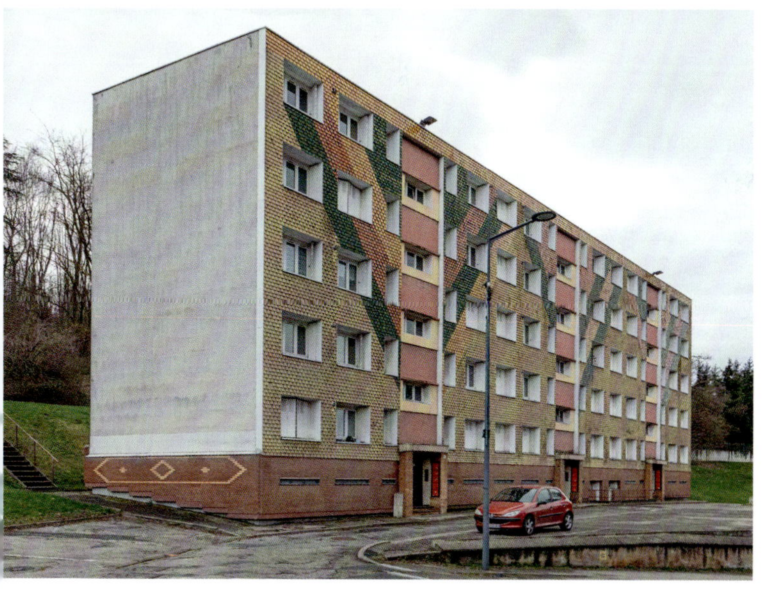

Saint-Étienne (2)
La Ricamarie

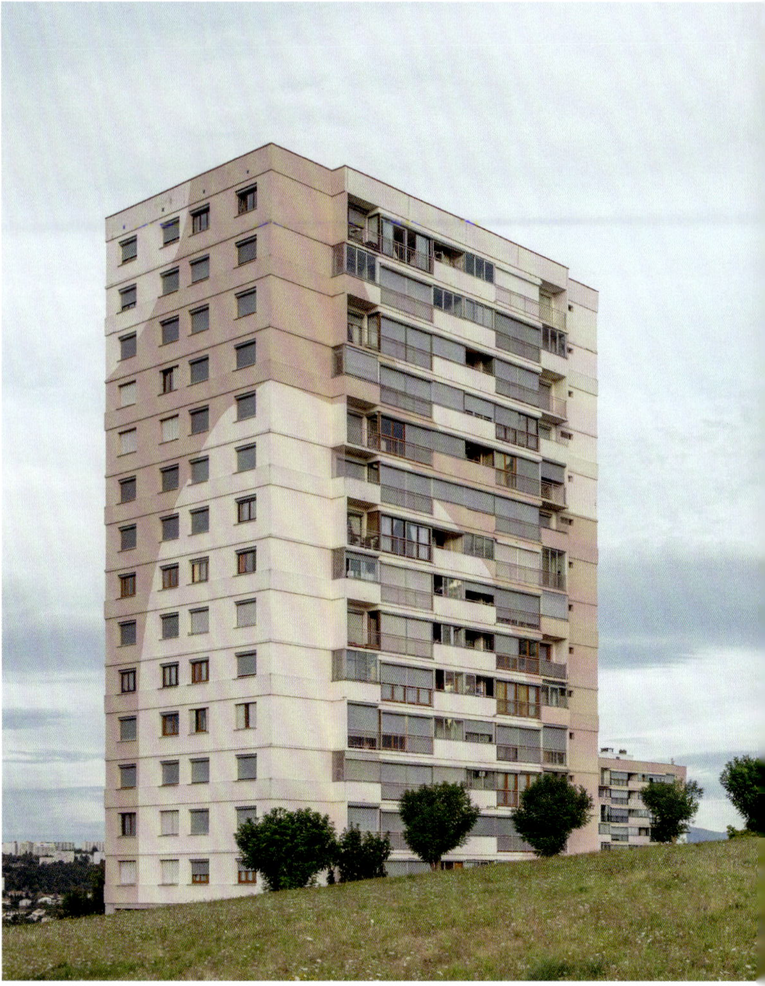

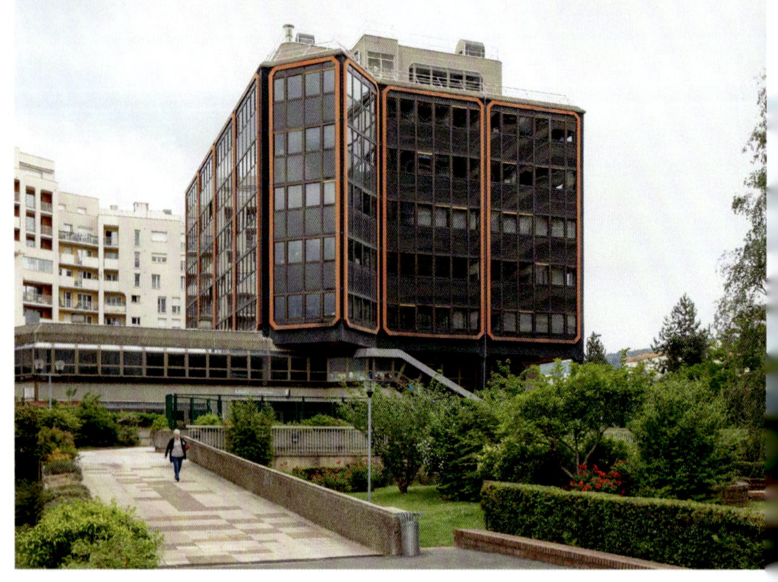

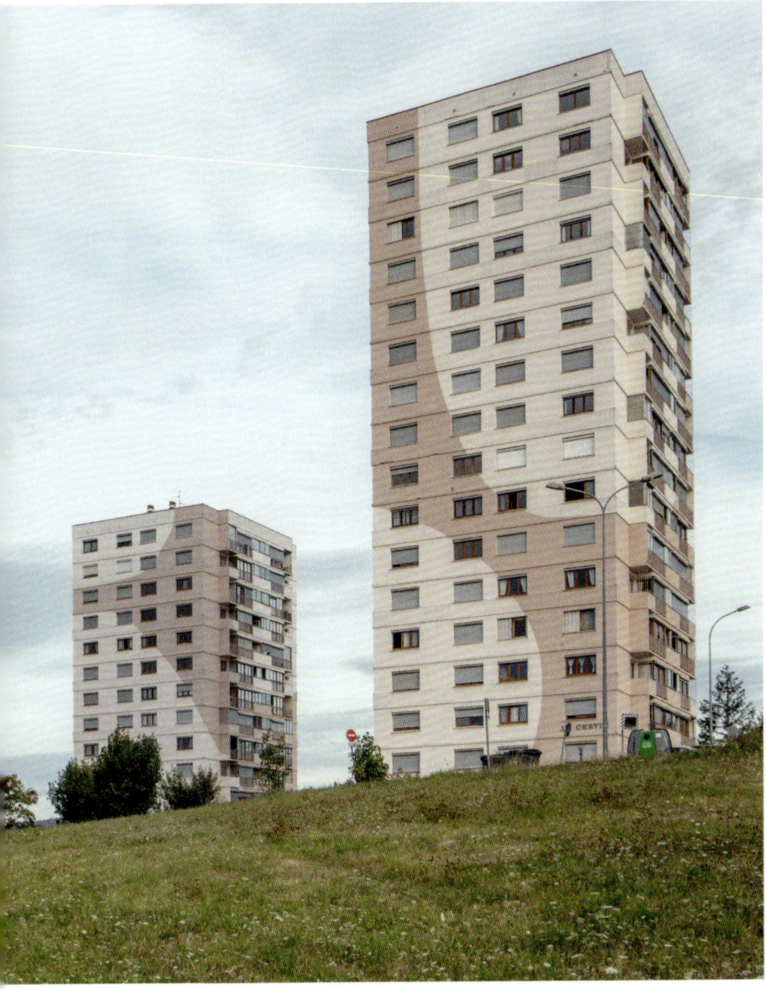

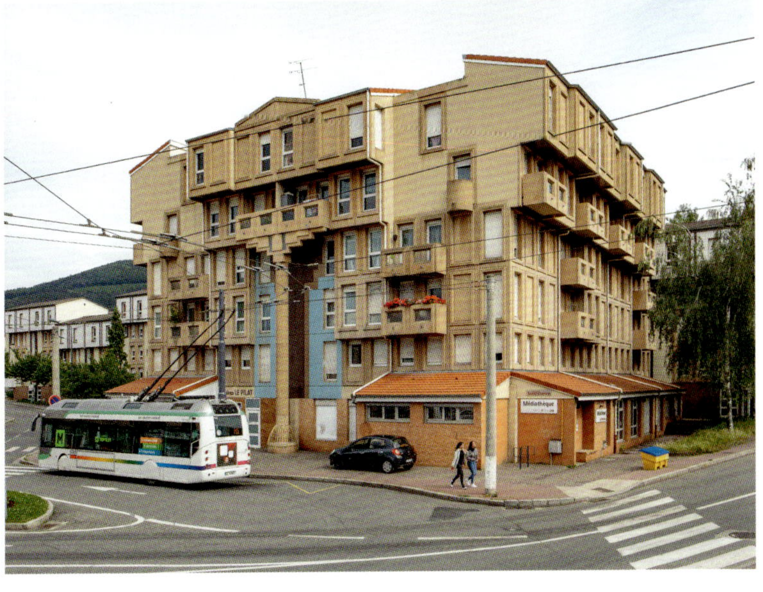

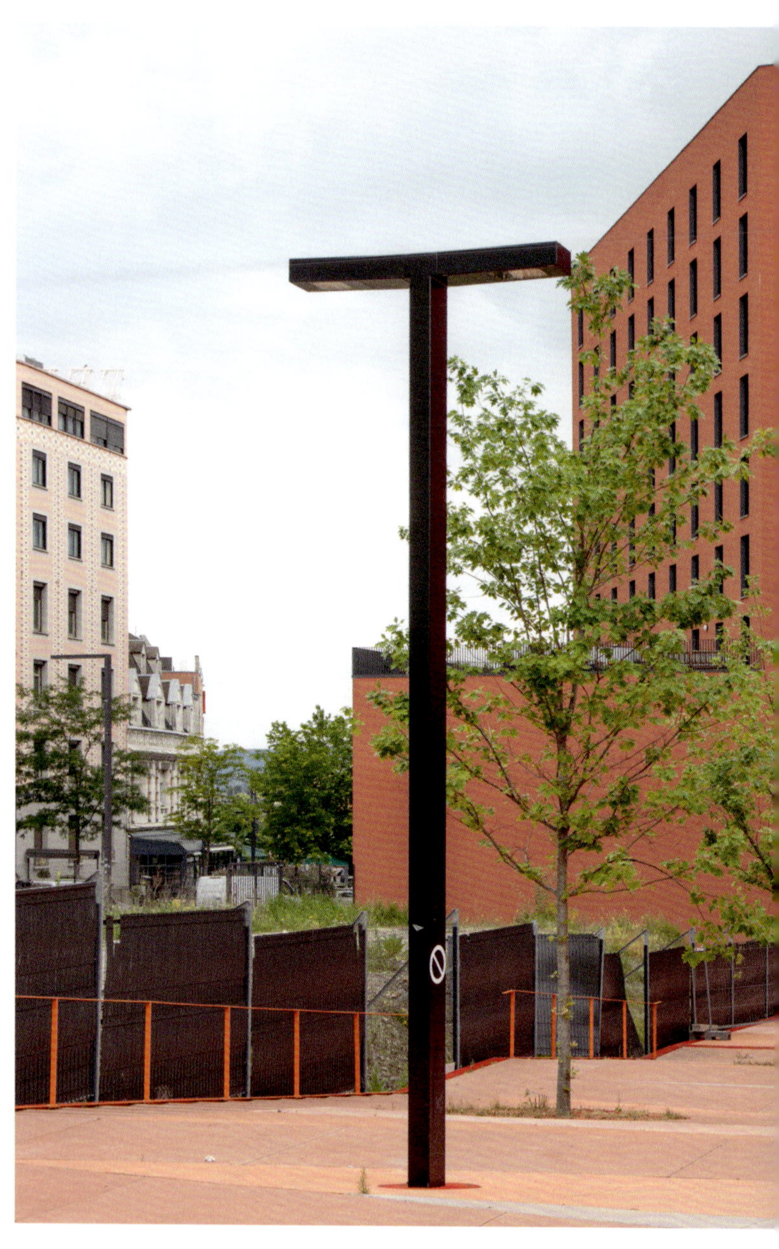

← Villars
  Saint-Étienne (2)

Saint-Étienne

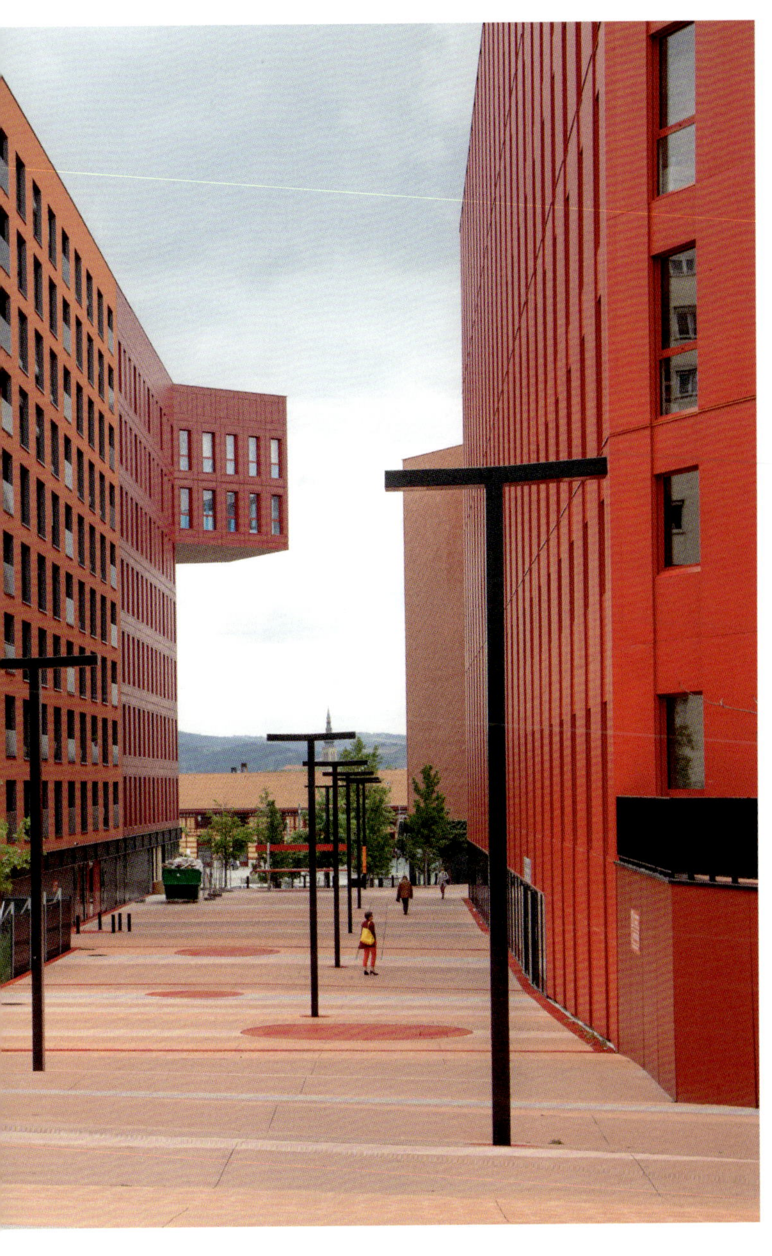

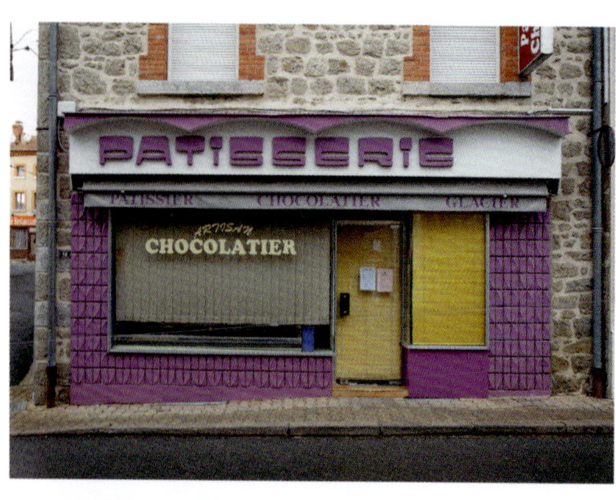

PATISSERIE
PATISSIER   CHOCOLATIER   GLACIER
ARTISAN
CHOCOLATIER

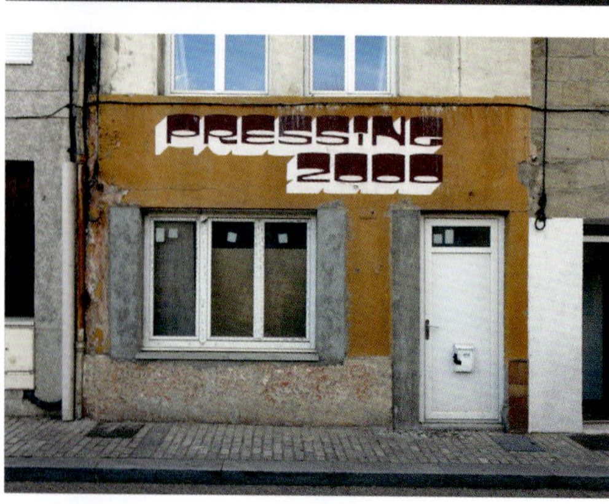

PRESSING
2000

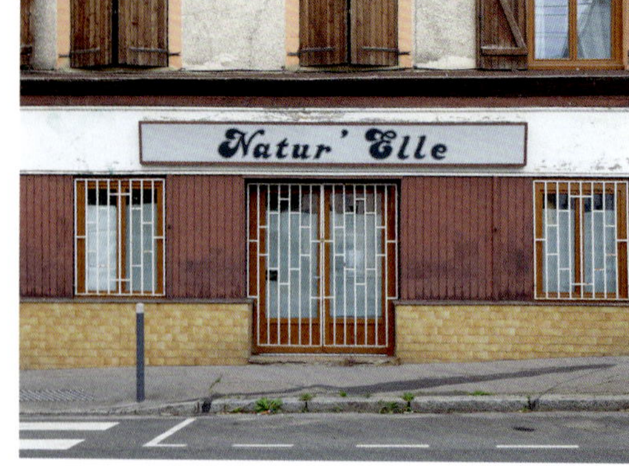

Natur' Elle

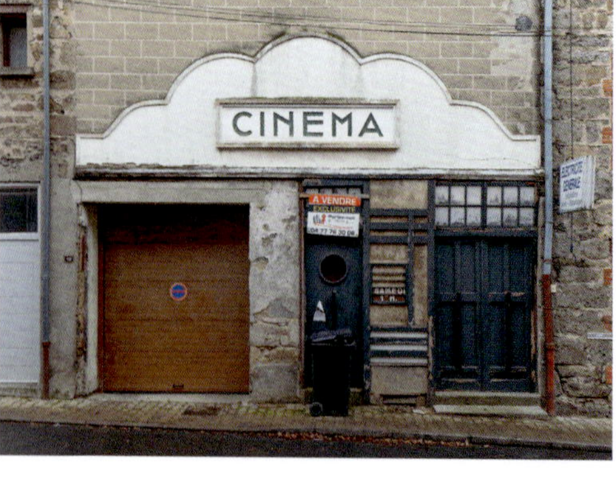

CINEMA
A VENDRE

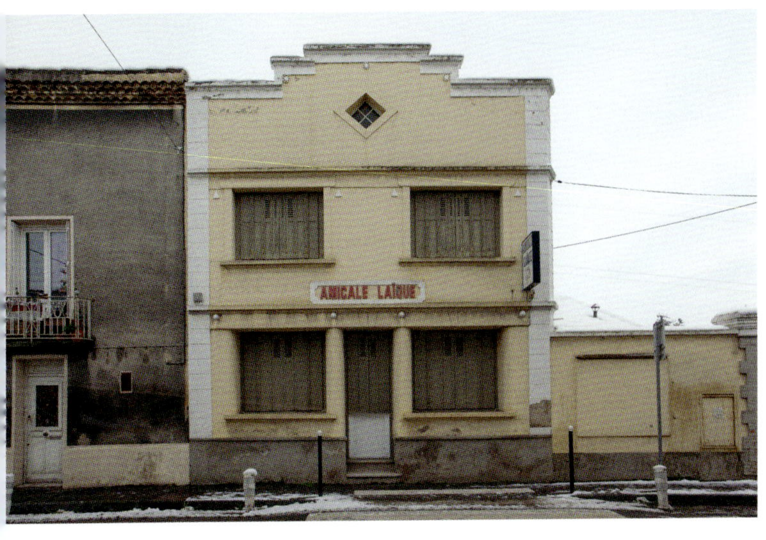
AMICALE LAÏQUE

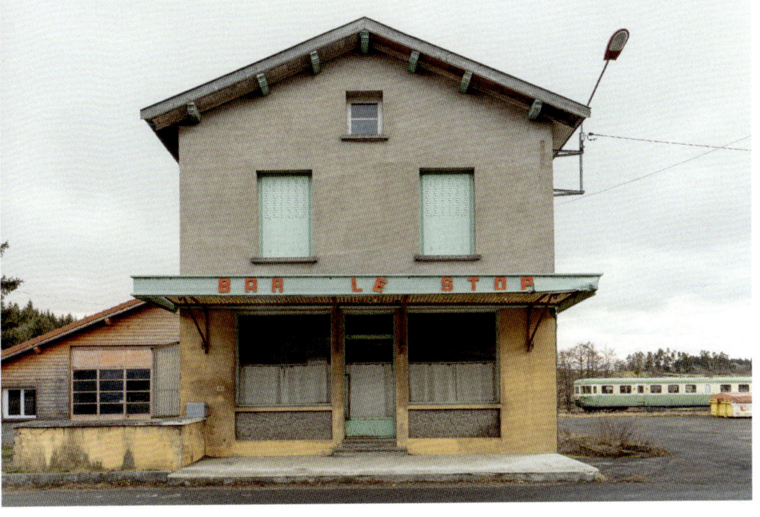
BAR LE STOP

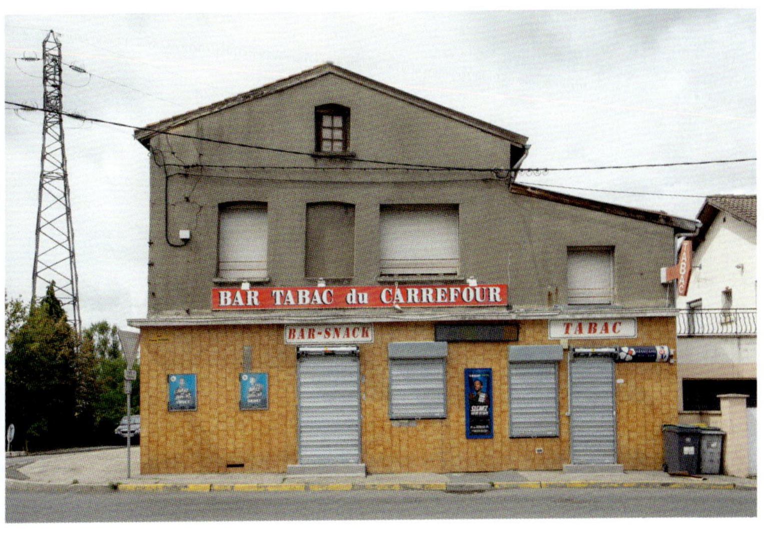
BAR TABAC du CARREFOUR
BAR-SNACK
TABAC
TABAC

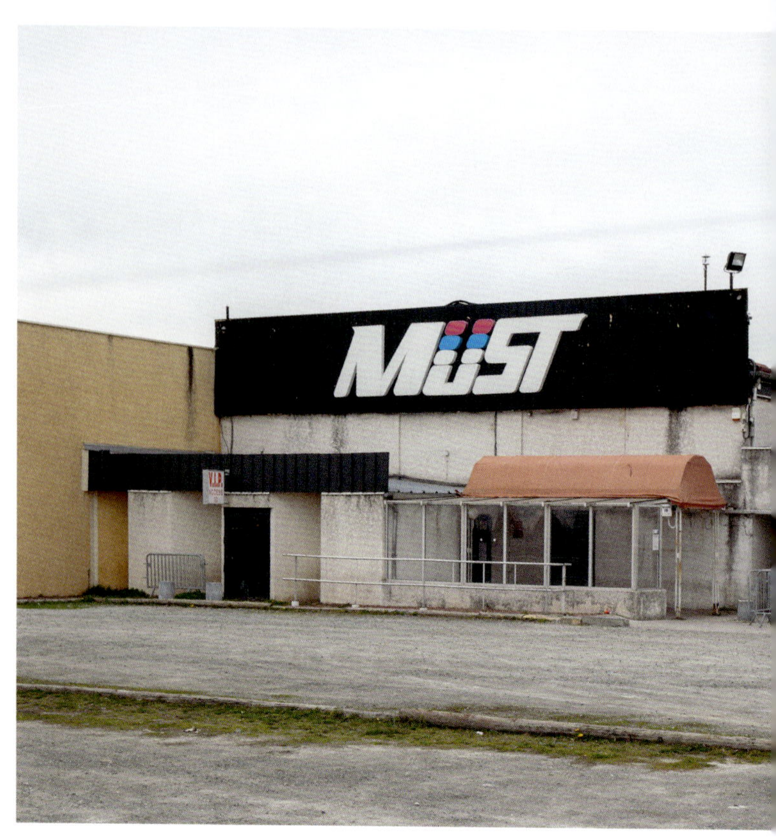

MUST
V.I.P

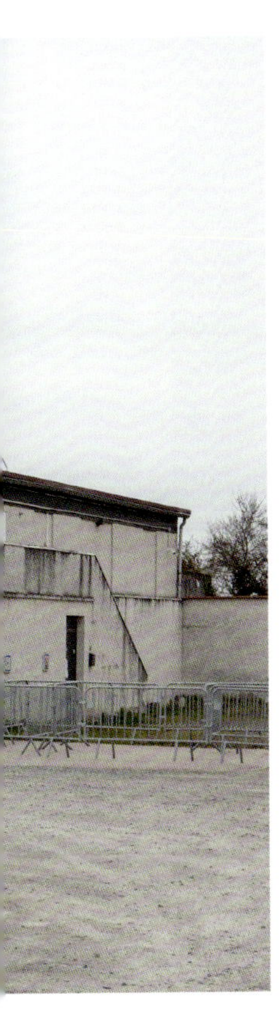

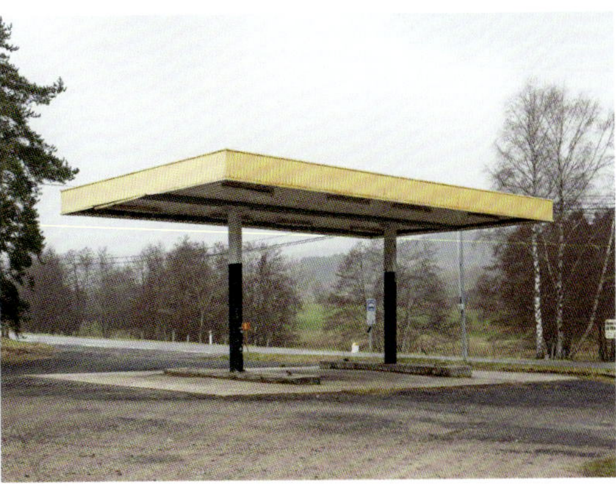

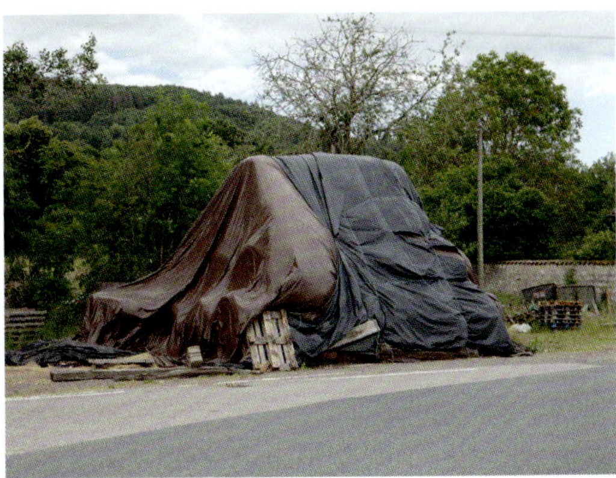

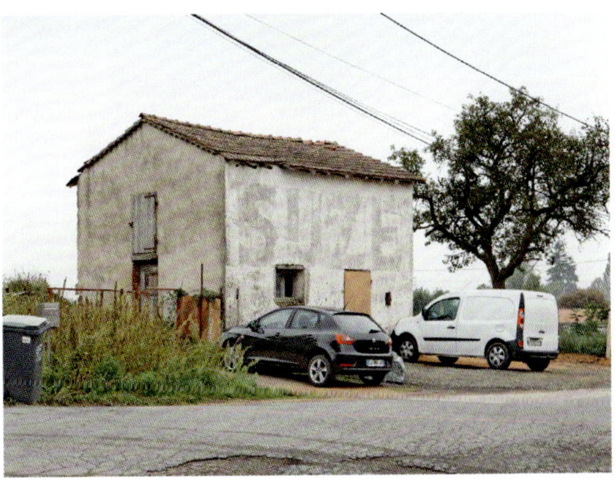

Noirétable
Champoly
Forez

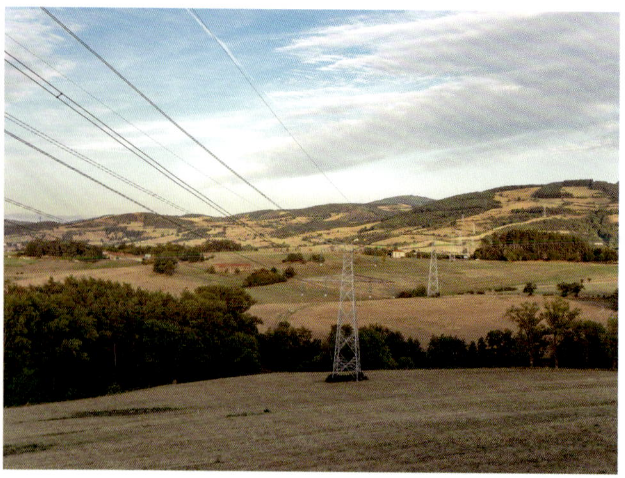

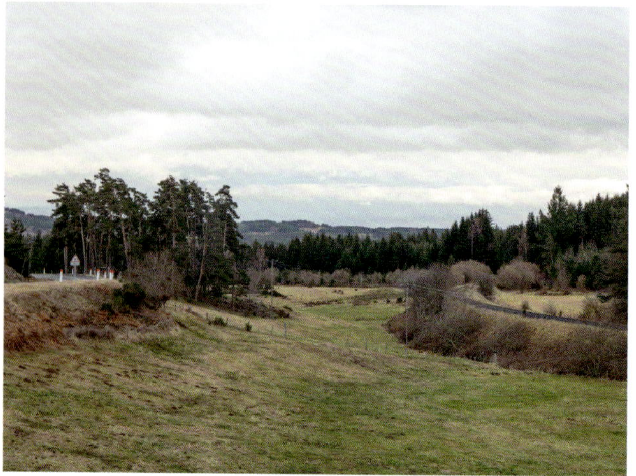

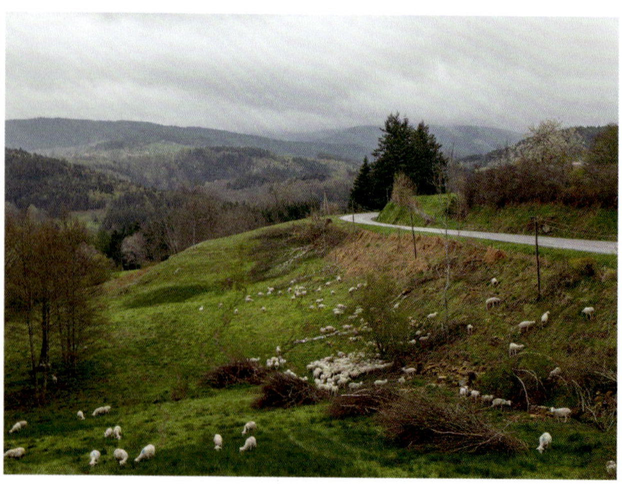

Saint-Jean-Bonnefonds
Usson-en-Forez
Saint-Georges-en-Couzan

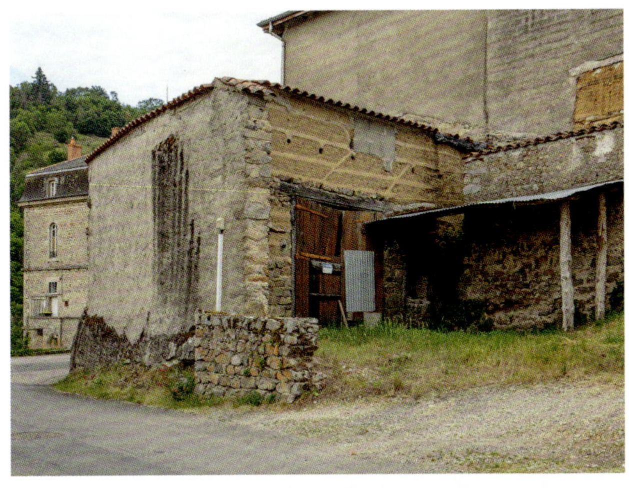

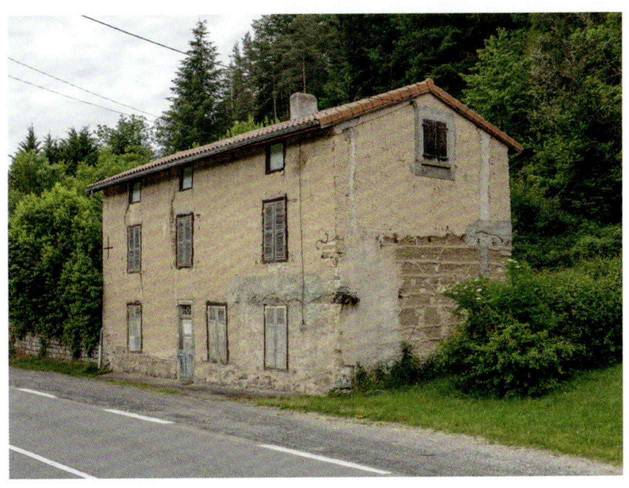

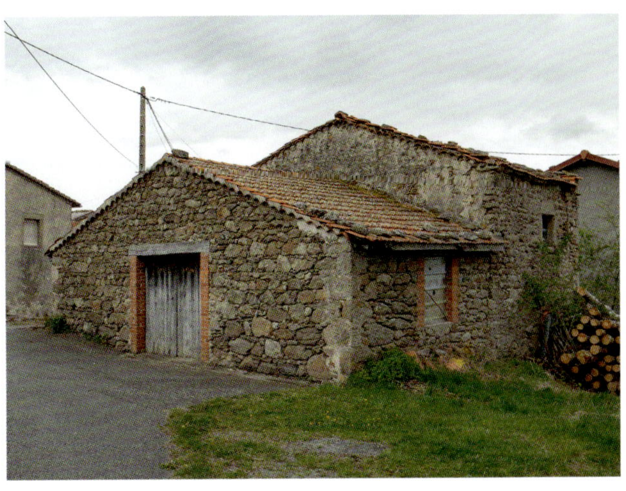

Saint-Laurent-Rochefort (2)
Saint-Georges-en-Couzan

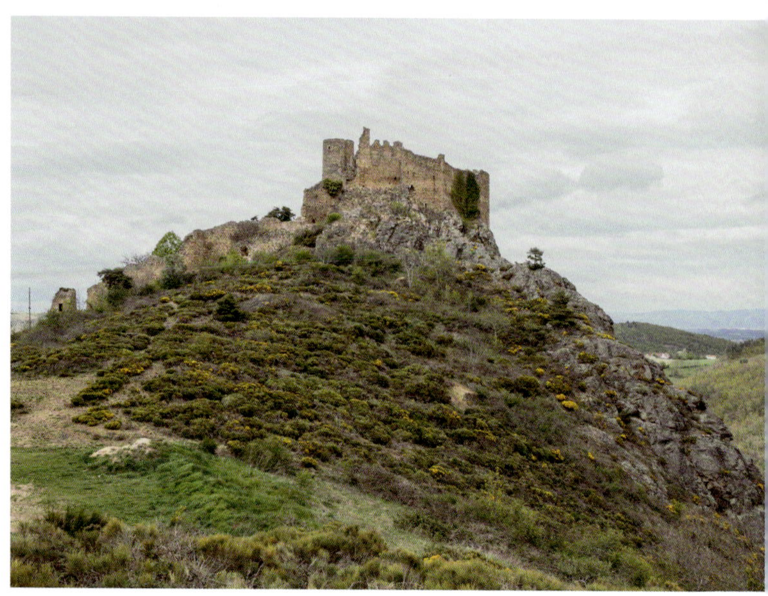

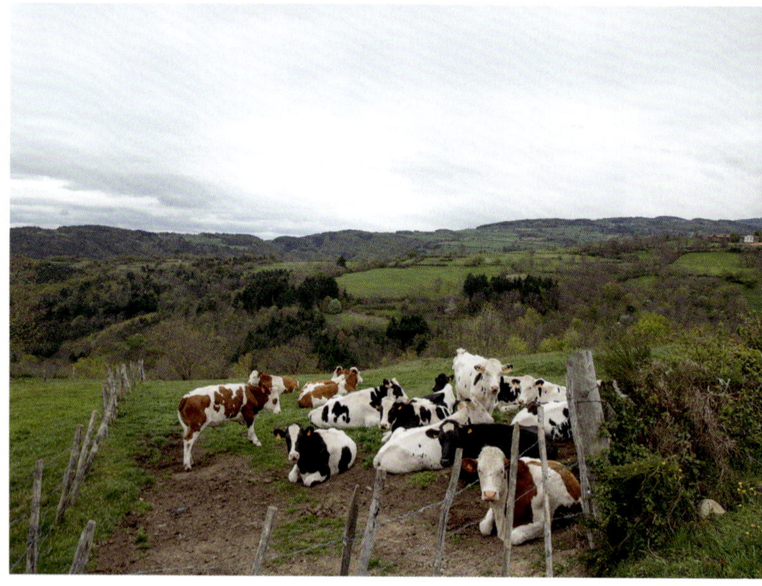

Sail-sous-Couzan
Saint-Georges-en-Couzan

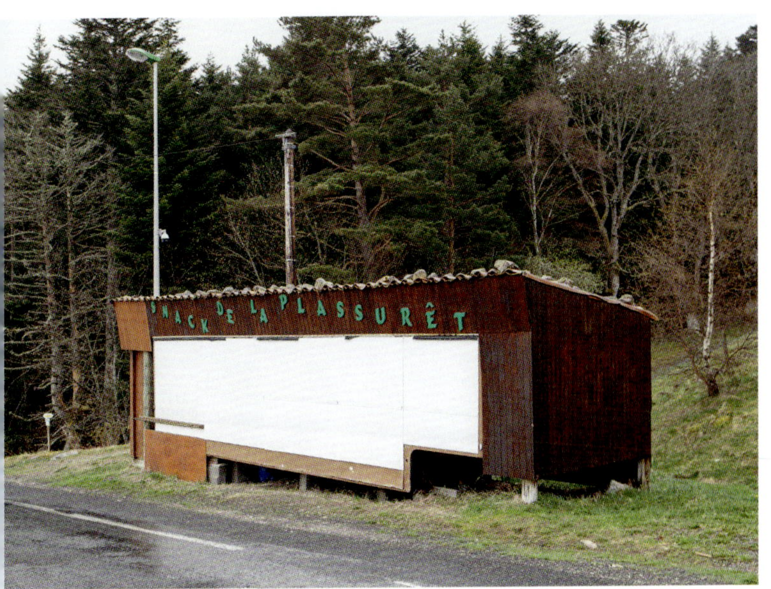
SNACK DE LA PLASSURÊT

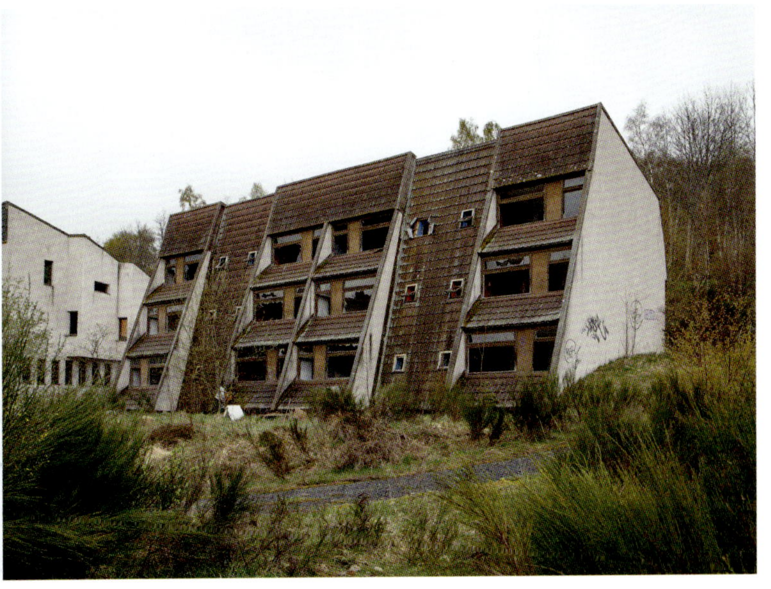

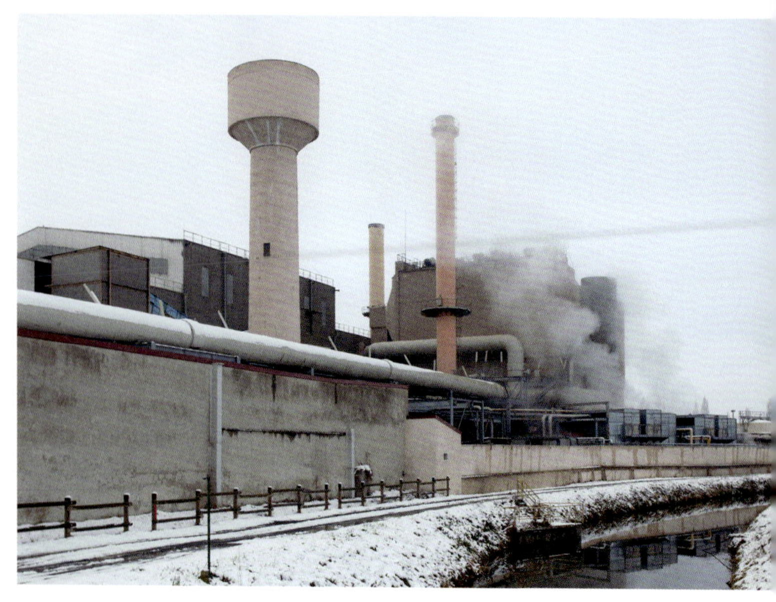

Garrigues

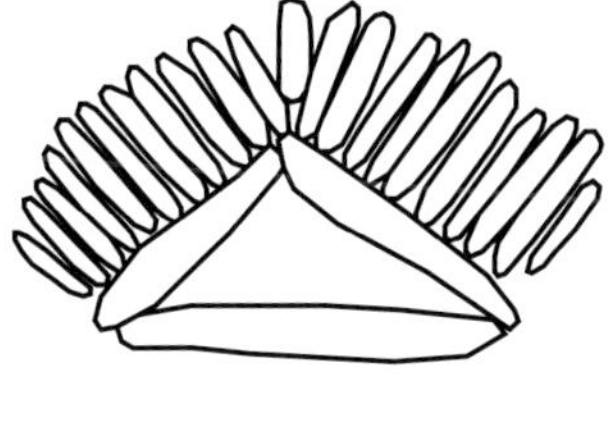

ch. 6

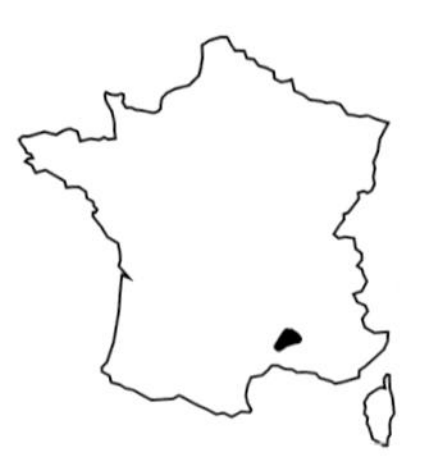

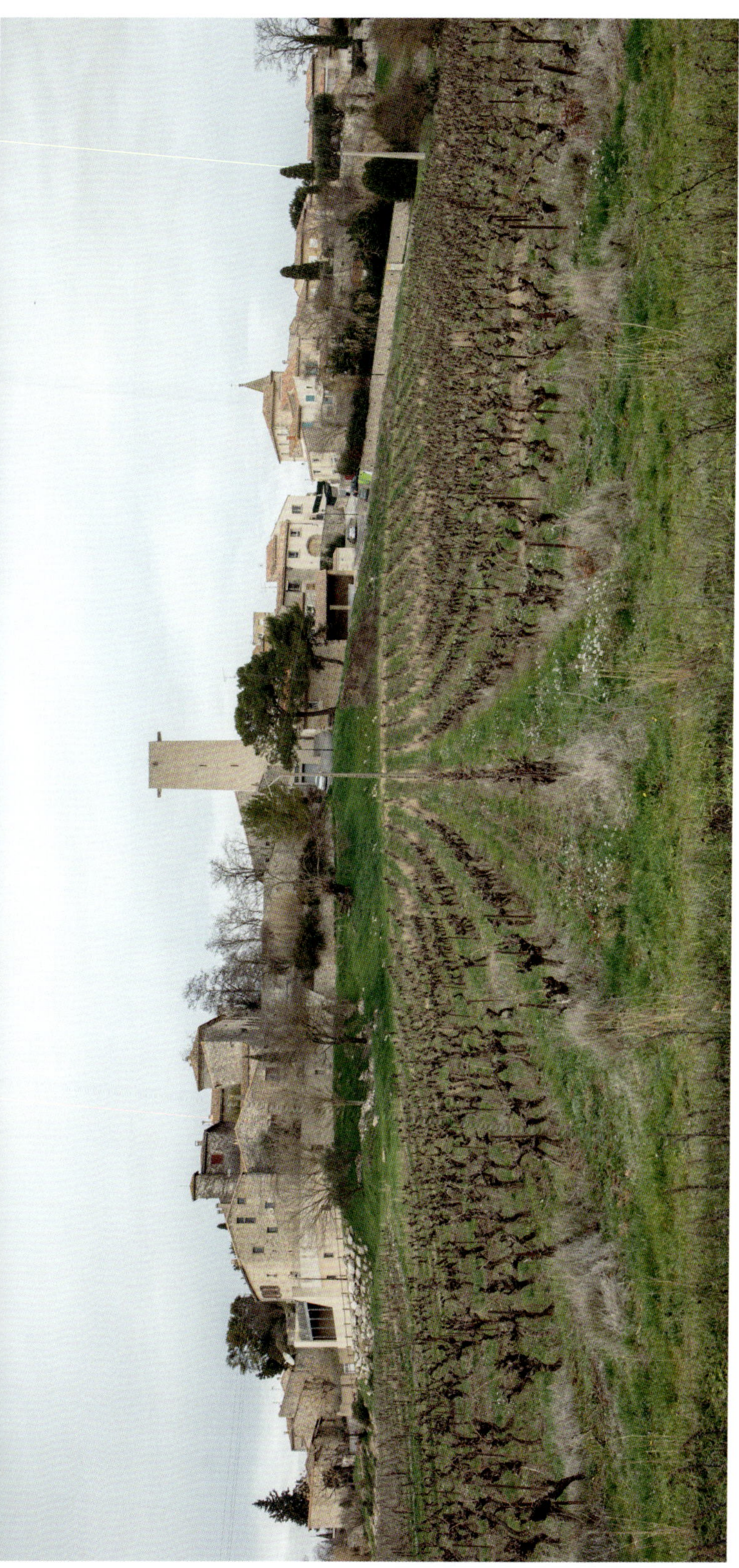

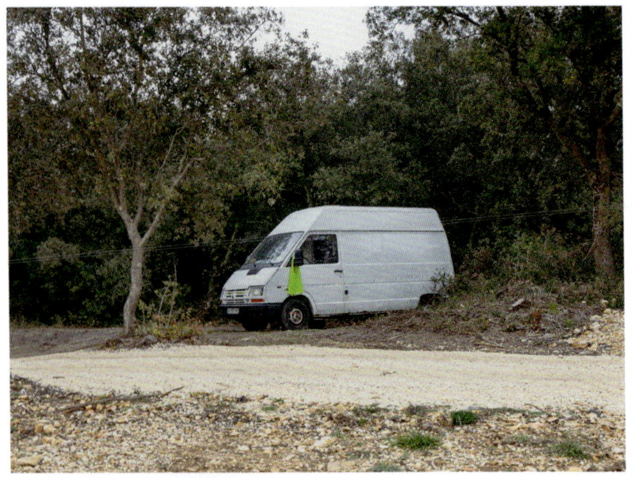

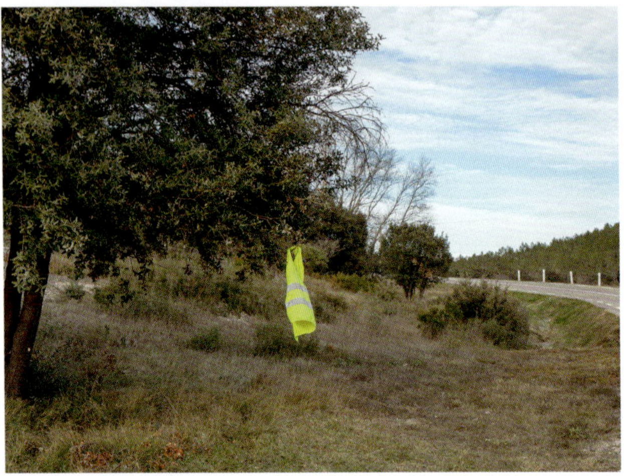

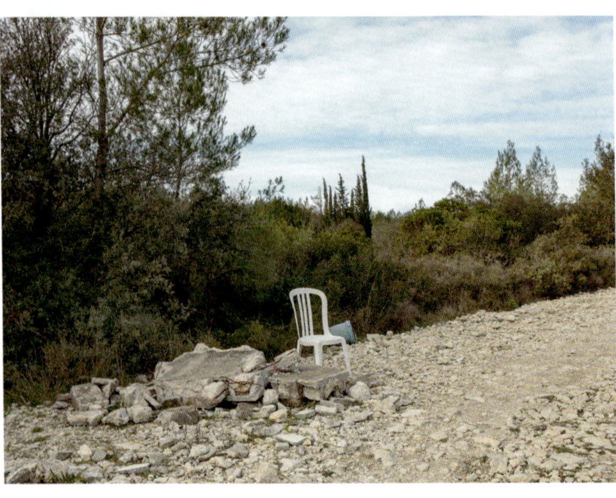

← Garrigues   Pouzilhac
D 6110 (2)

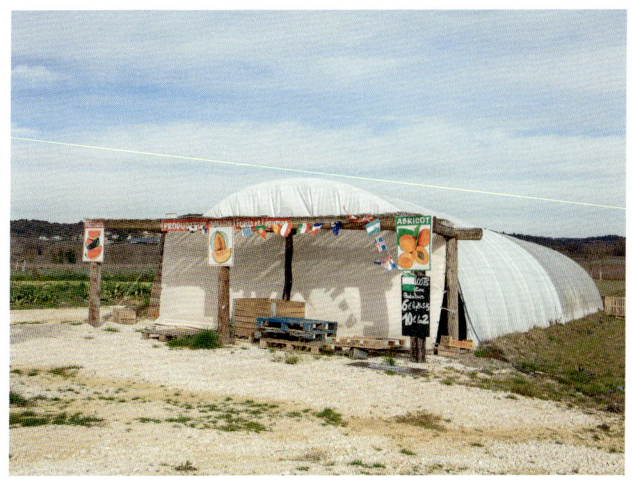

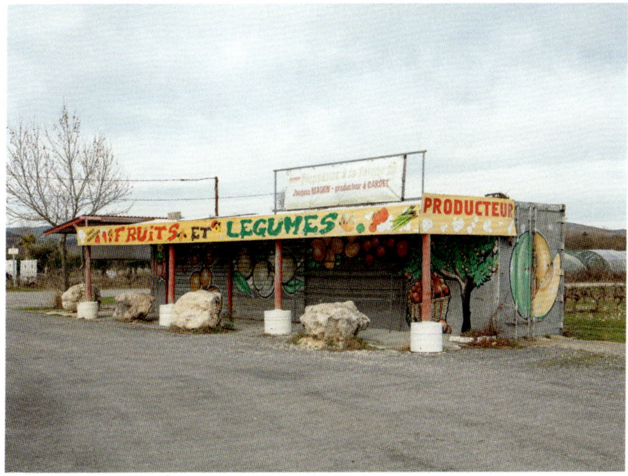

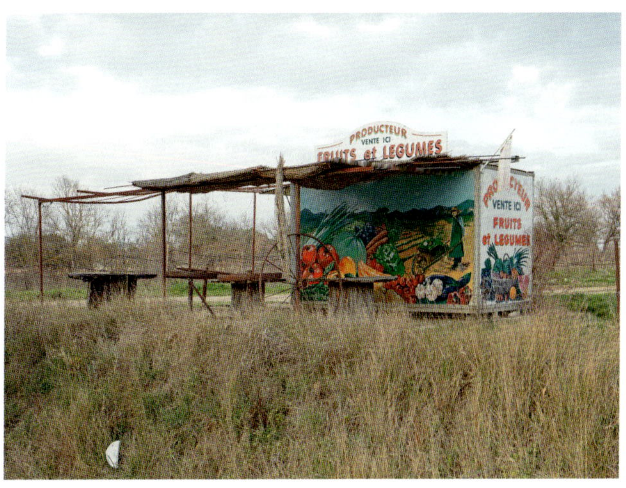

Maruéjols-lès-Gardon
Massillargues-Attuech
Vic-le-Fesq

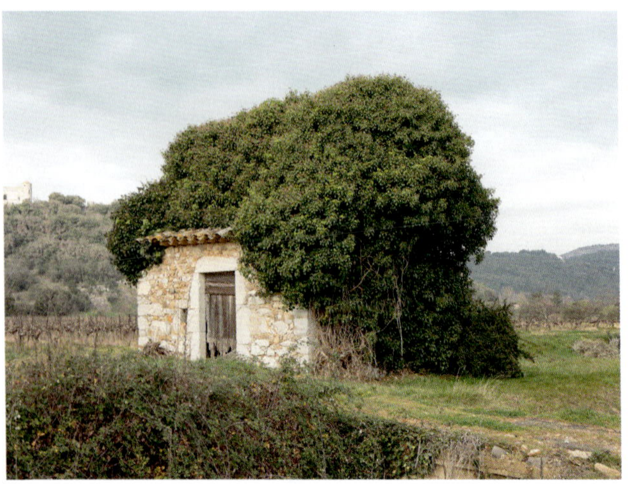

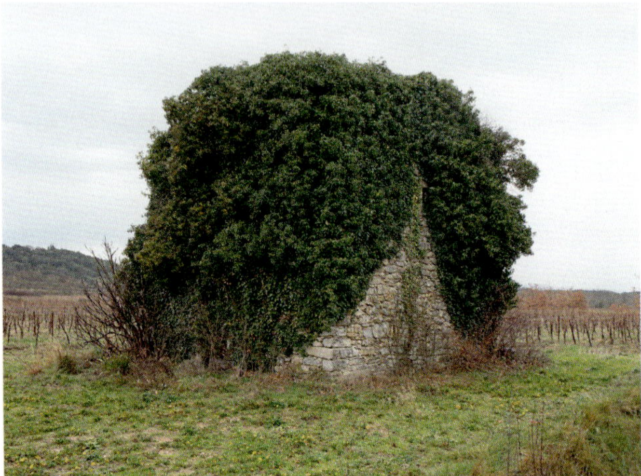

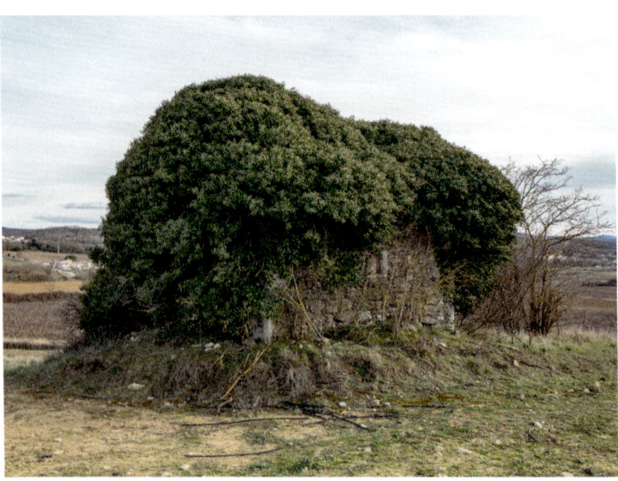

Tornac
Saint-Jean-de-Crieulon
Quissac

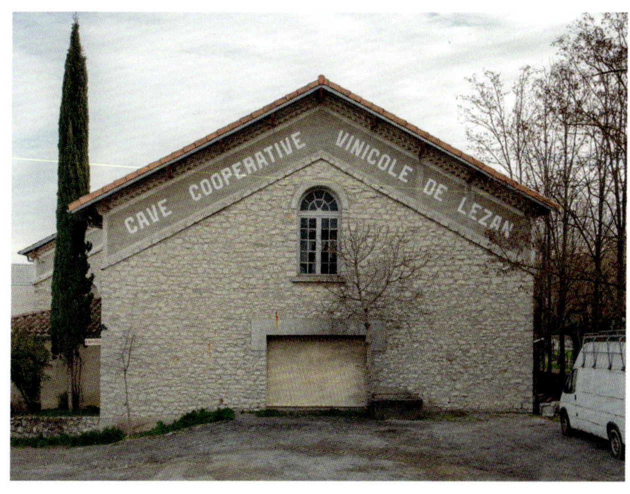

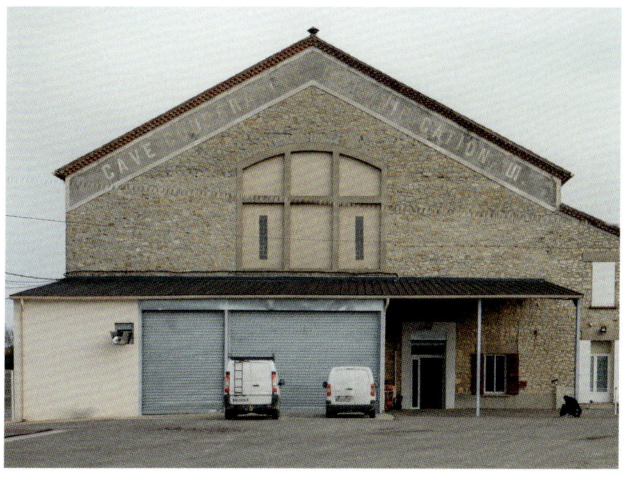

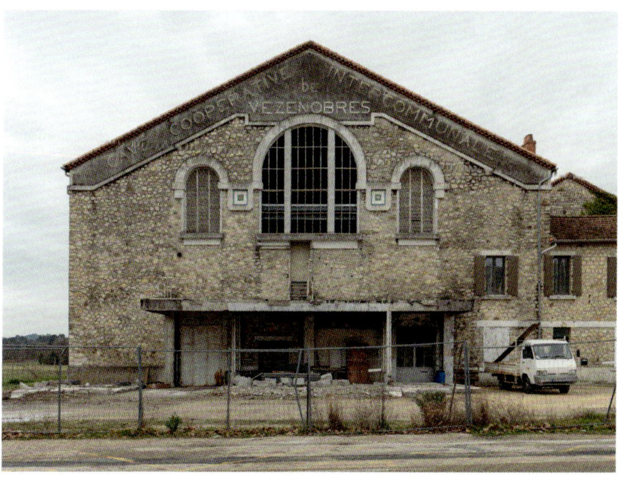

Lézan
Montagnac
Vézénobres

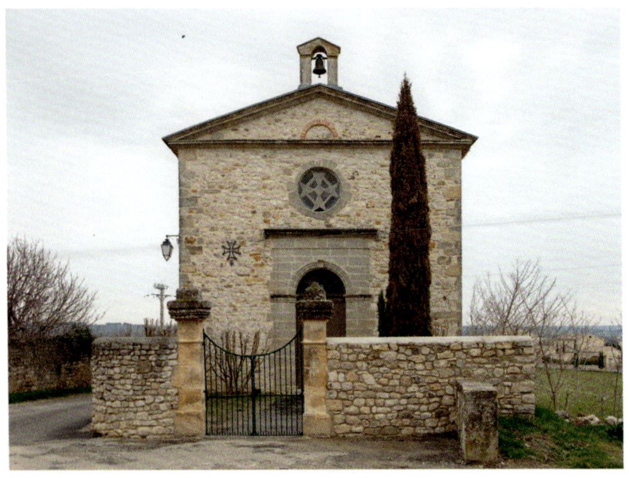

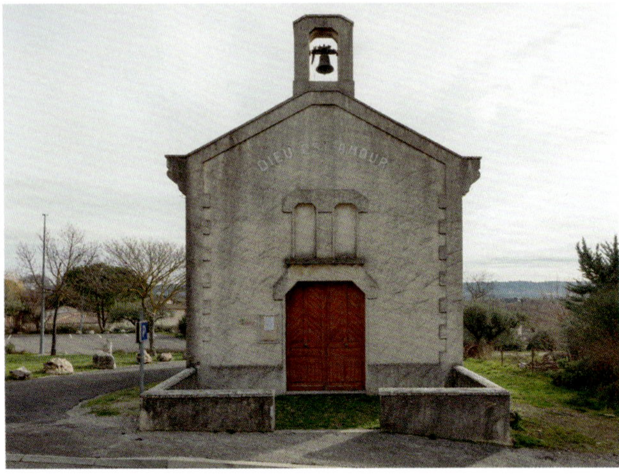

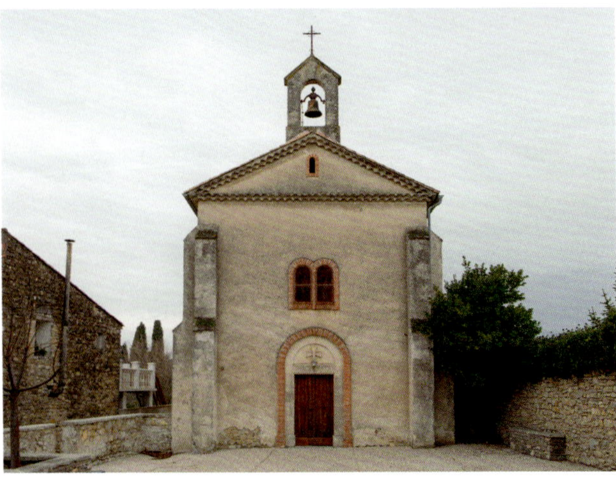

Garrigues-Sainte-Eulalie
Aigremont
Saint-Jean-de-Crieulon

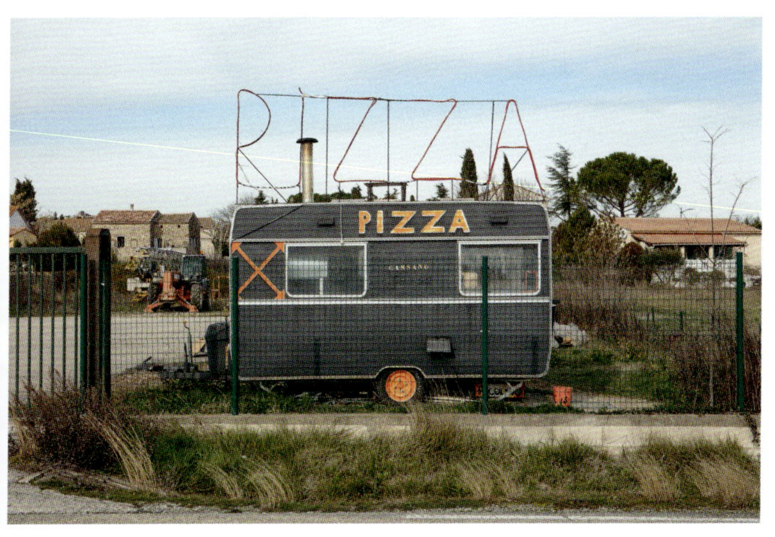
PIZZA
PIZZA

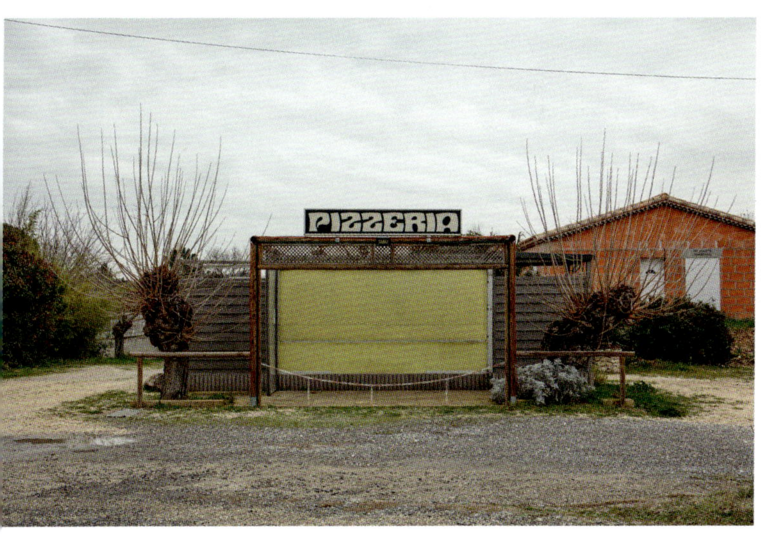
PIZZERIA

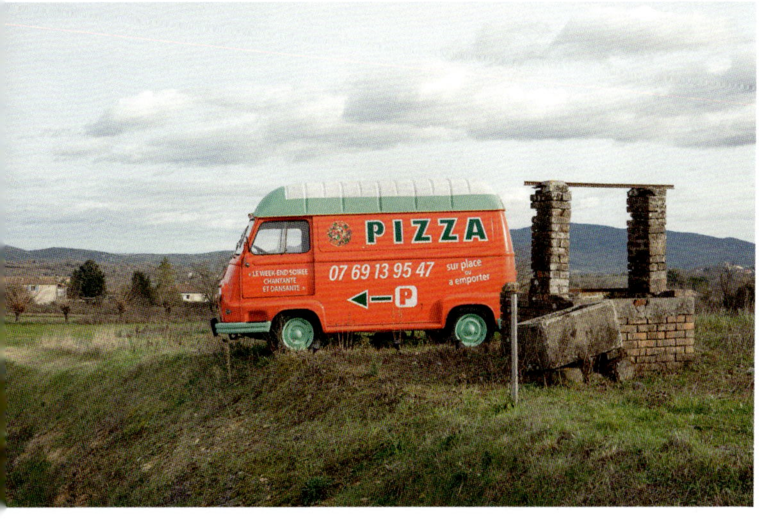
PIZZA
« LE WEEK-END SOIRÉE
CHANTANTE
ET DANSANTE »
07 69 13 95 47
sur place
ou
à emporter
P

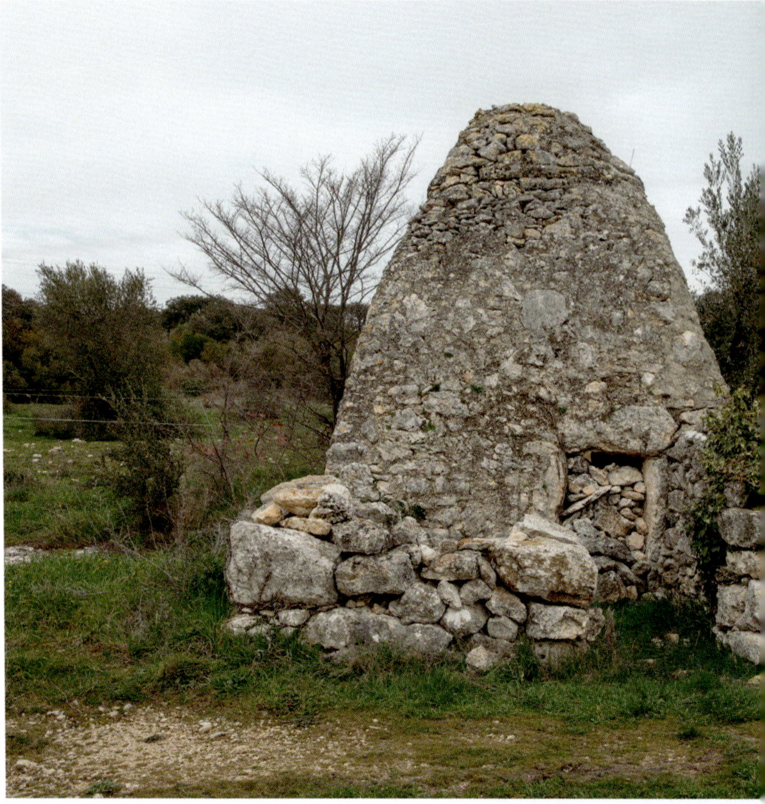

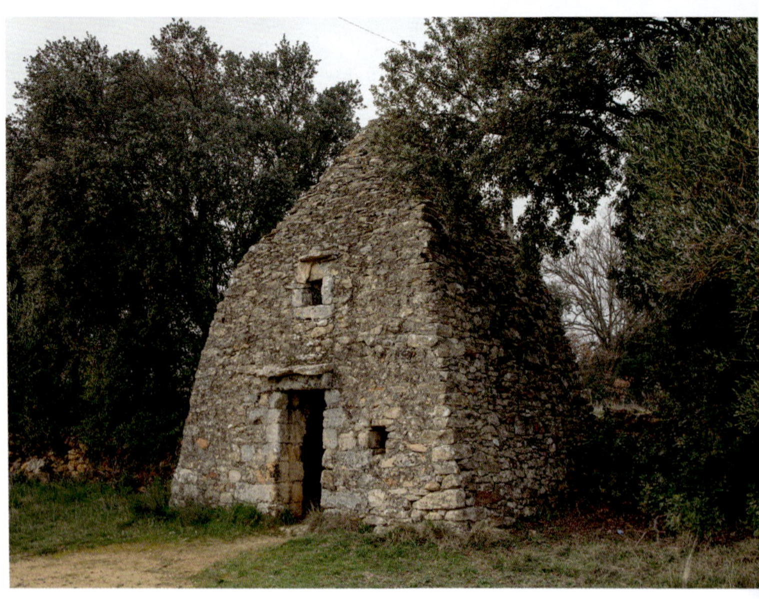

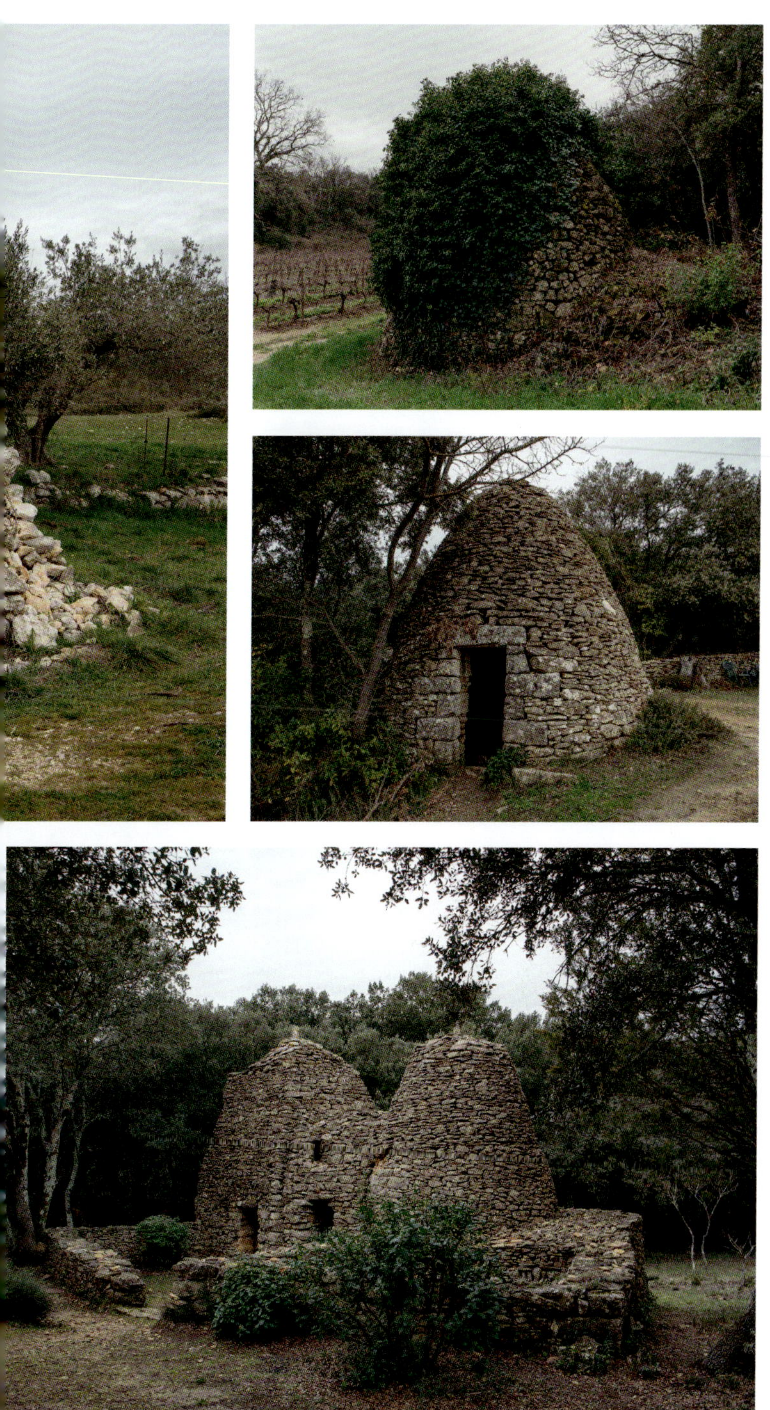

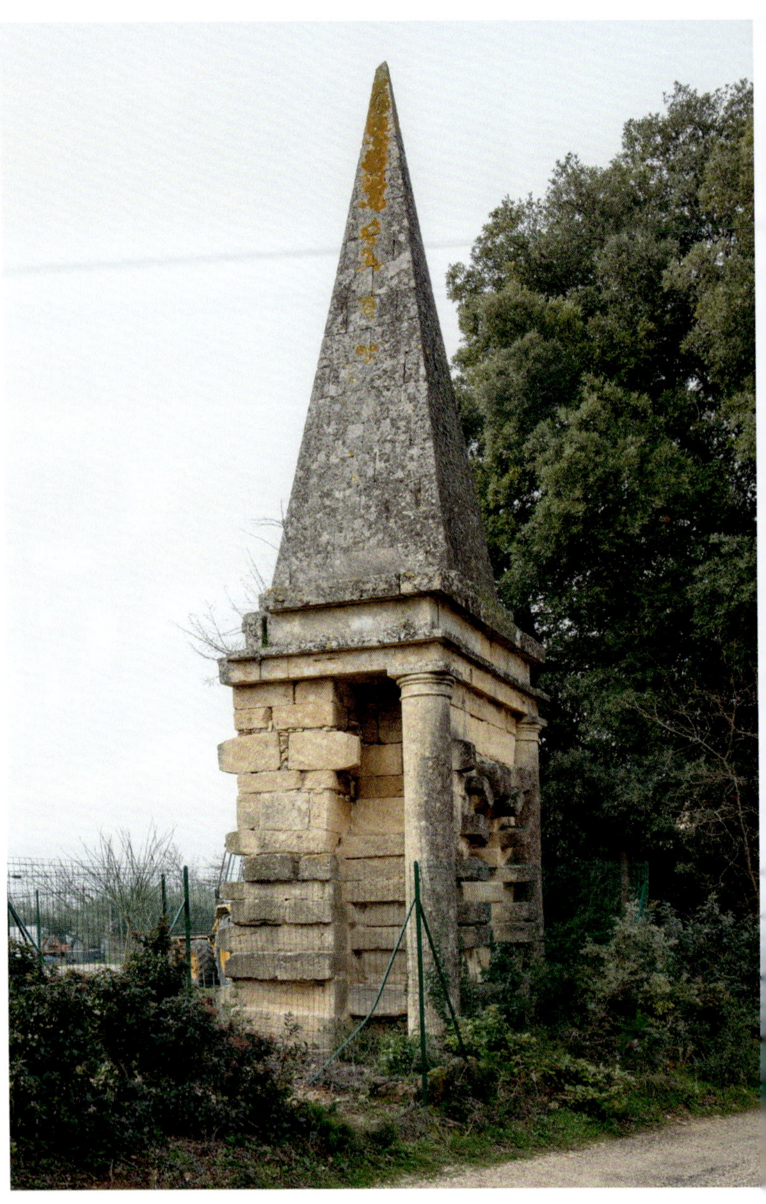

Argilliers, *Domaine de Castille*

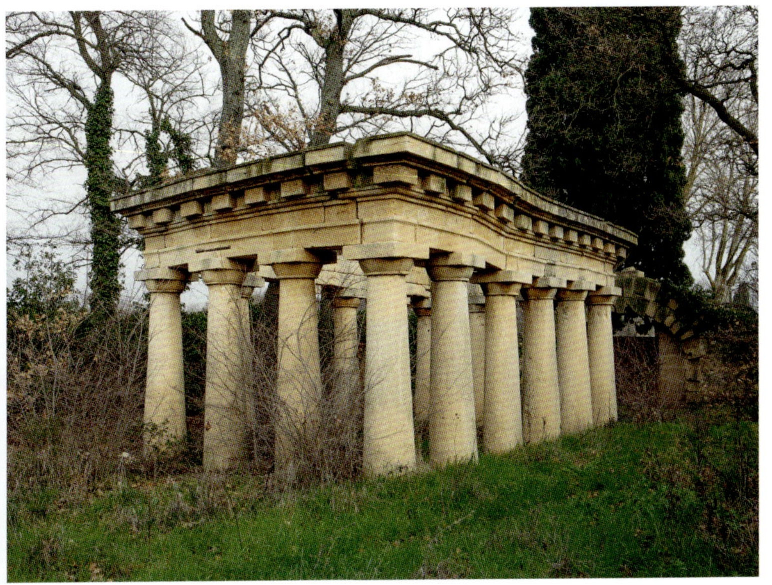

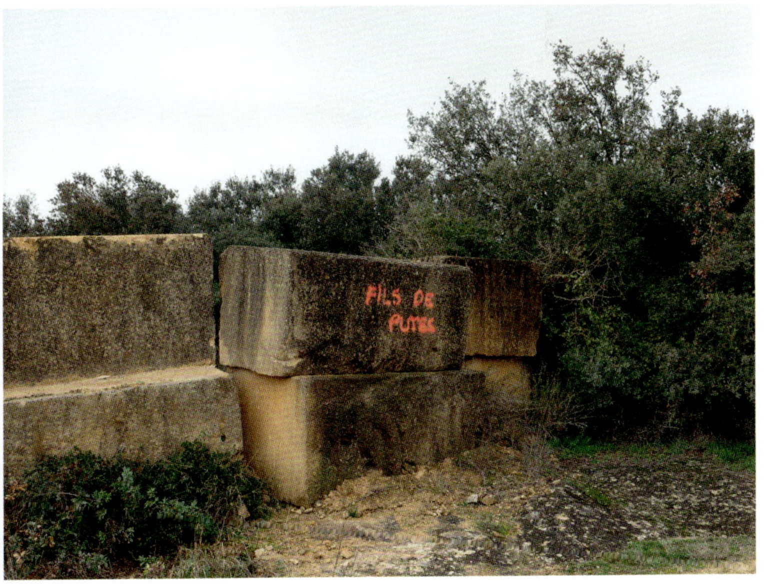

Argilliers, *Domaine de Castille*
Vallabrix

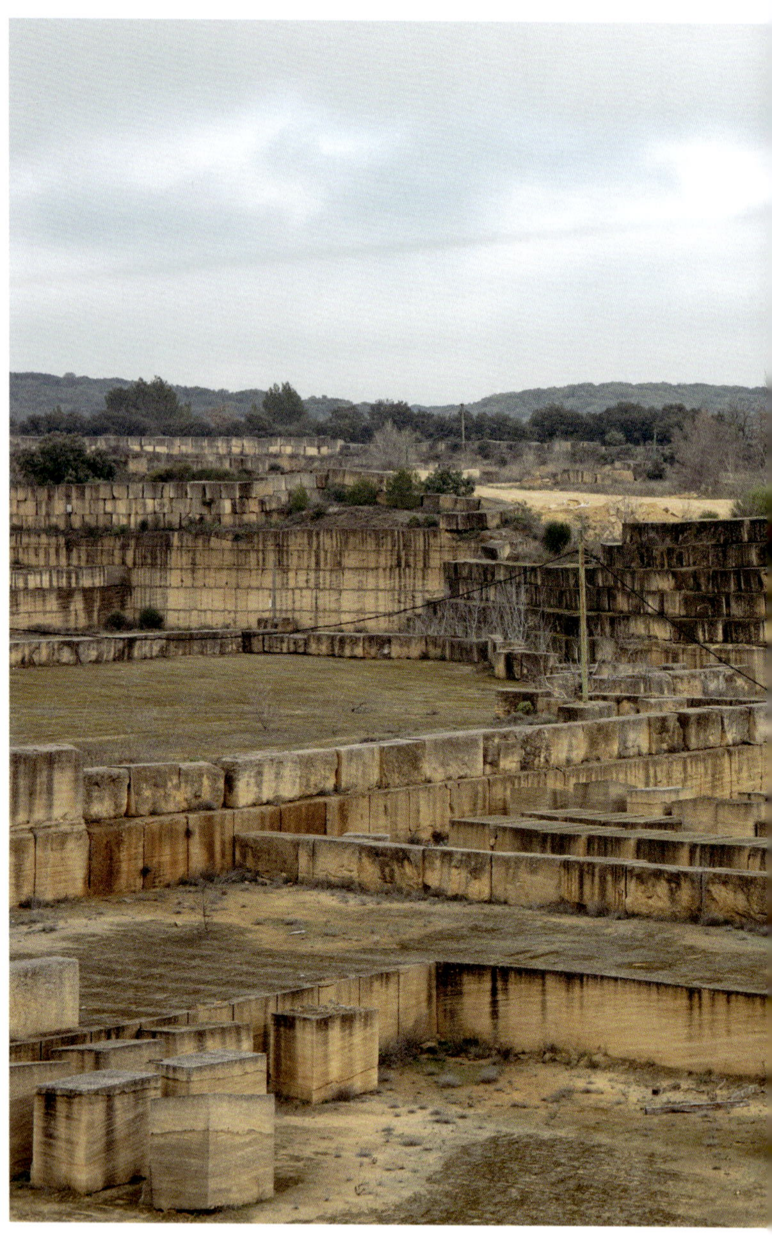

Vallabrix

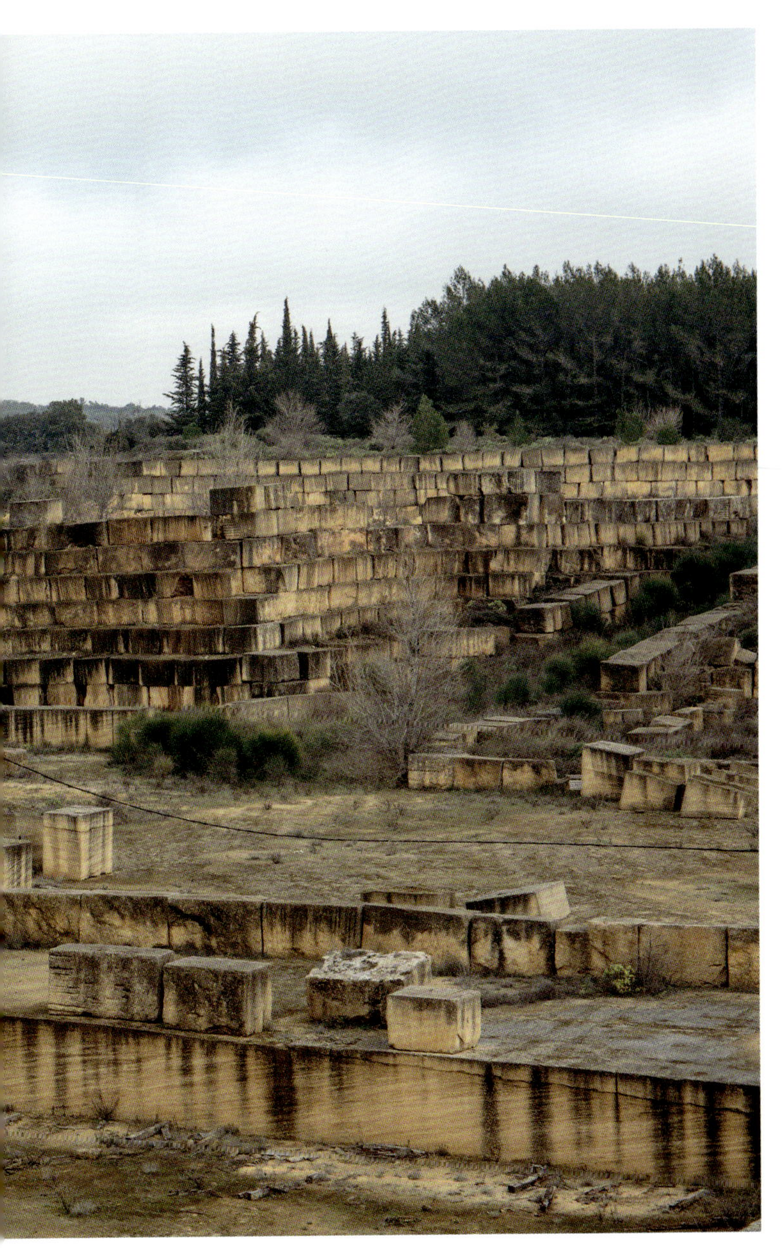

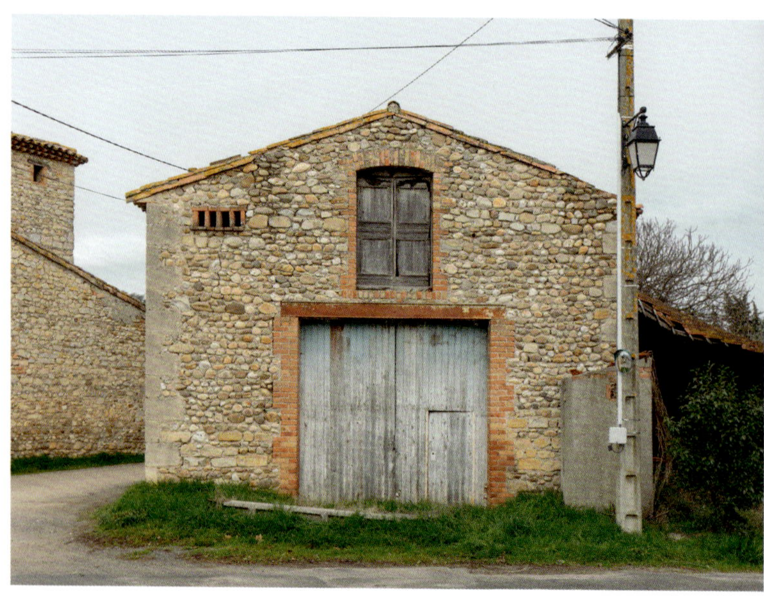

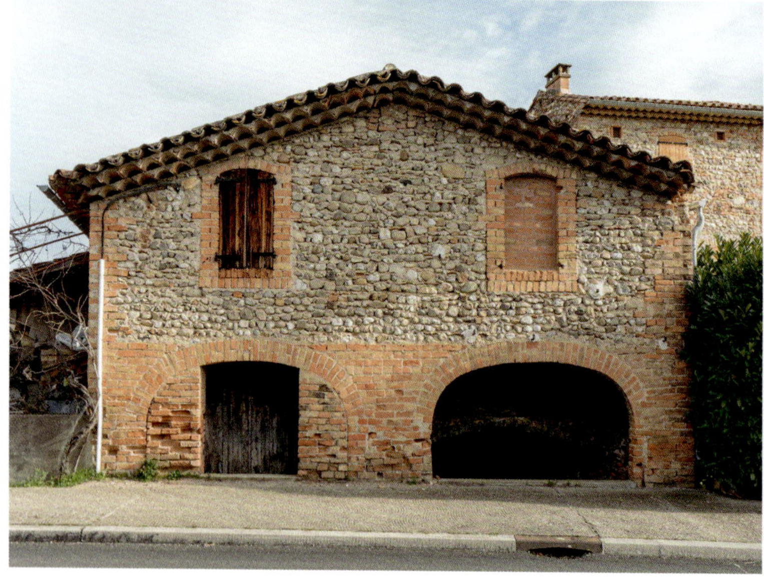

Cardet
Massillargues-Attuech

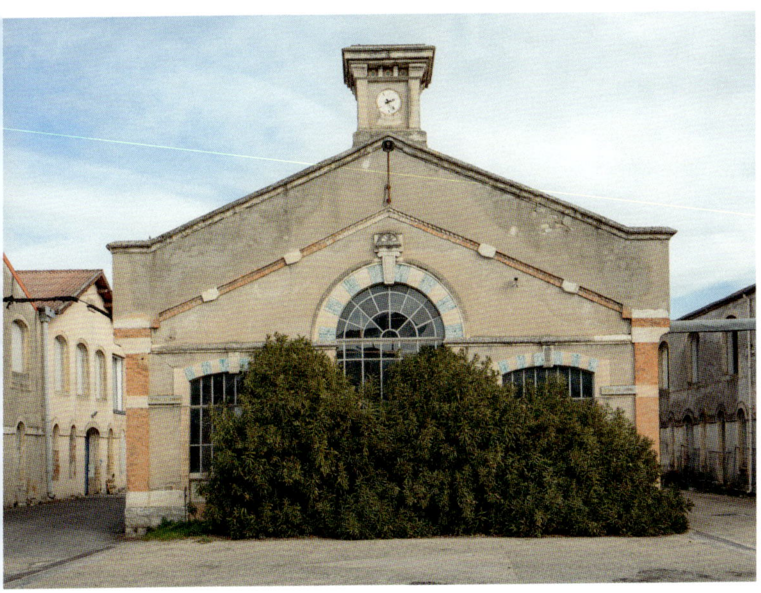

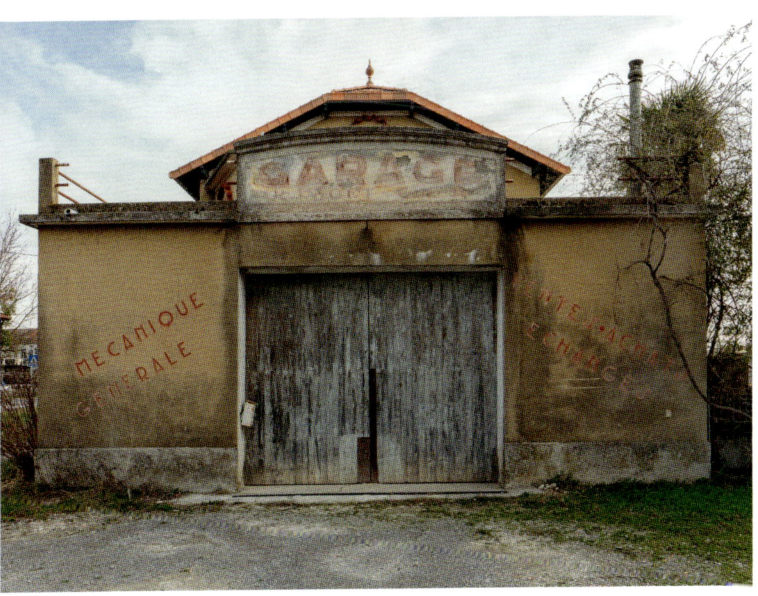

Moussac, *la Réglisserie*
Cardet

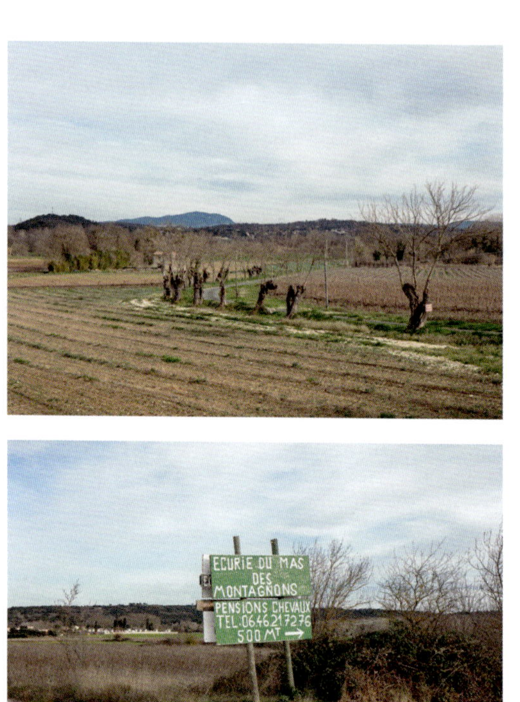

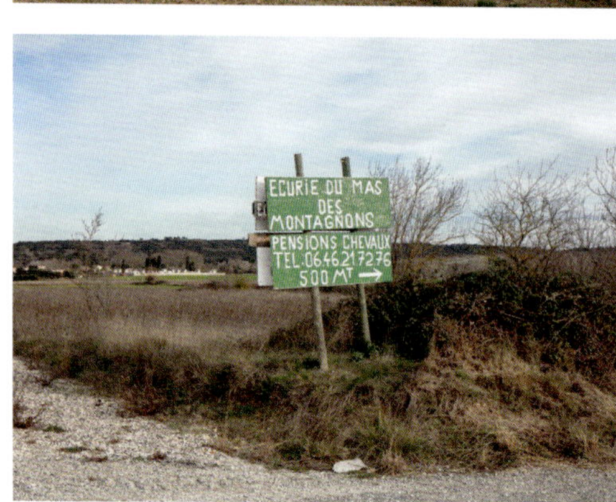
ECURIE DU MAS
DES
MONTAGNONS
PENSIONS CHEVAUX
TEL:0646217276
500 MT →

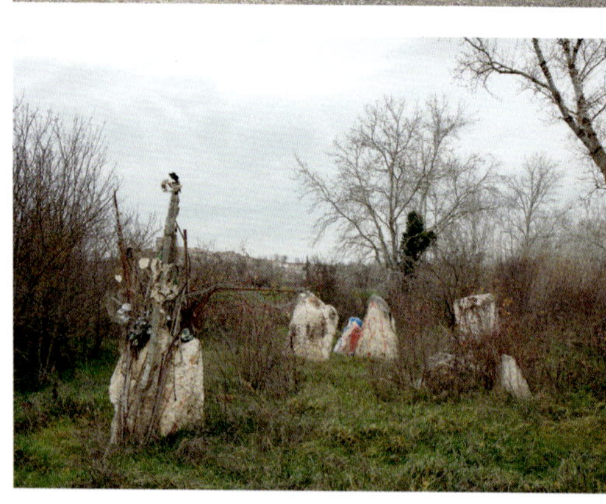

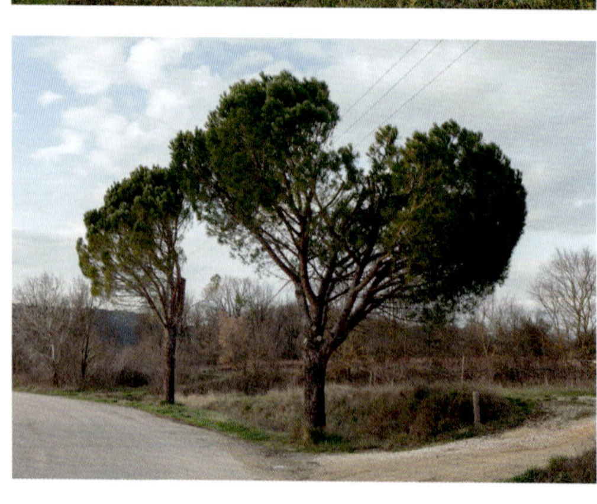

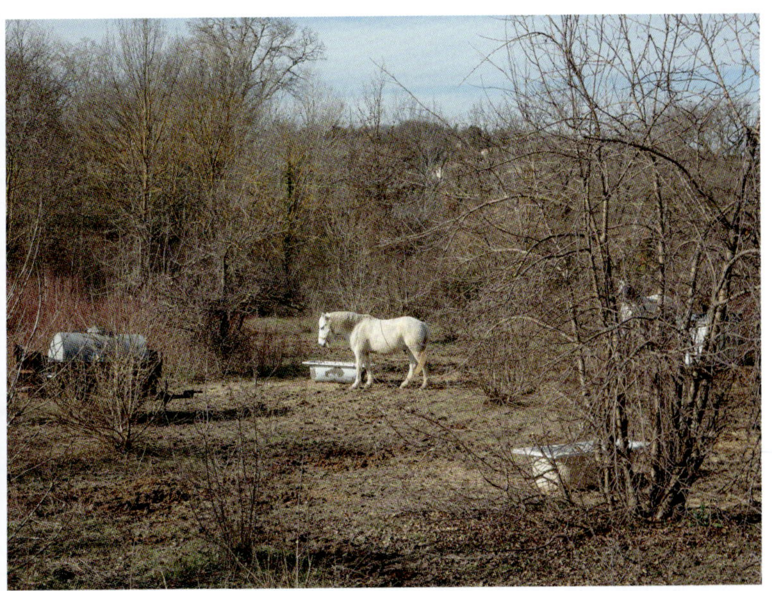

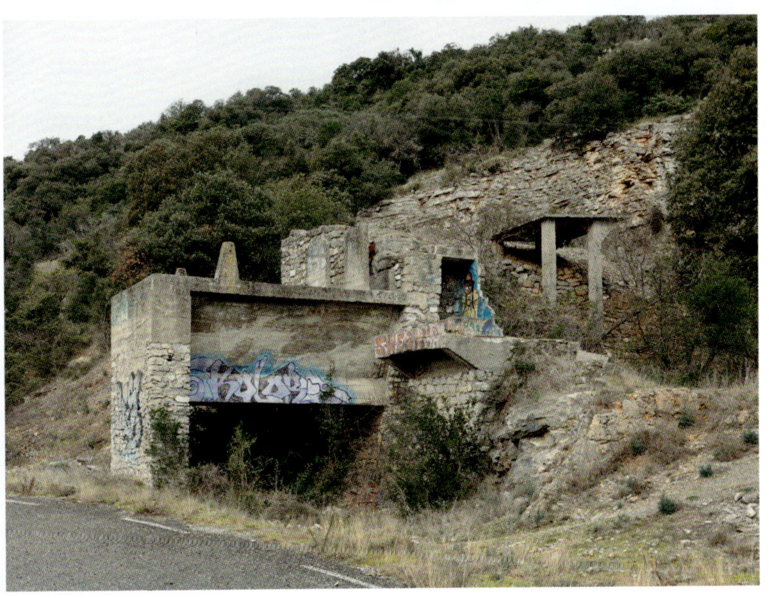

← Maruéjols-lès-Gardon
  Saint-Mamert-du-Gard
  Sauzet
  Vic-le-Fesc

Saint-Mamert-du-Gard
D 982

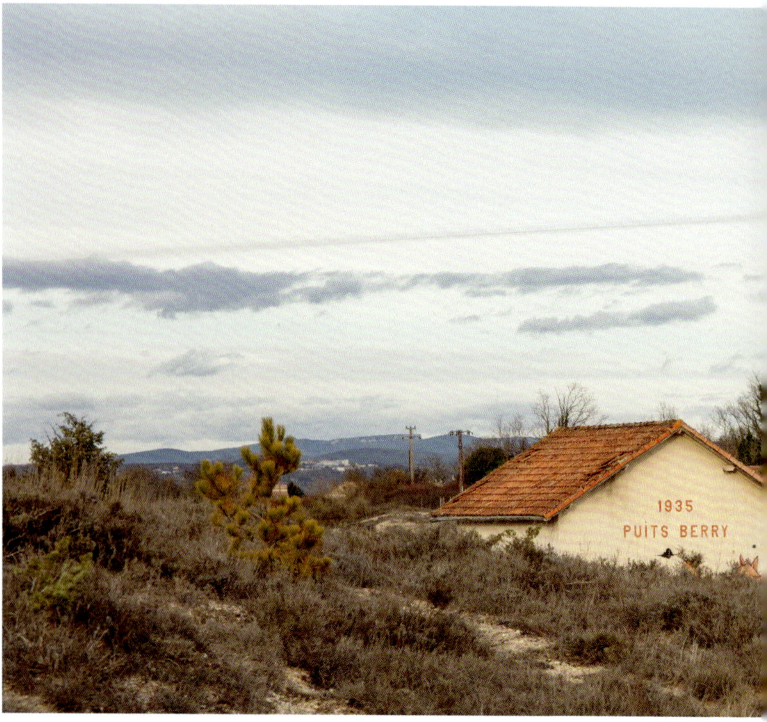

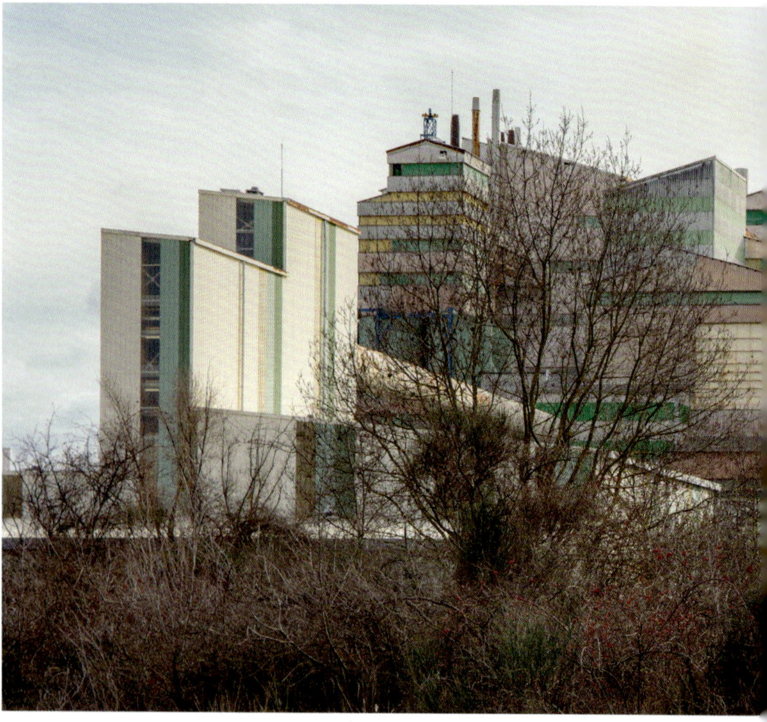

Saint-Jean-de-Maruéjols-et-Avéjan
Rousson

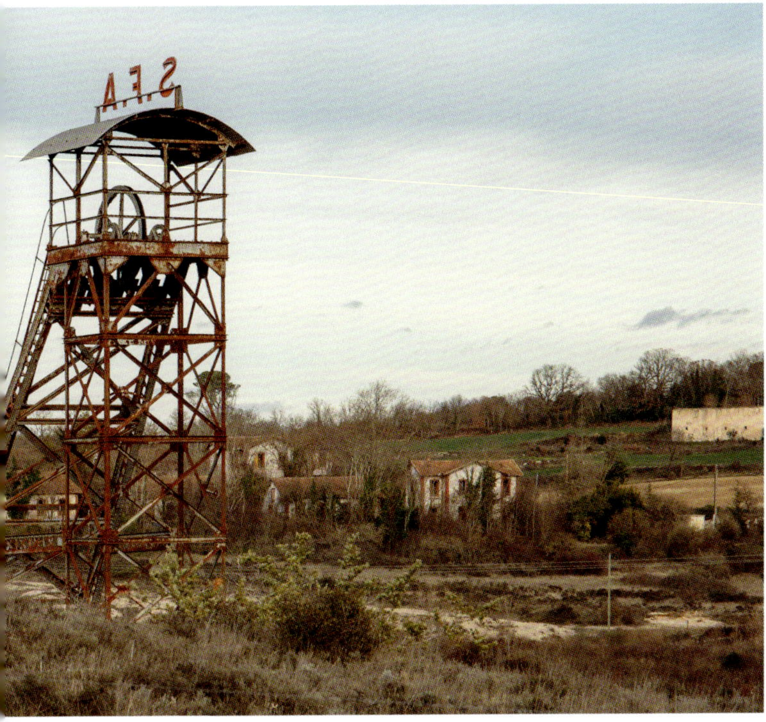

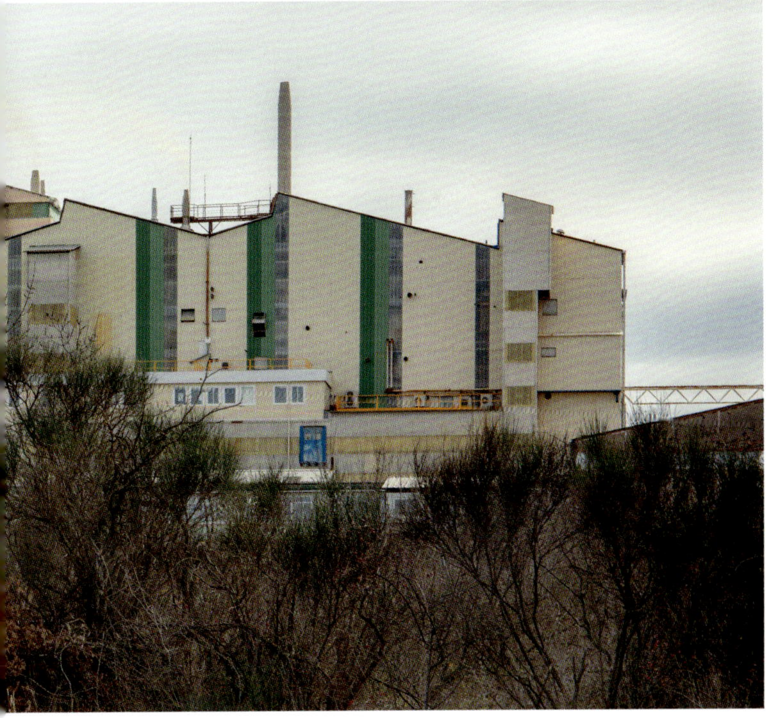

S.F.A

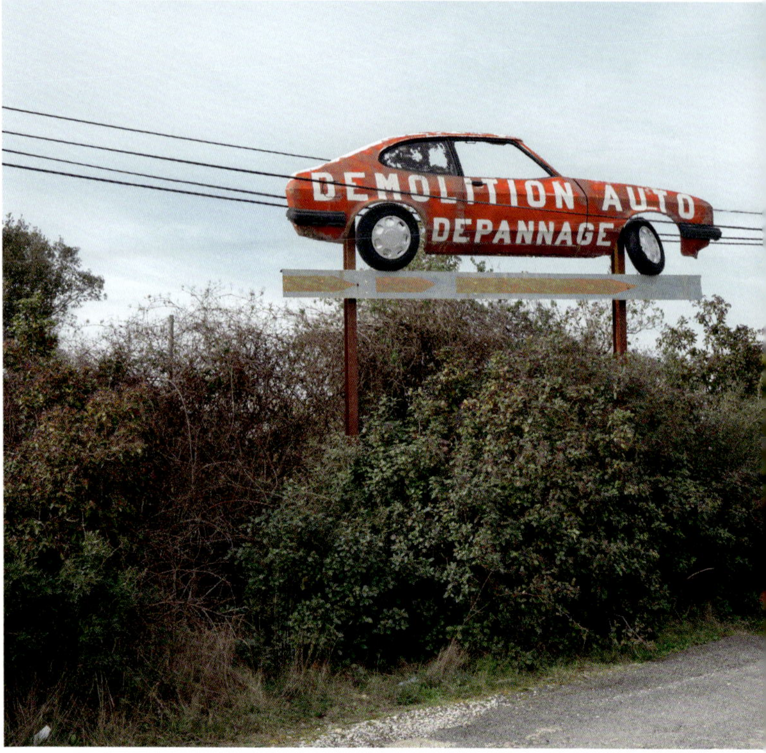

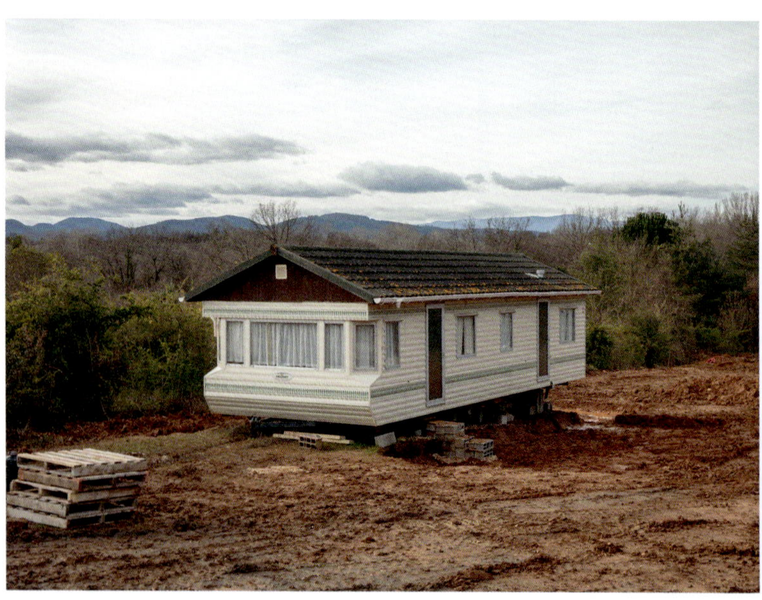

Parignargues
Saint-Jean-de-Maruéjols-et-Avéjan

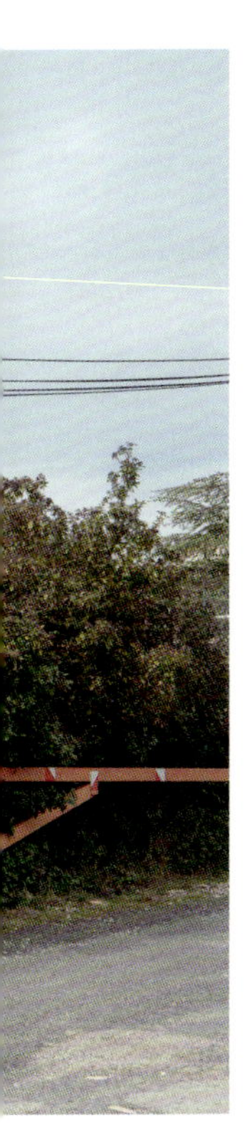
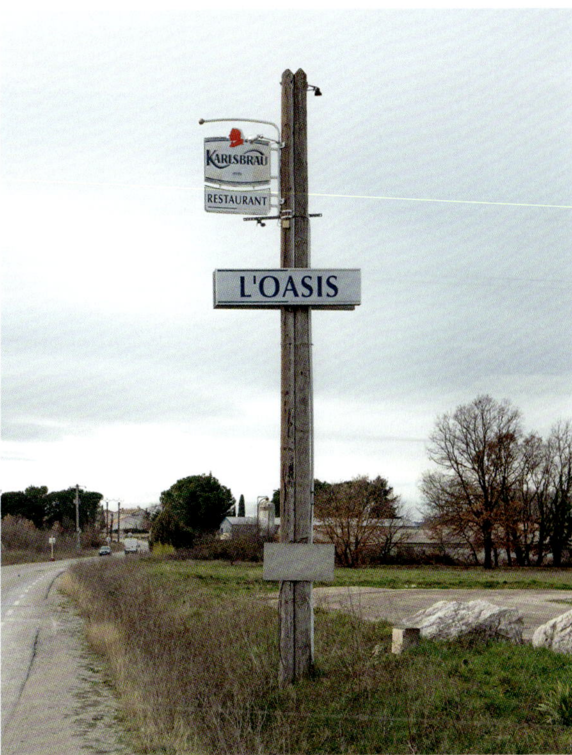

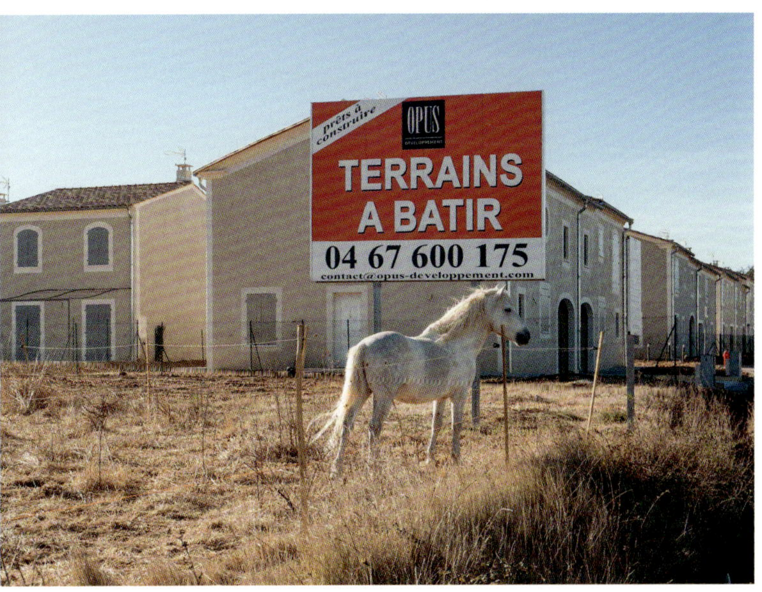

La Rouvière
Garrigues   → Foissac

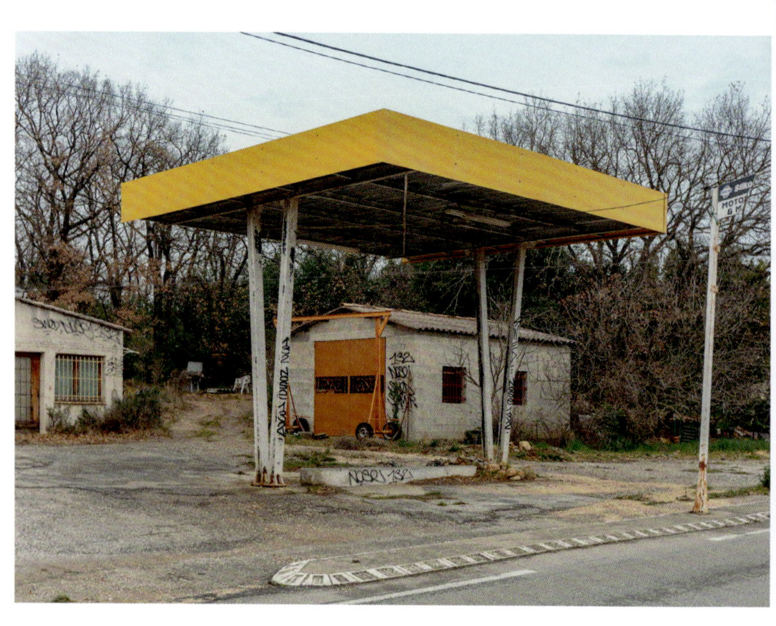

Nivernais

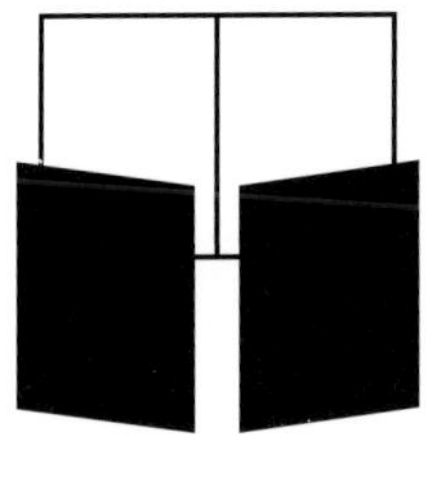

ch. 7

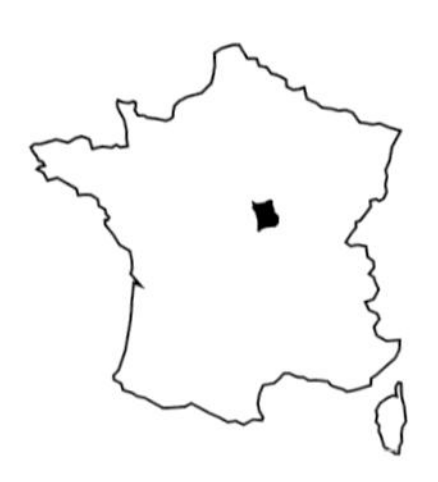

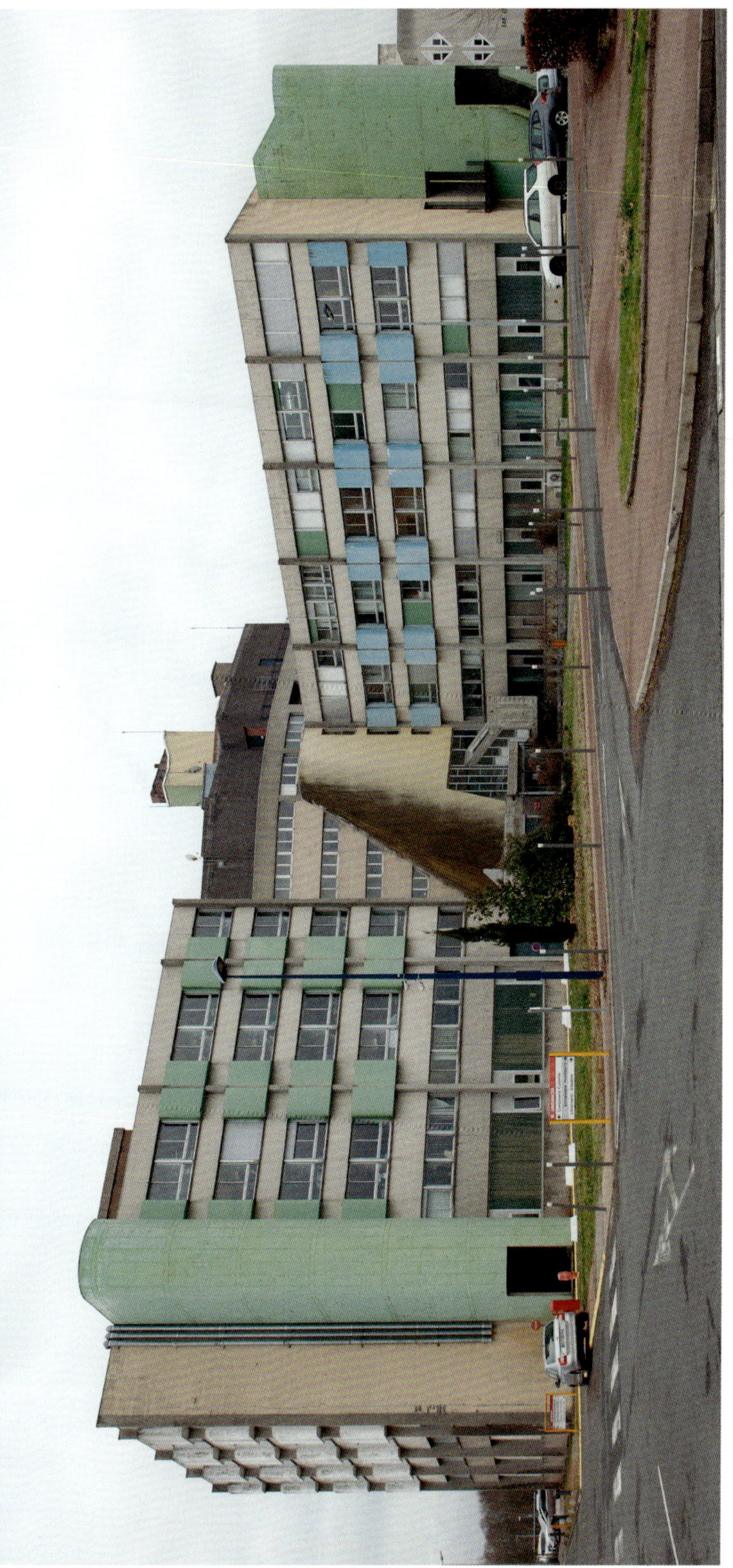

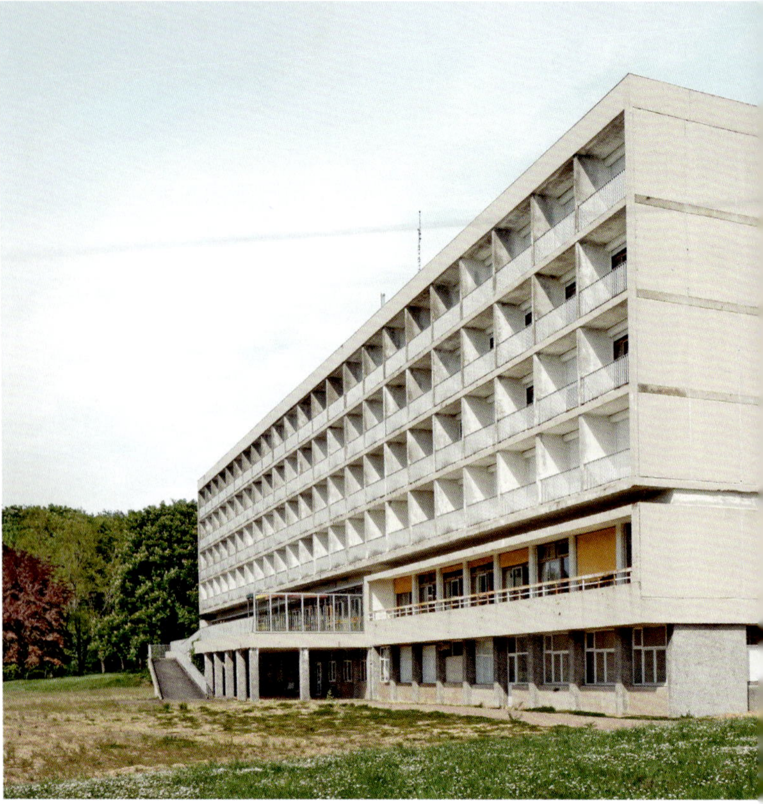

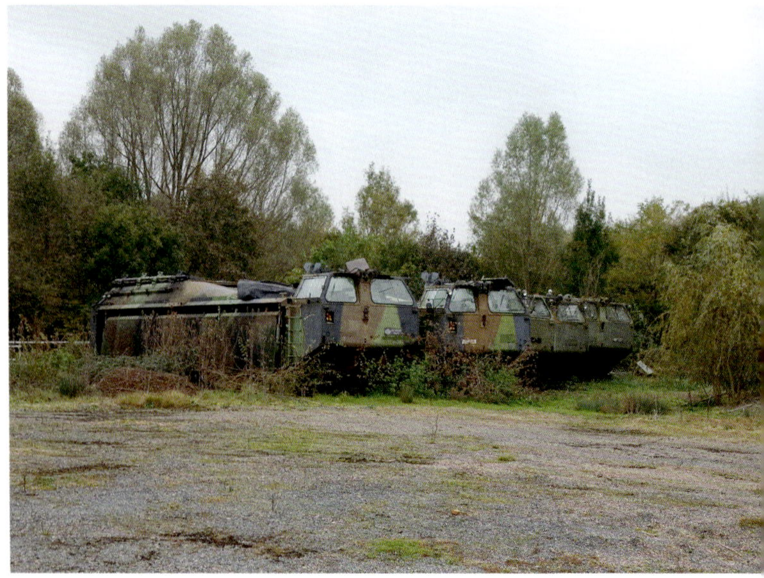

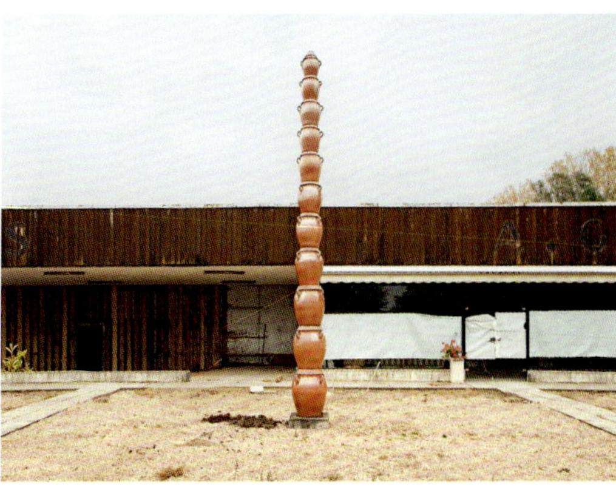

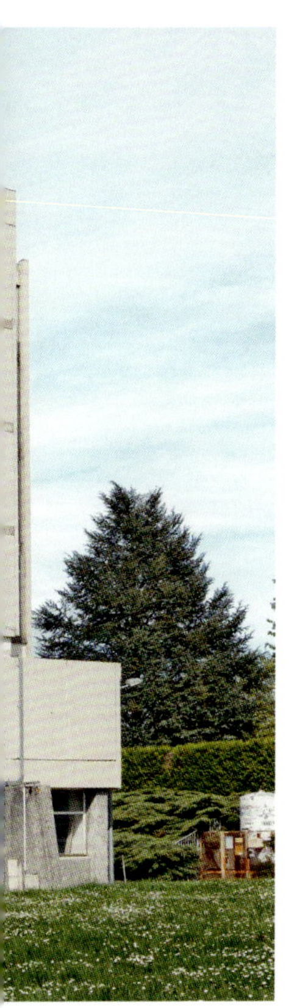

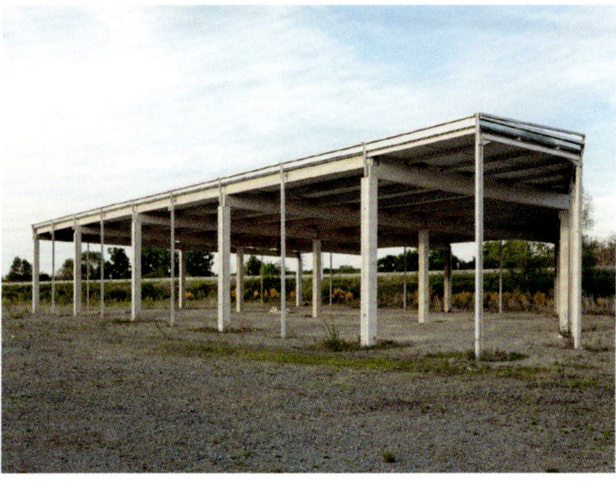

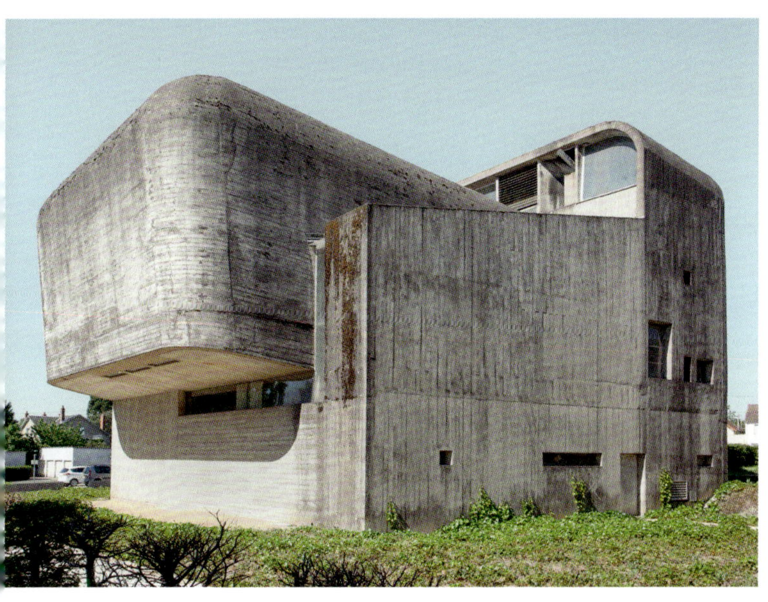

Pougues-les-Eaux
Cosne-Cours-sur-Loire
Nevers

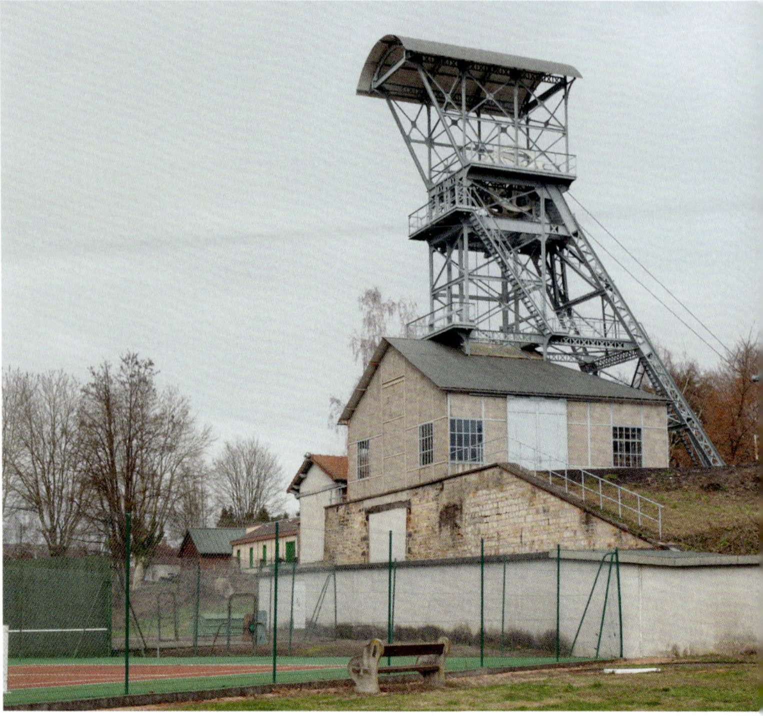

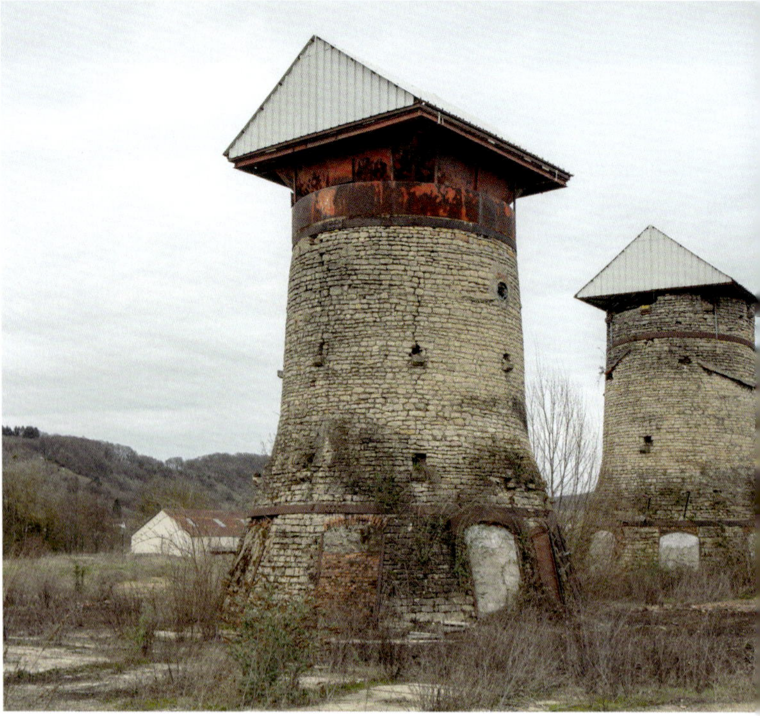

La Machine
Prémery

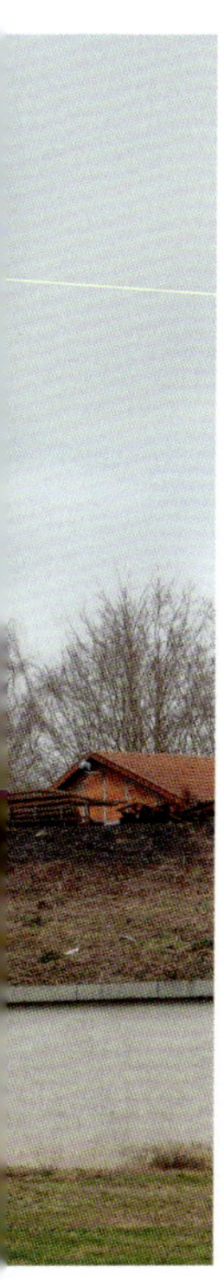
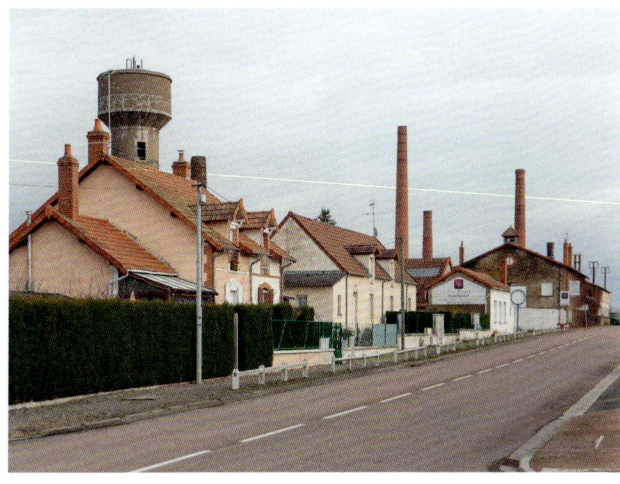
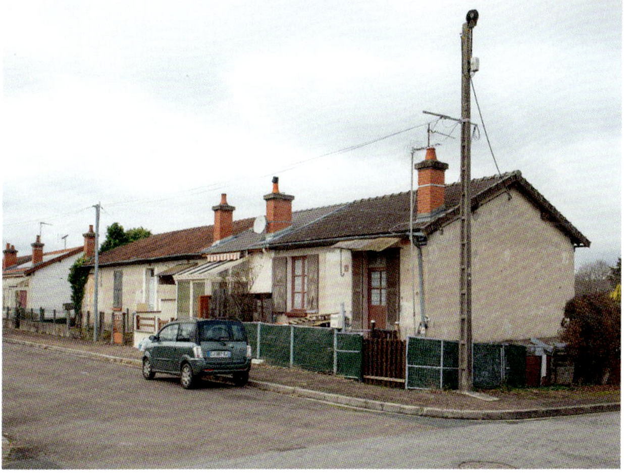
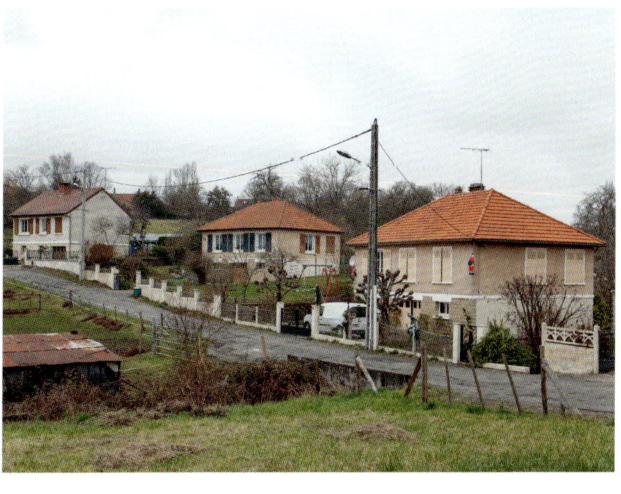

Decize
La Machine
Saint-Léger-des-Vignes

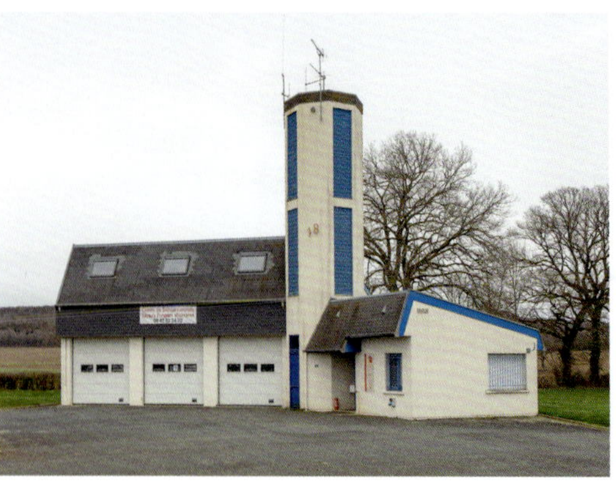

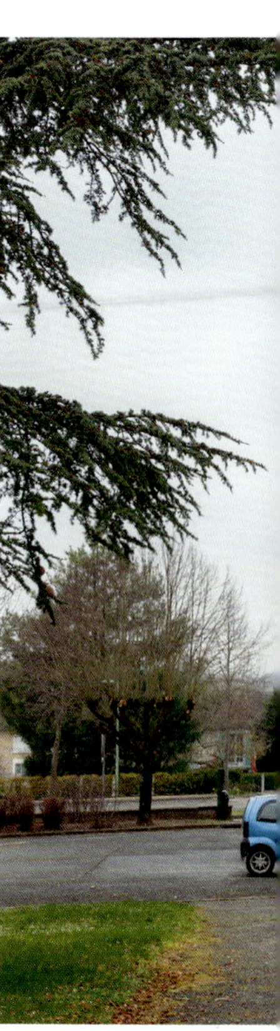

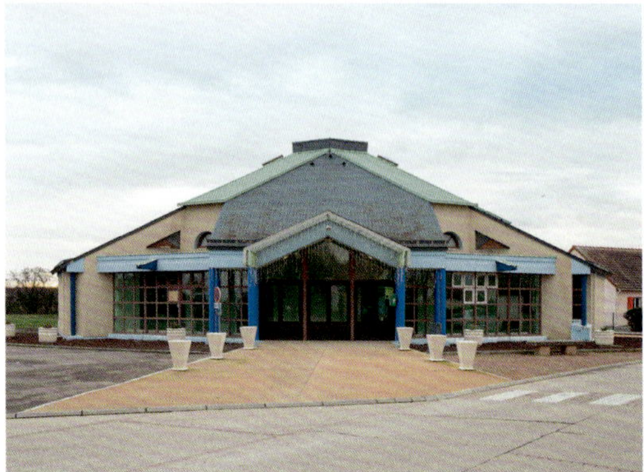

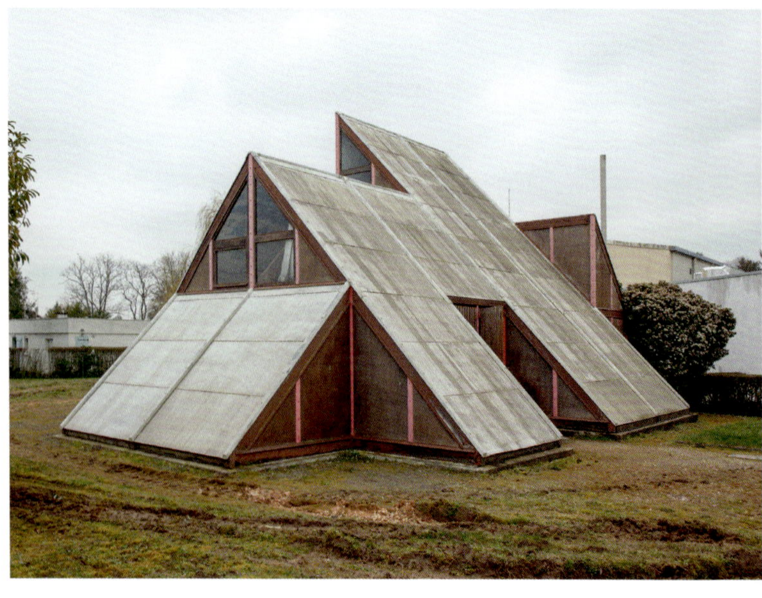

Champlemy
Cercy-la-Tour
Cosne-Cours-sur-Loire

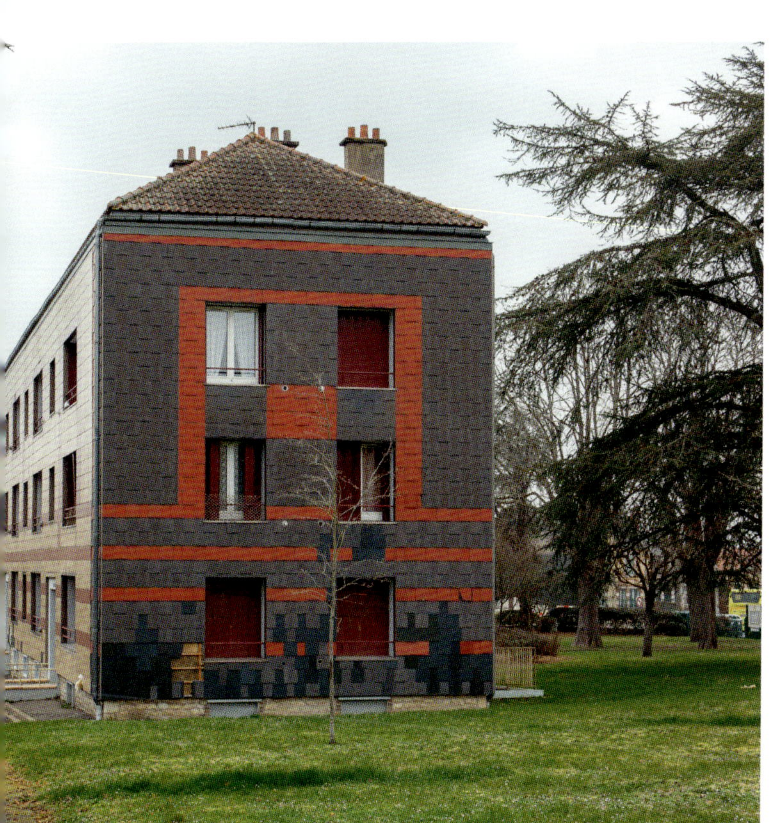

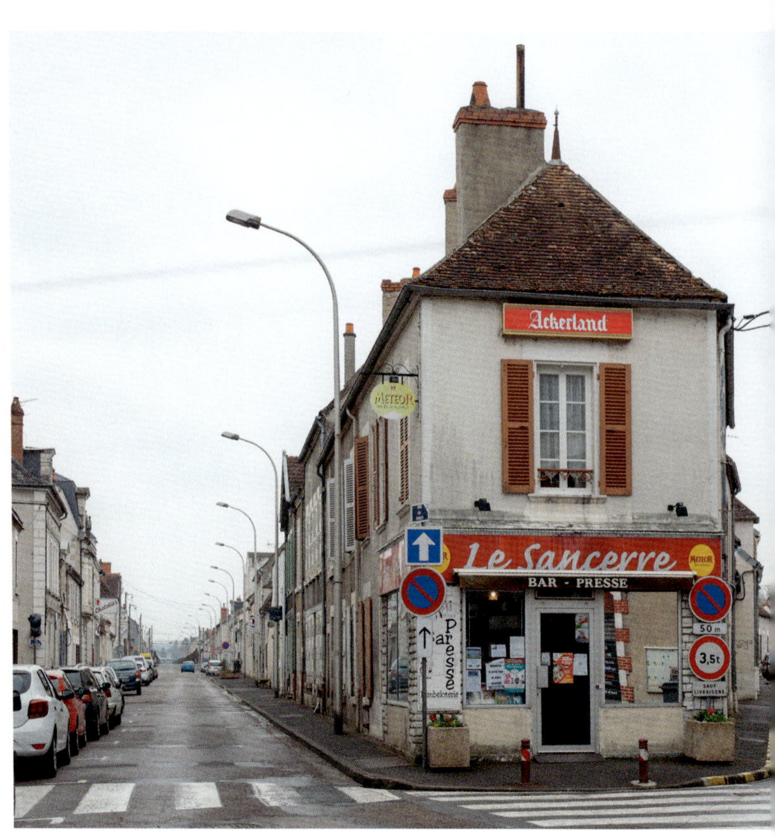

Cosne-Cours-sur-Loire

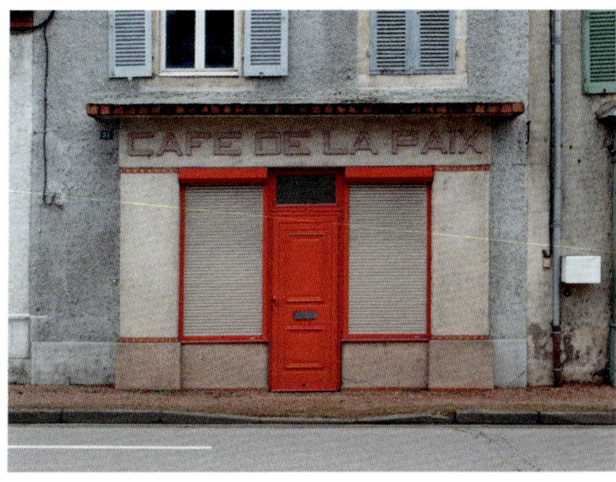

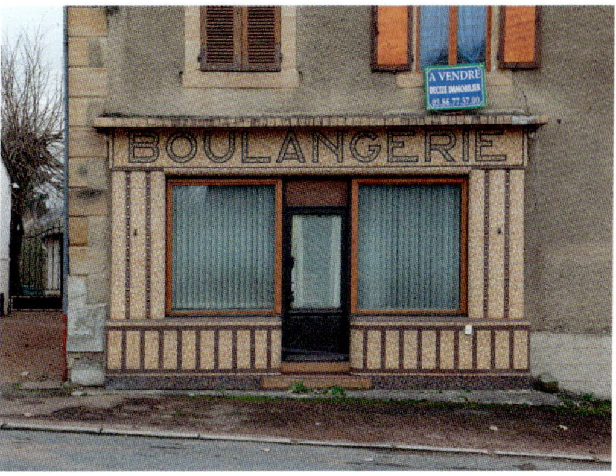

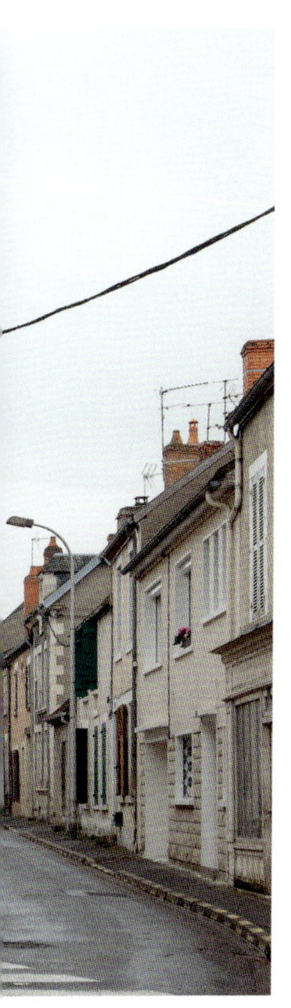

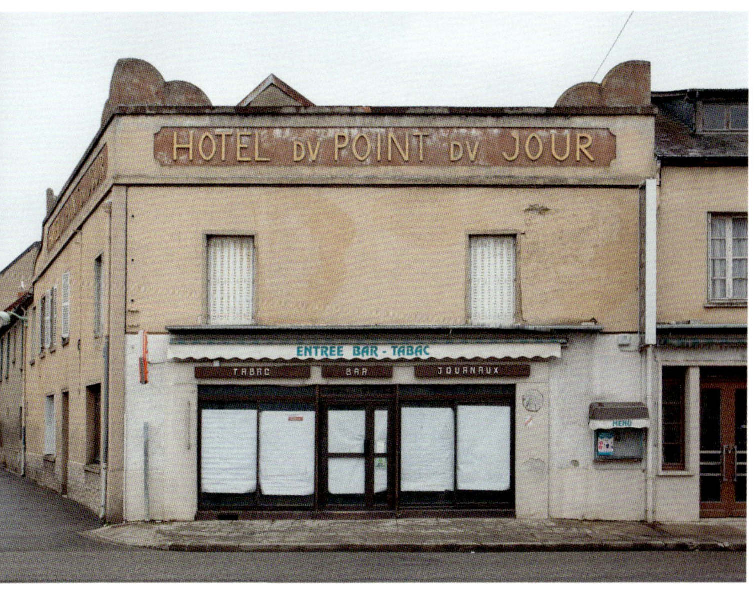

Decize
La Machine
Cosne-Cours-sur-Loire

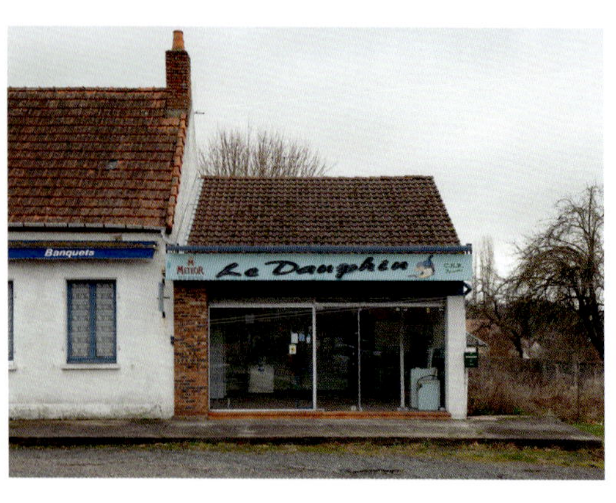
Banquets
METEOR
Le Dauphin

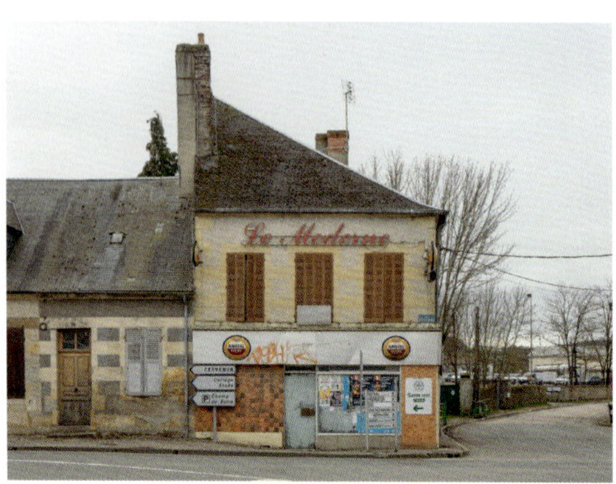
Le Moderne

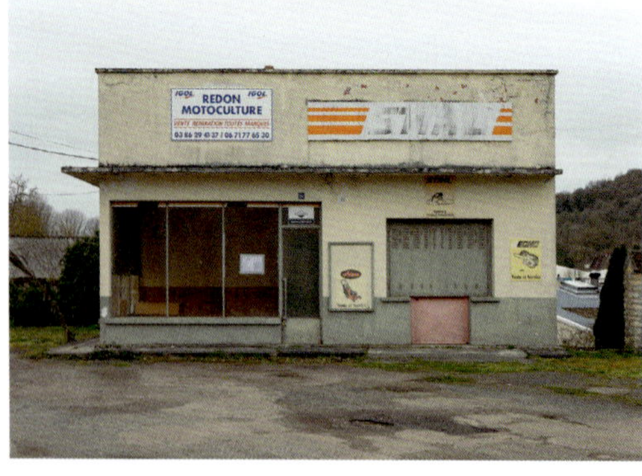
REDON
MOTOCULTURE
VENTE REPARATION TOUTES MARQUES
03 86 29 43 37 / 06 71 77 65 20
STIHL

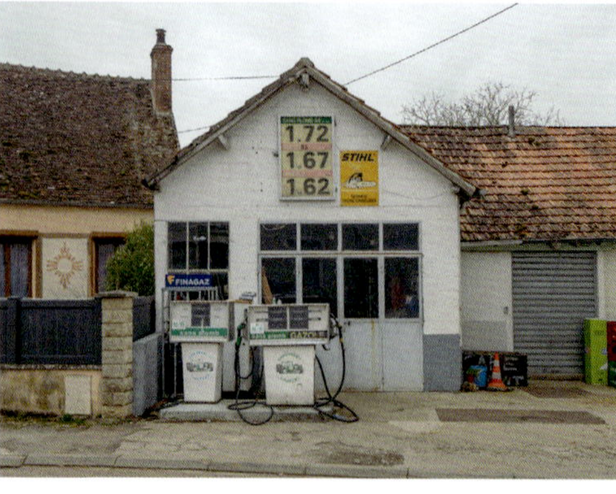
1.72
1.67
1.62
STIHL
FINAGAZ

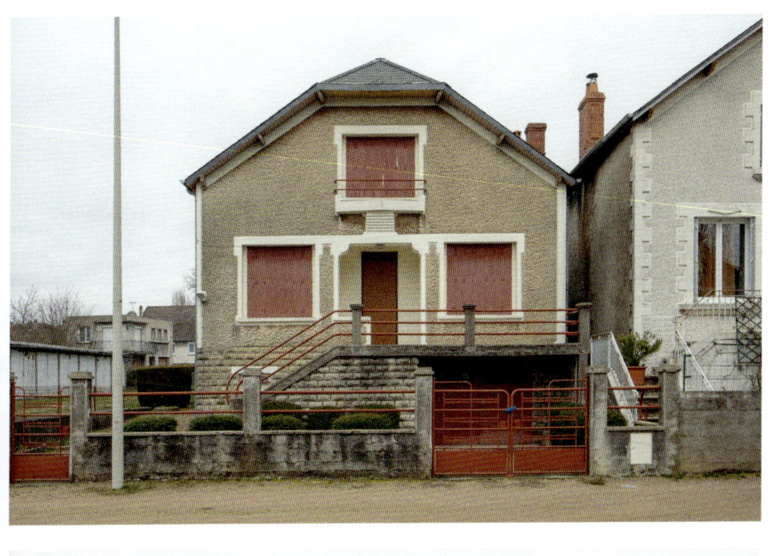

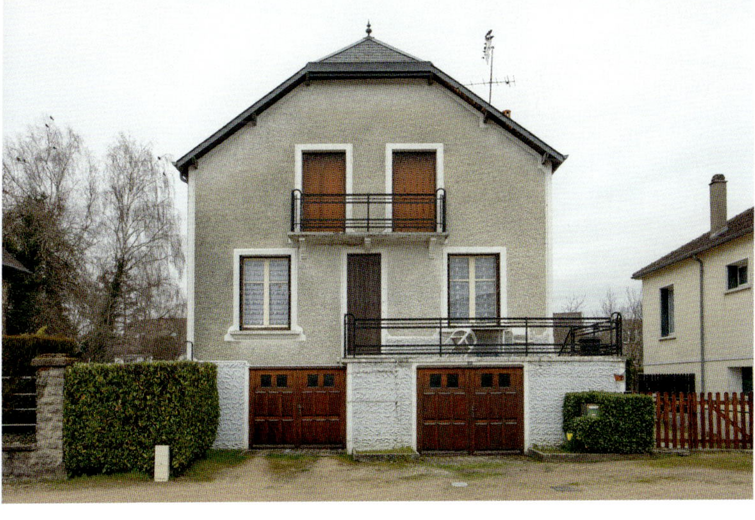

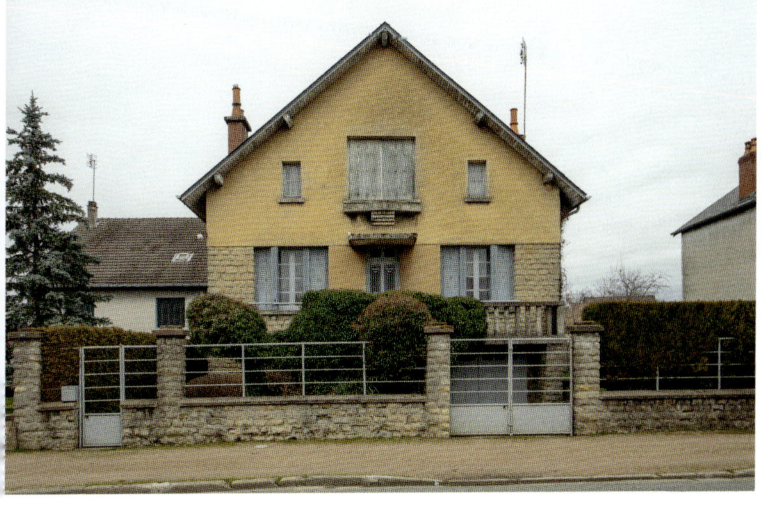

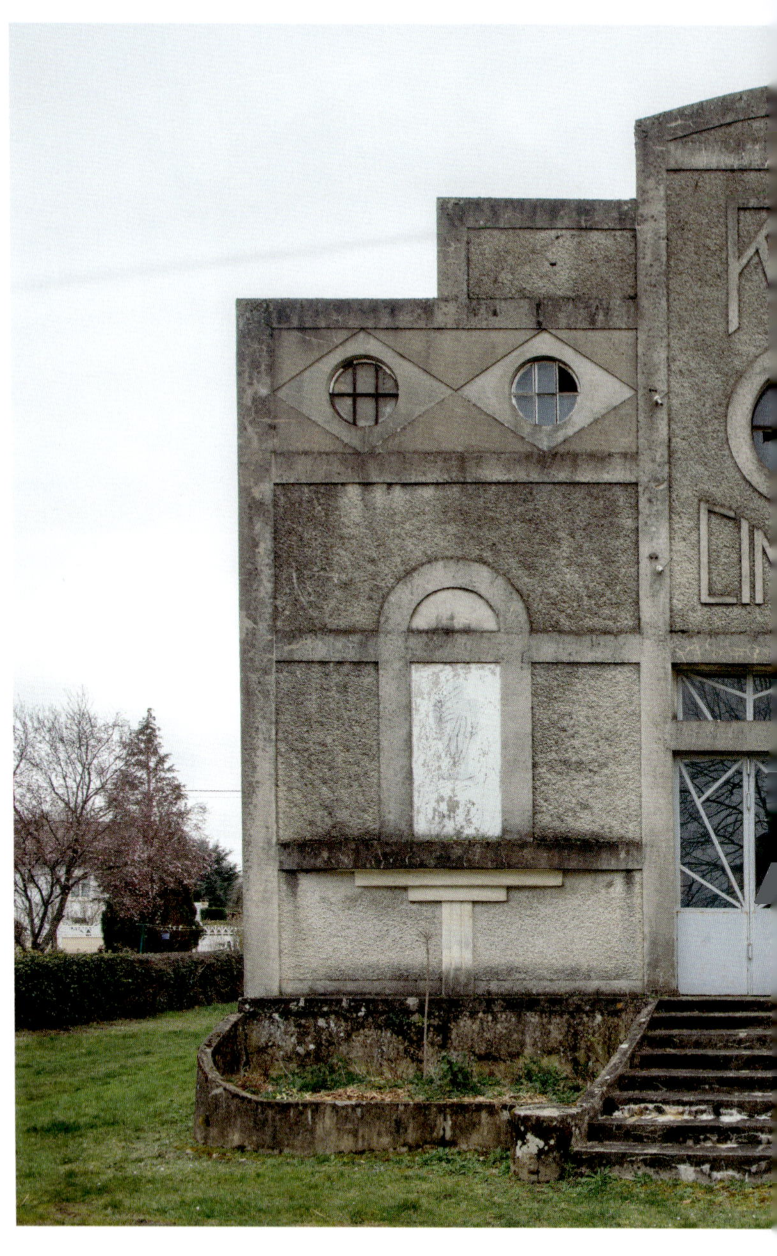

←← Saint-Léger-des-Vignes
Prémery
Varzy
Narcy

← Prémery (3)   Guérigny

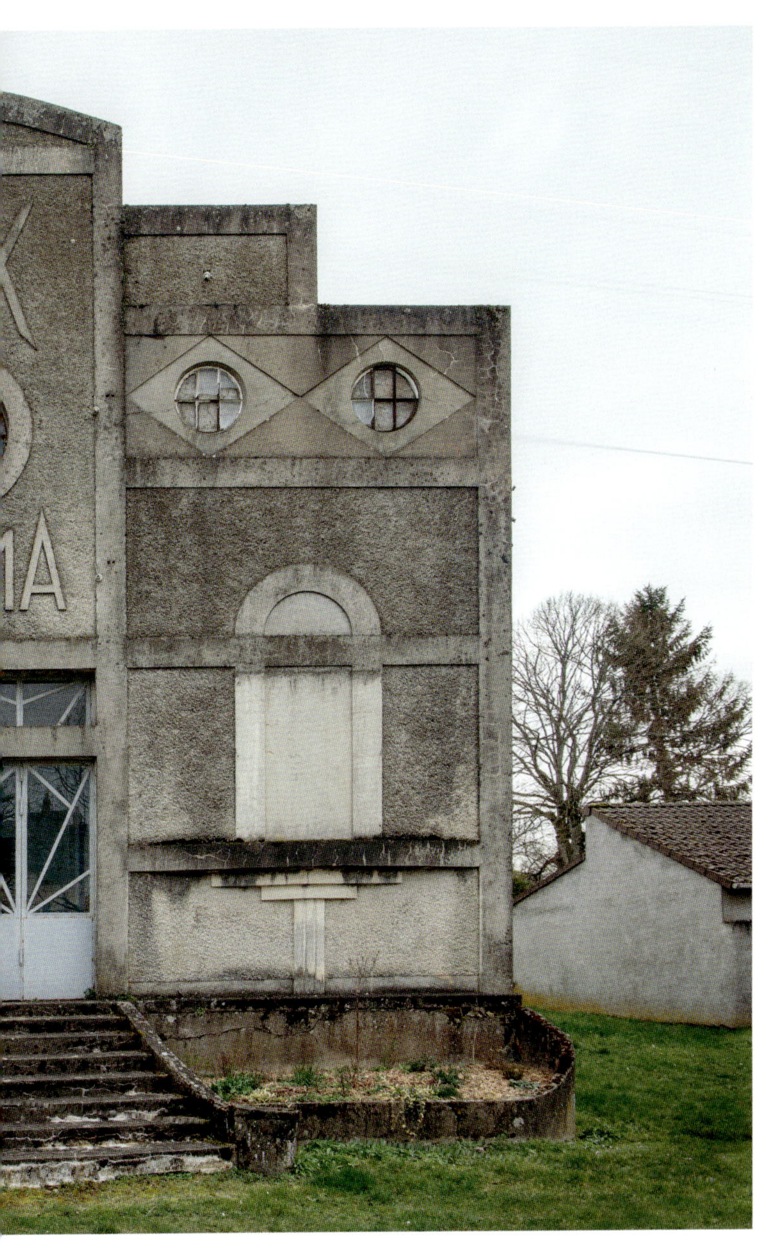

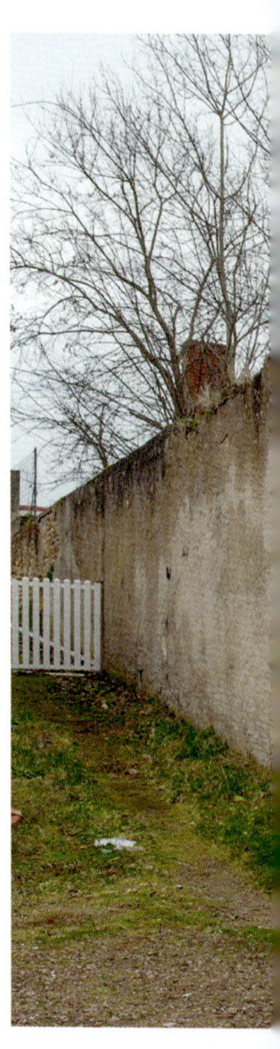

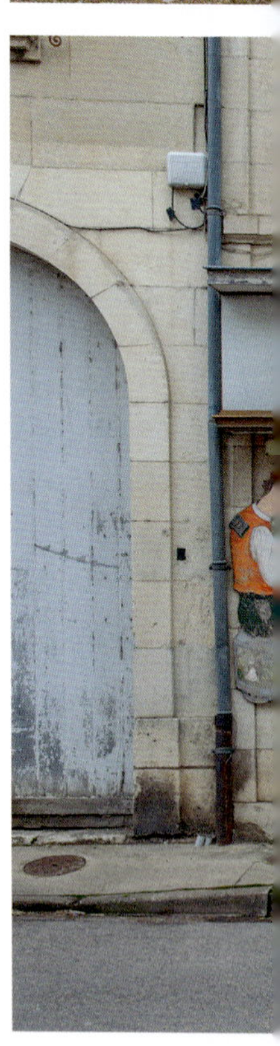

Imphy
Donzy

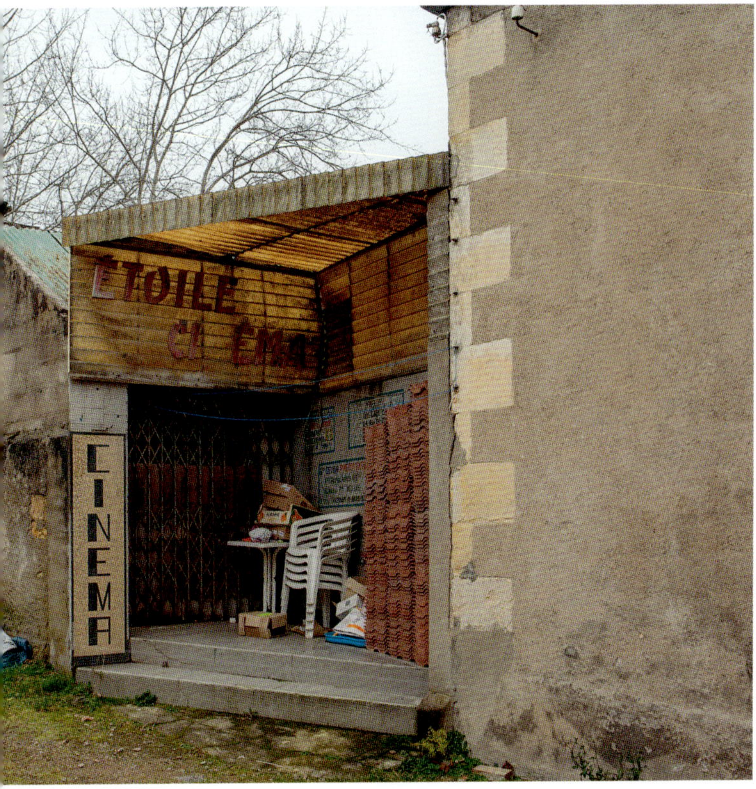

ETOILE
CINEMA
CINEMA

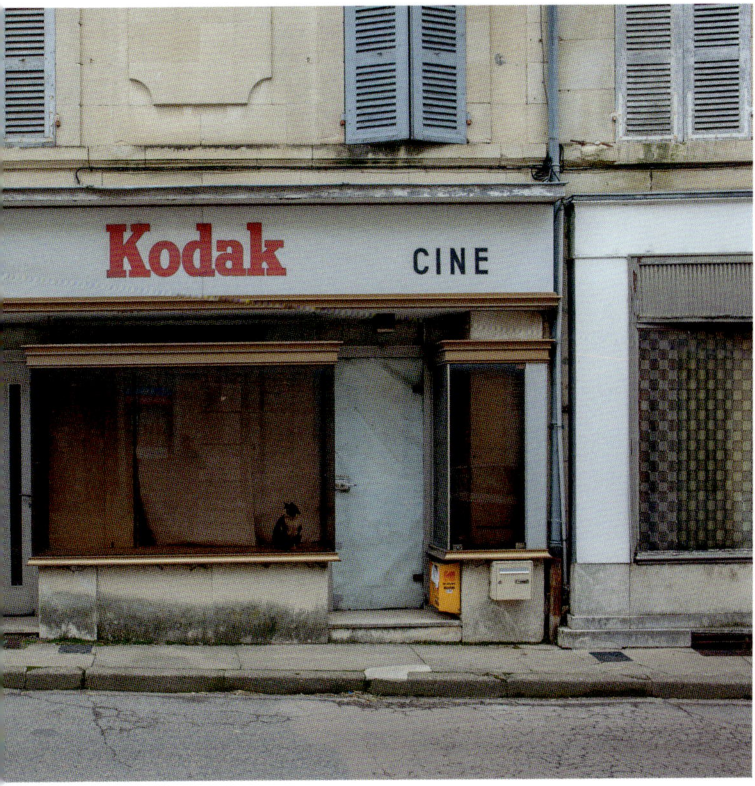

Kodak
CINE

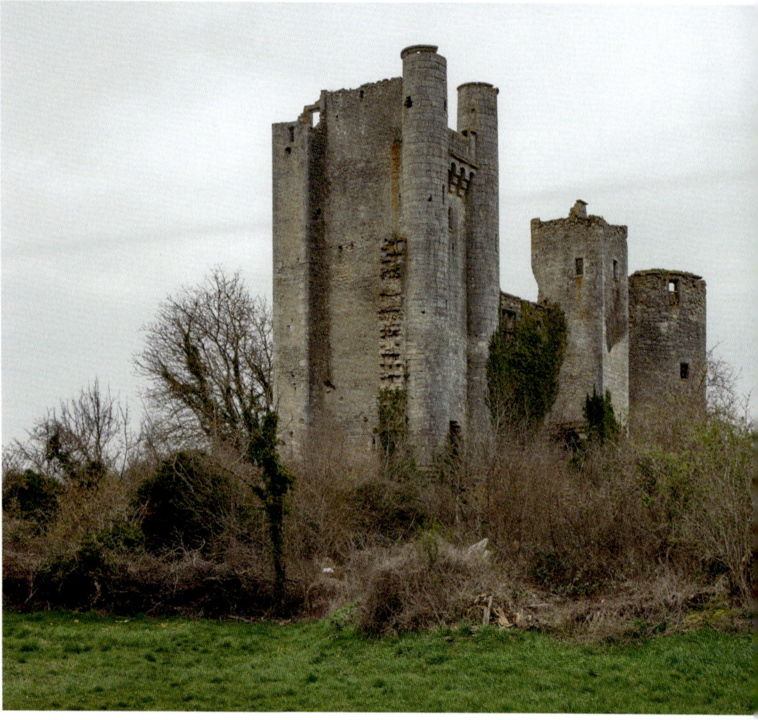

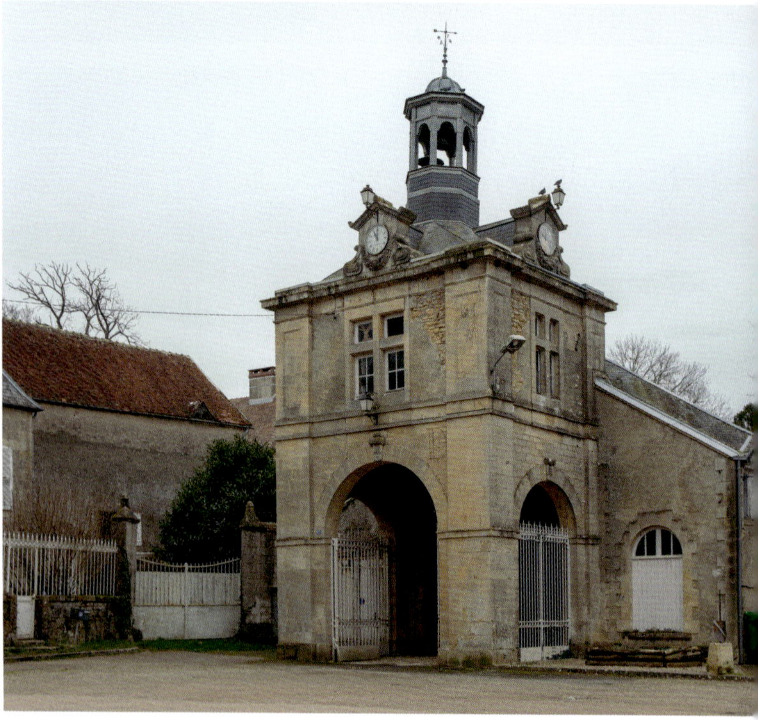

Varennes-lès-Narcy
Champlemy

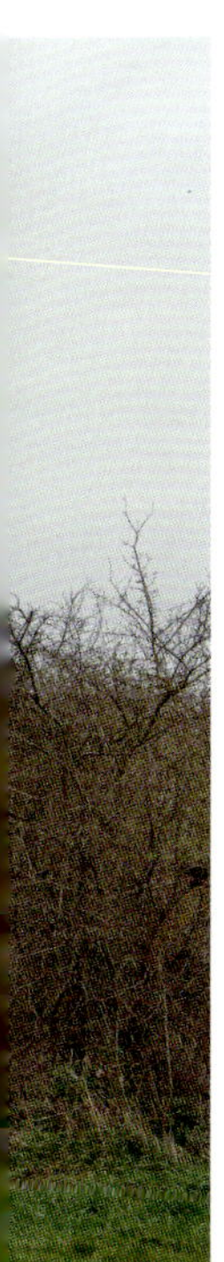
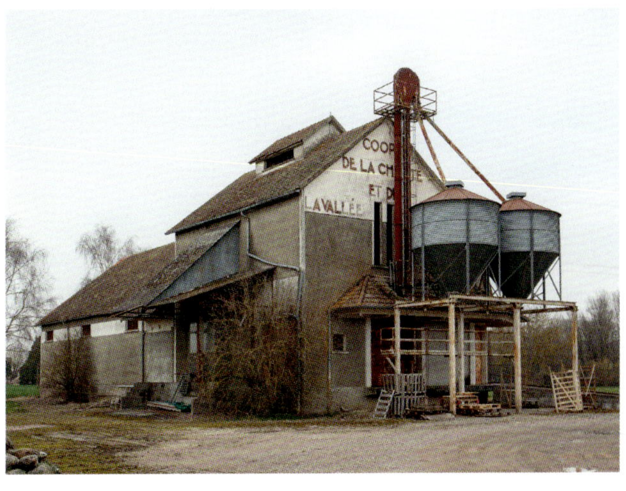

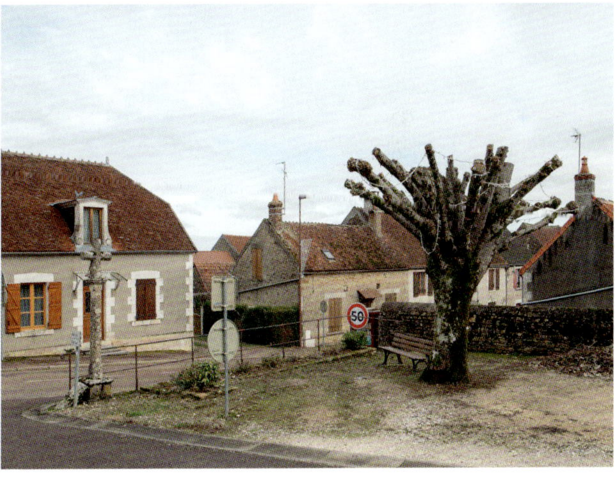

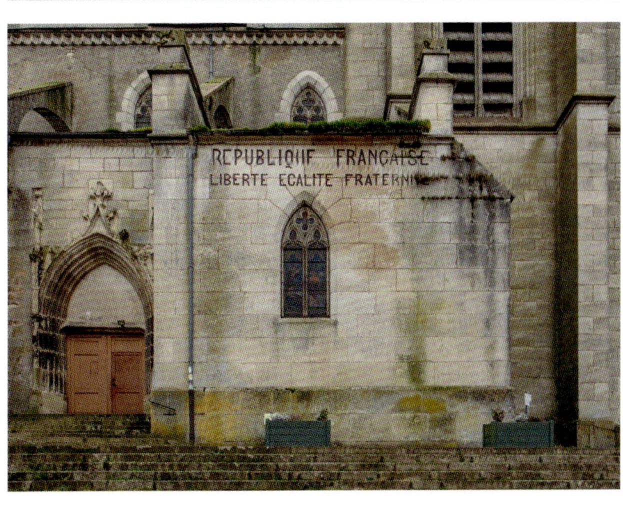

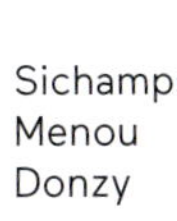

Sichamps
Menou
Donzy

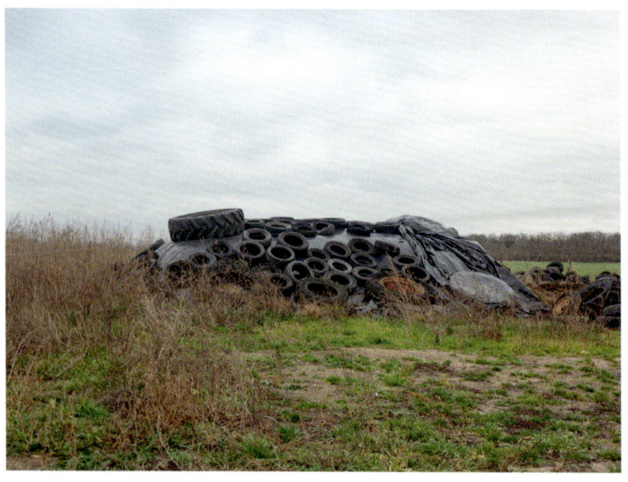

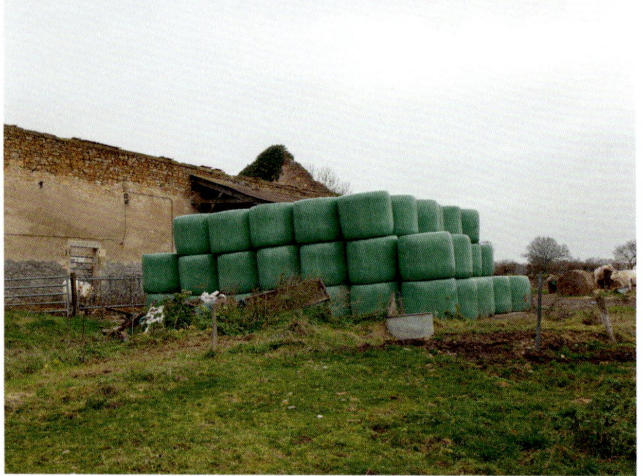

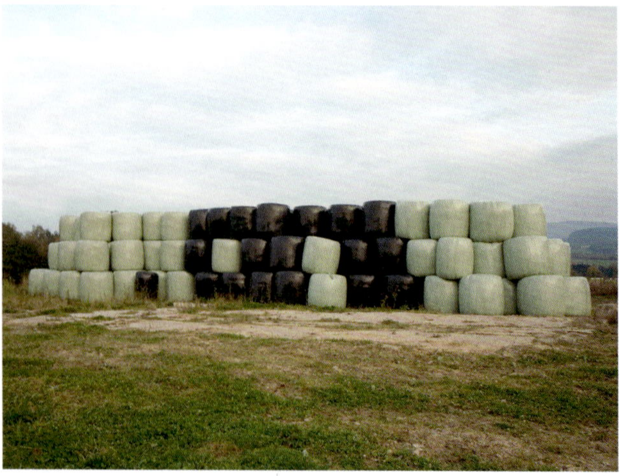

Nivernais
Chevenon
Nivernais

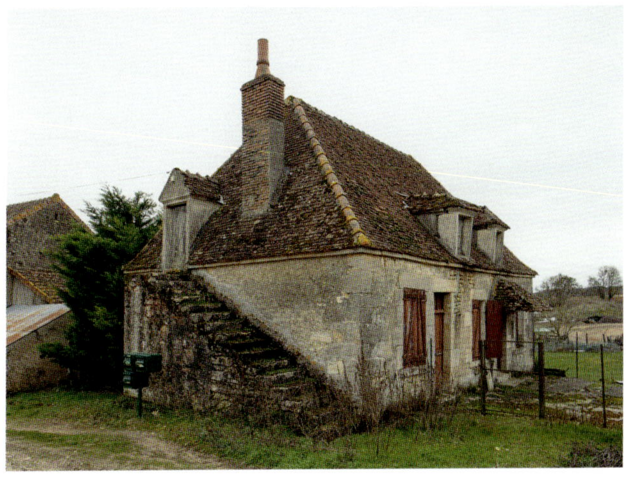

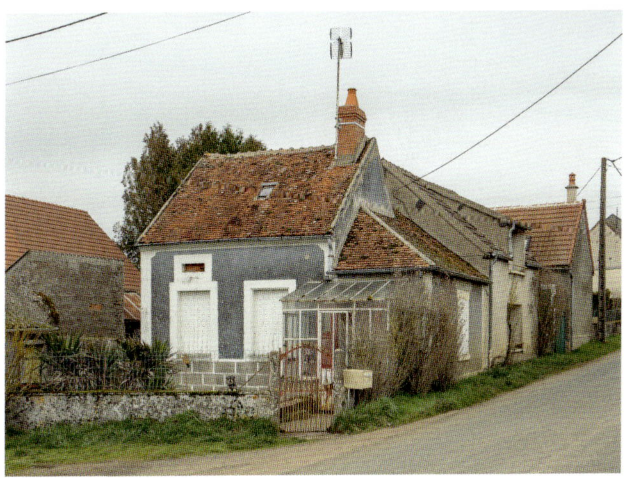

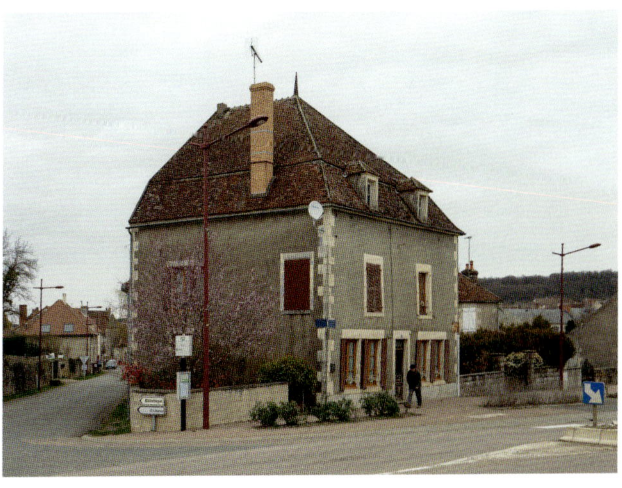

Migny
Champlin
Varzy

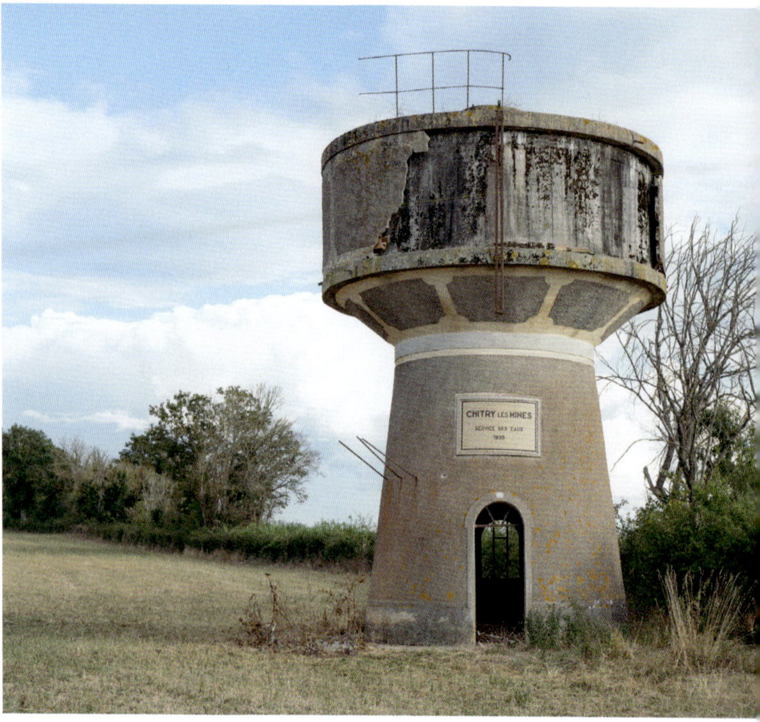

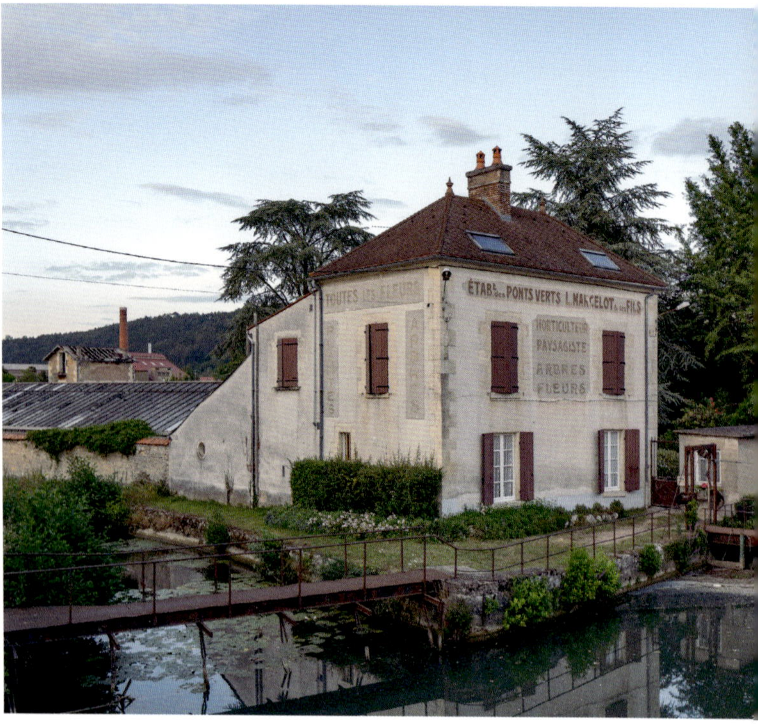

Chitry-les-Mines
Clamecy

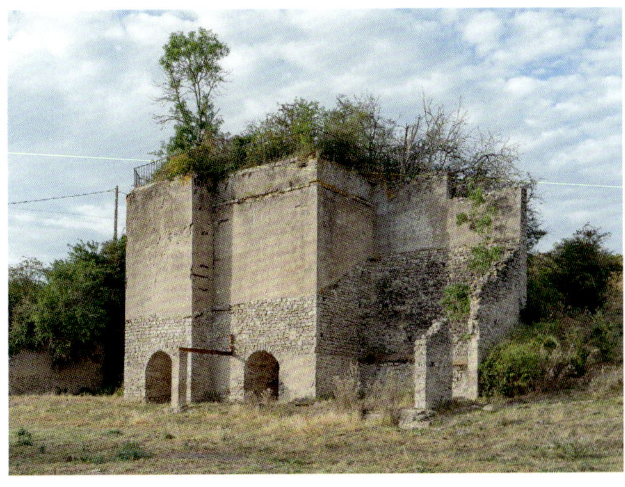

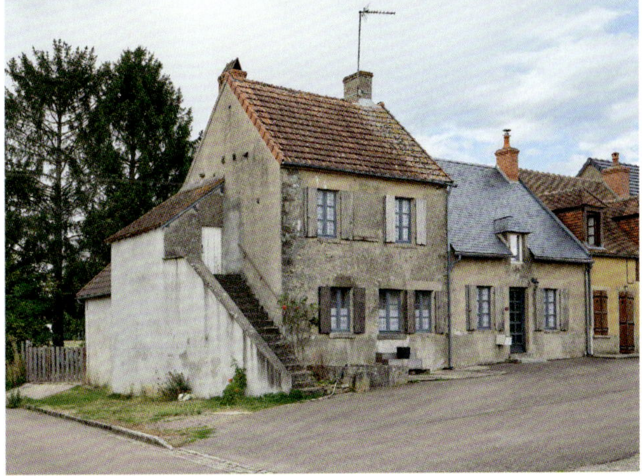

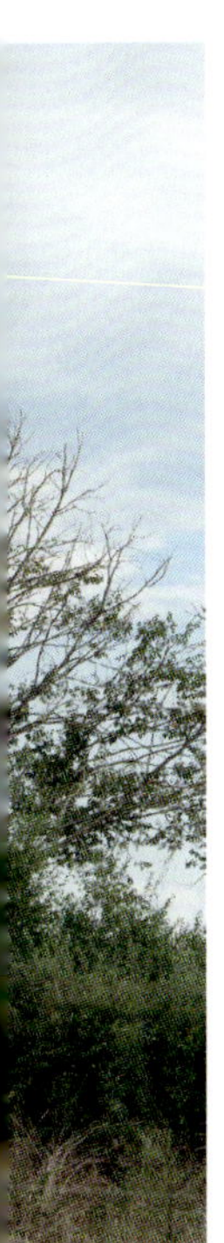

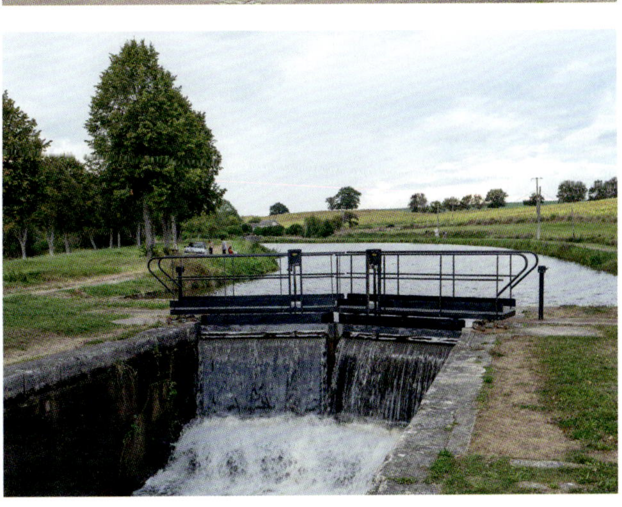

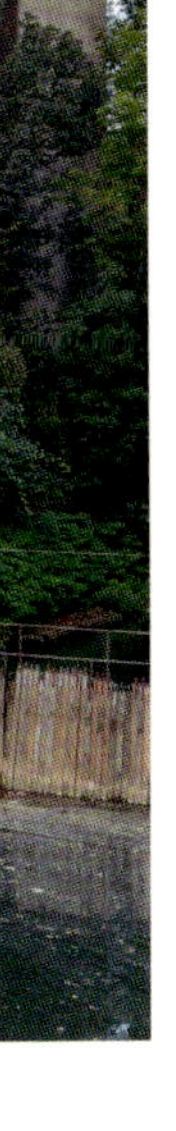

Chitry-les-Mines
La Collancelle
Bazolles

→ Nivernais

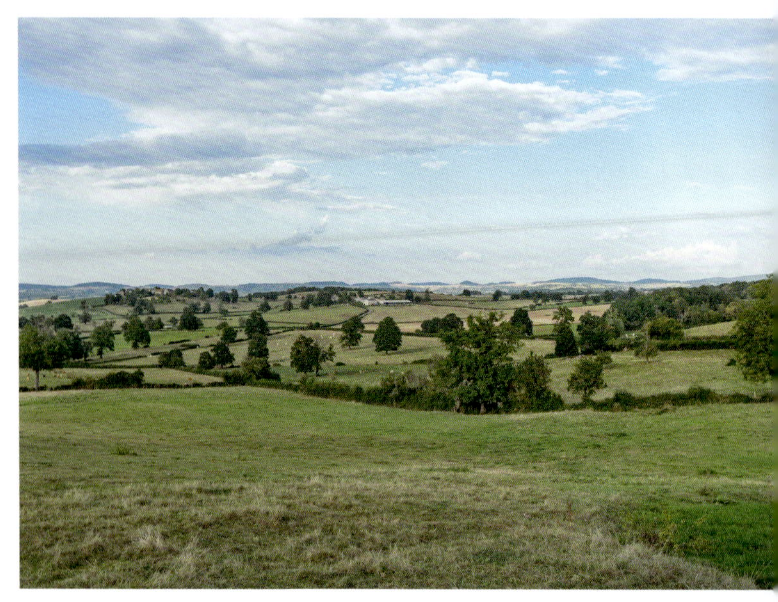

Camouflage

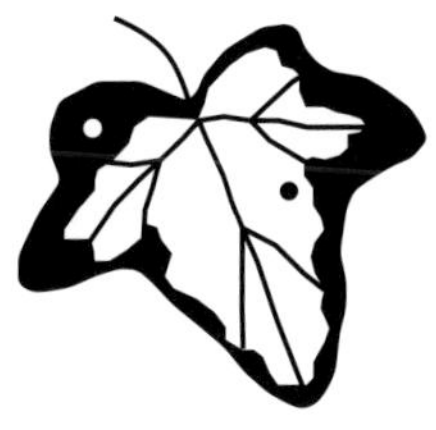

ch. 8

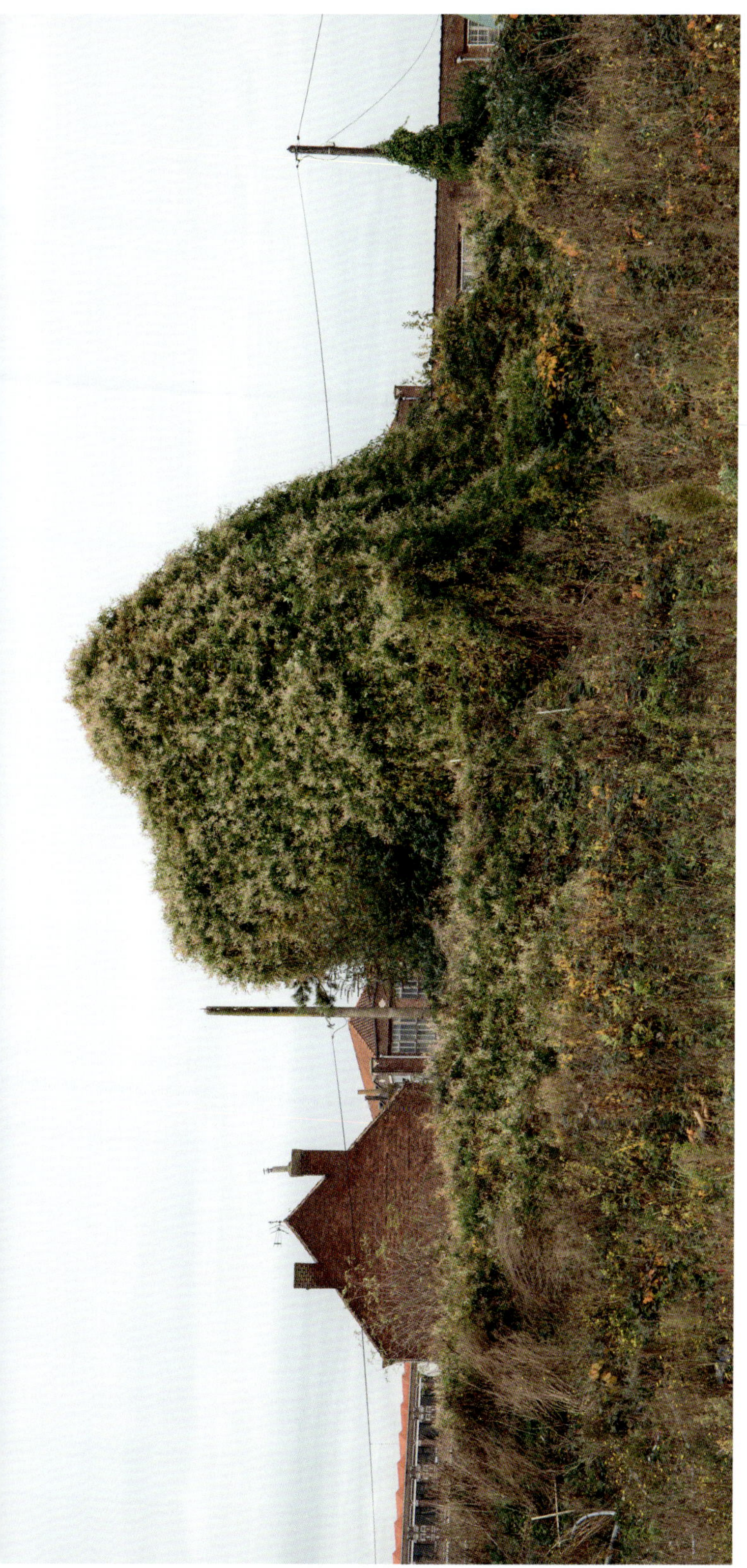

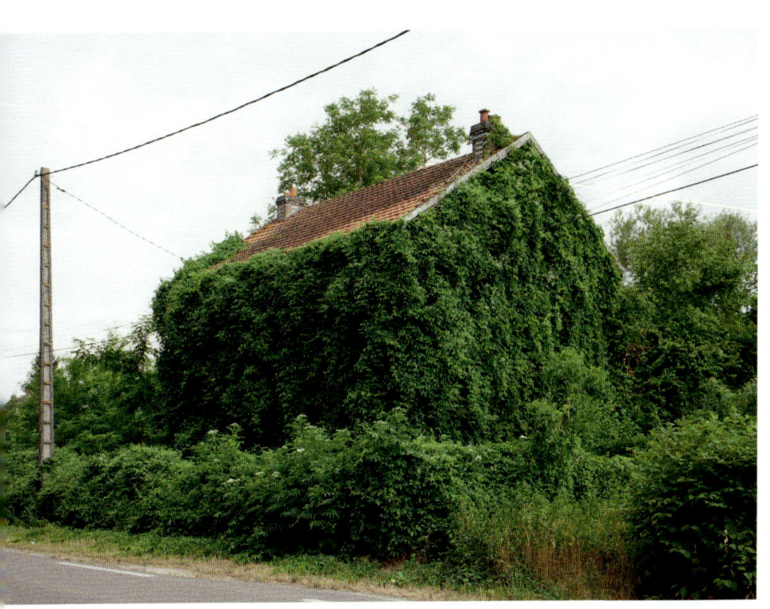

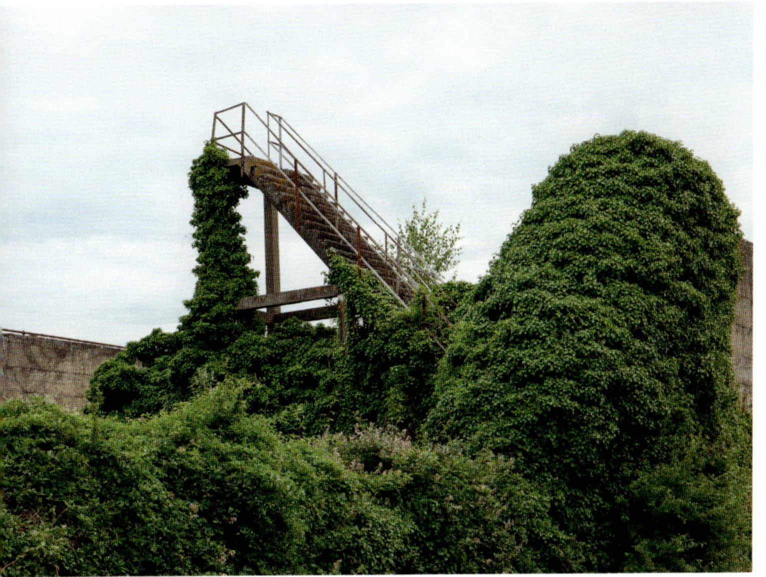

Entrains-sur-Nohain, Pays d'Othe
Sens, Sénonais

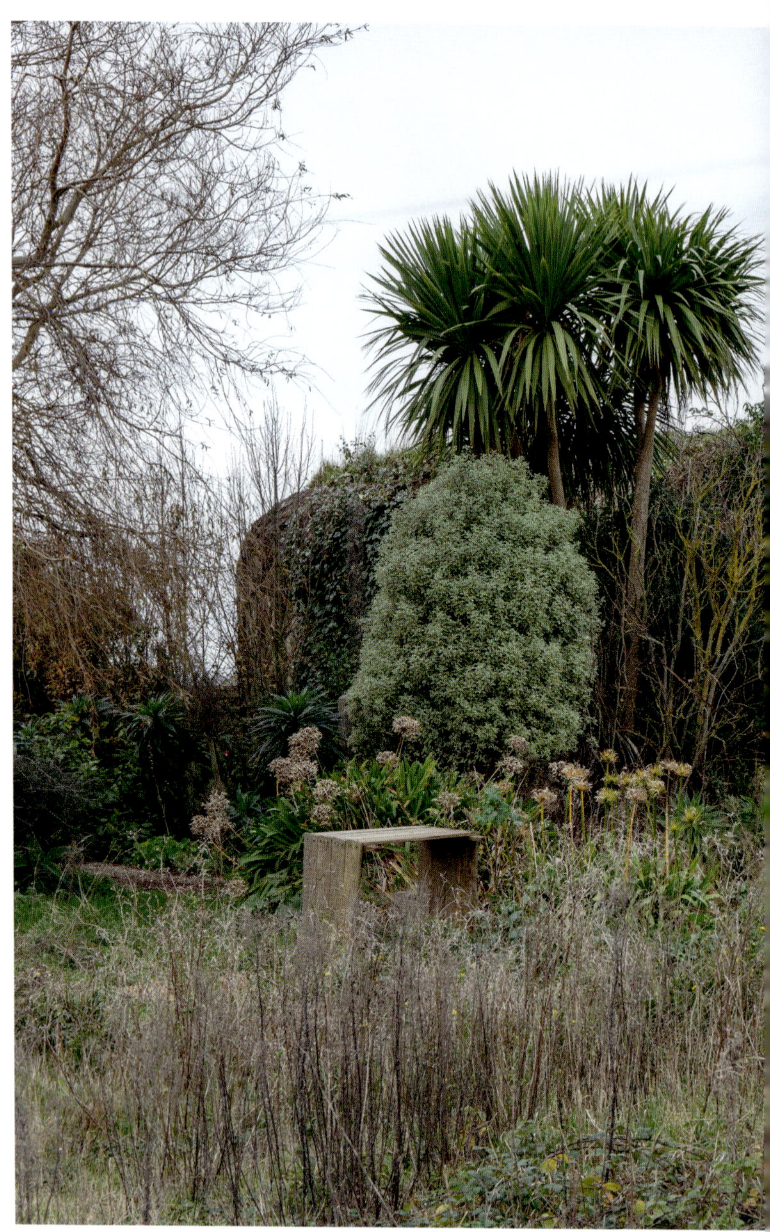

Saint-Pol-de-Léon, Léon

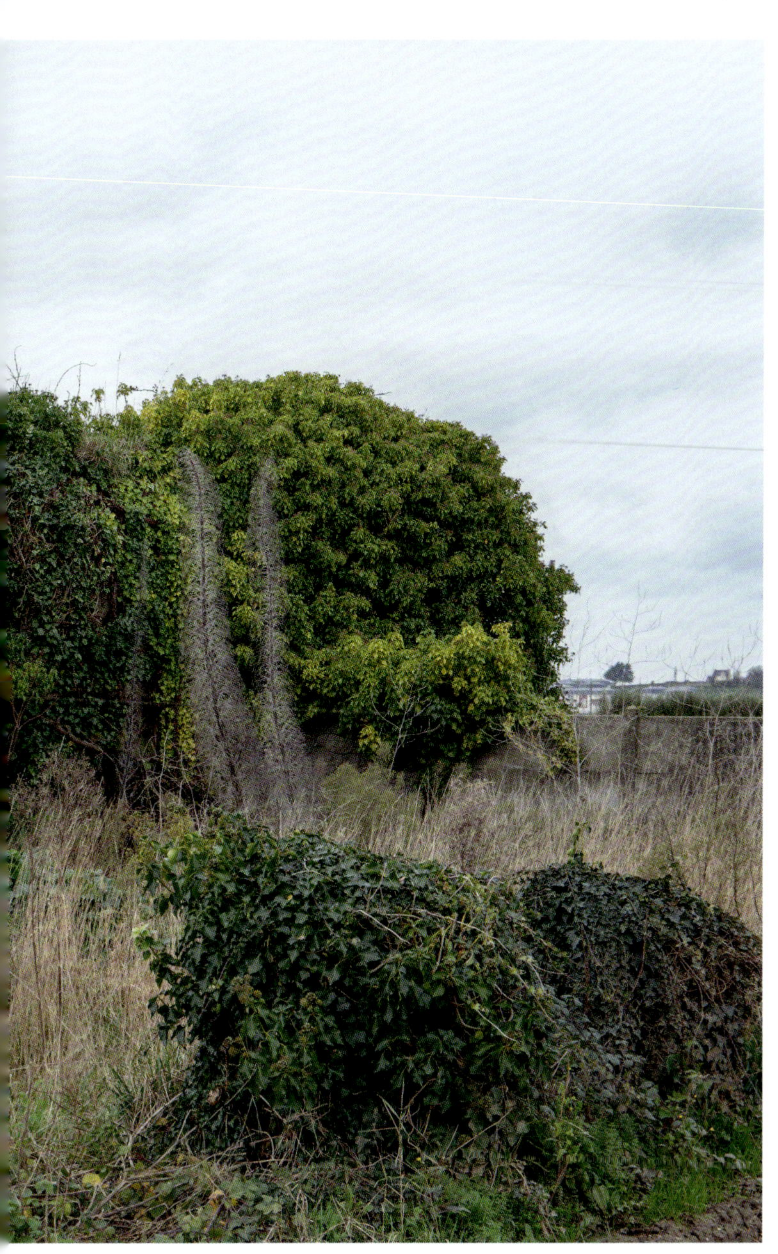

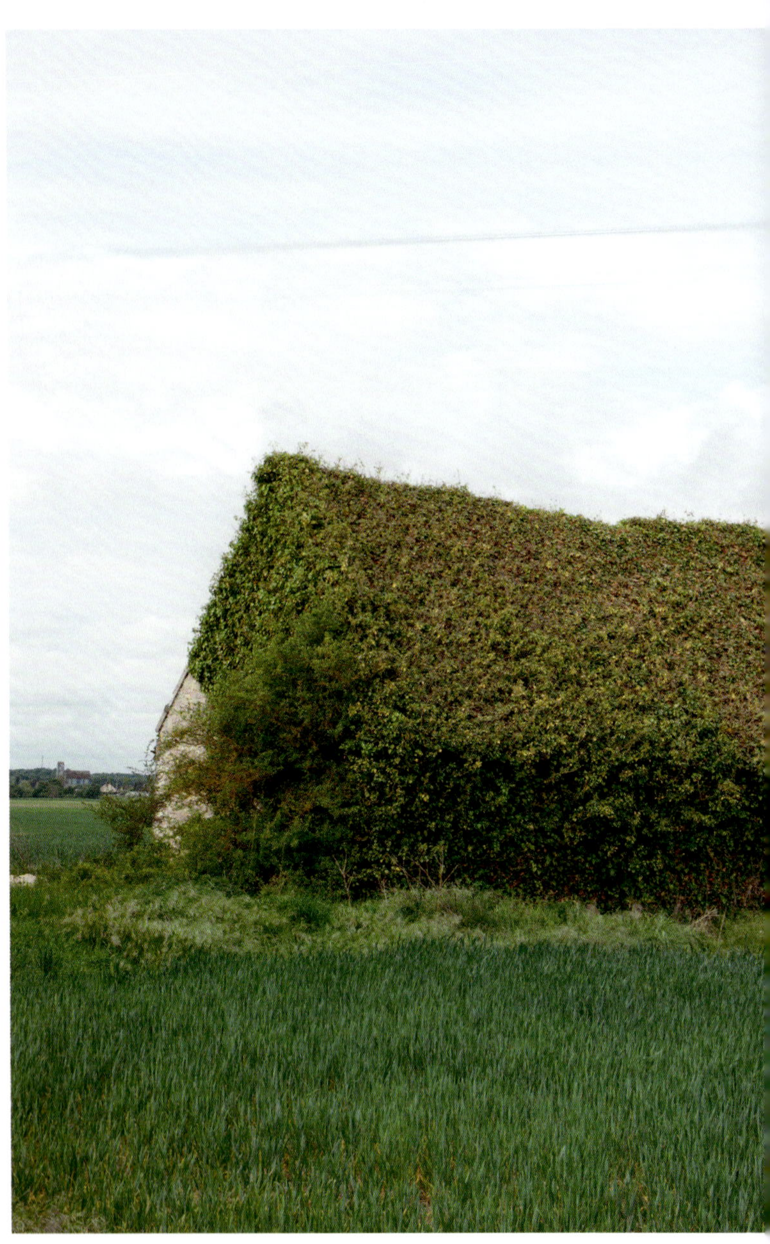

Mézières-en-Gâtinais, Gâtinais orléanais

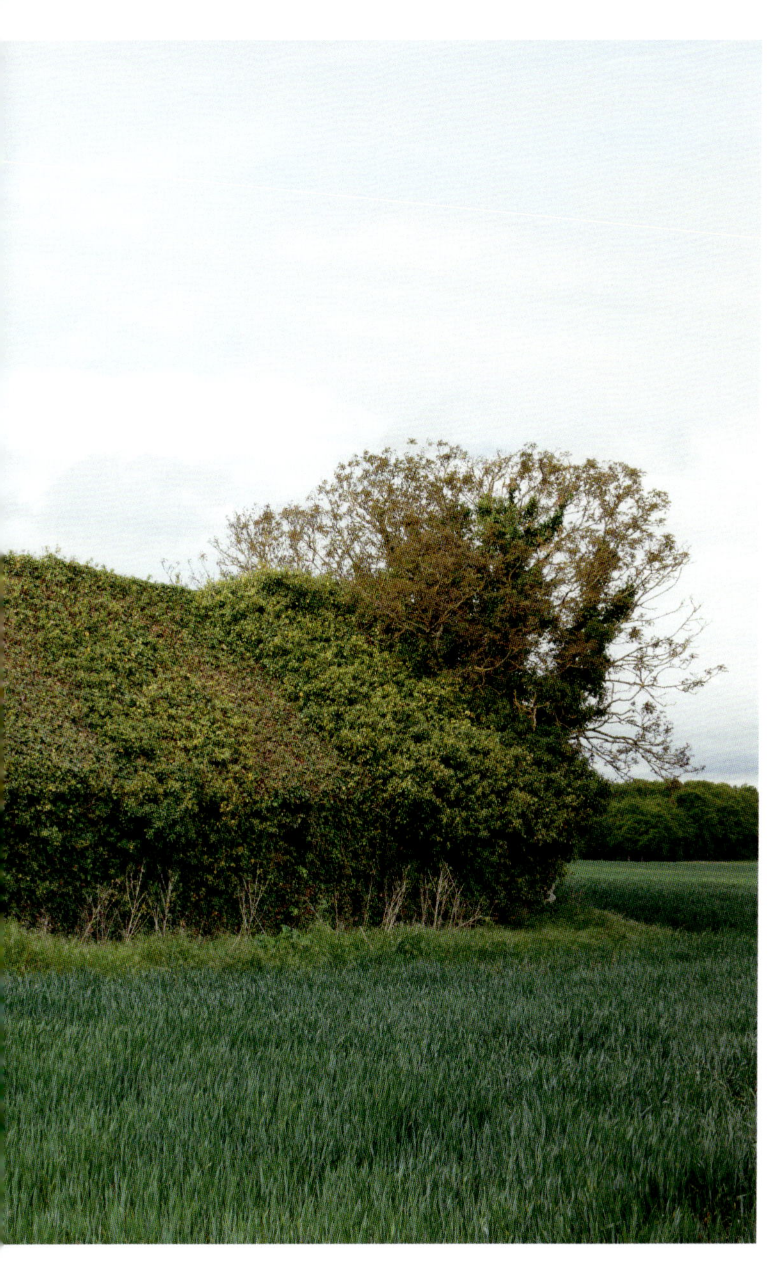

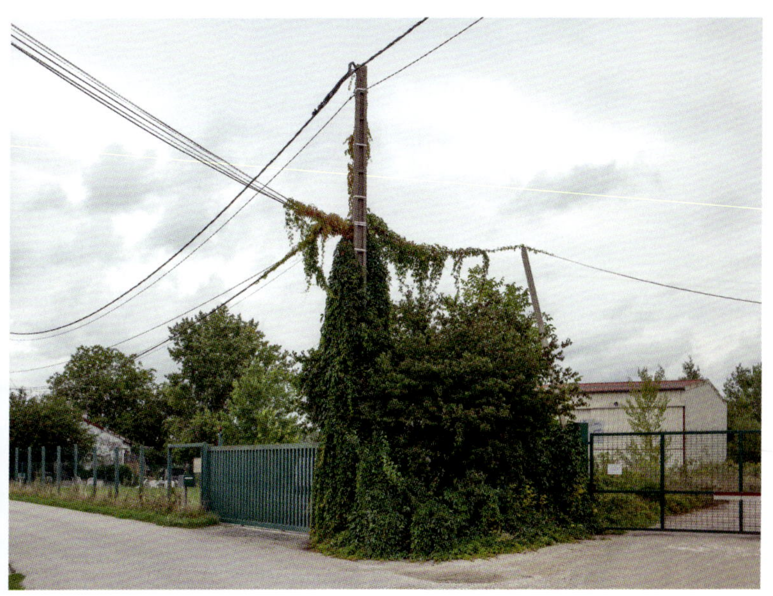

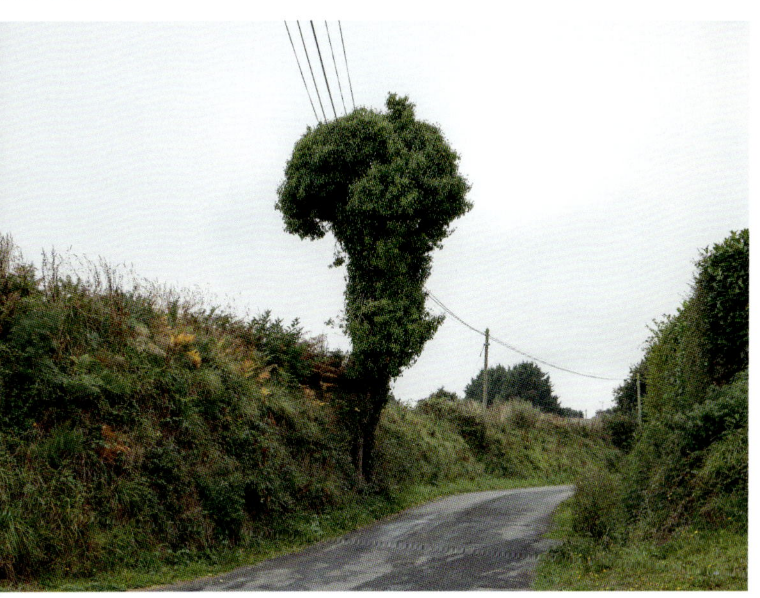

Saint-Parres-lès-Vaudes, Côte des Bar
Goëlo

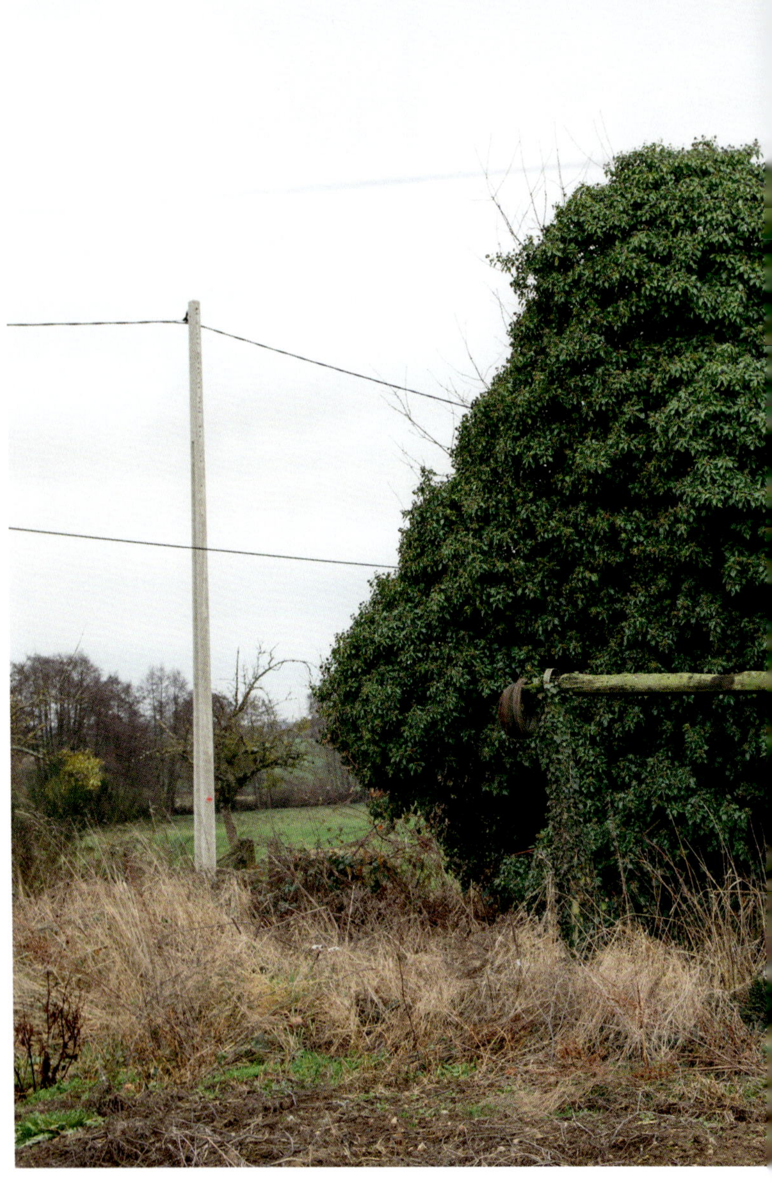

La Ferté-en-Ouche, Pays d'Ouche

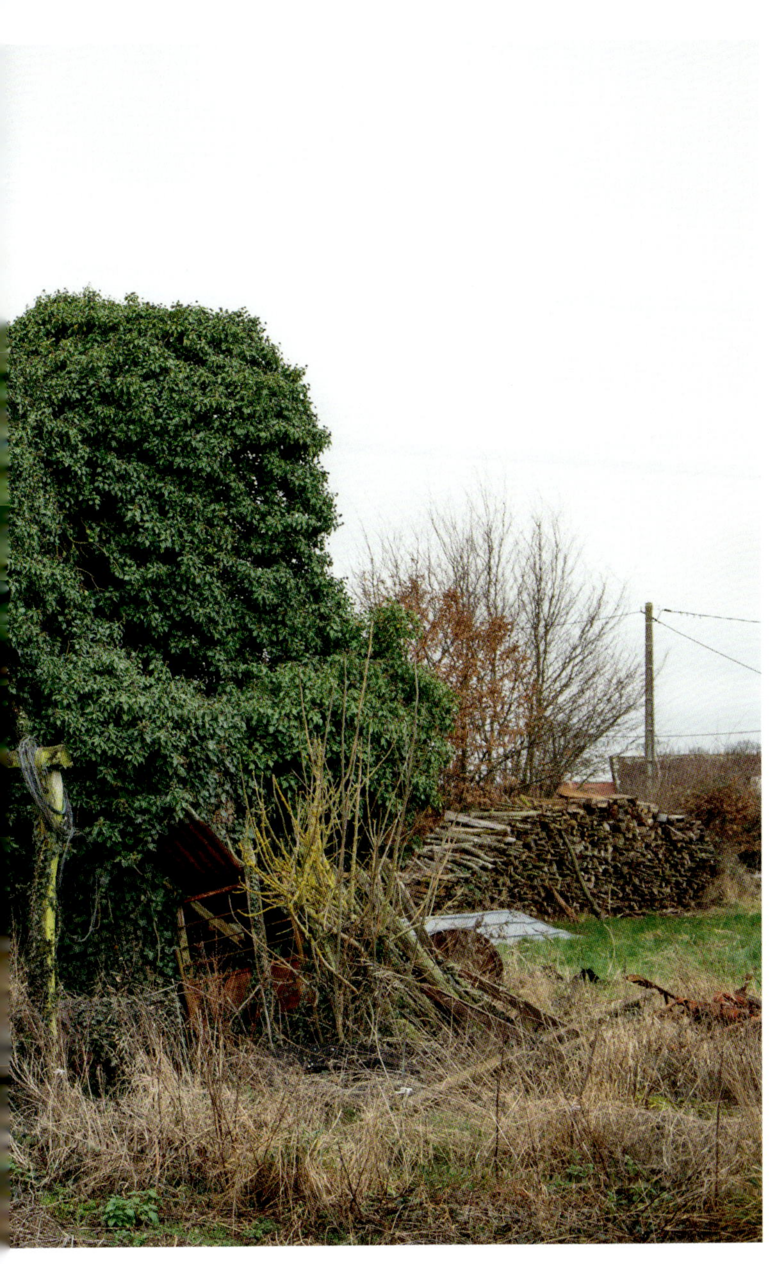

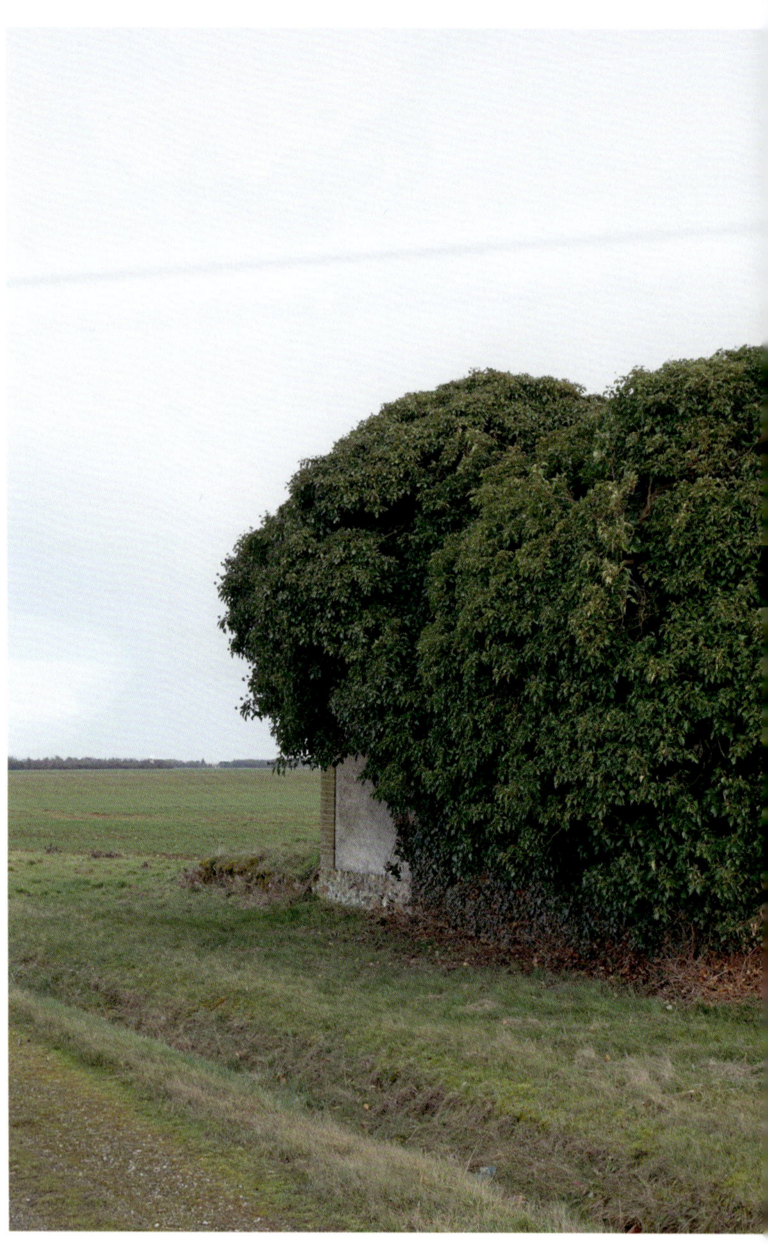

Beauce

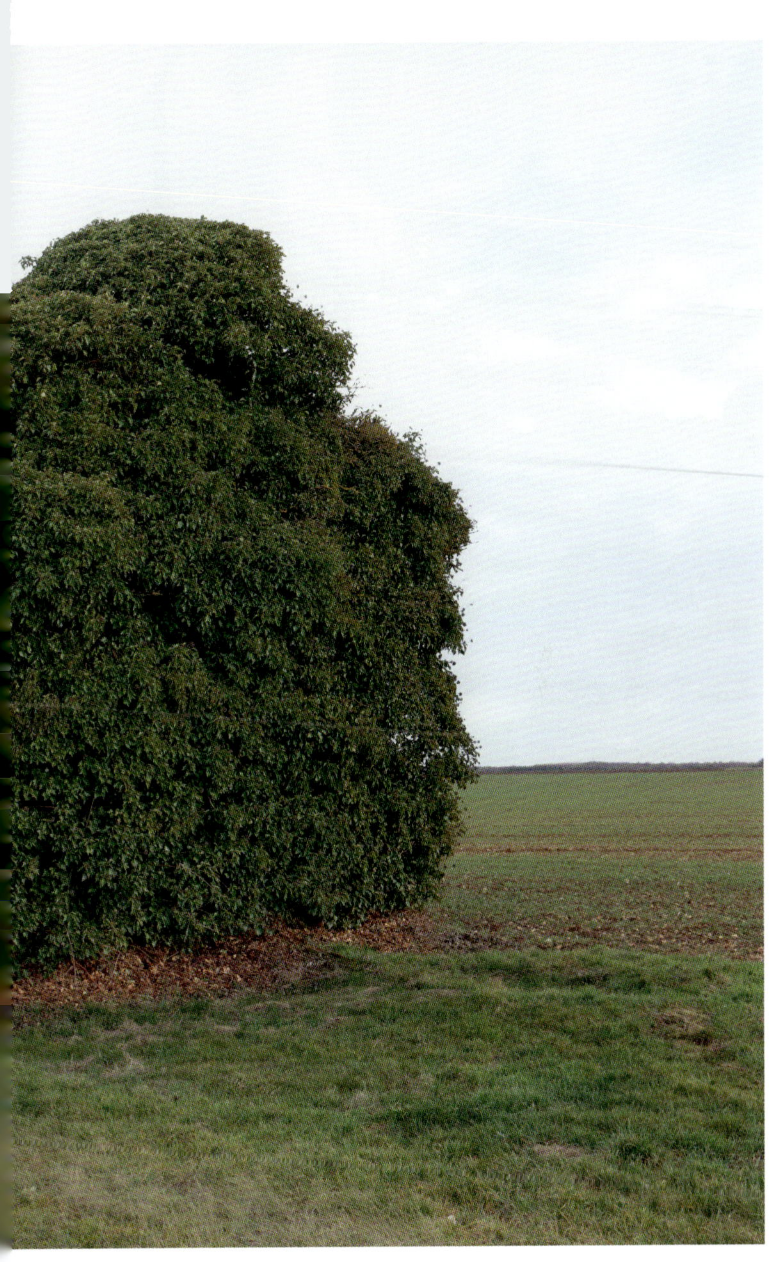

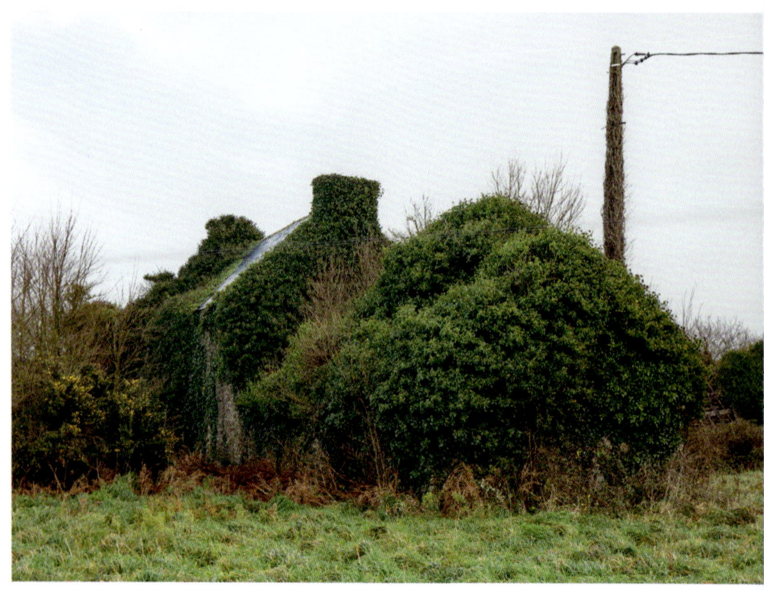

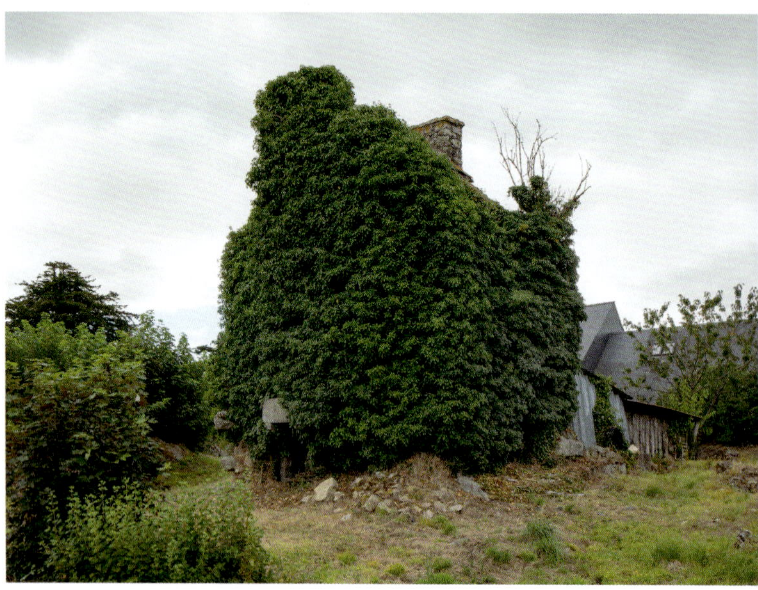

Plouguin, Léon
Saint-Connan, Porhoët

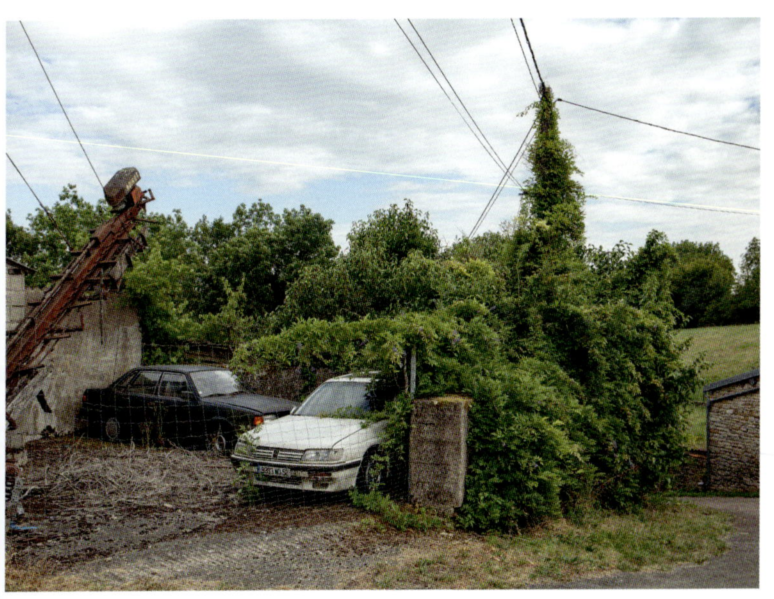

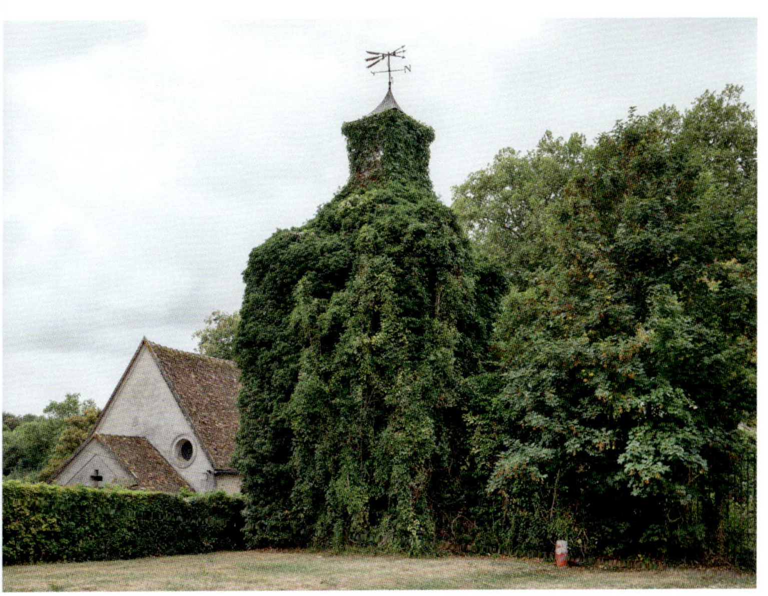

Vaillant, Barrois champenois
Bréau, Brie

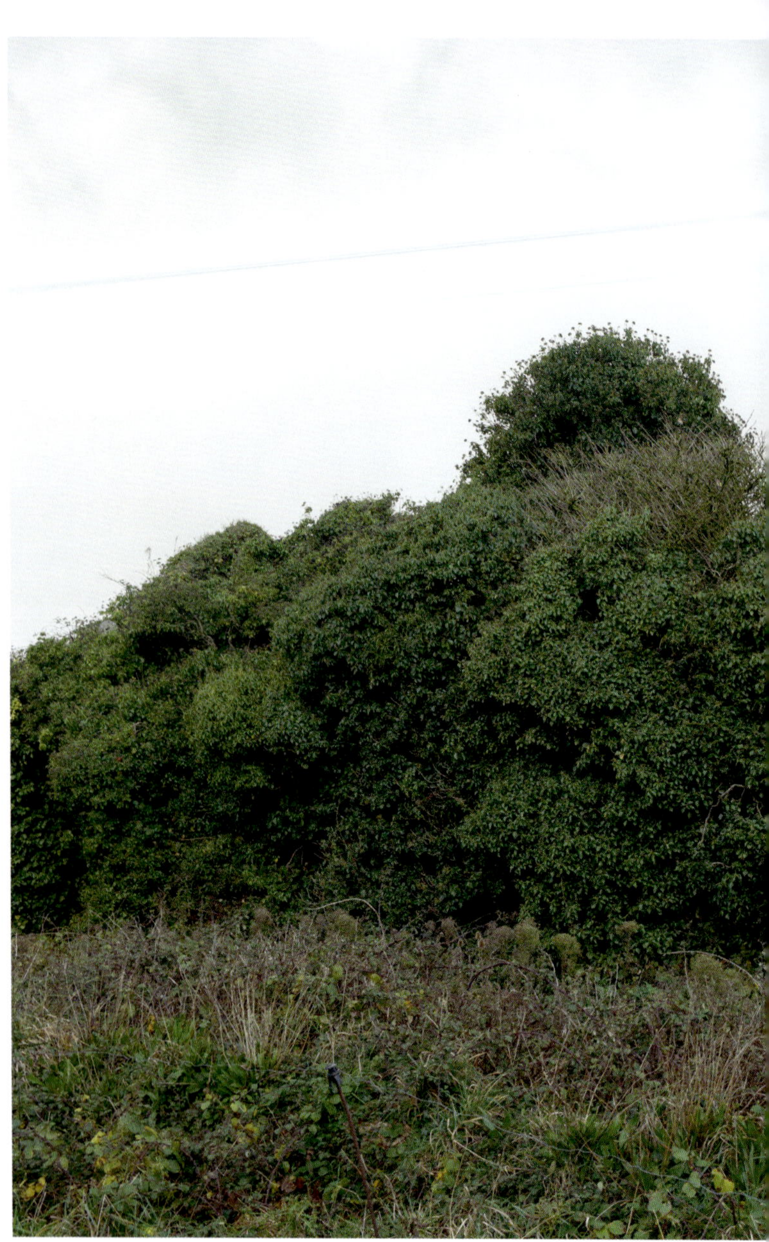

Ploudalmézeau, Léon

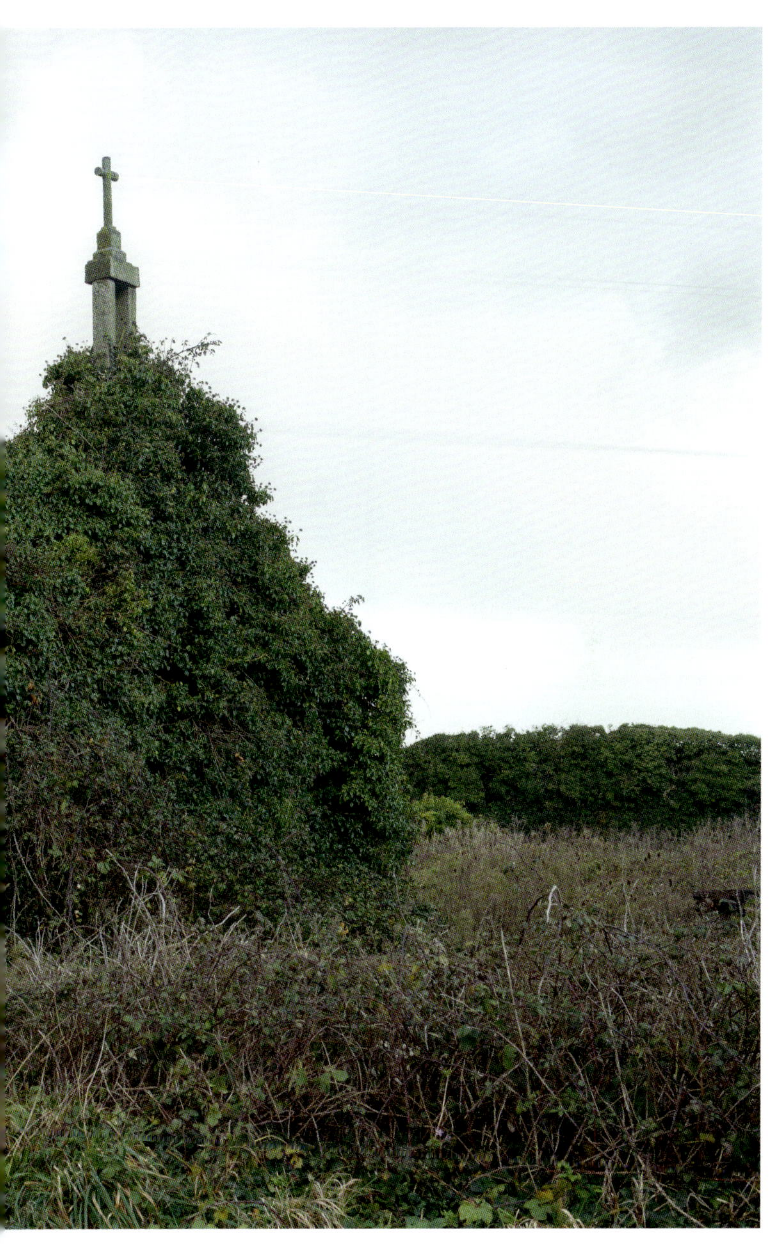

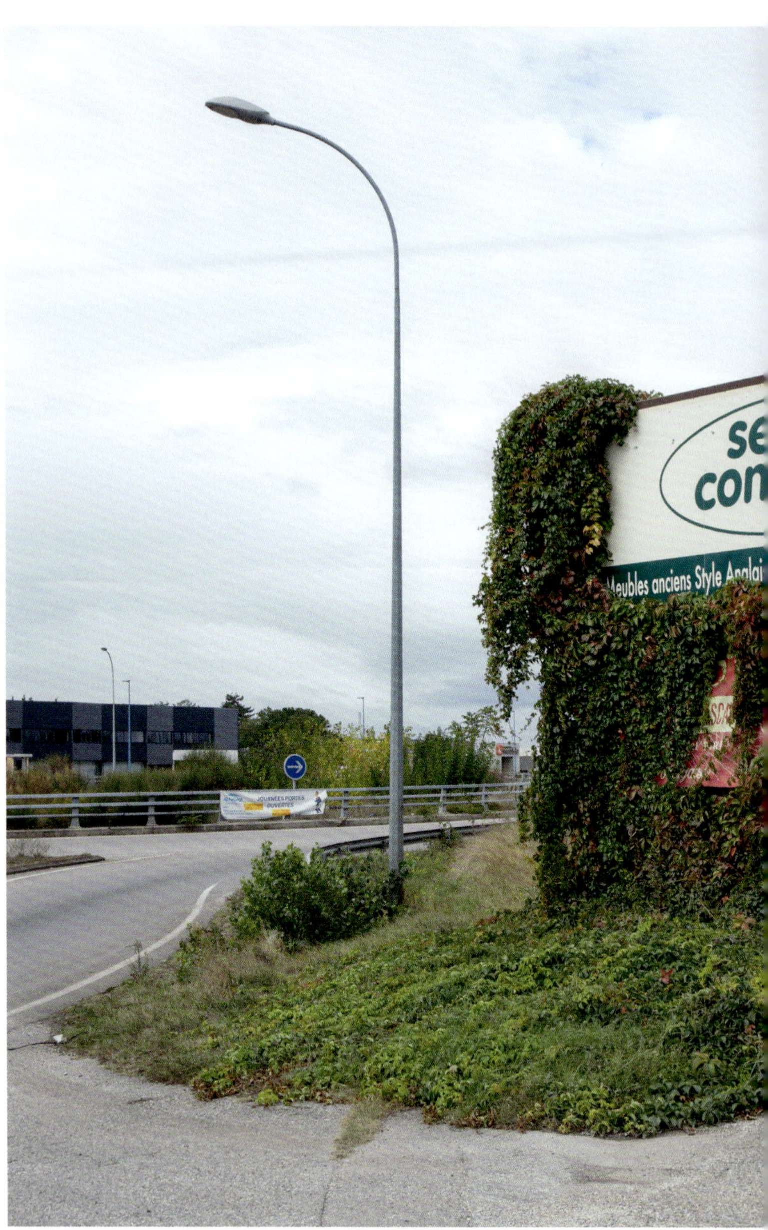

Bourg-de-Péage, Valentinois

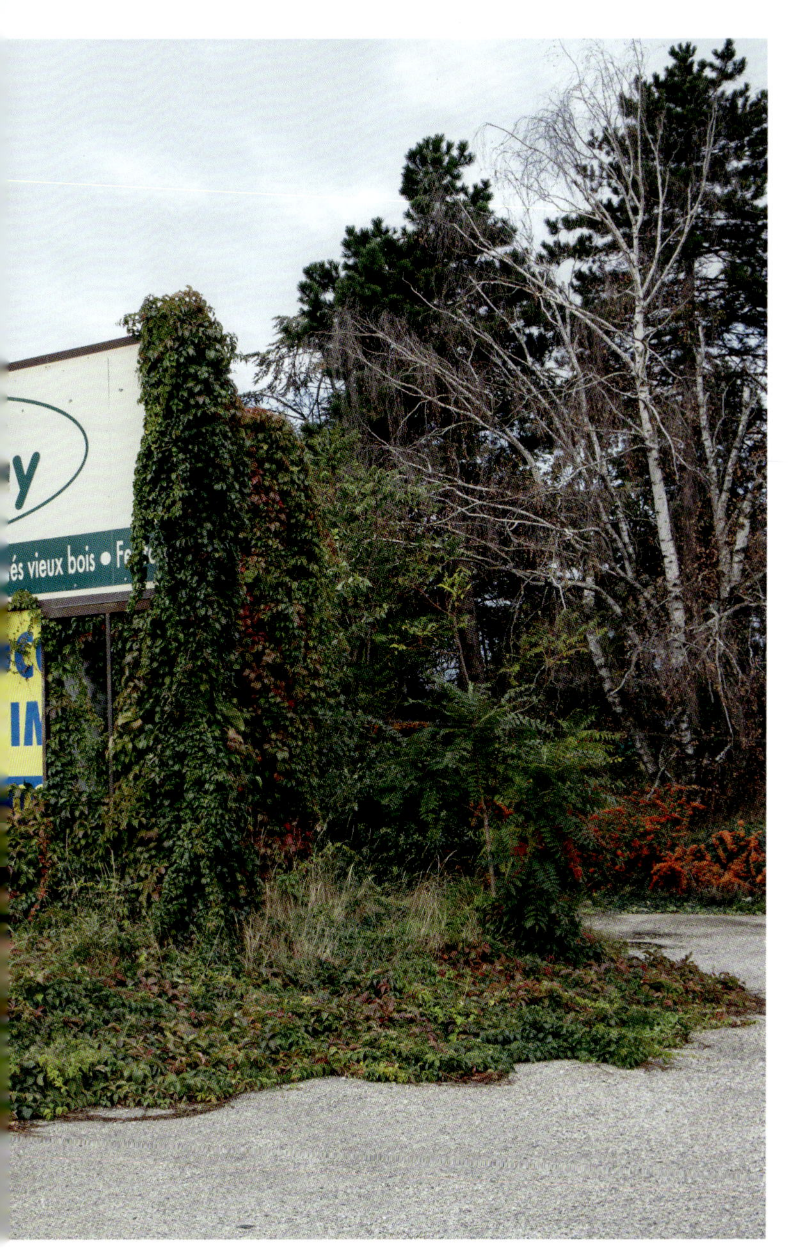

y
és vieux bois ● Fe

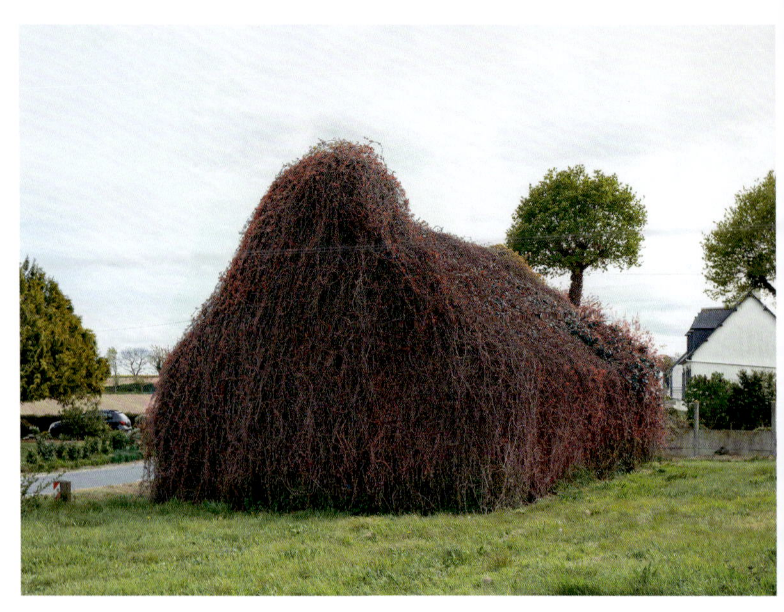

Pays d'Ouche

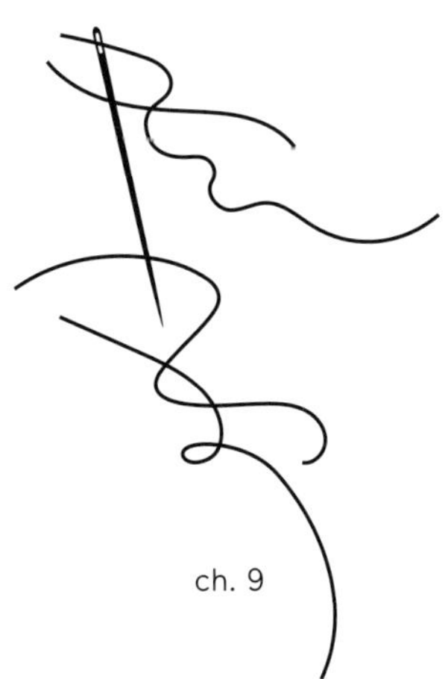

ch. 9

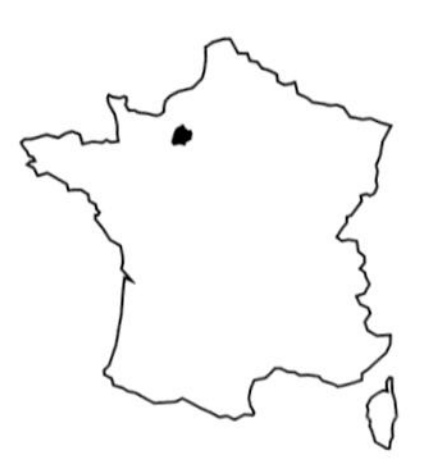

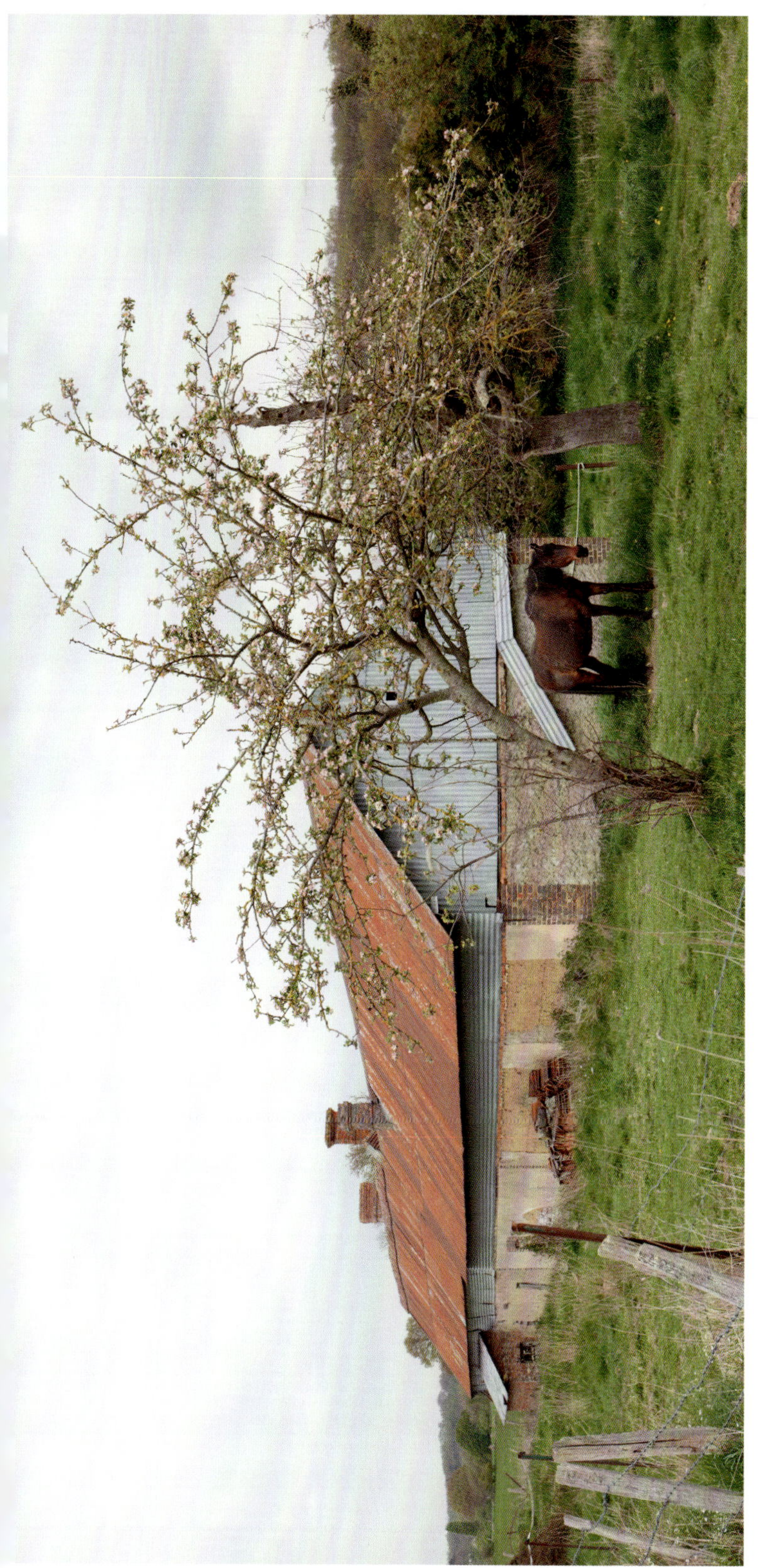

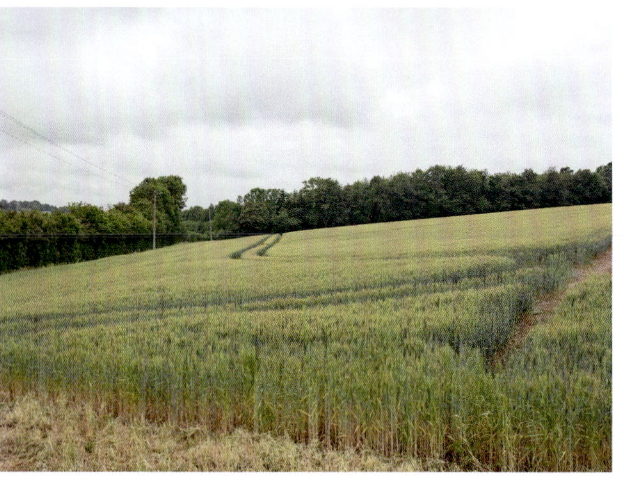

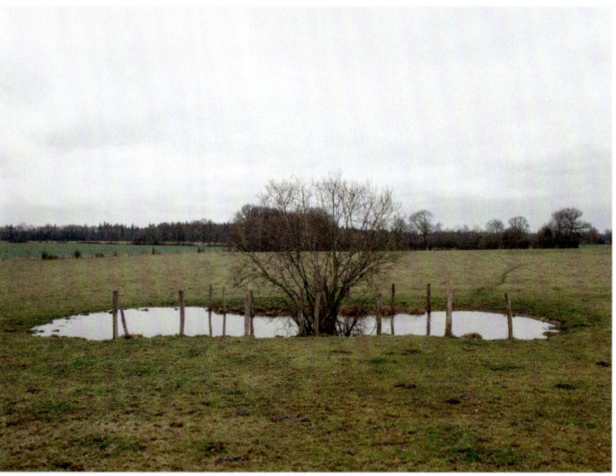

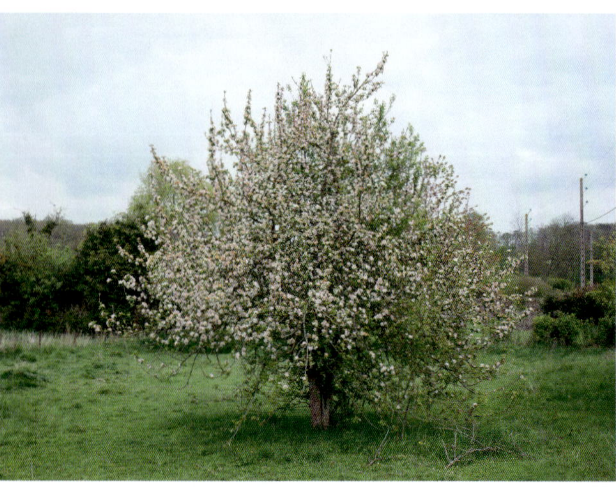

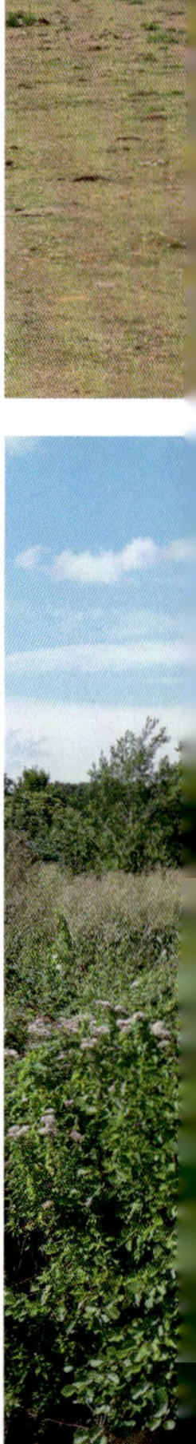

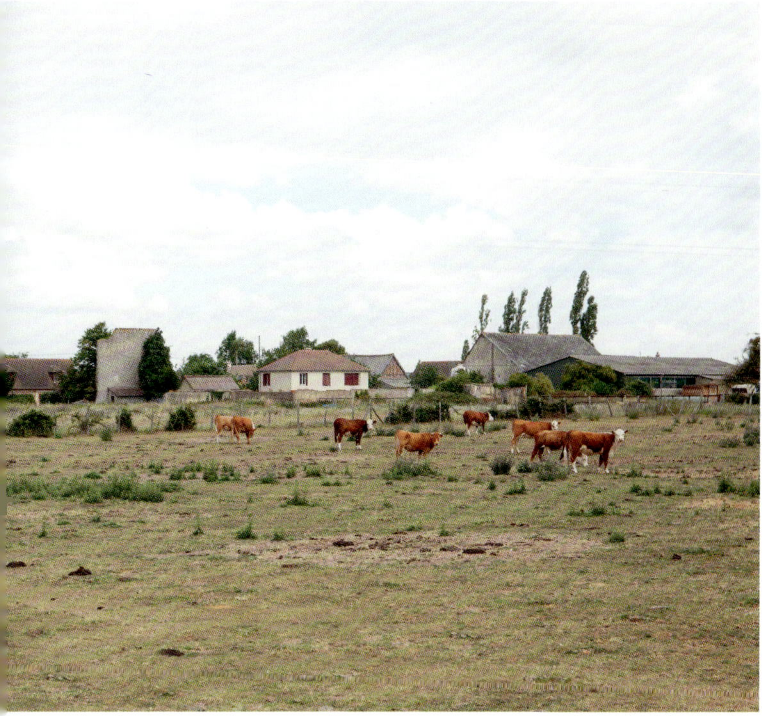

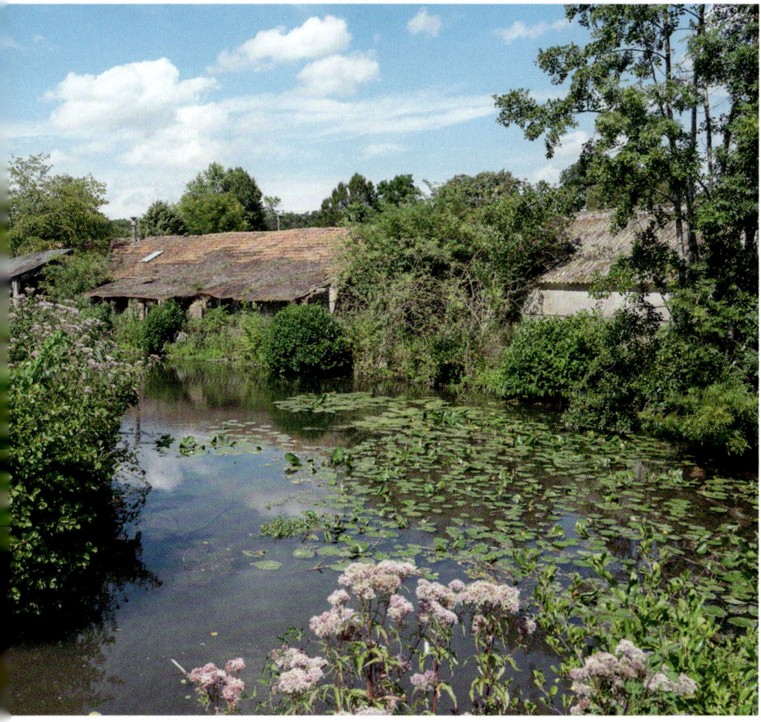

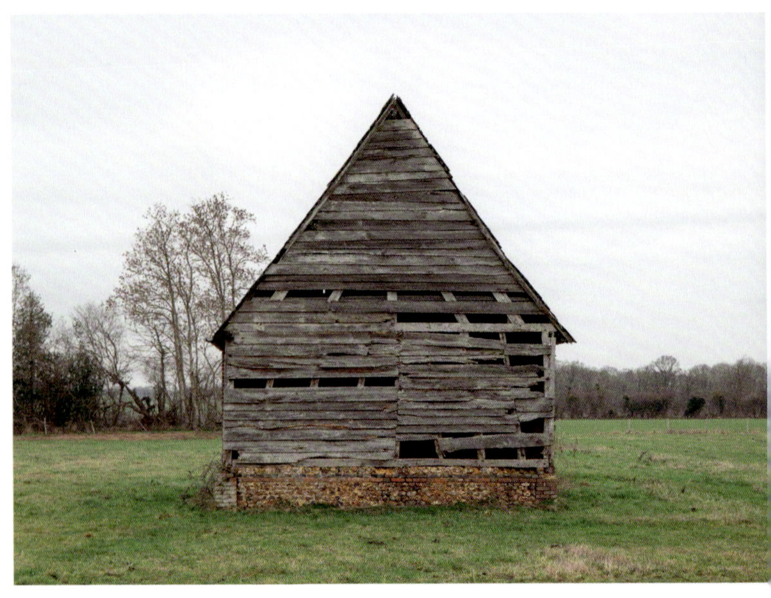

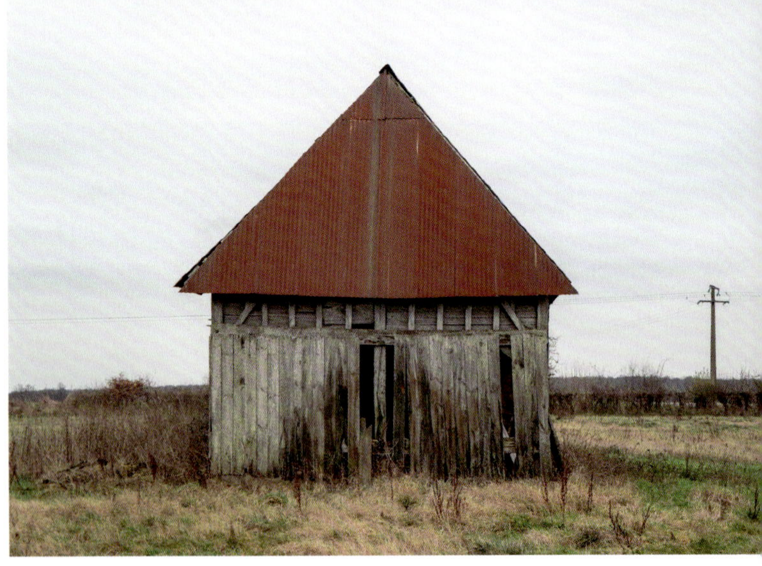

Saint-Pierre-du-Mesnil
Sébécourt

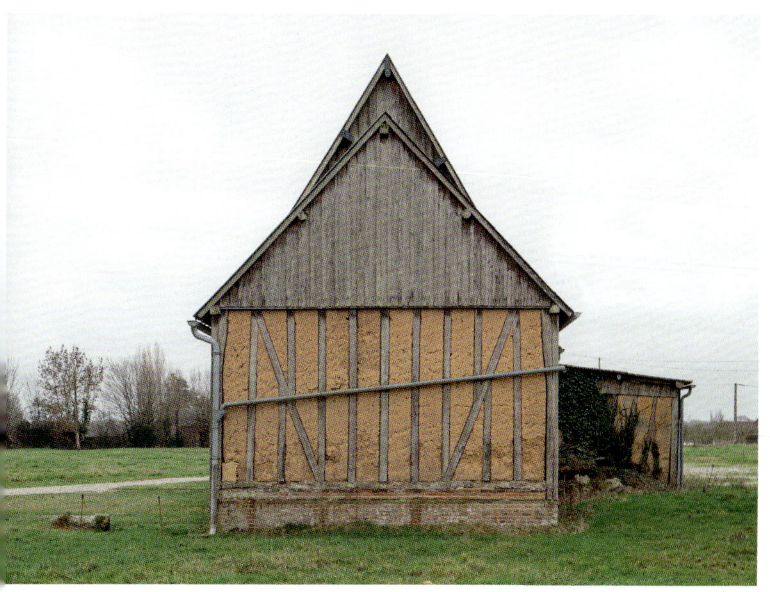

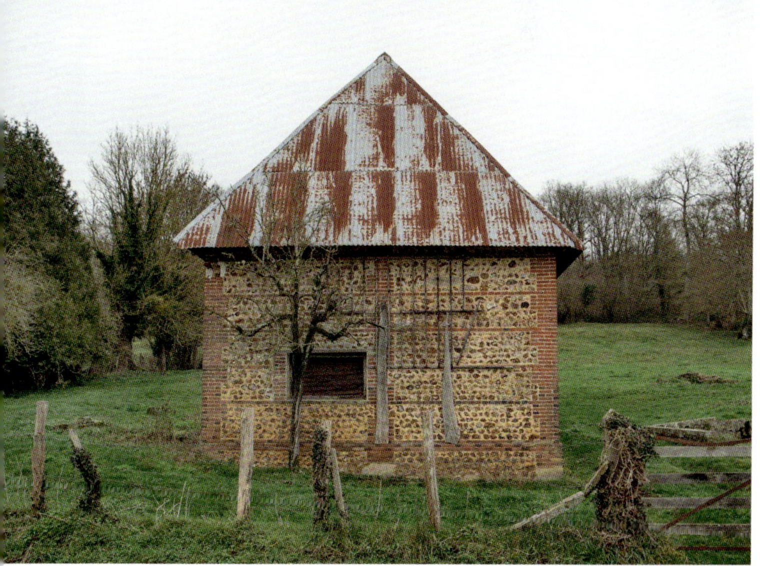

Saint-Pierre-du-Mesnil
Notre-Dame-du-Hamel

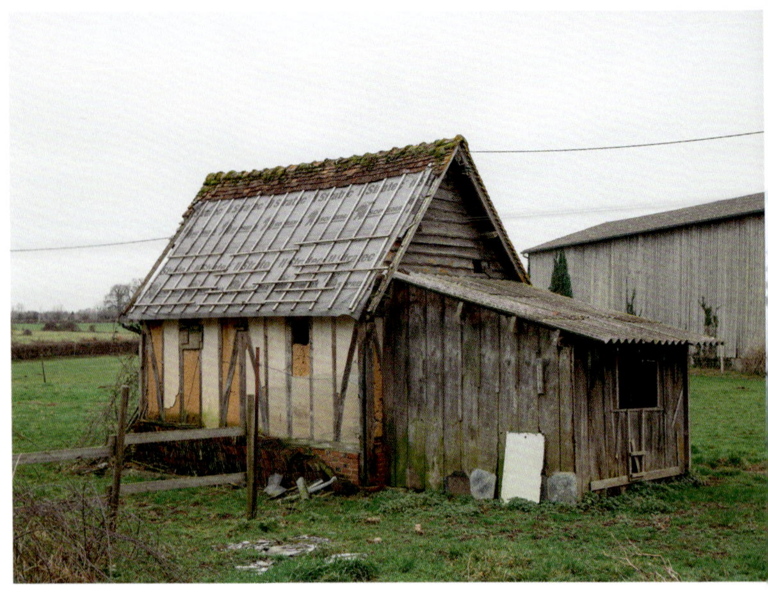

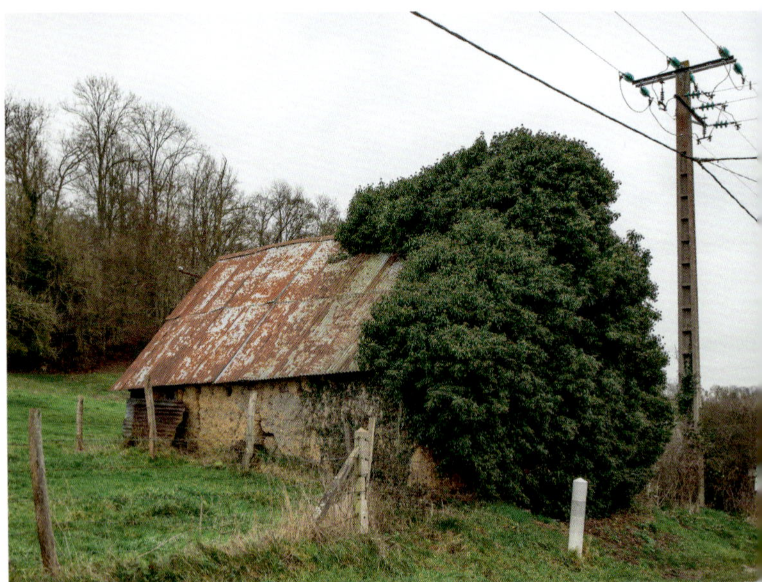

Saint-Pierre-de-Cernières
Notre-Dame-du-Hamel

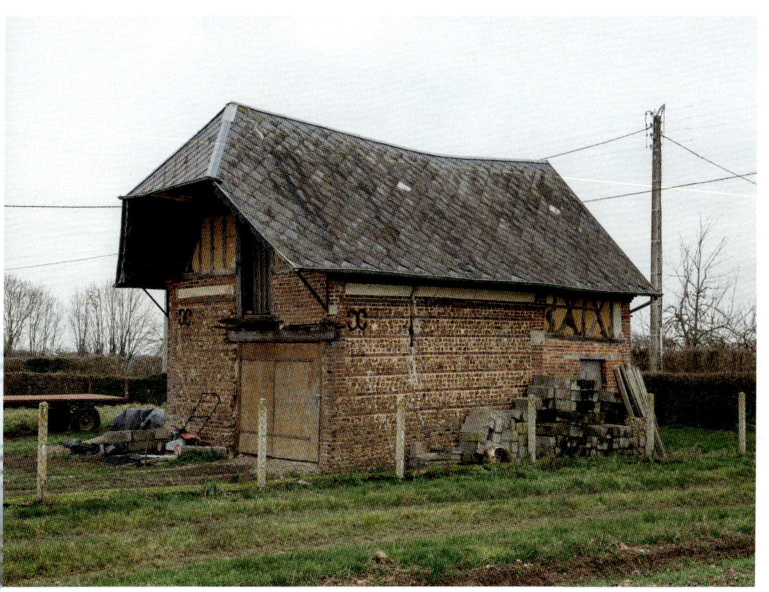

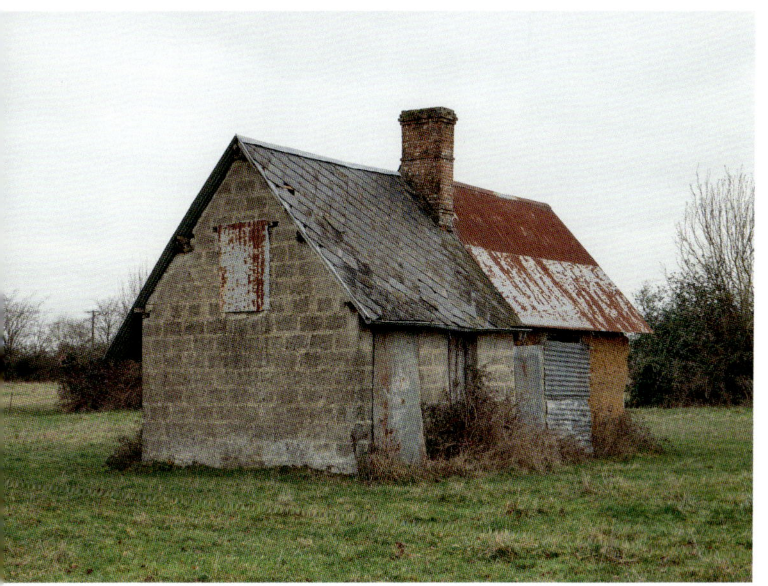

Mélicourt
Saint-Pierre-du-Mesnil

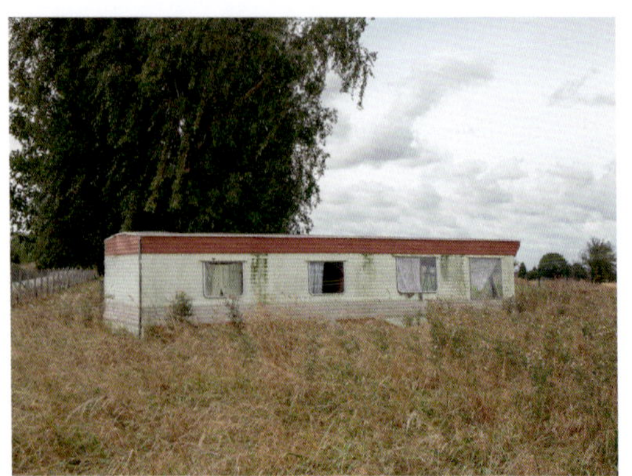

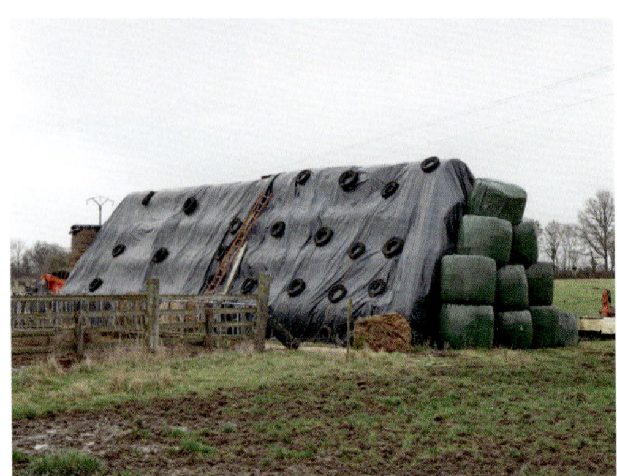

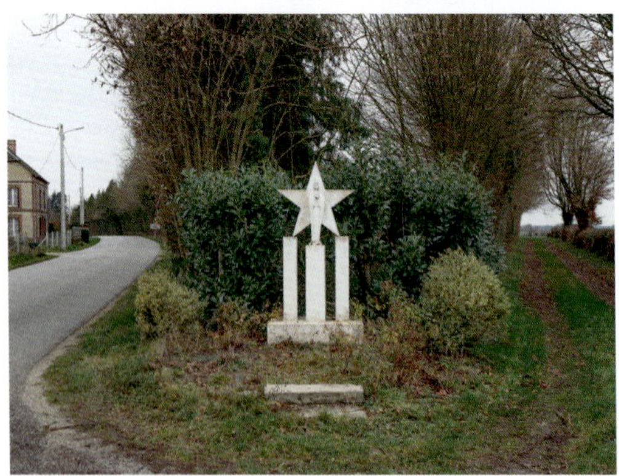

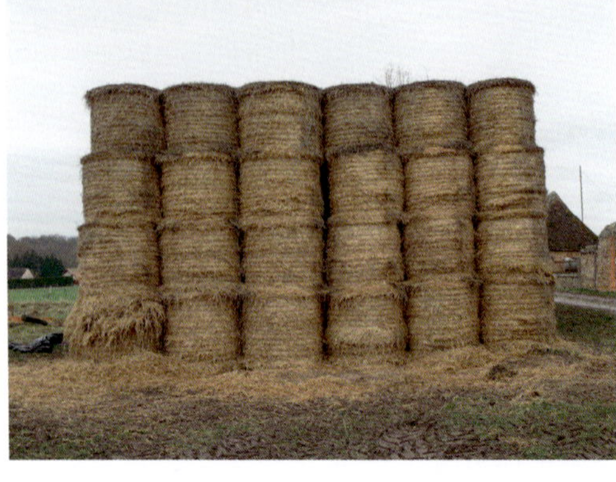

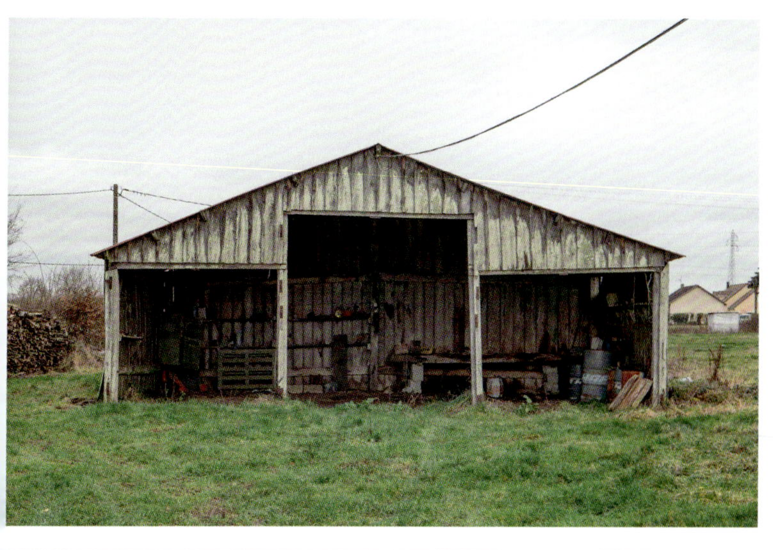

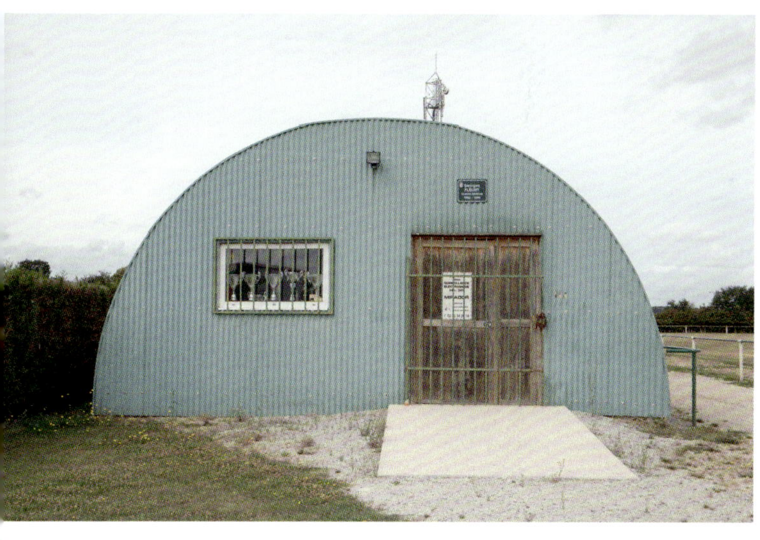

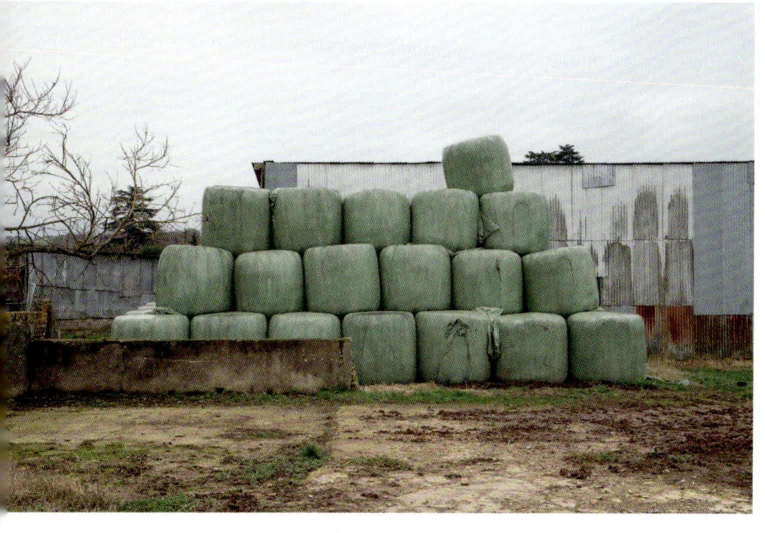

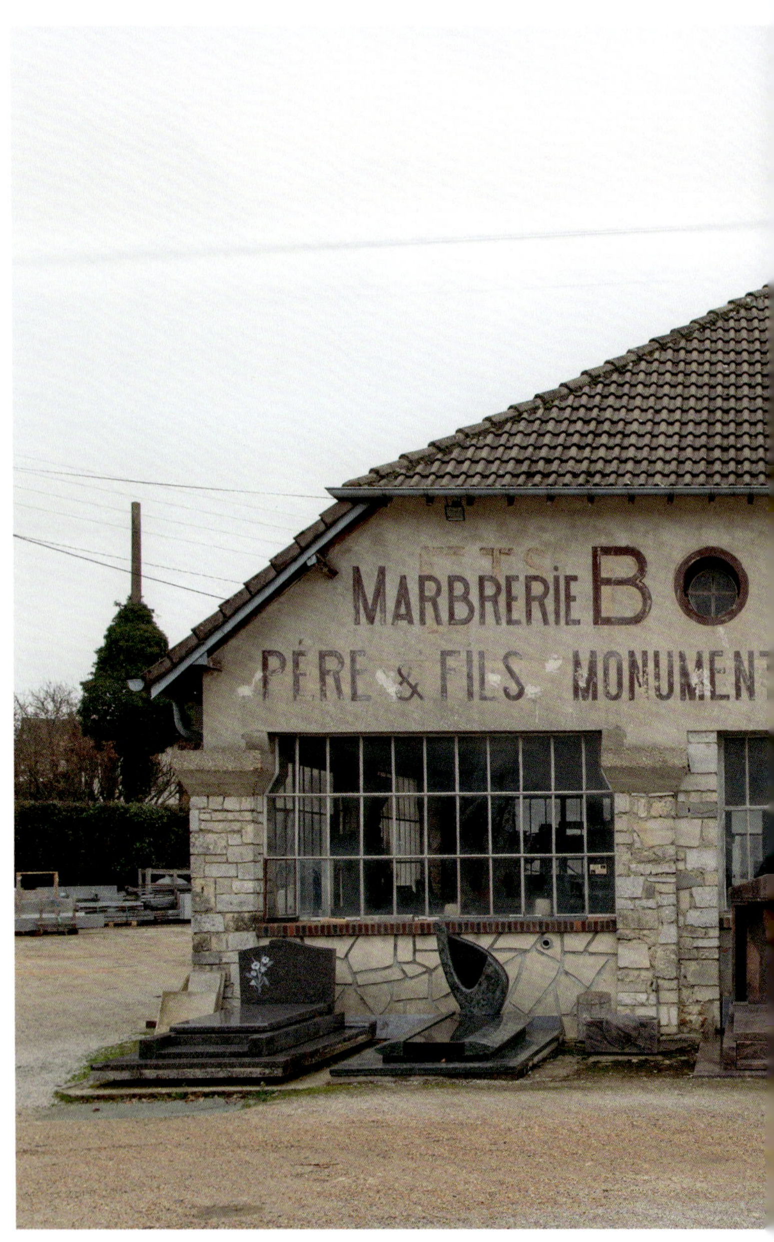
MARBRERIE B
PÉRE & FILS · MONUMENT

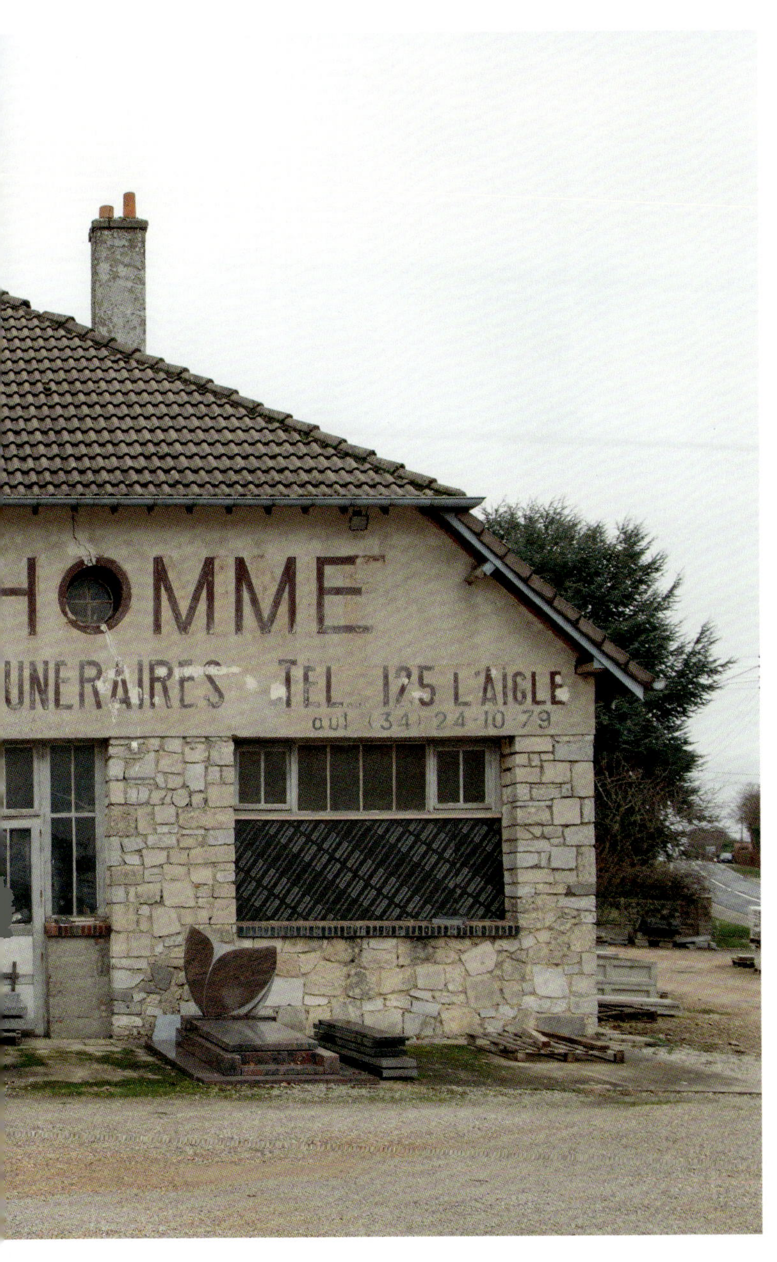

HOMME
UNERAIRES TEL. 125 L'AIGLE
aut (34) 24-10-79

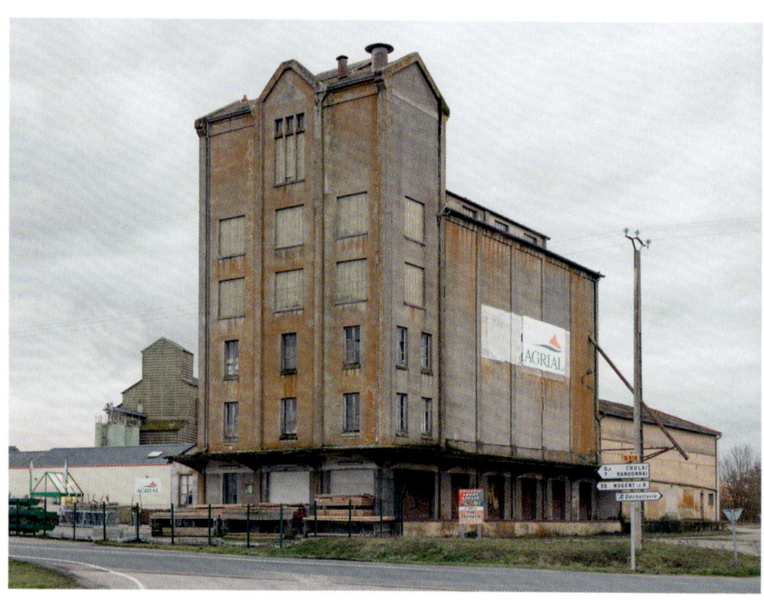

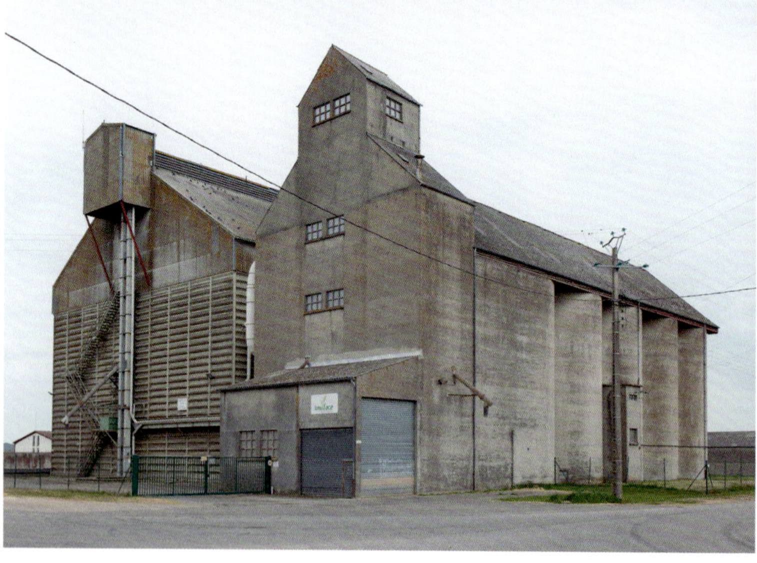

Crulai
Verneuil-sur-Avre

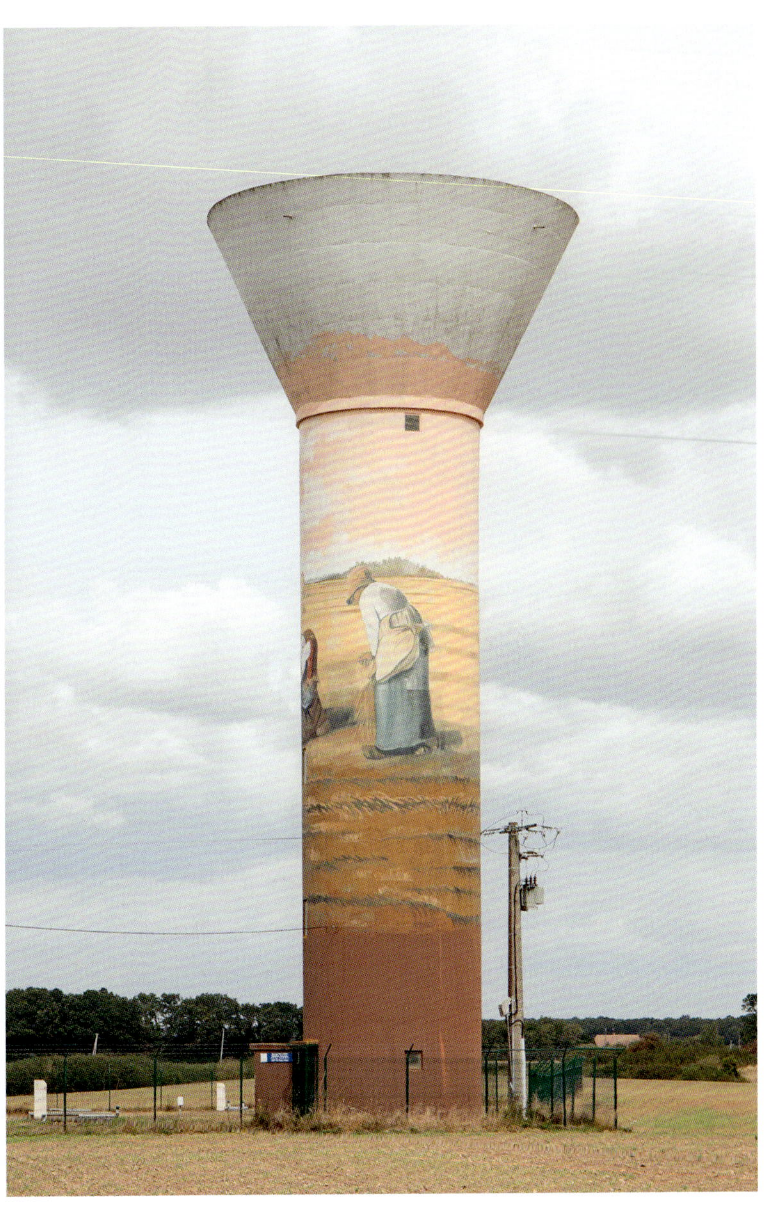

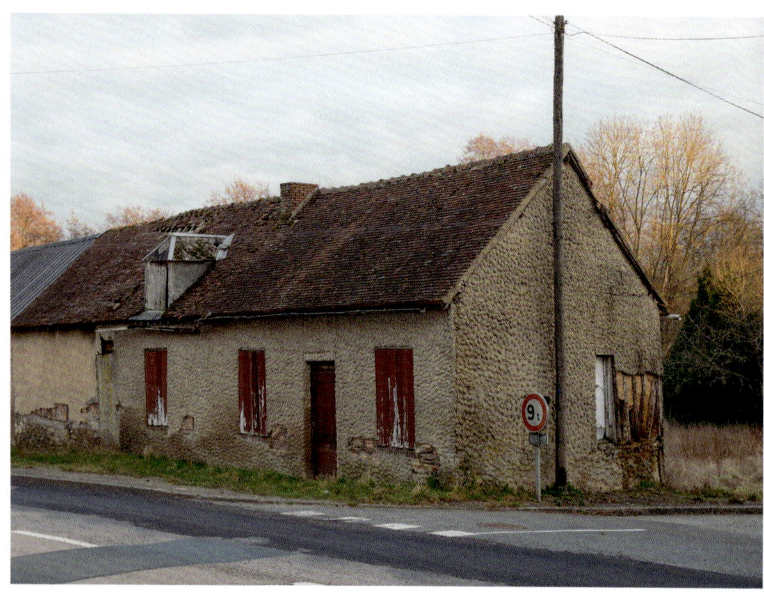

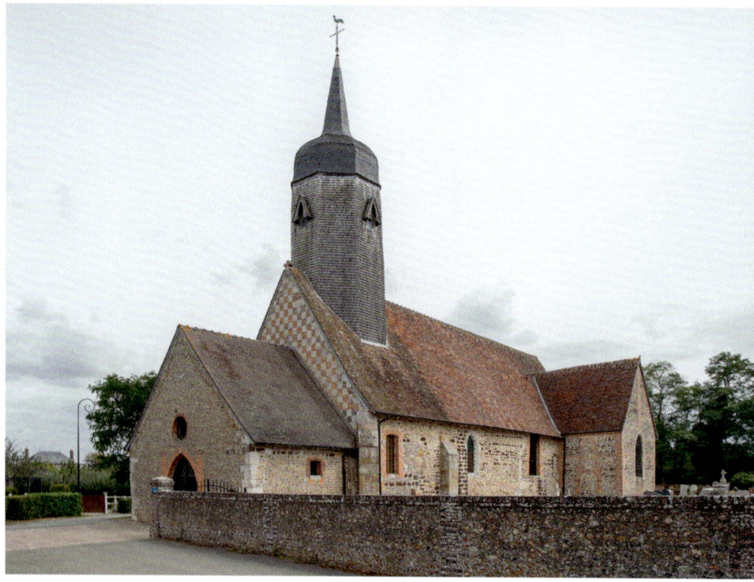

Planches
Bois-Arnault

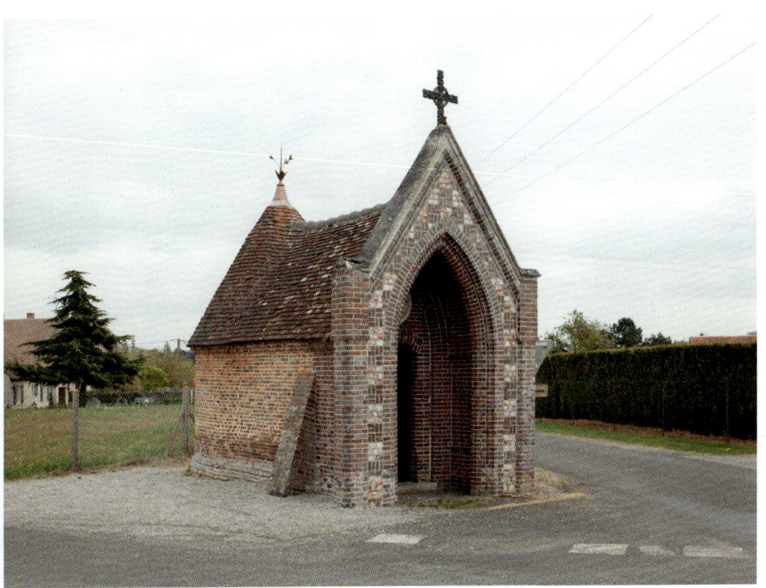

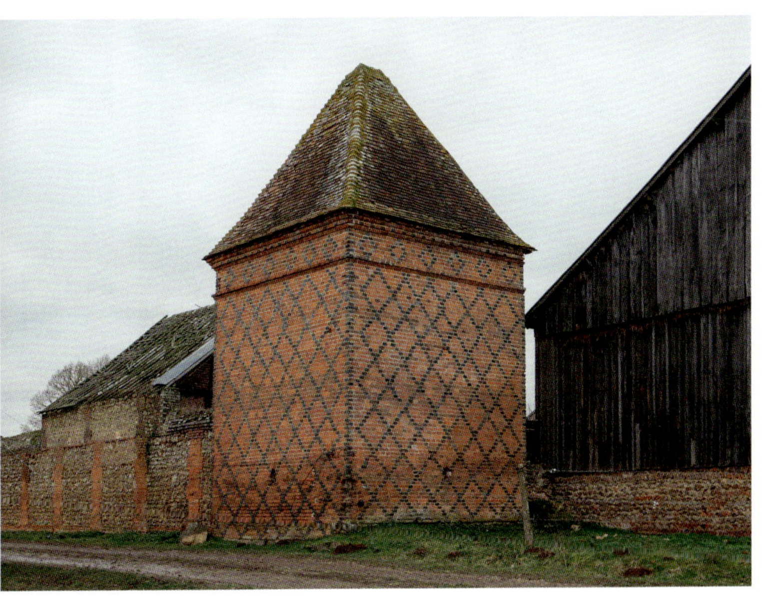

Breteuil
Conches-en-Ouche

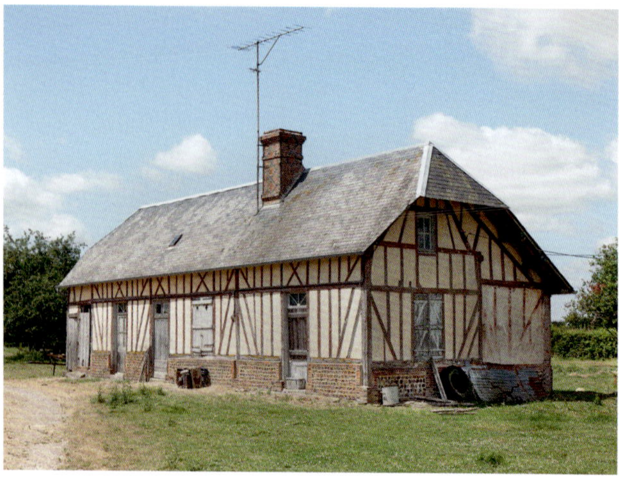

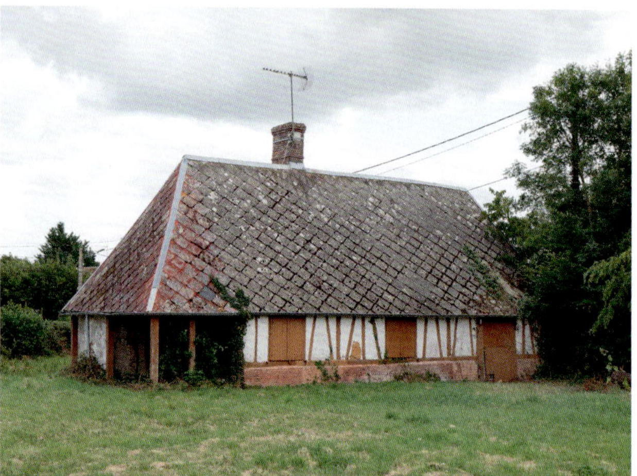

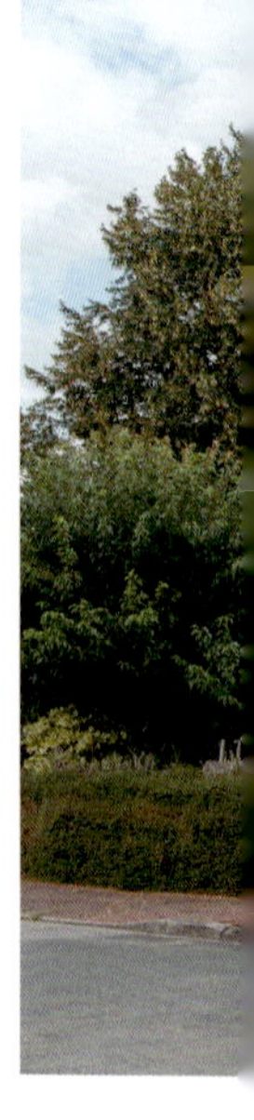

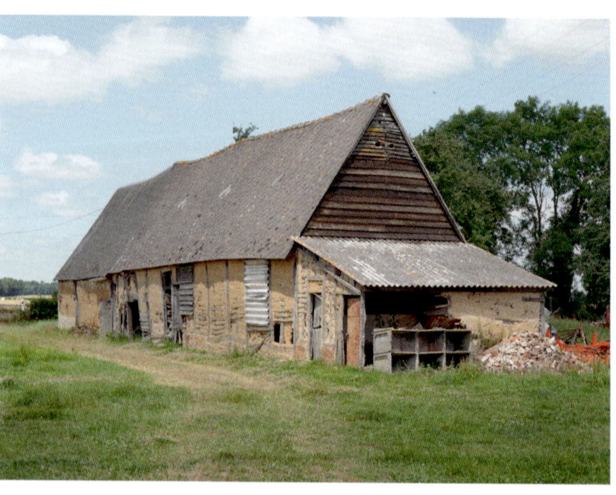

Les Bottereaux
Mesnil-en-Ouche
Les Bottereaux

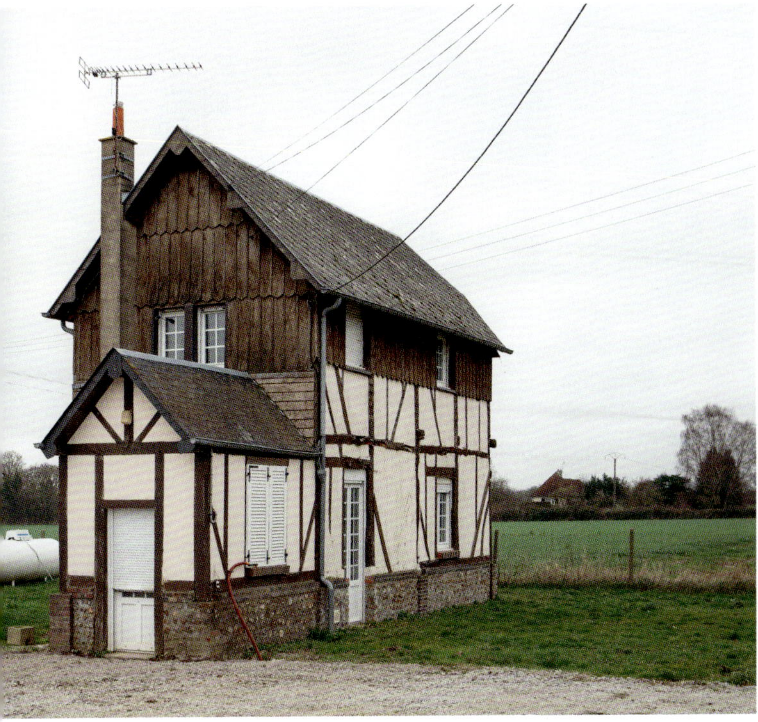

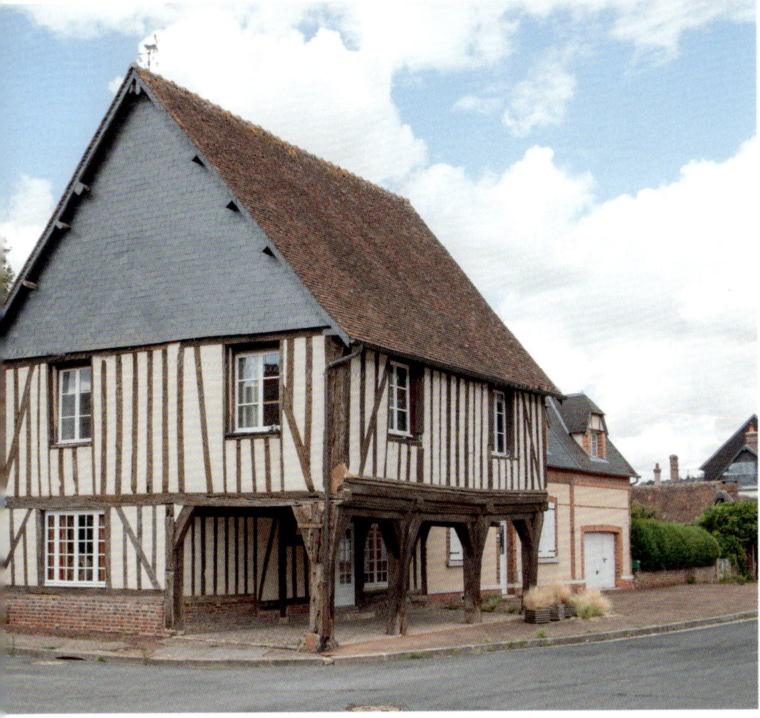

La Ferté-Frênel
La Ferrière-sur-Risle

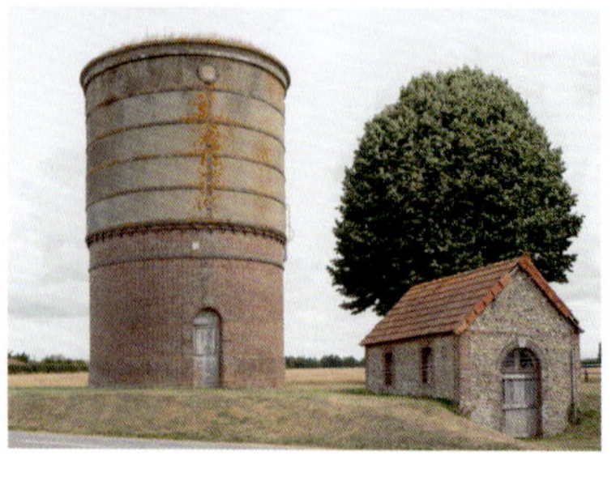
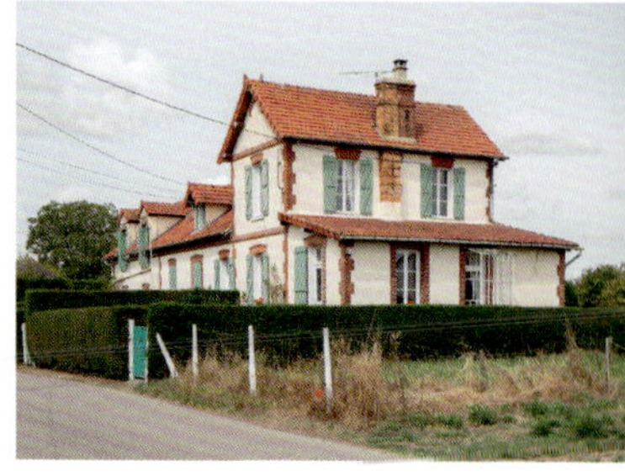
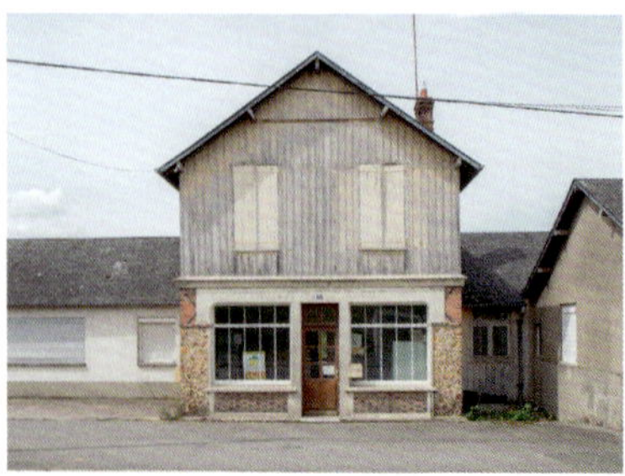
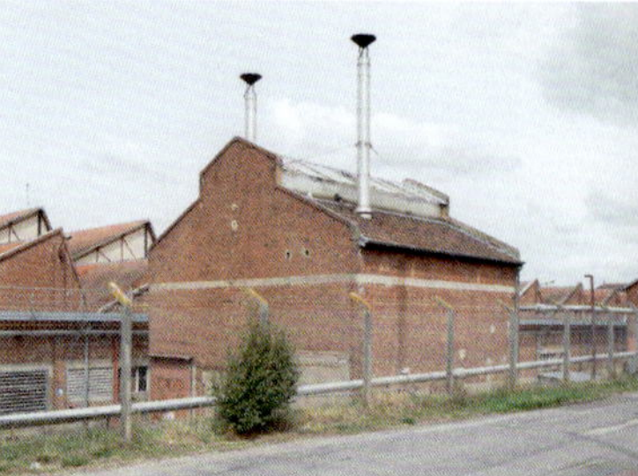
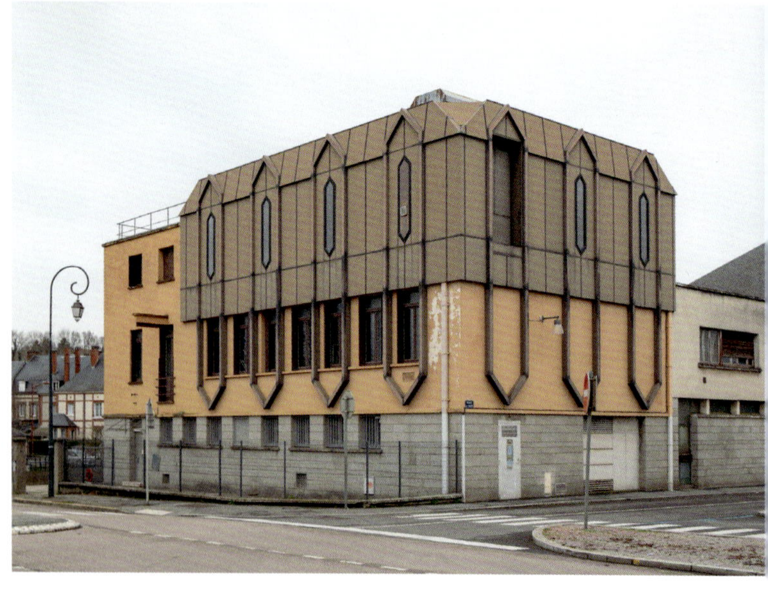

La Neuve-Lyre
Rugles (3)
L'Aigle

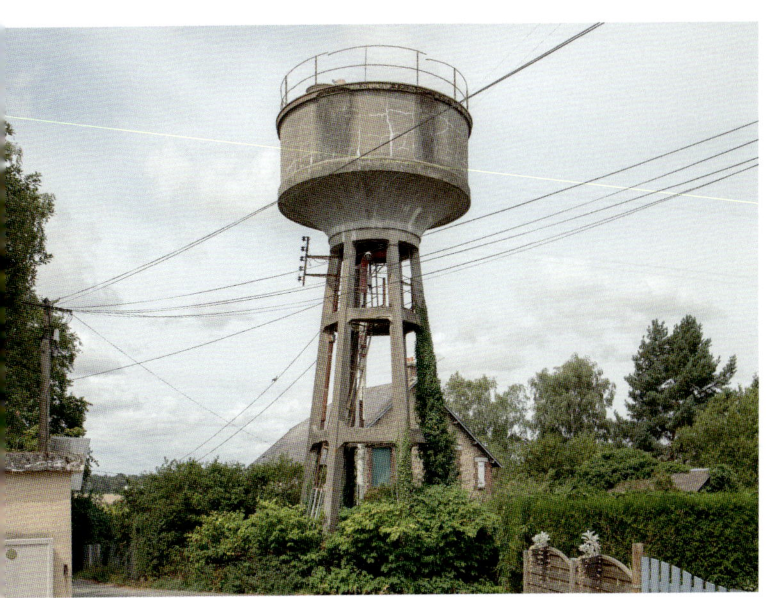

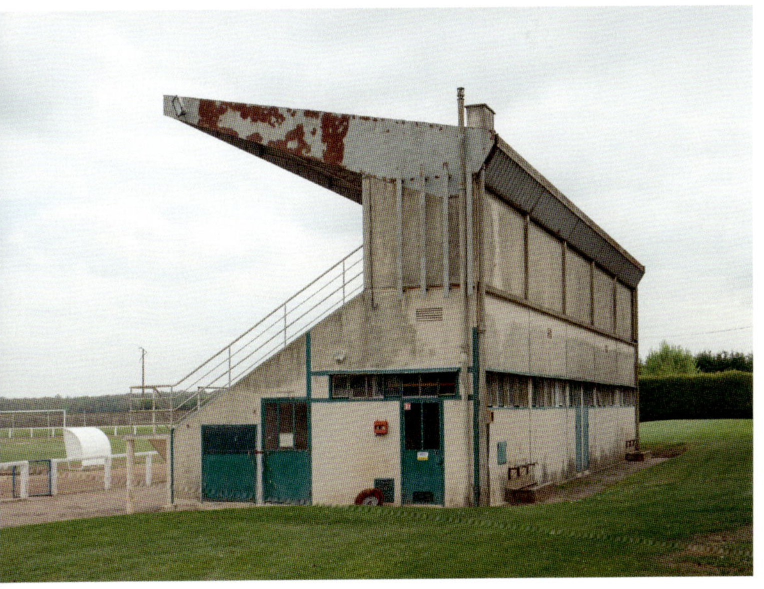

Rugles
Breteuil

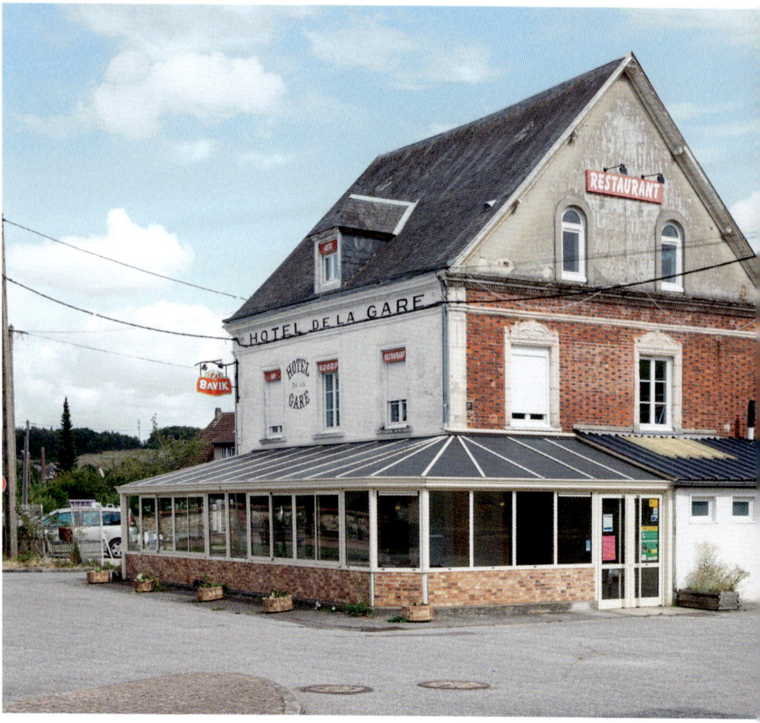

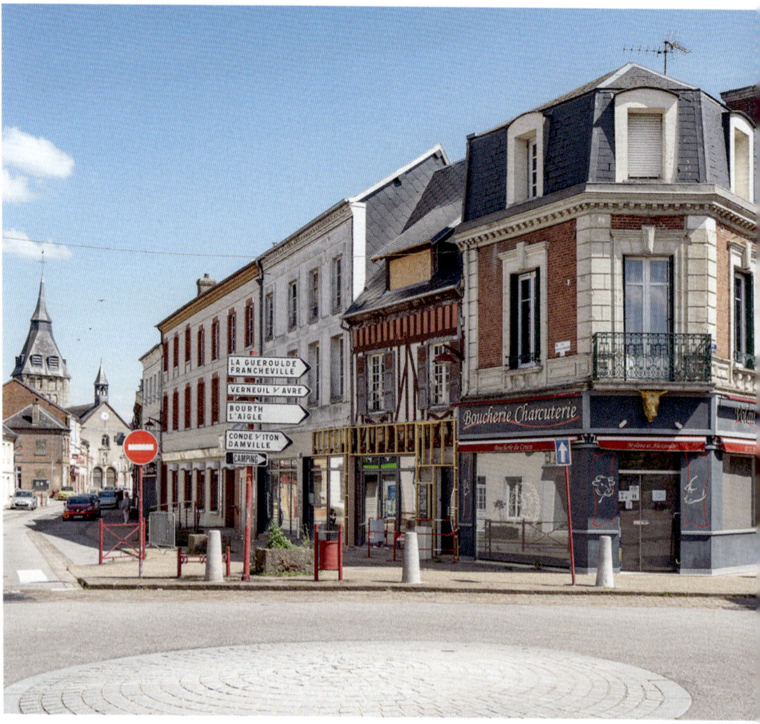

Beaumont-le-Roger
Breteuil

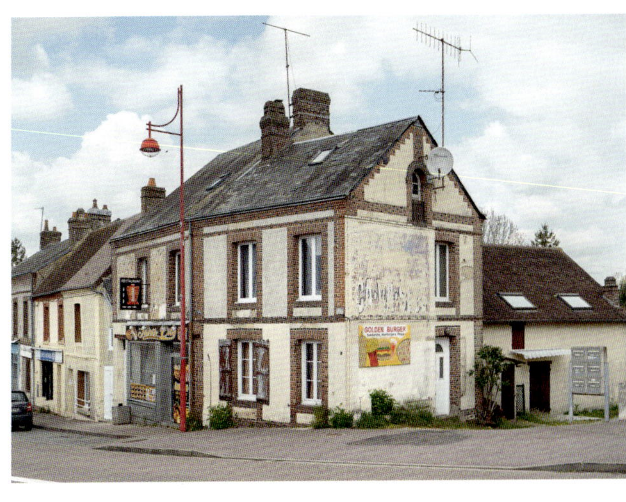

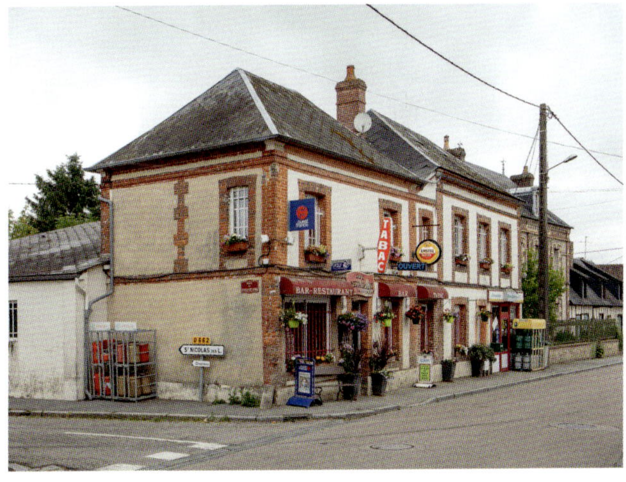

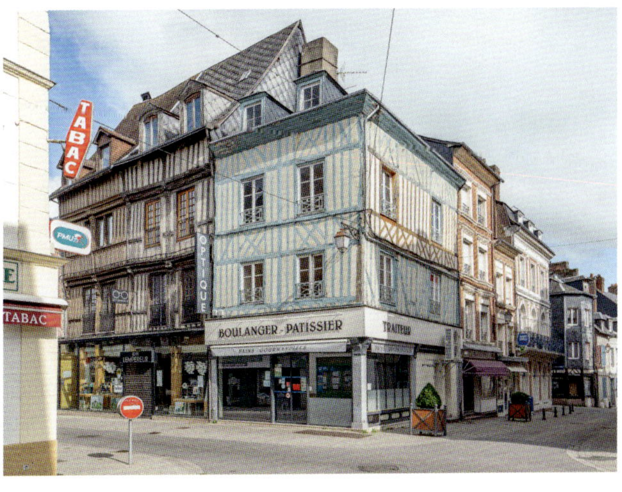

Sainte-Gauburge-Sainte-Colombe
Villers-en-Ouche
Bernay

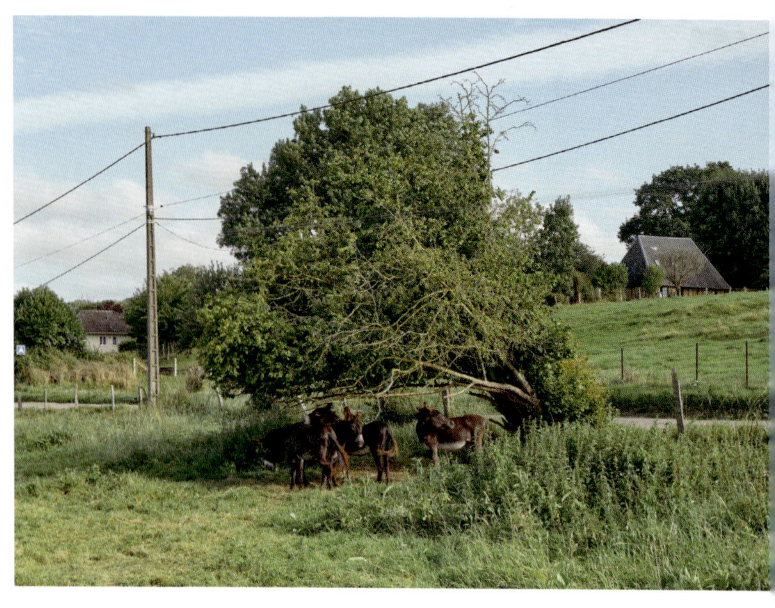

Porcien

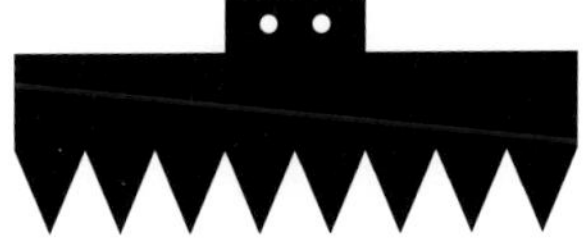

ch. 10

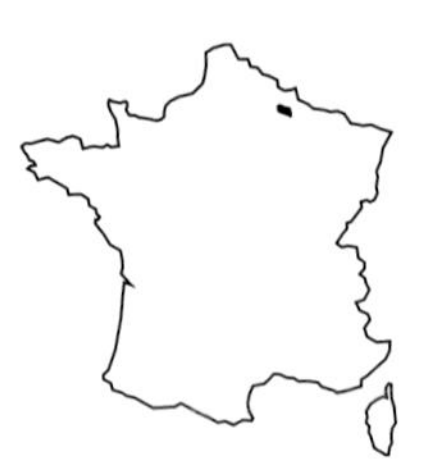

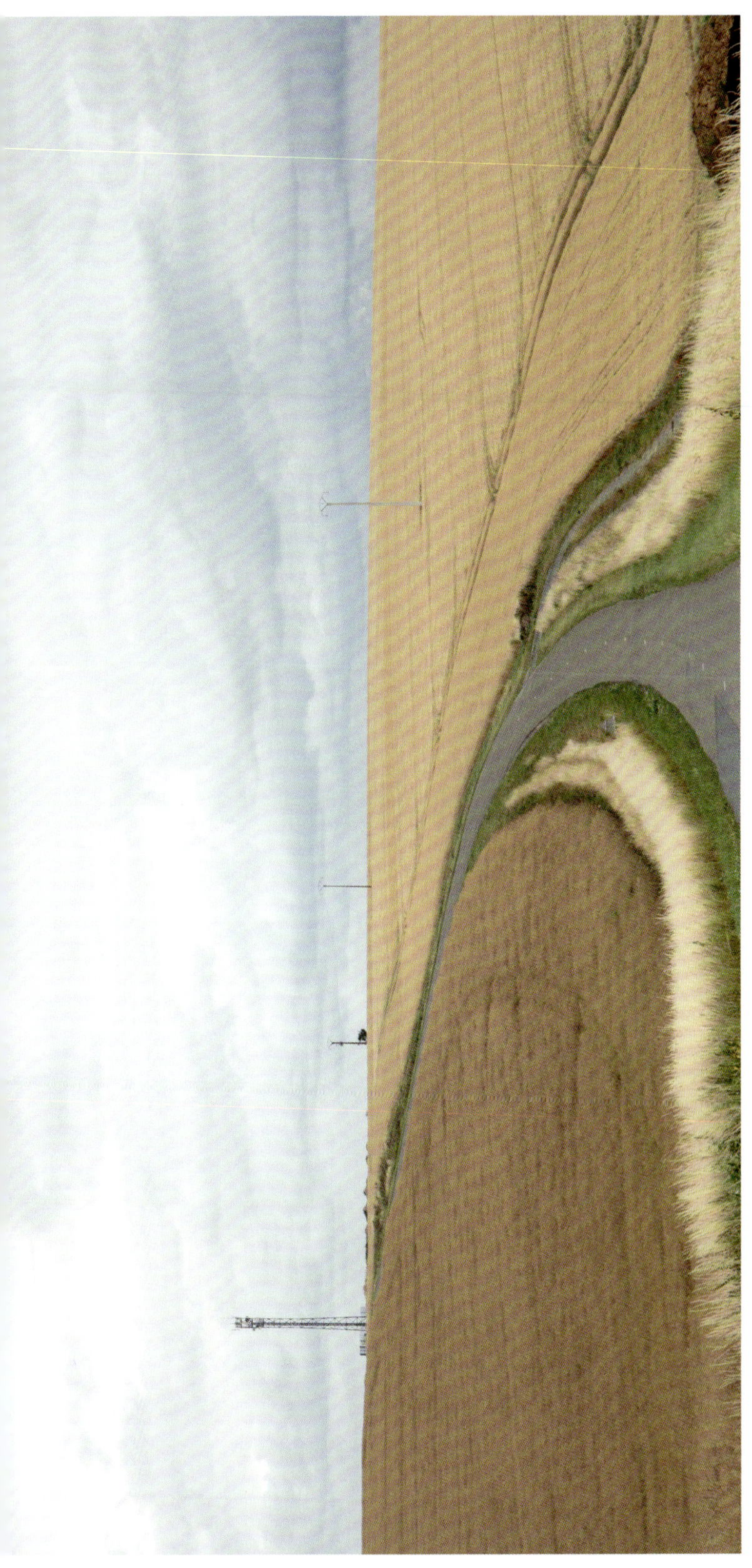

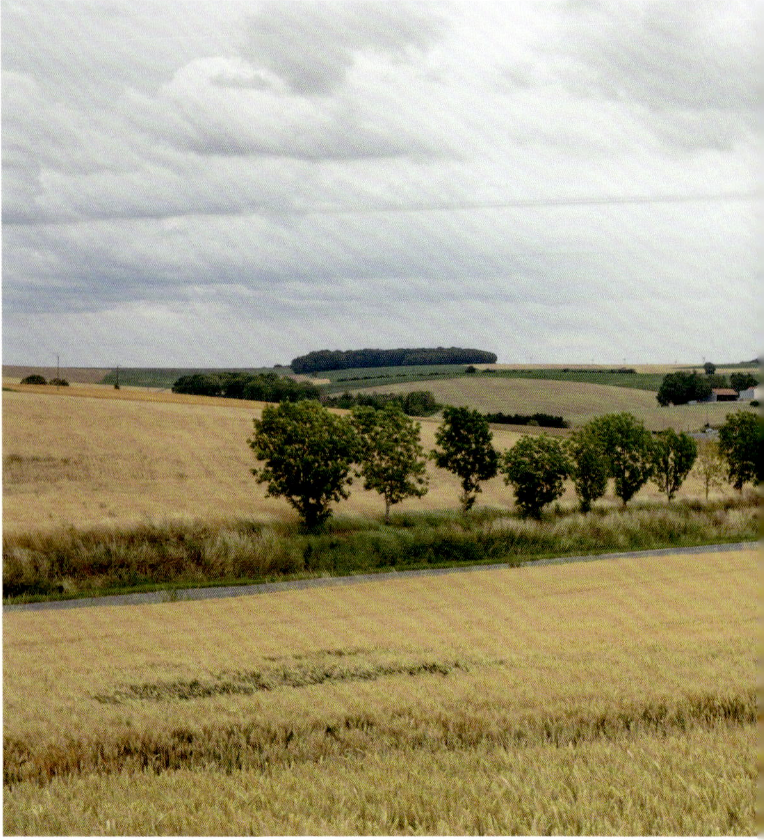

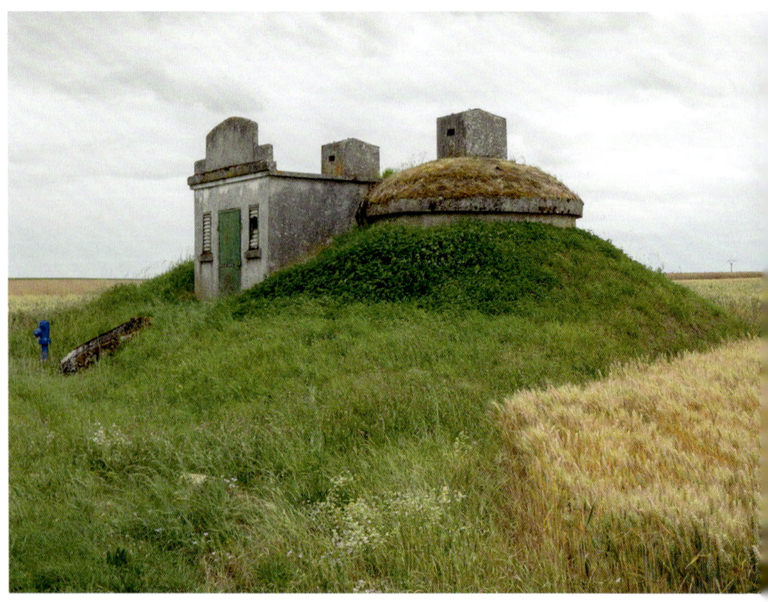

Banogne-Recouvrance
Bray

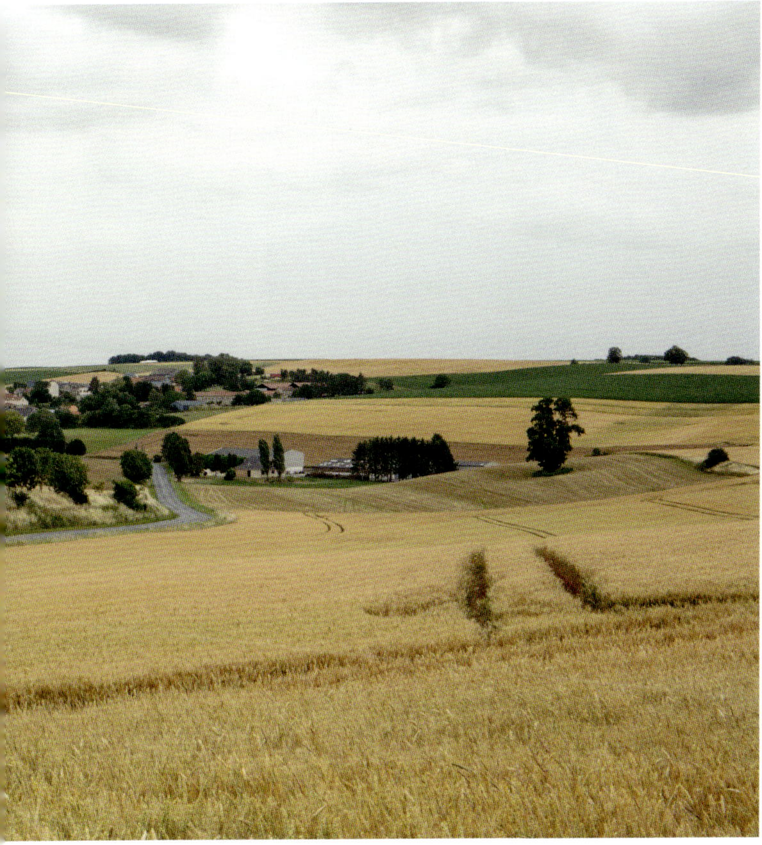

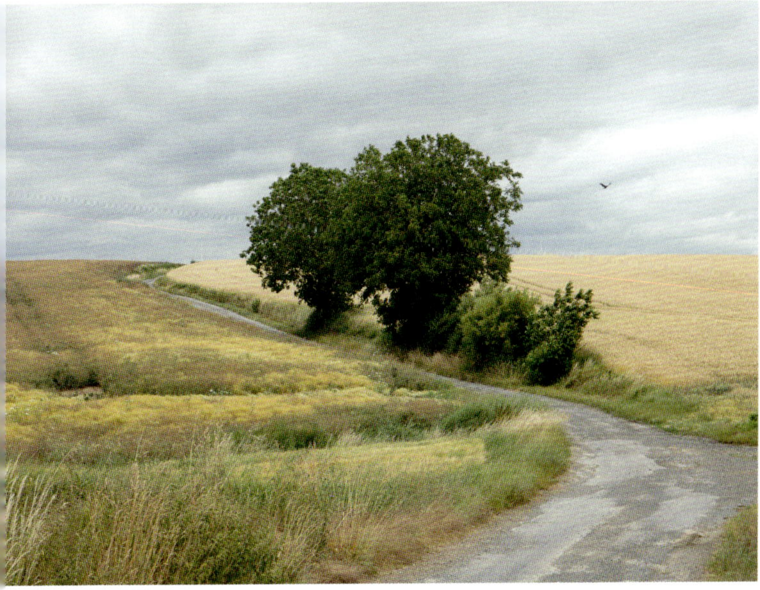

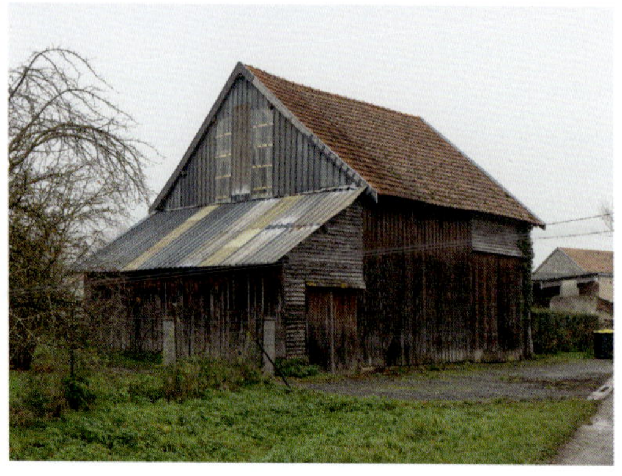

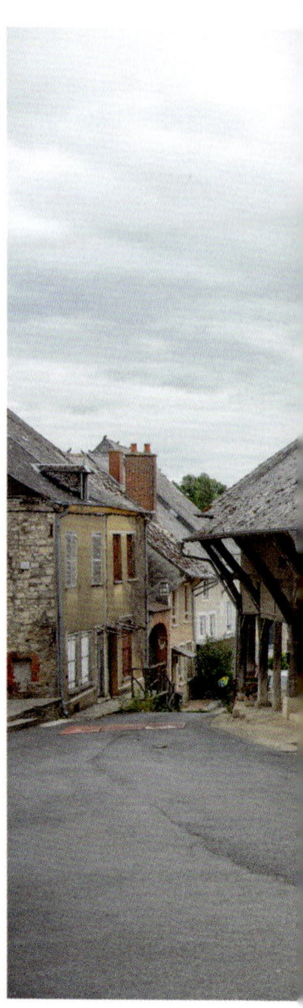

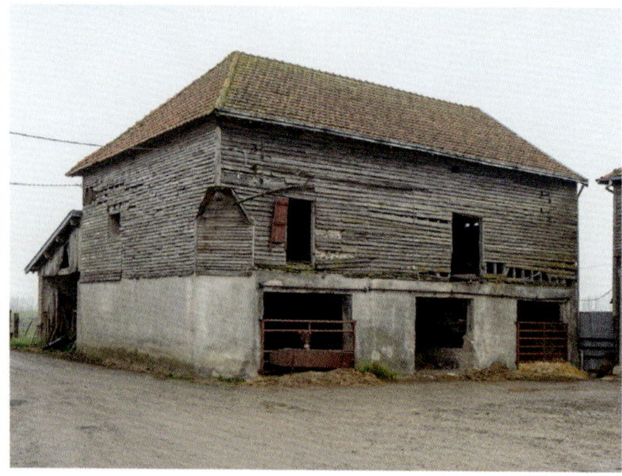

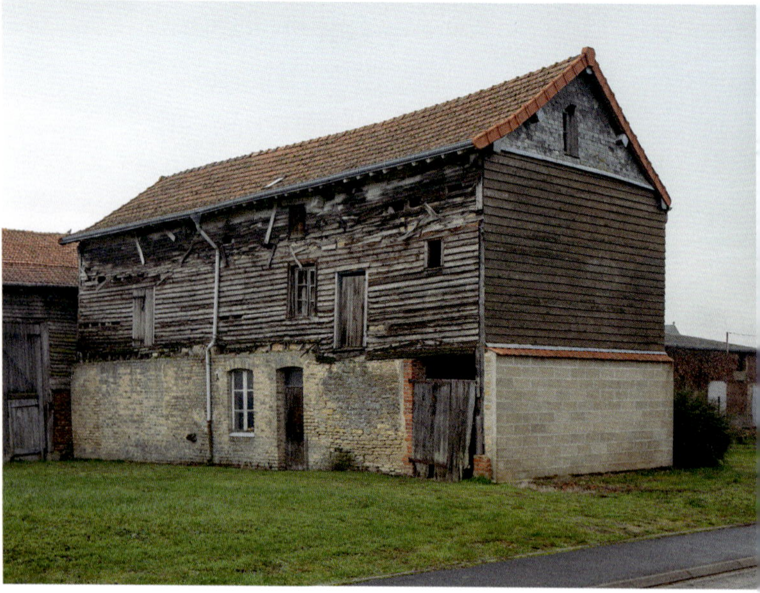

Ambly-Fleury (2)
Alland'Huy-et-Sausseuil

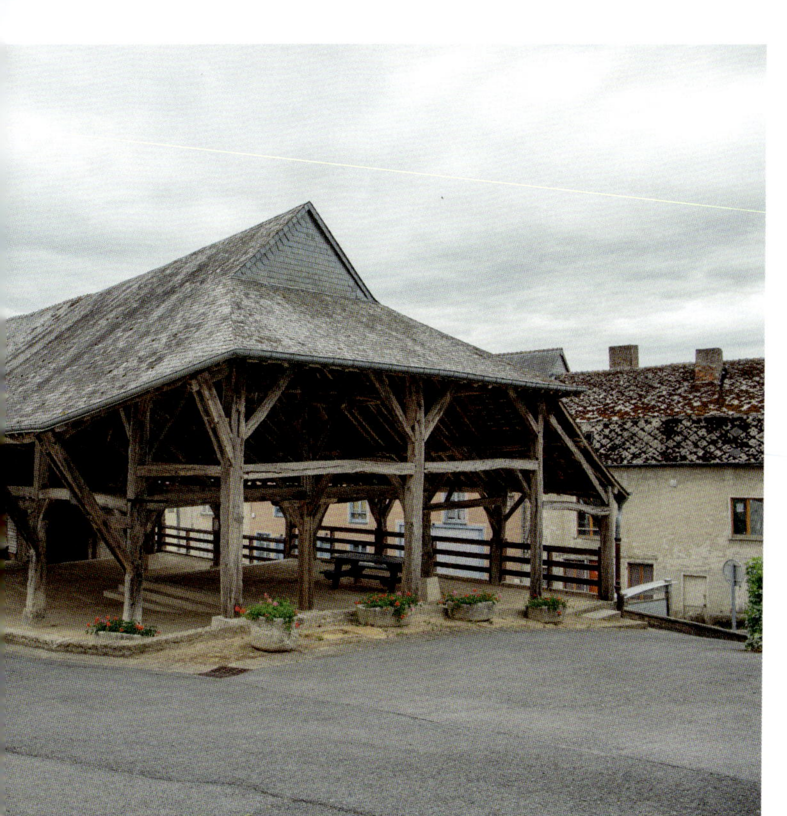

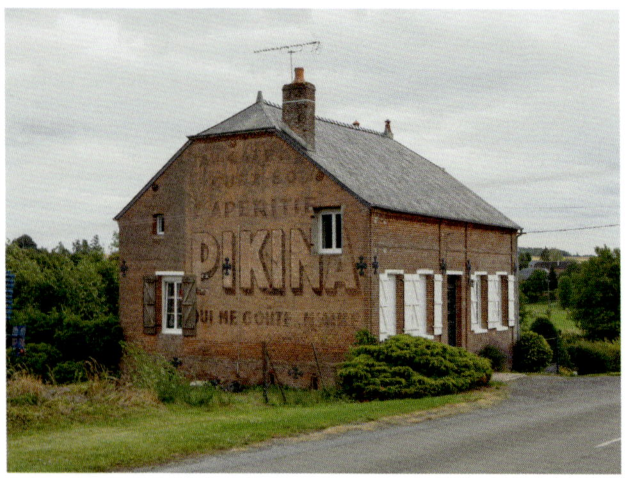

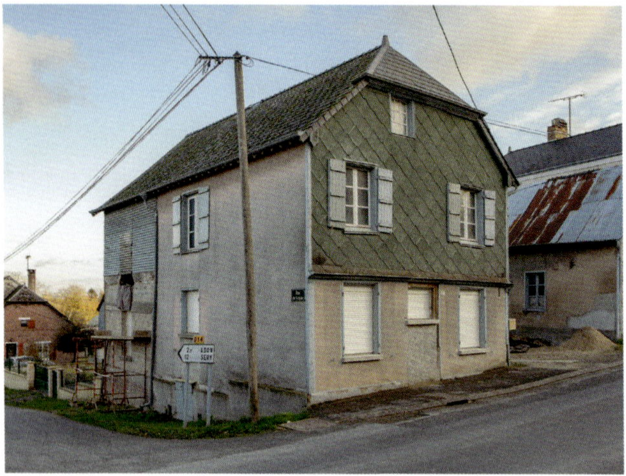

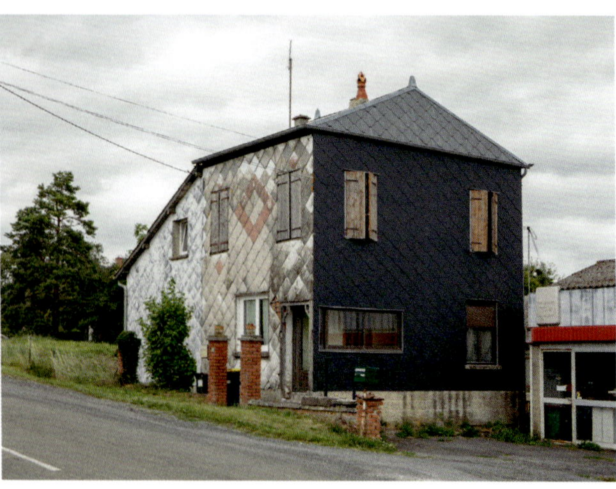

Rubigny
Chaumont-Porcien
Rubigny

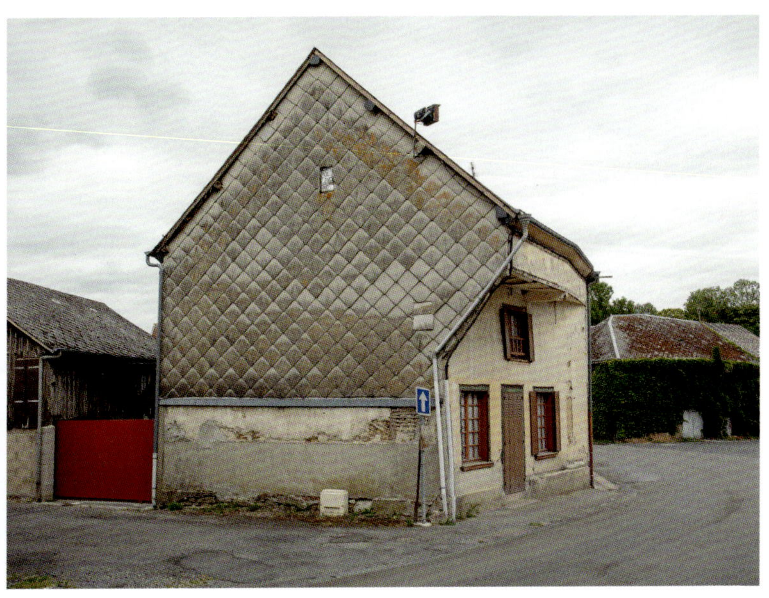

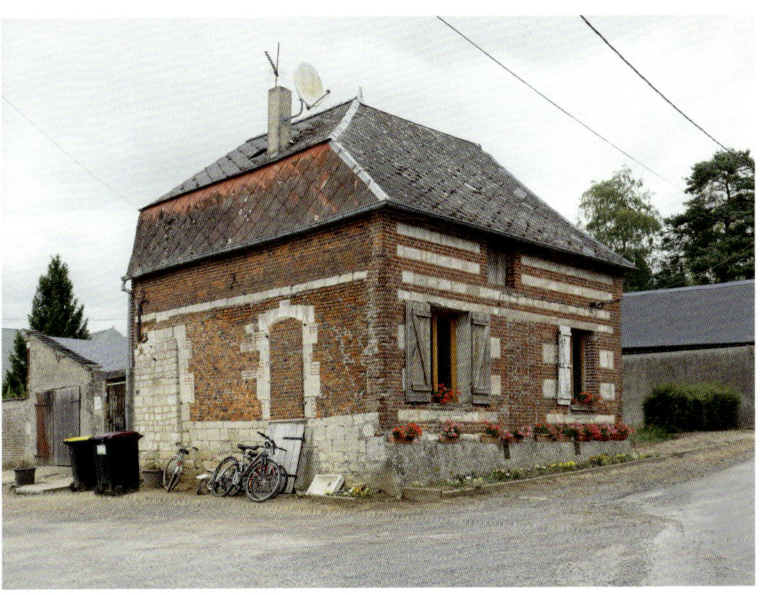

Wasigny
Fraillicourt

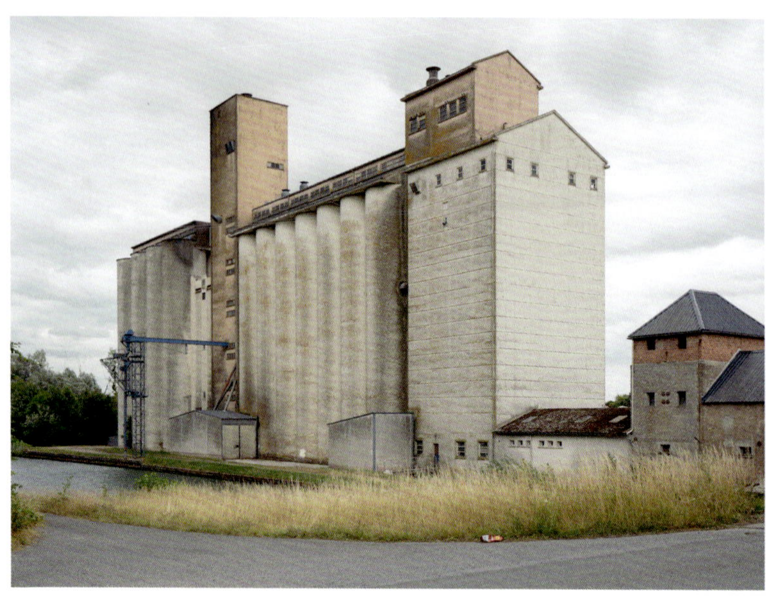

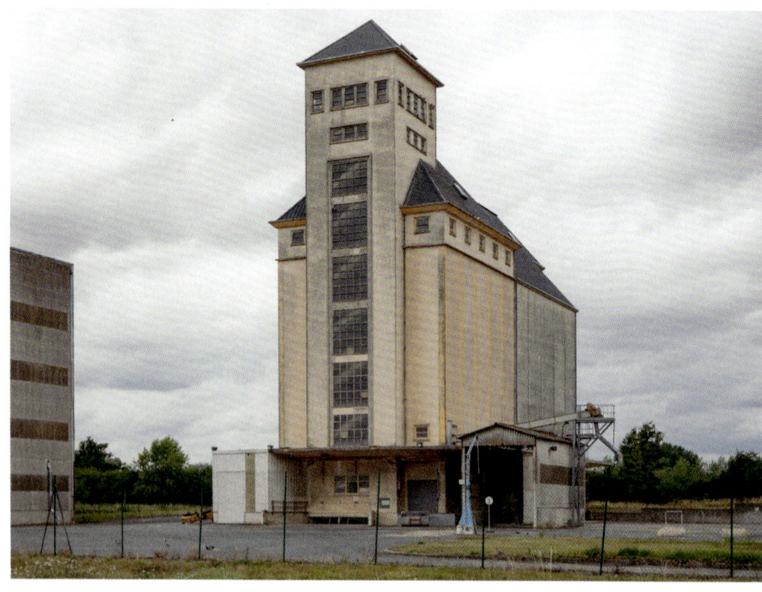

Blanzy-la-Salonnaise
Asfeld

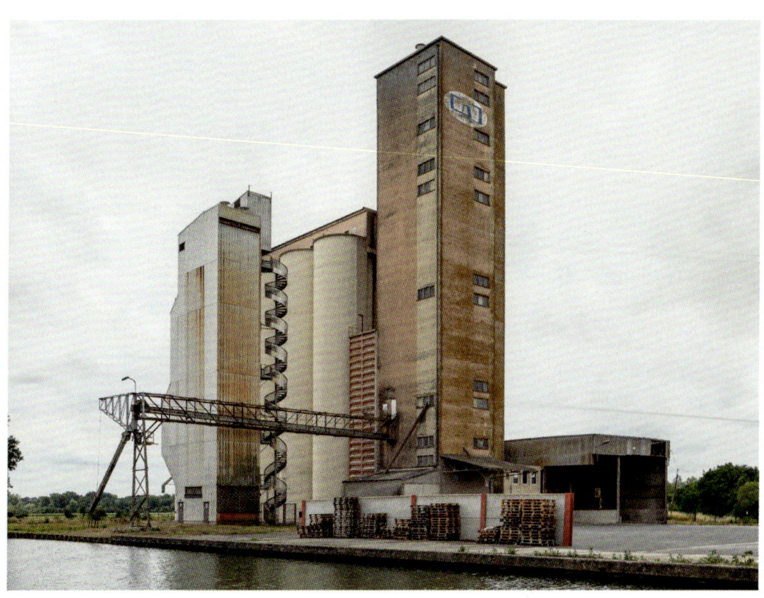

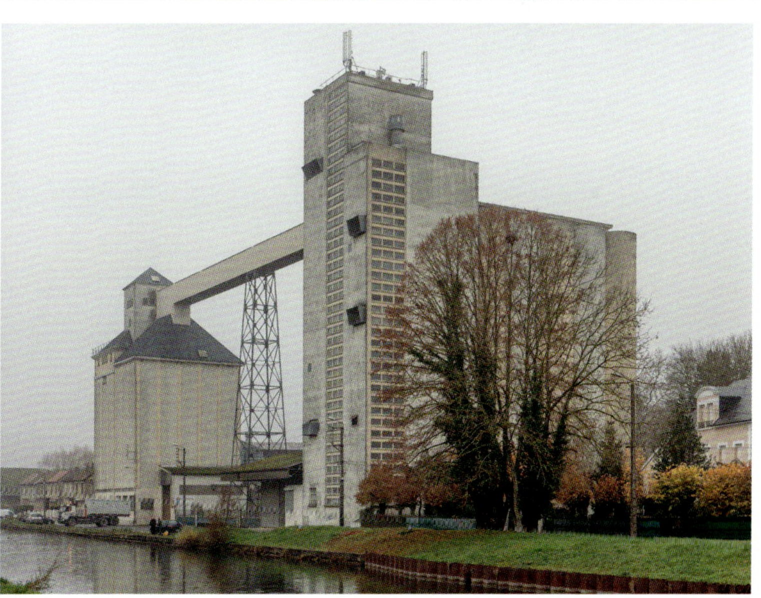

Vieux-lès-Asfeld
Rethel

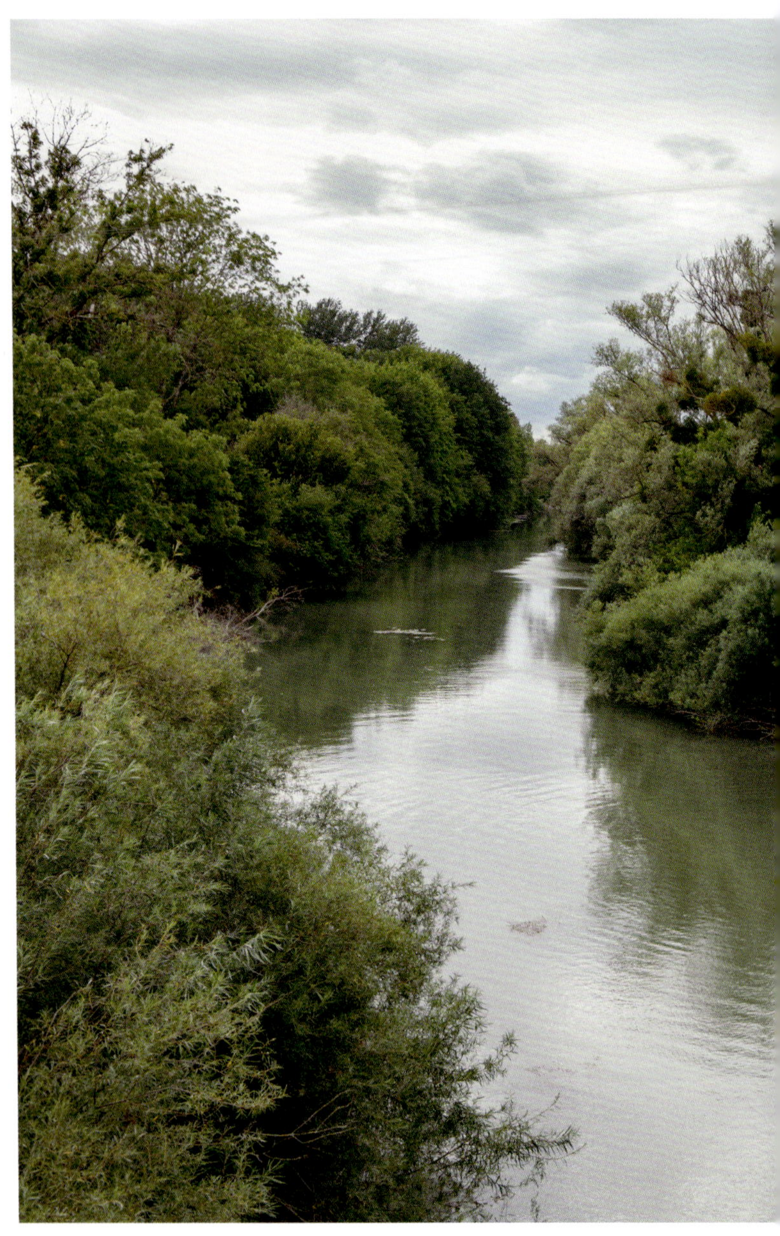

Givry

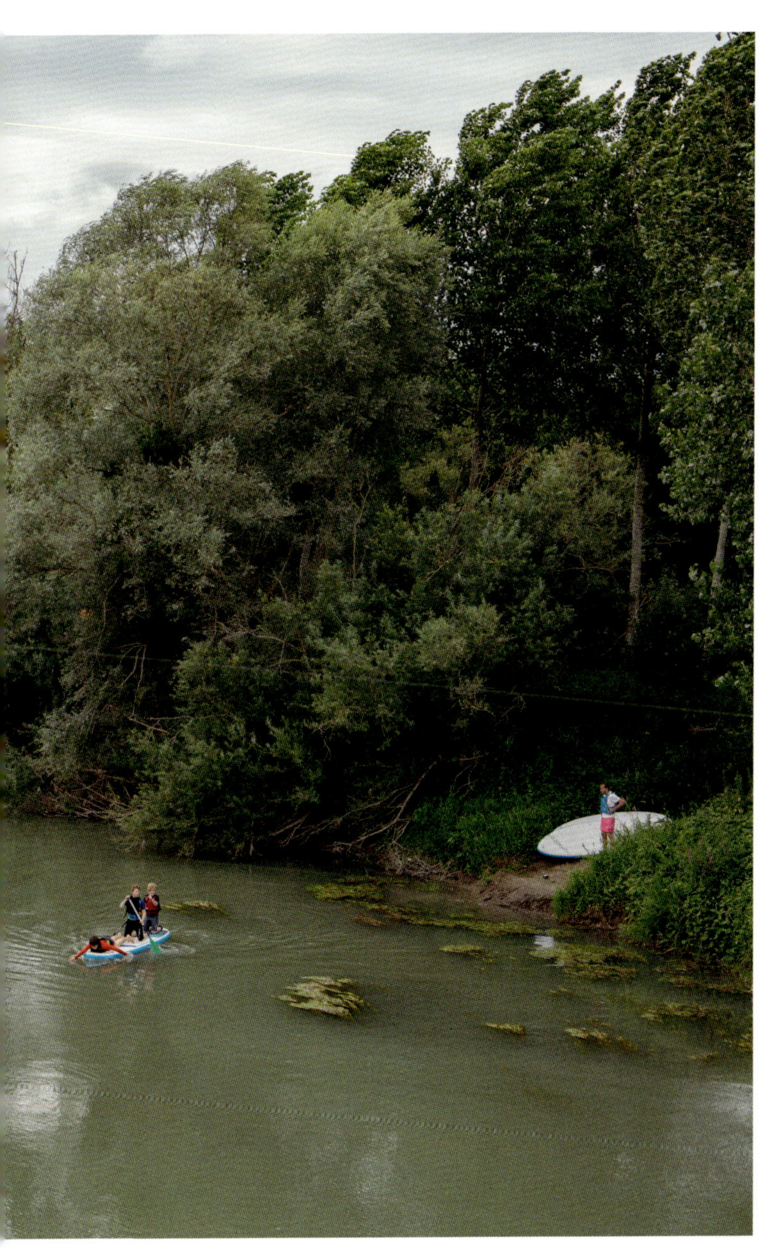

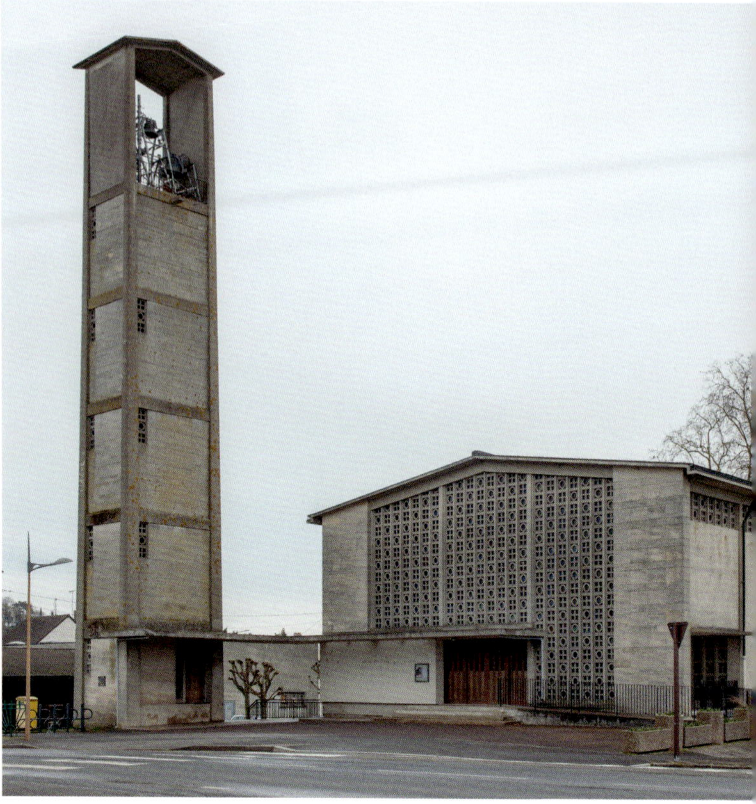

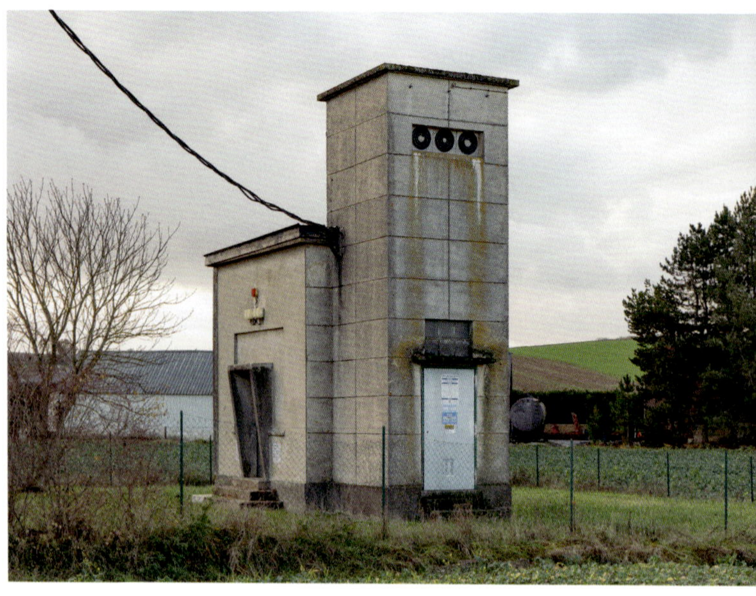

Rethel
Saint-Fergeux

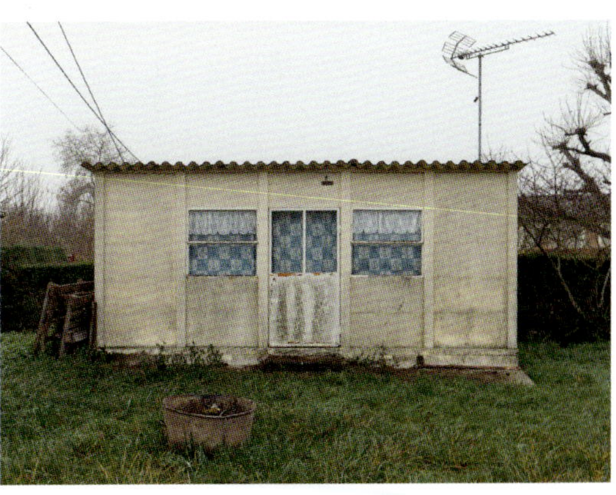

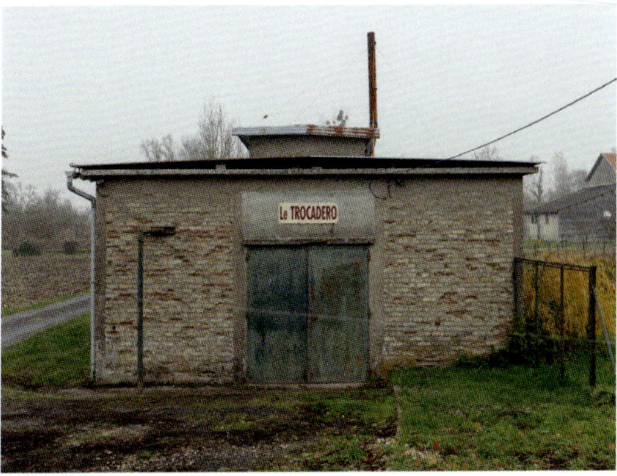

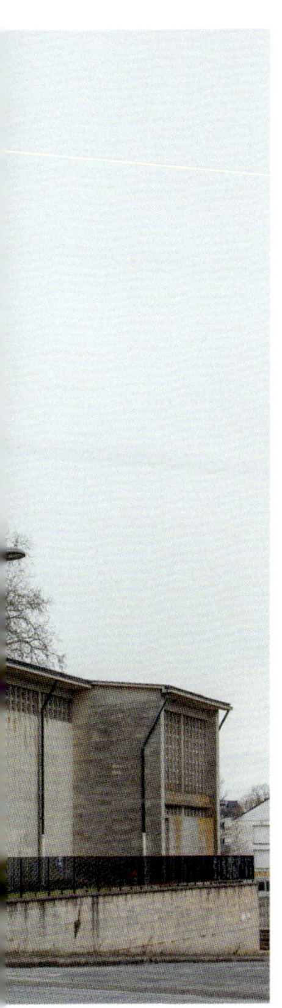

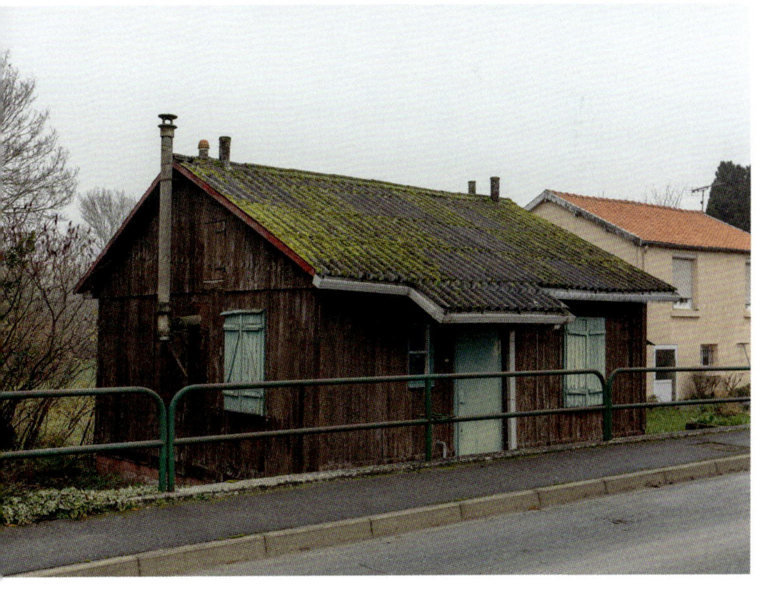

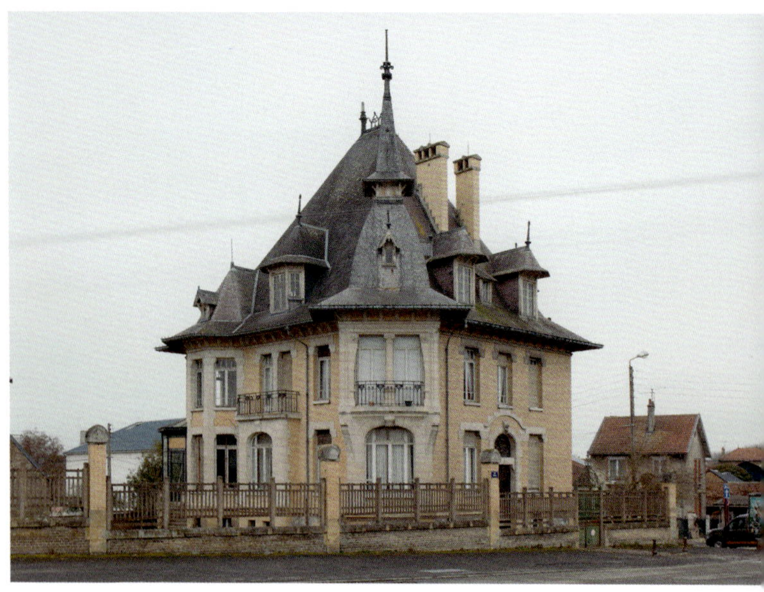

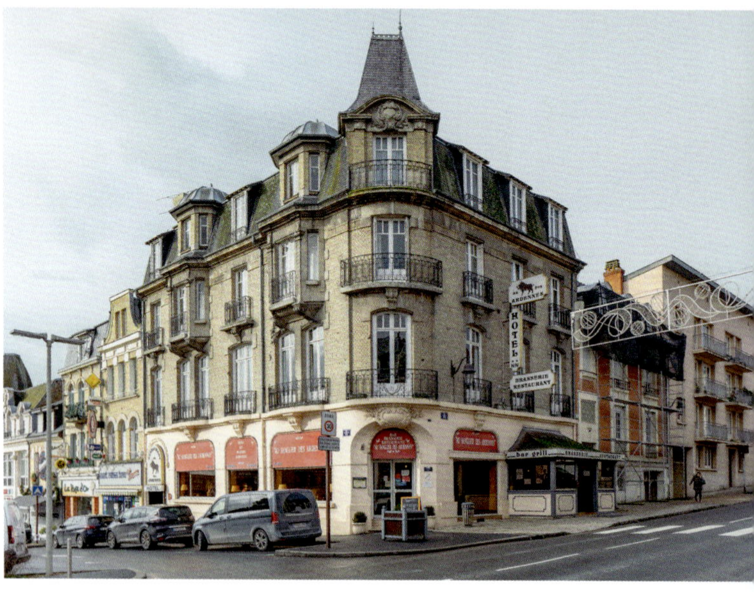

Rethel

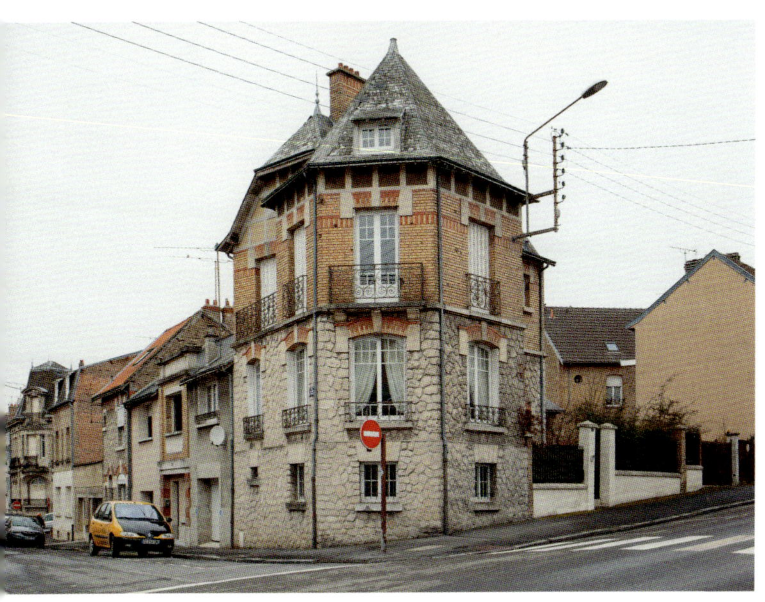

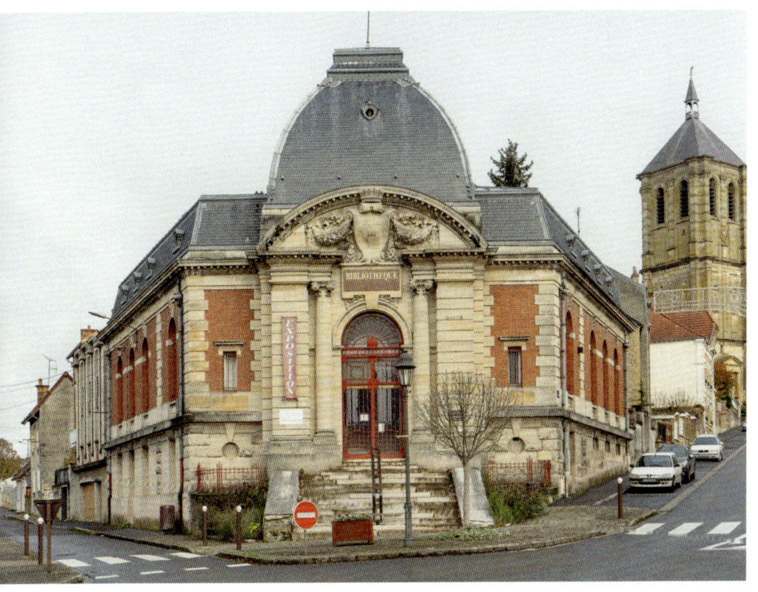

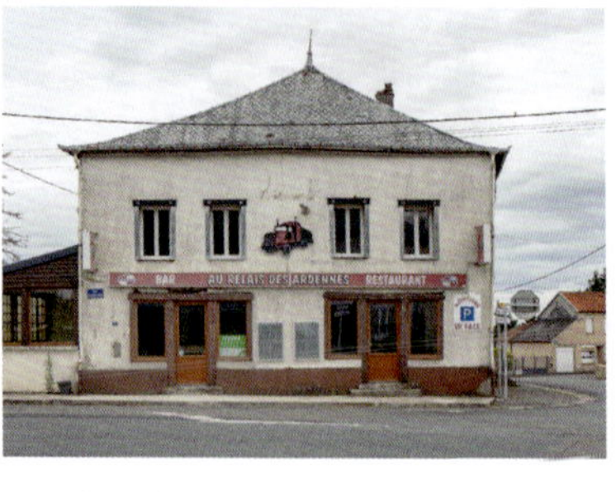

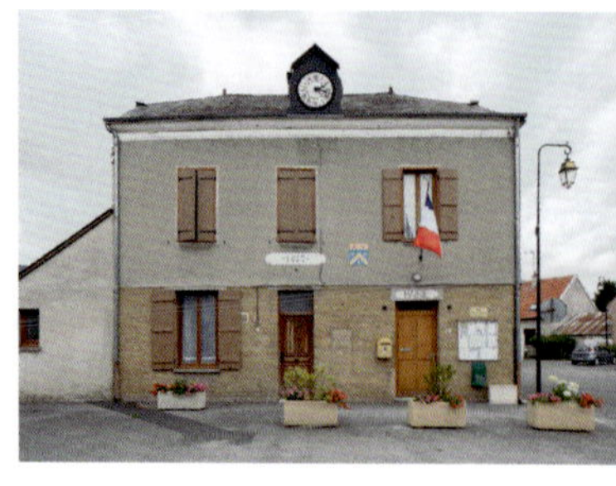

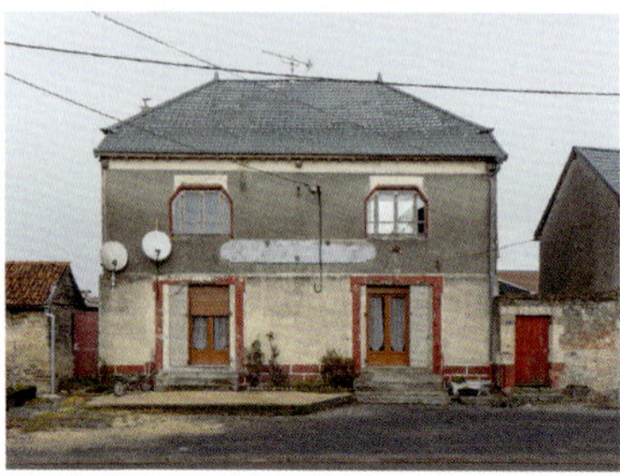

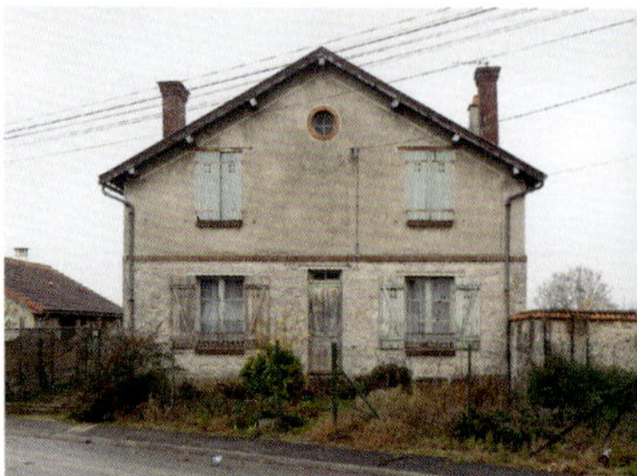

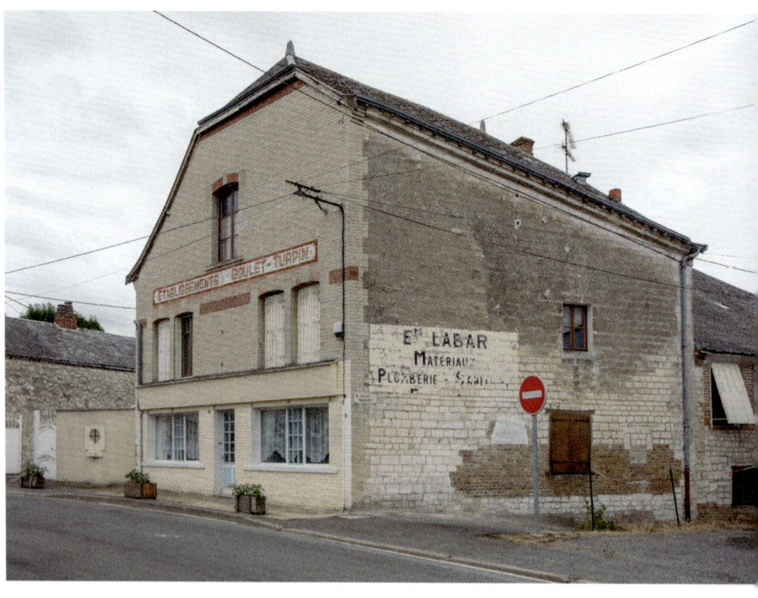

Amagne
Givry
Saint-Germainmont

Novion-Porcien
Balham

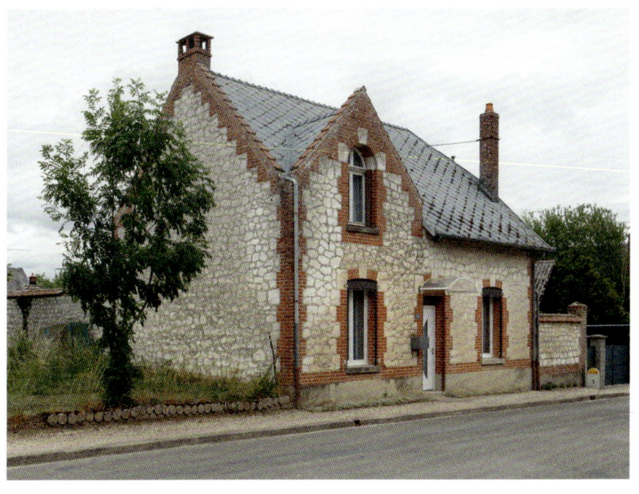

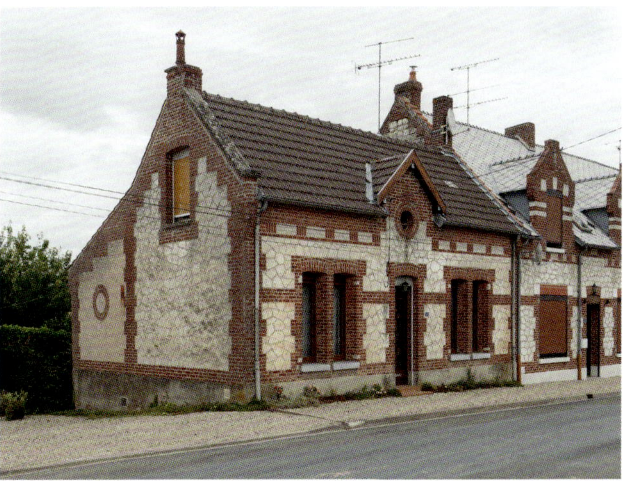

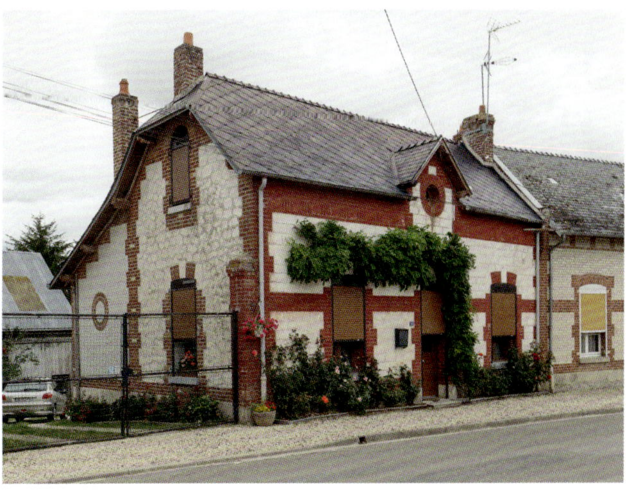

Le Thour (3)

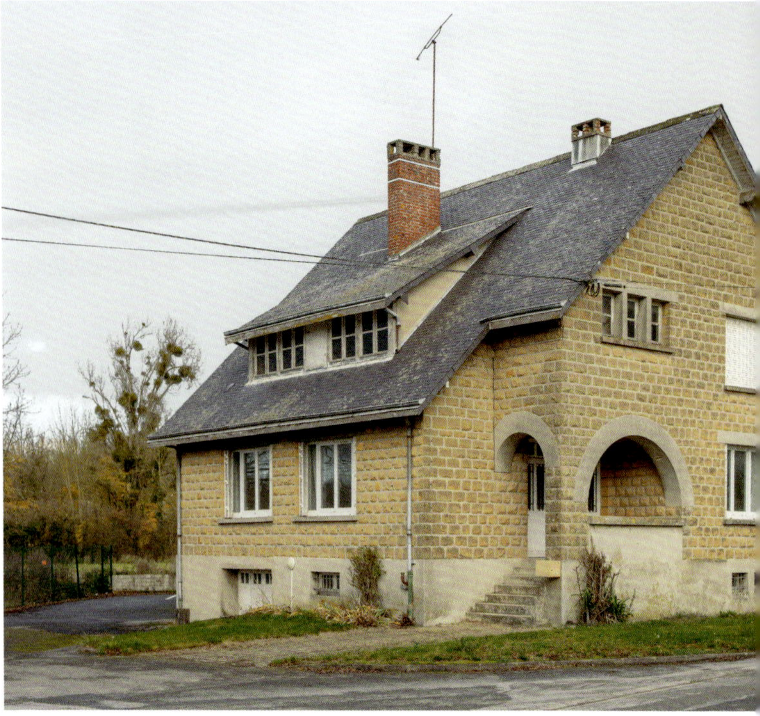

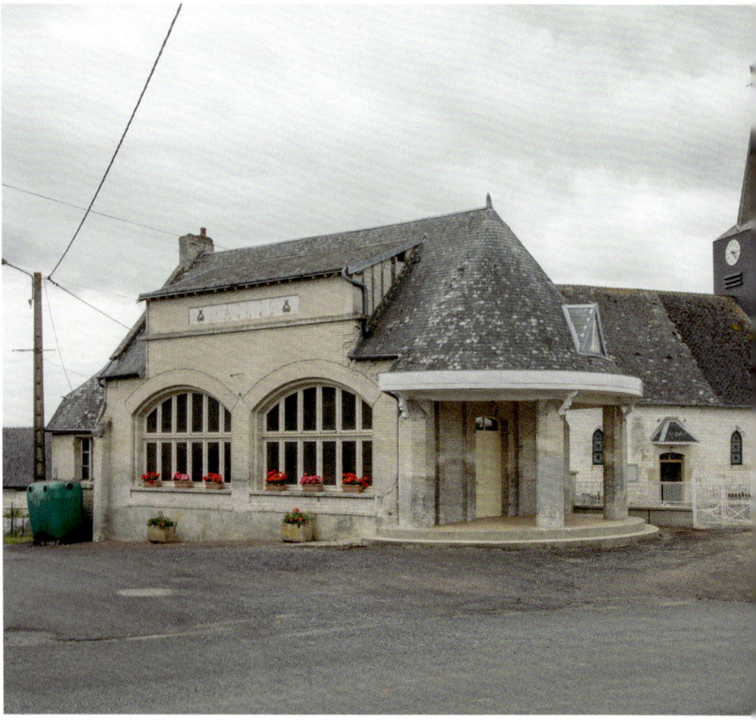

Château-Porcien
Hannogne-Saint-Rémy

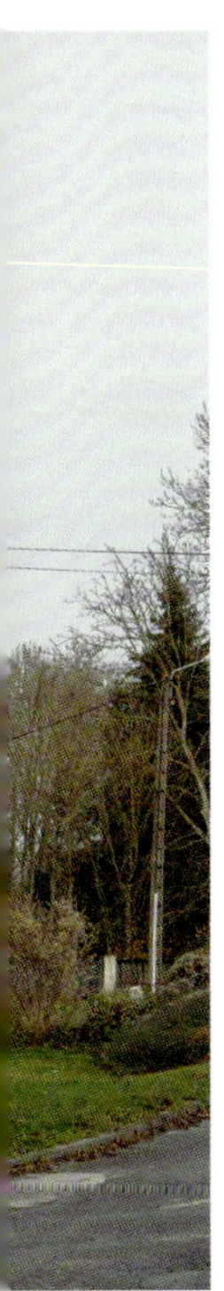

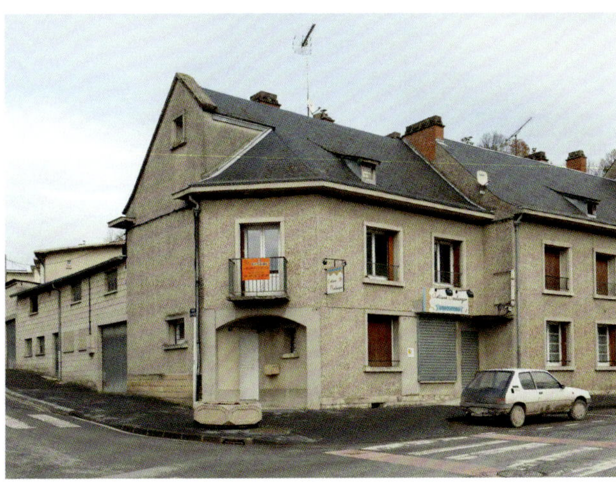

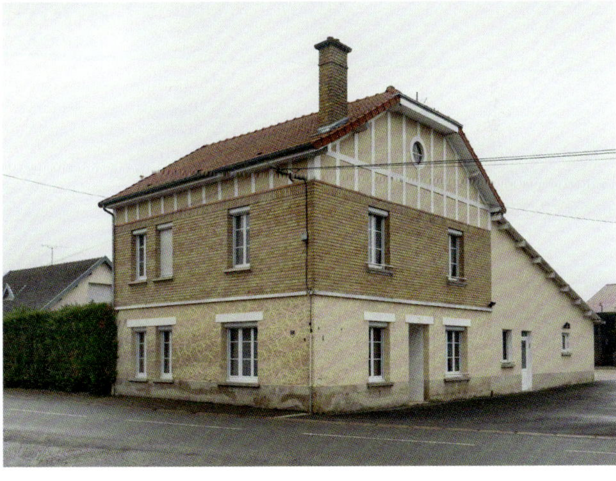

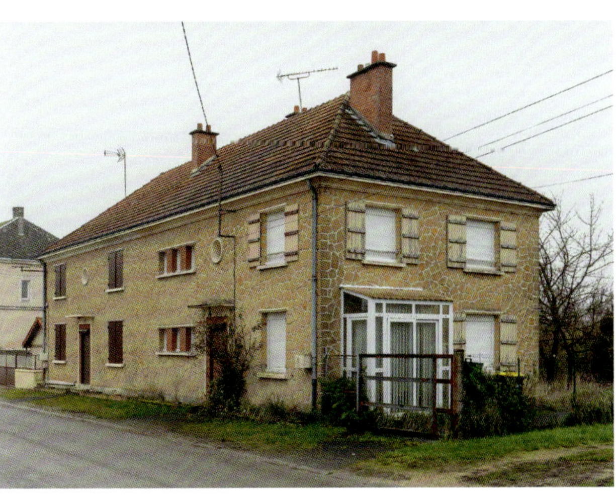

Château-Porcien
Givry
Ambly-Fleury

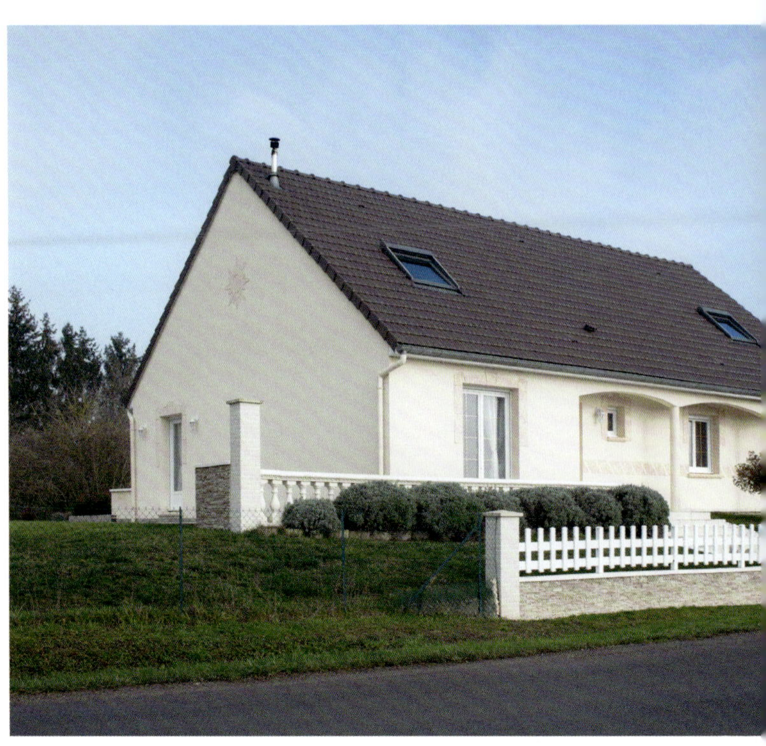

Amagne

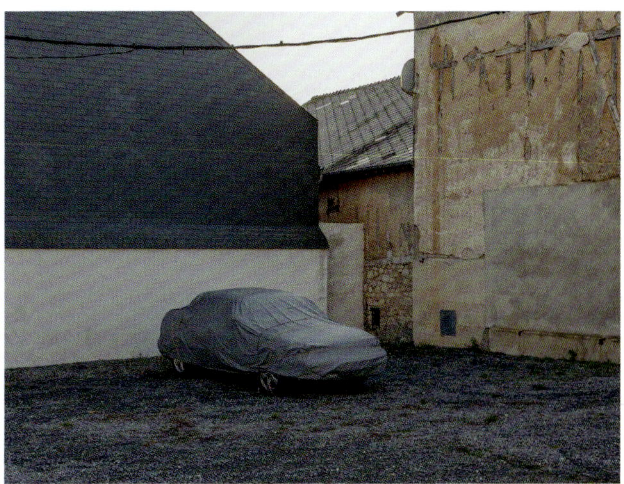

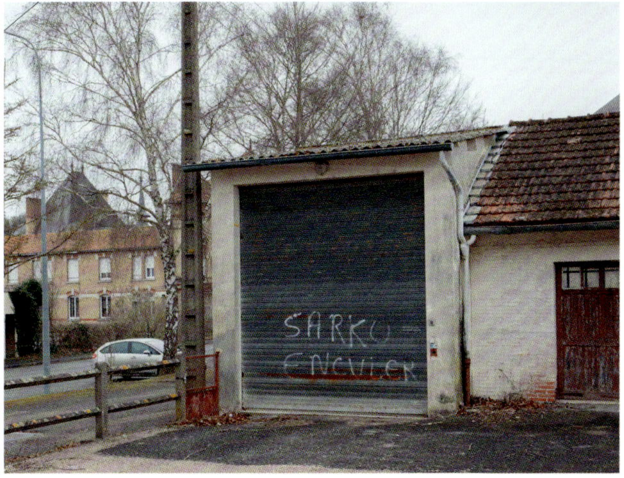

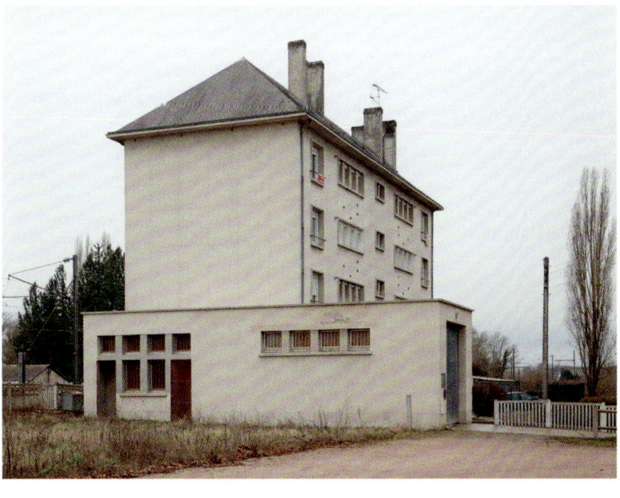

Wasigny
Rethel (2)   → Asfeld

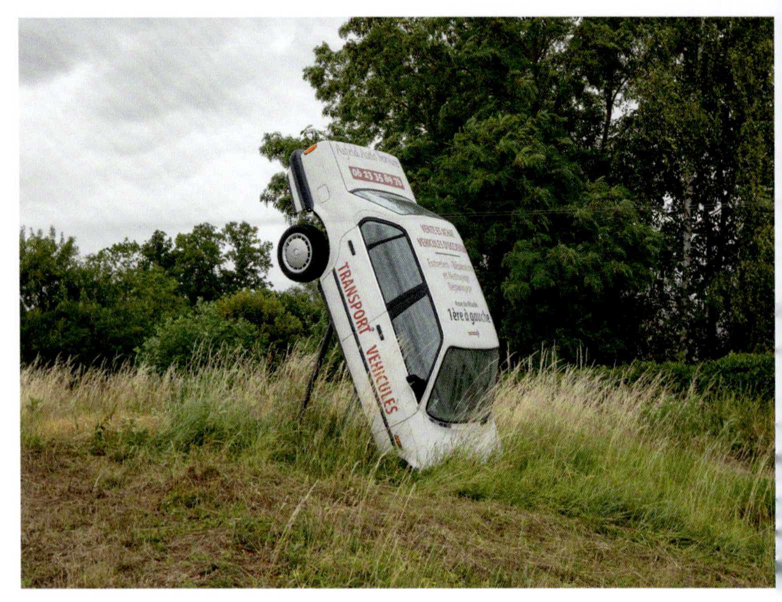
Aspt & Auto Service
06 23 35 64 78
VENTE ET ACHAT
VEHICULES D'OCCASION
Entretien, Réparation
et Nettoyage
Dégraissage
1ère à gauche
TRANSPORT VEHICULES

Santerre

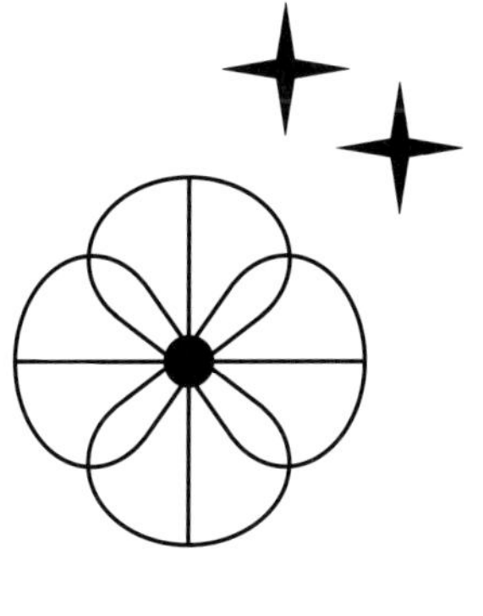

ch. 11

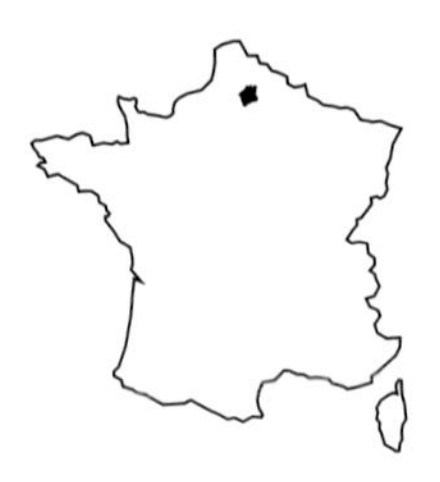

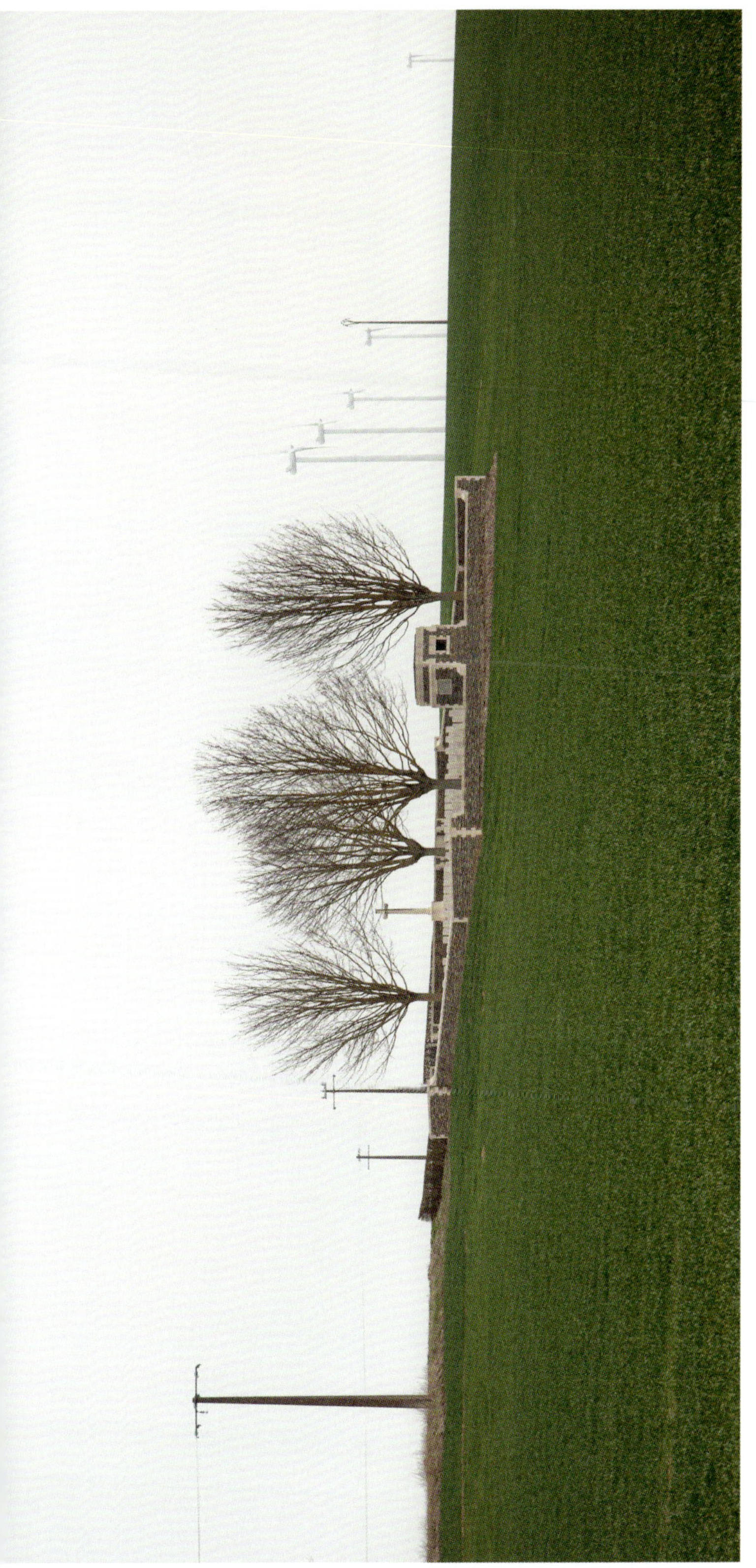

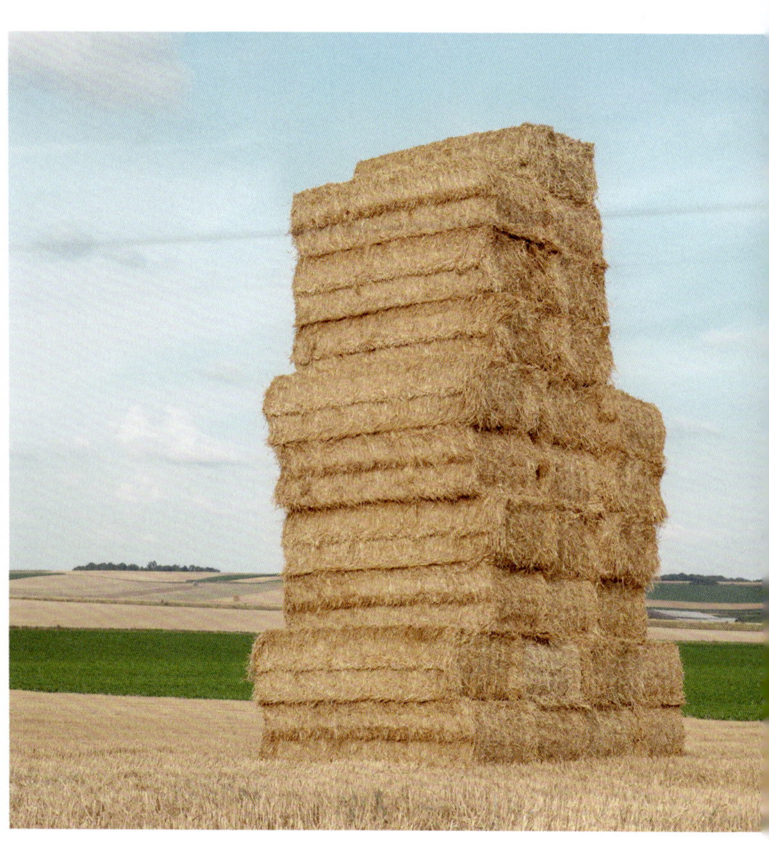

← Santerre   Santerre

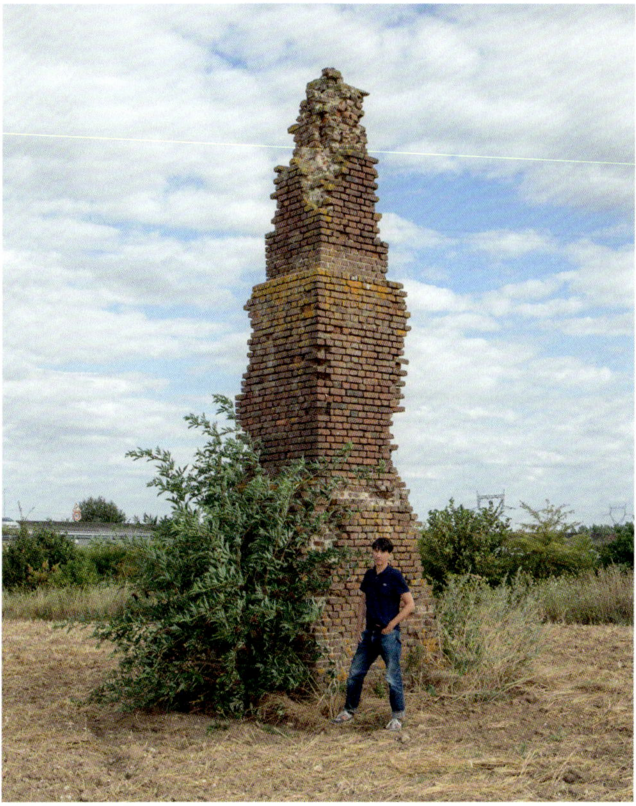

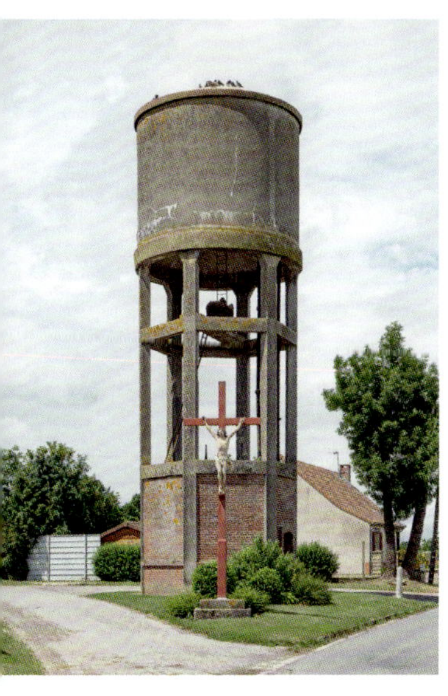

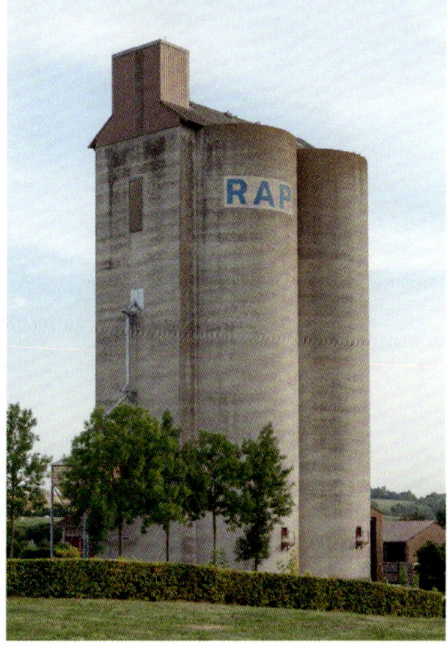

Ablaincourt-Pressoir
Le Plessier-Rozainvillers
La Neuville-lès-Bray

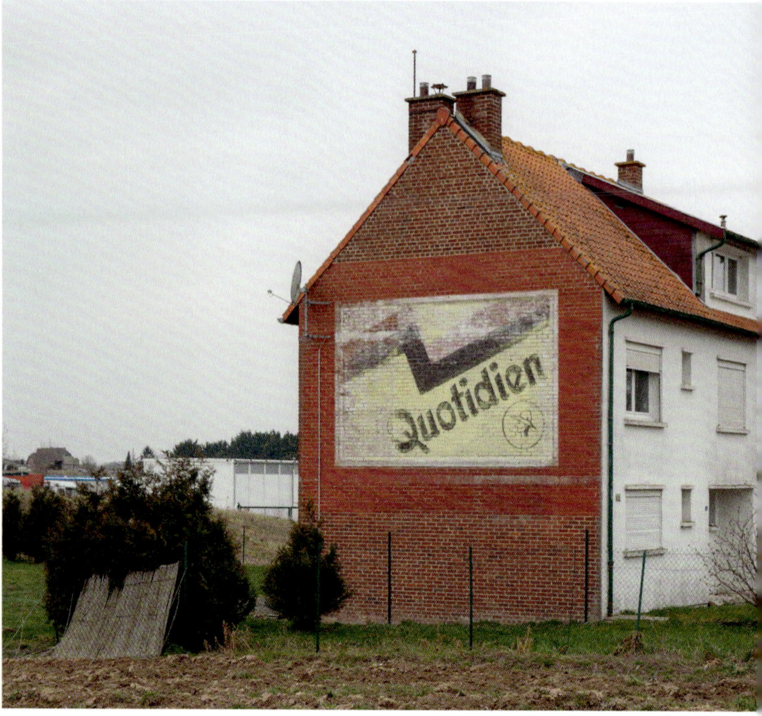

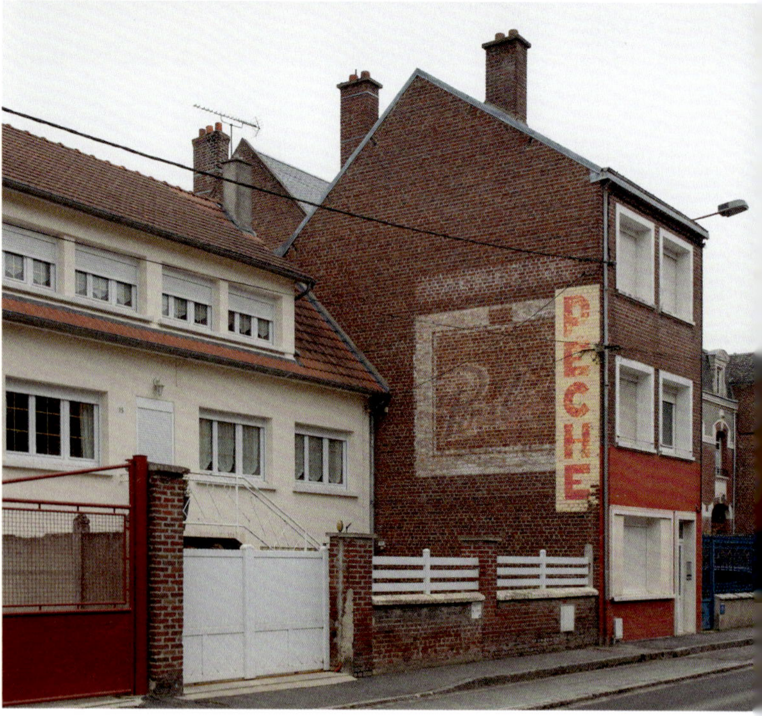

Brie
Péronne

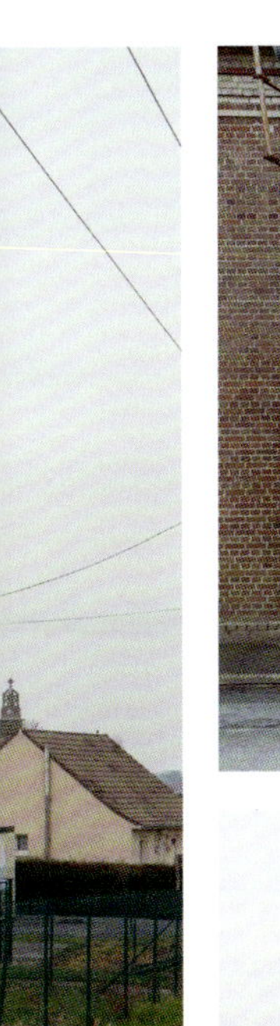

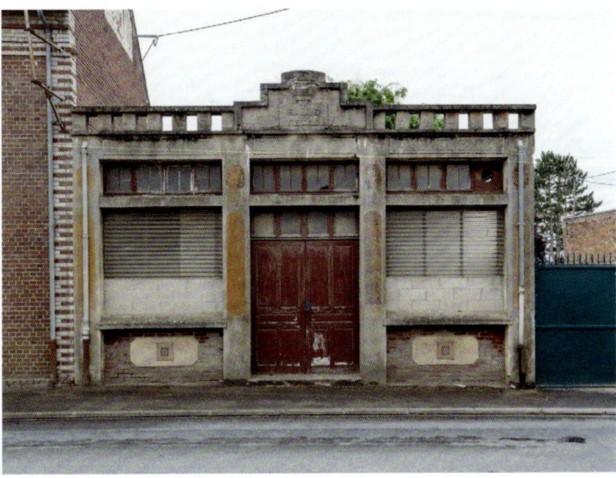

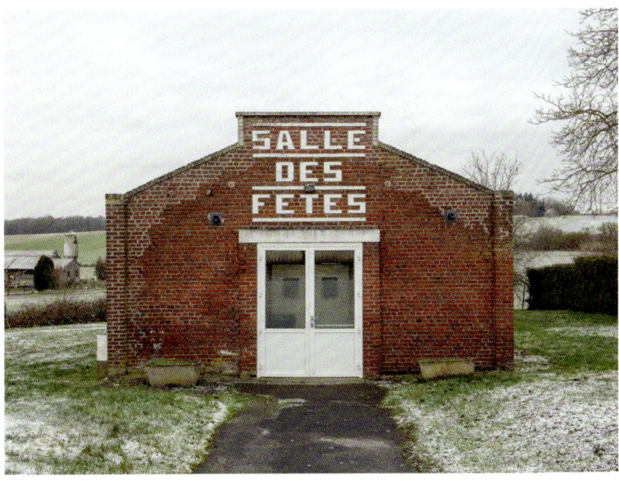

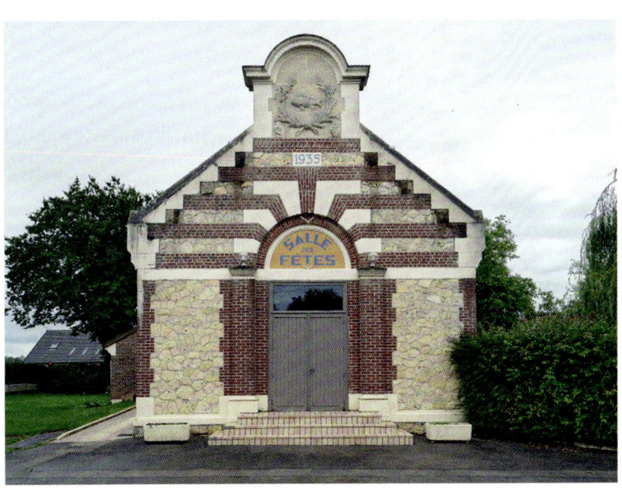

Rollot
Bouchavesnes-Bergen
Feuillères

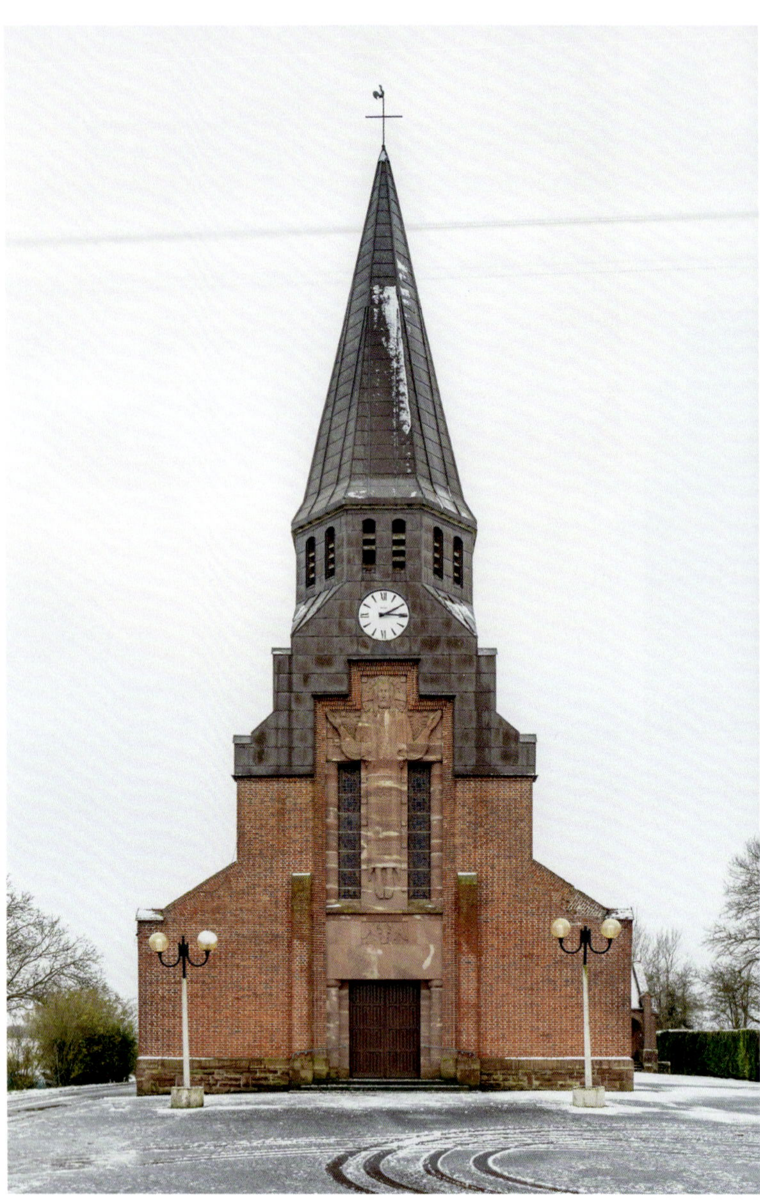

Sailly-Saillisel

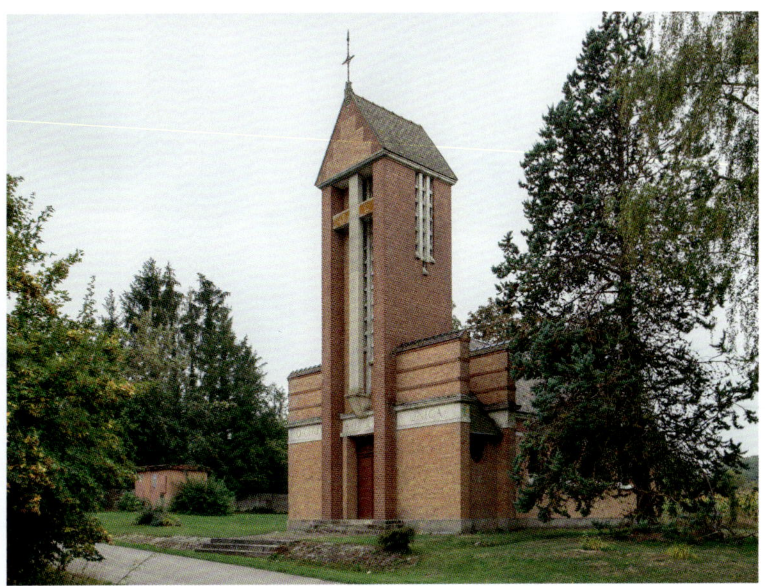

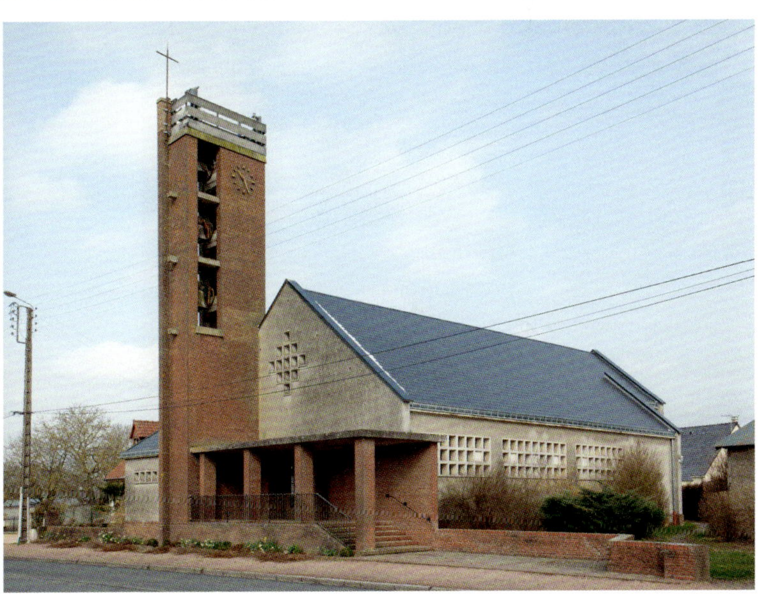

Devise
Foucaucourt-en-Santerre

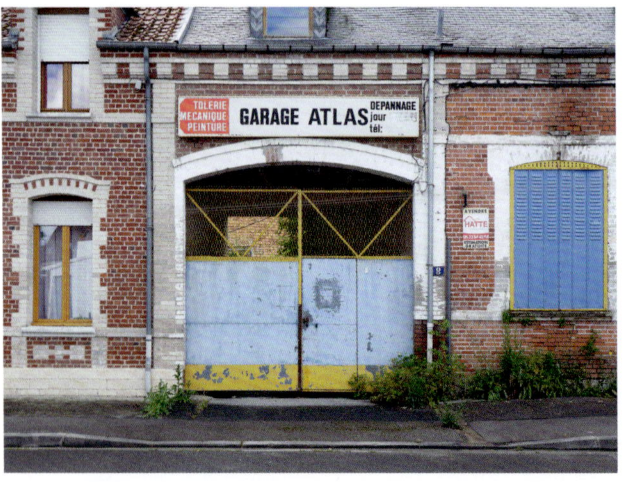

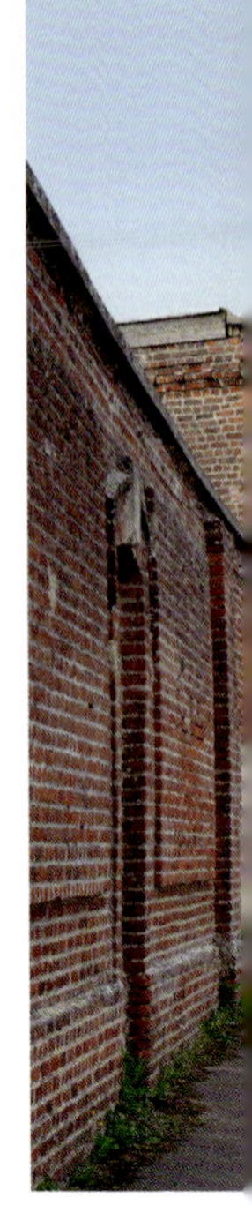

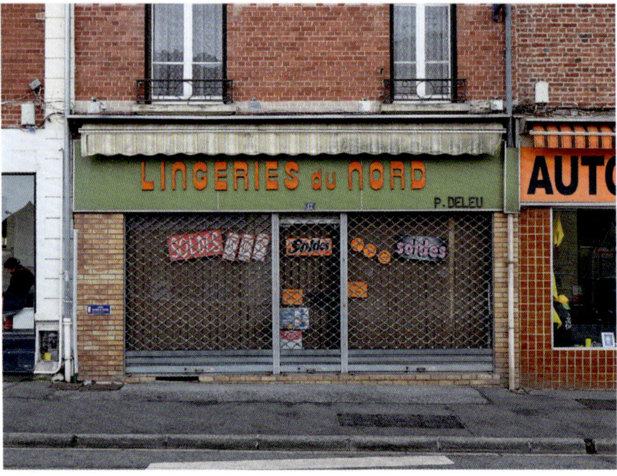

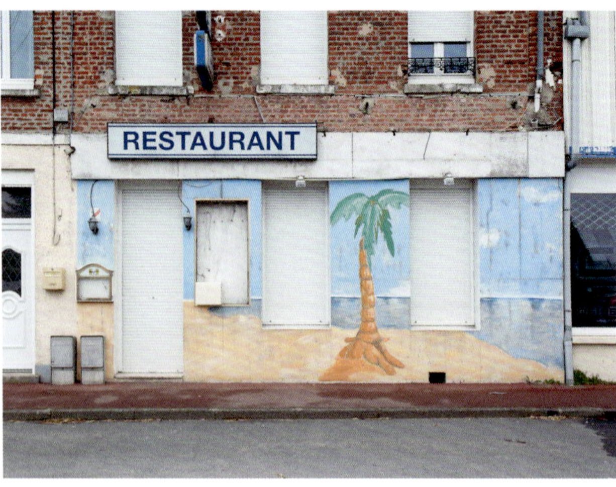

Méaulte
Albert
Ham

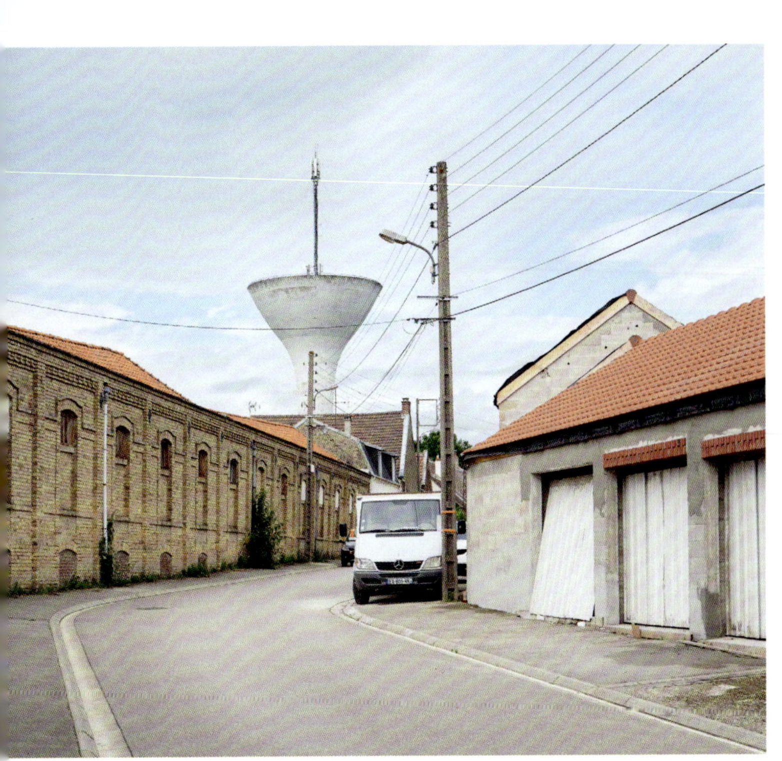

Villers-Bretonneux

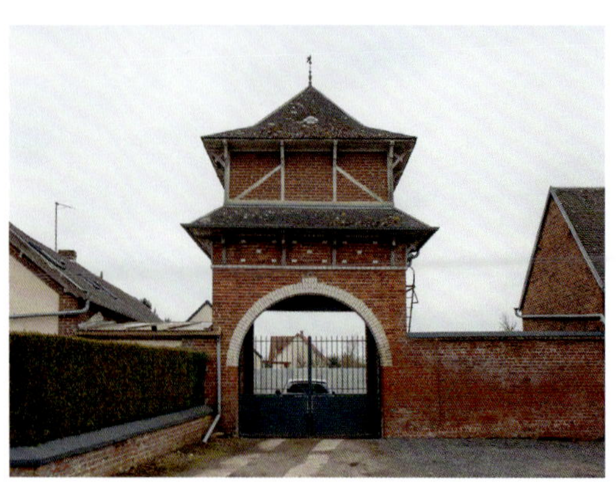

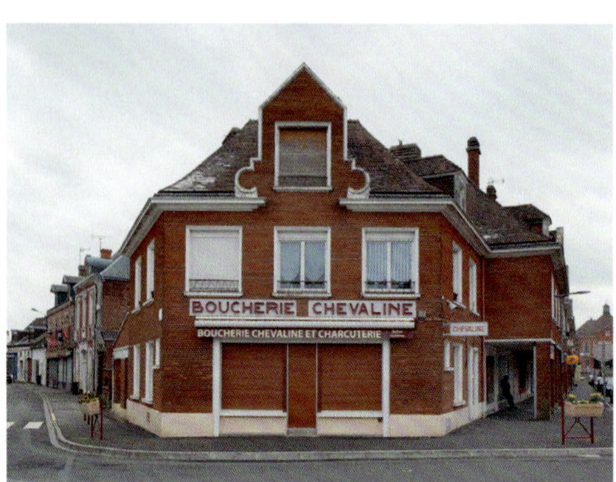

BOUCHERIE CHEVALINE
BOUCHERIE CHEVALINE ET CHARCUTERIE
CHEVALINE

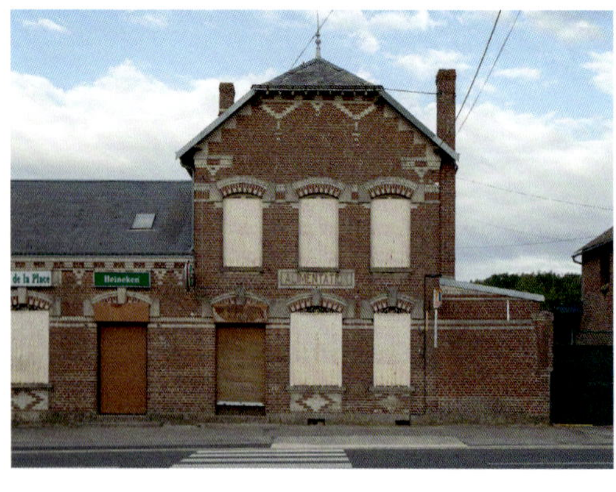

de la Place
Heineken
ALIMENTATION

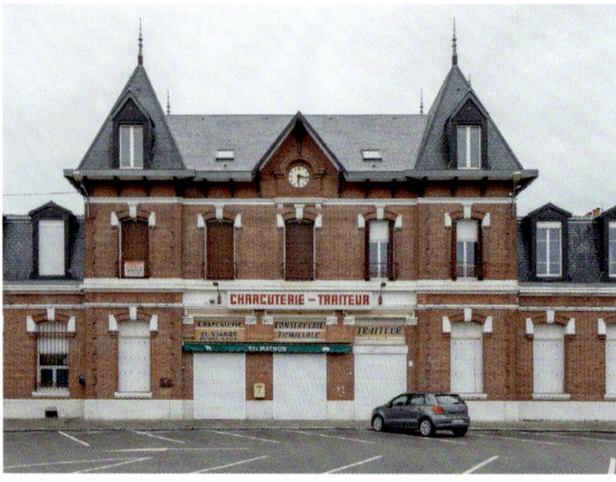

CHARCUTERIE — TRAITEUR
CHARCUTERIE
LA Viande
CONSERVERIE
FAMILIALE
TRAITEUR

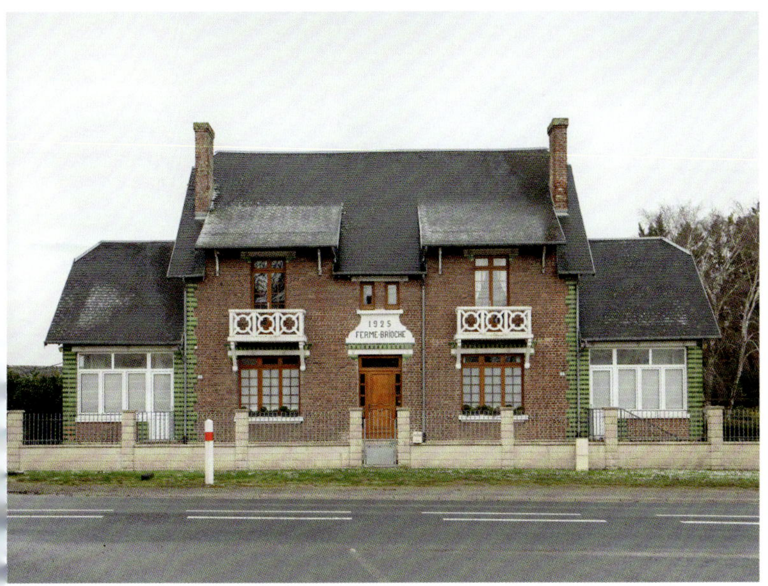

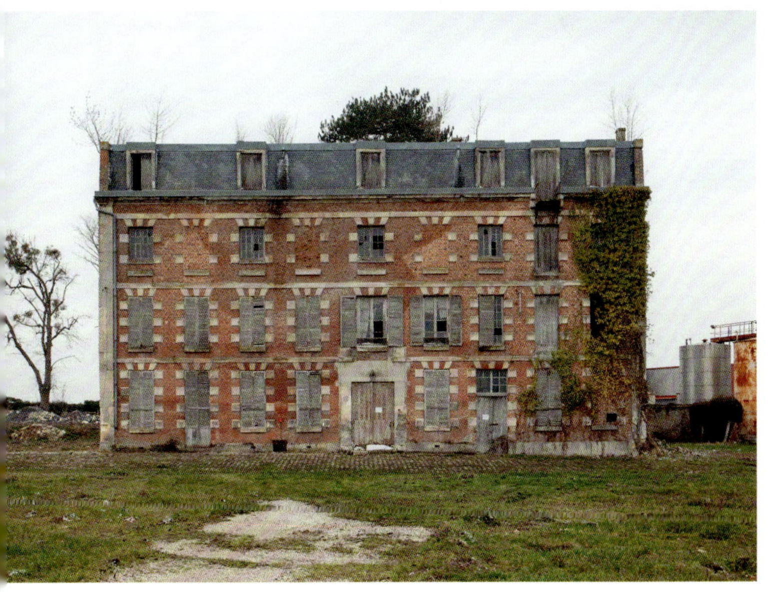

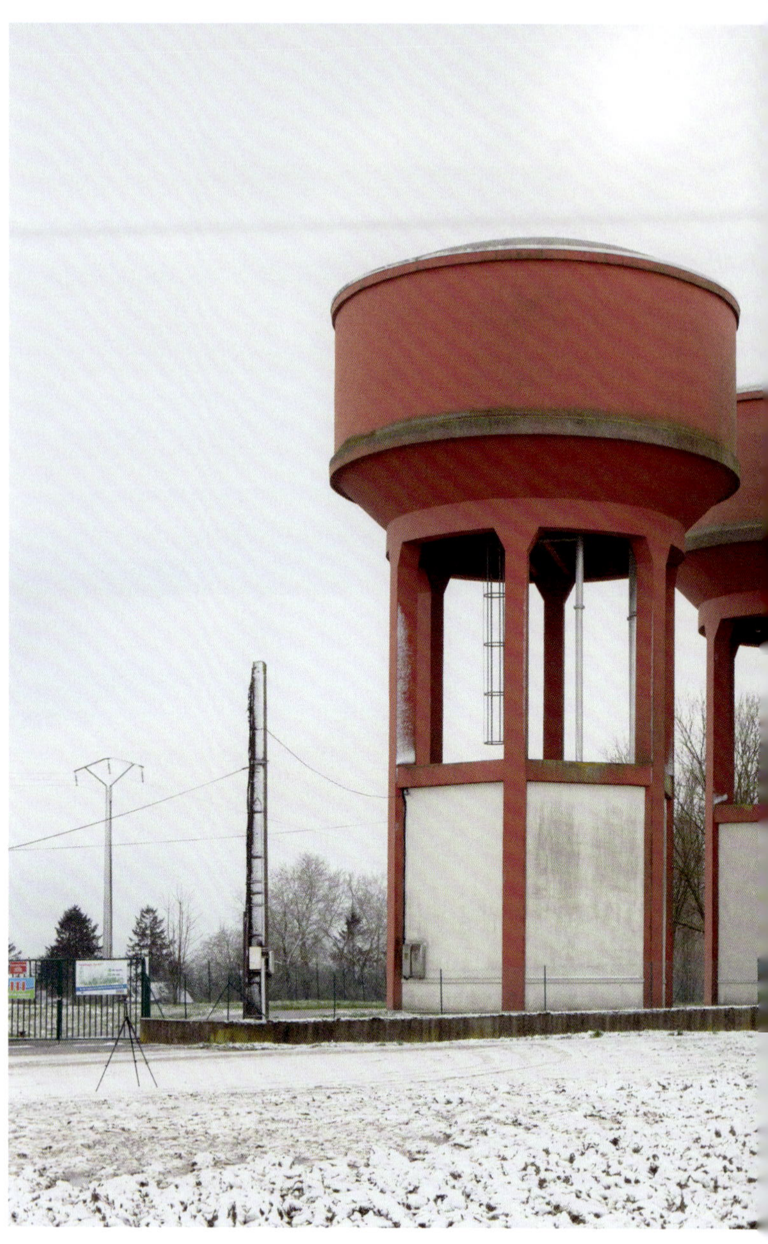

Licourt

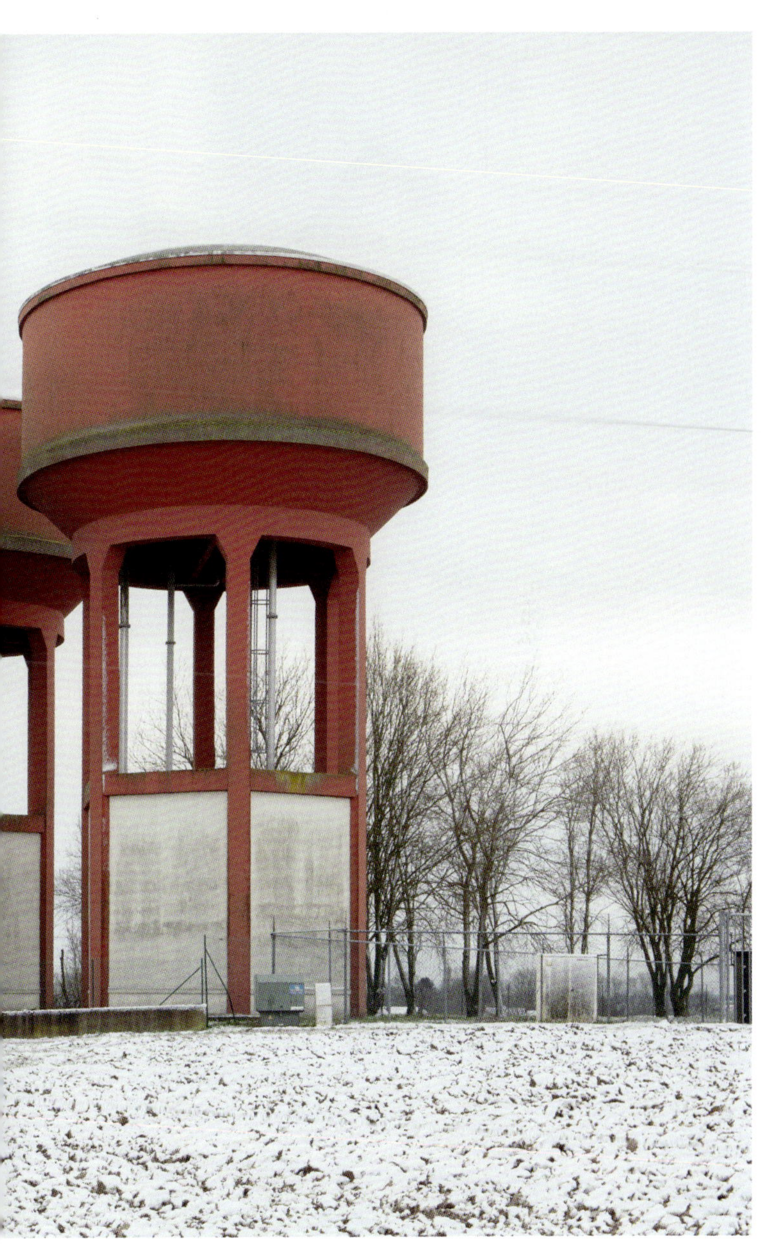

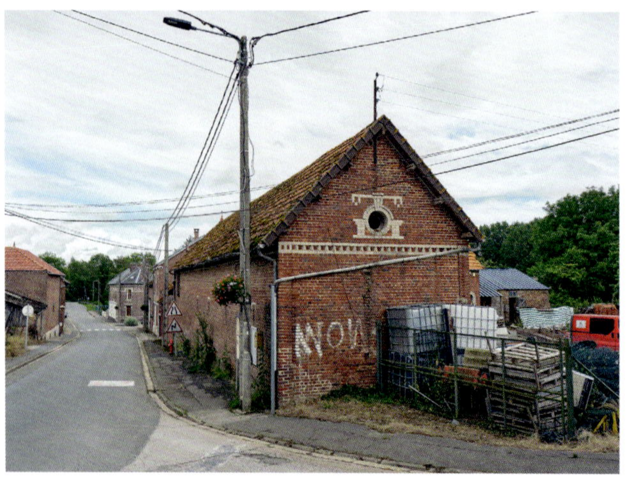

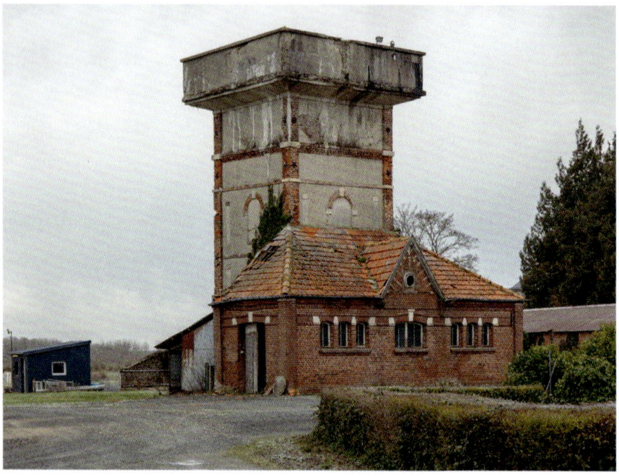

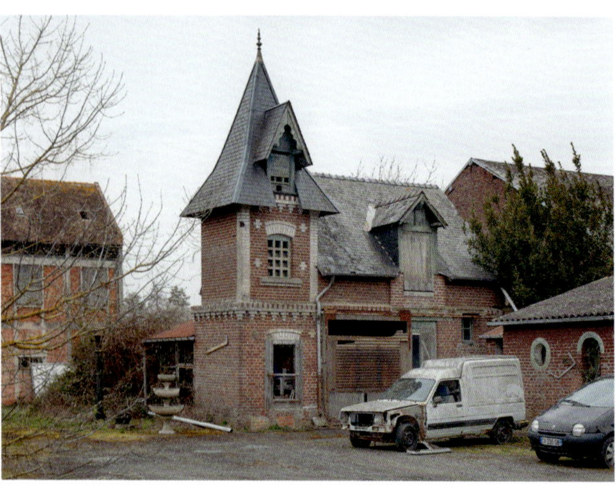

Moreuil
Roye
Nesle

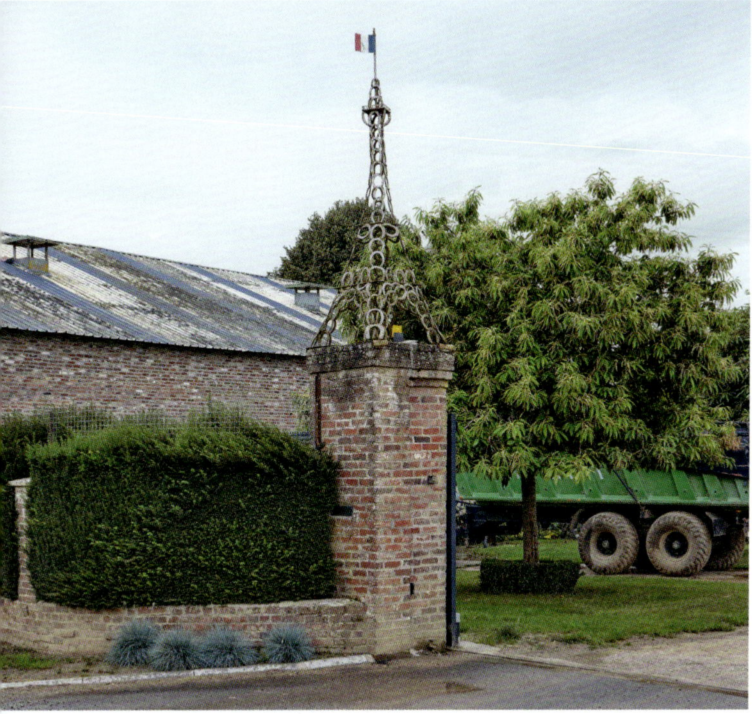

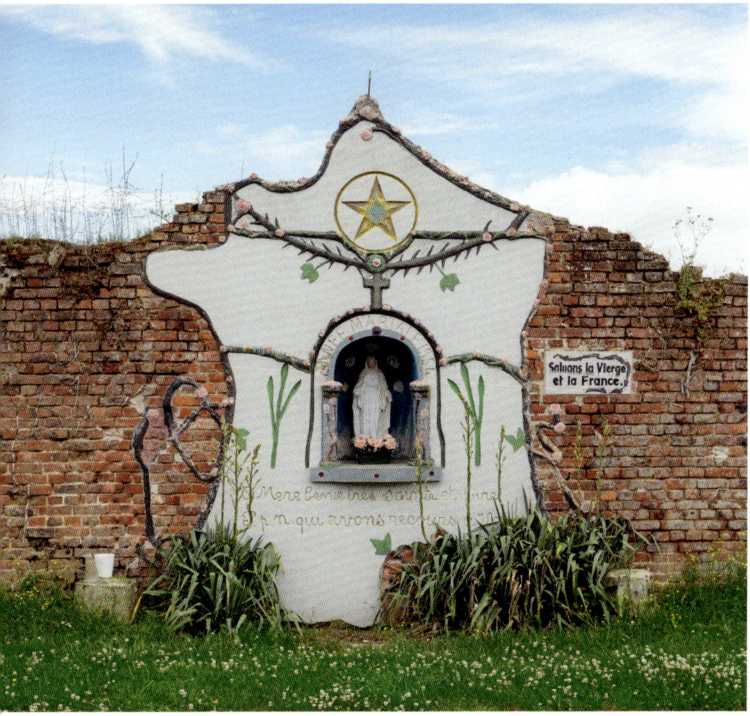

Saluons la Vierge
et la France.

Frise
Villers-aux-Érables

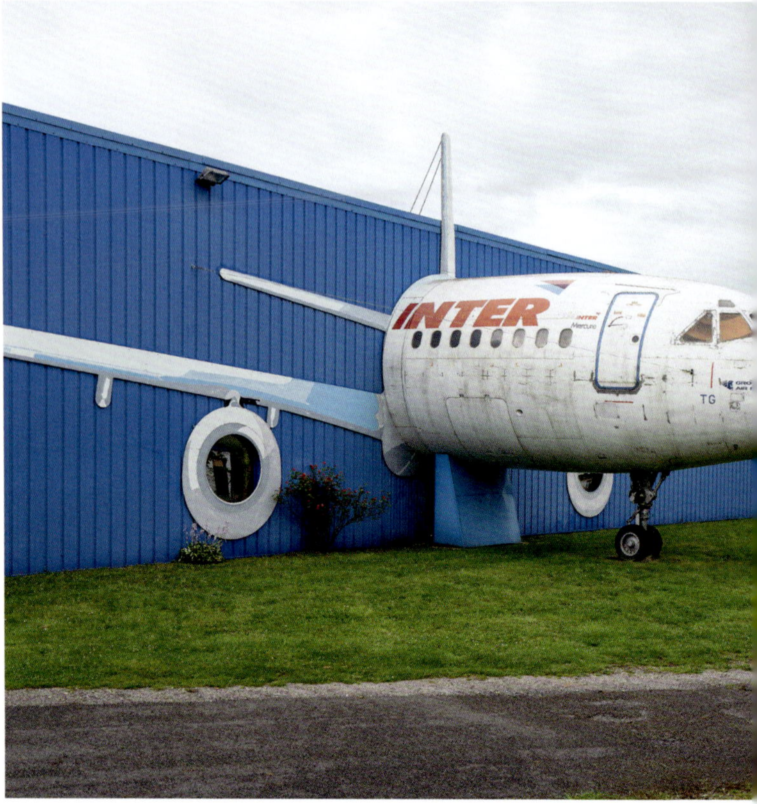

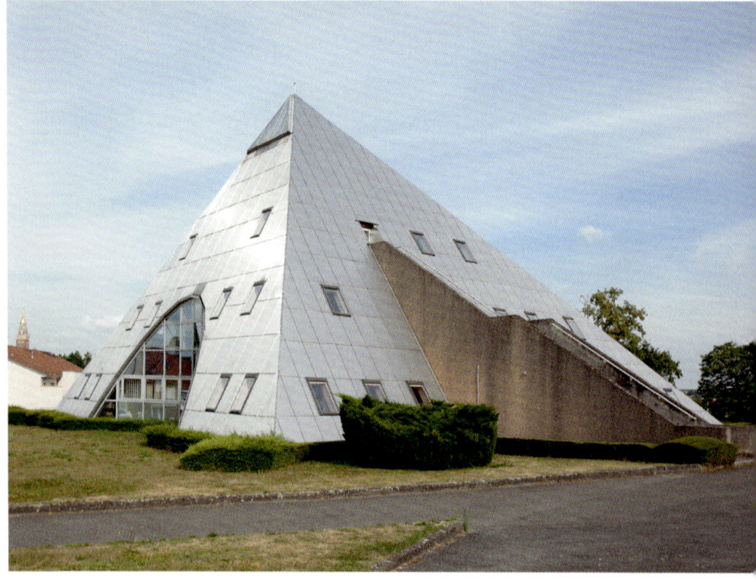

Albert (2)

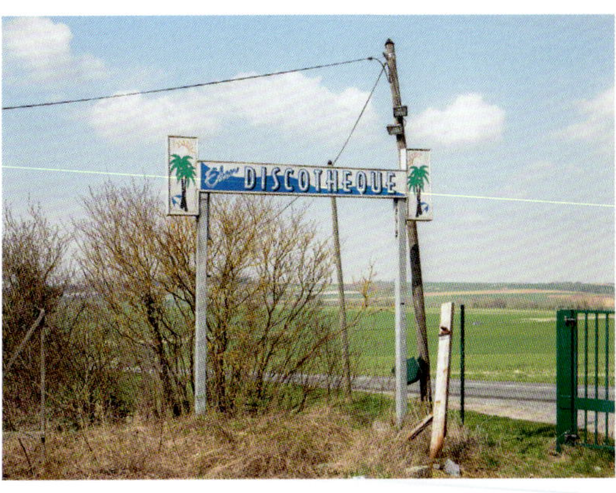

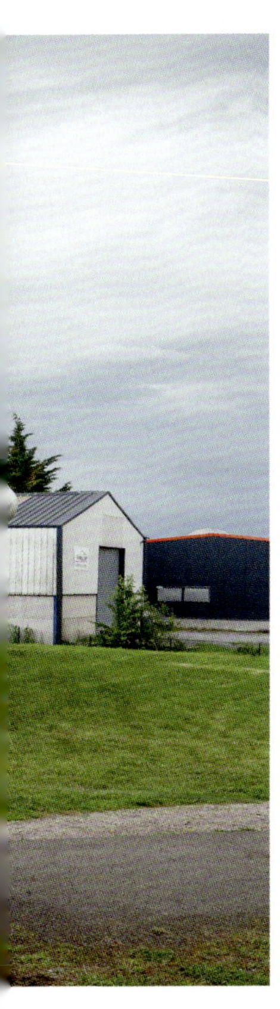

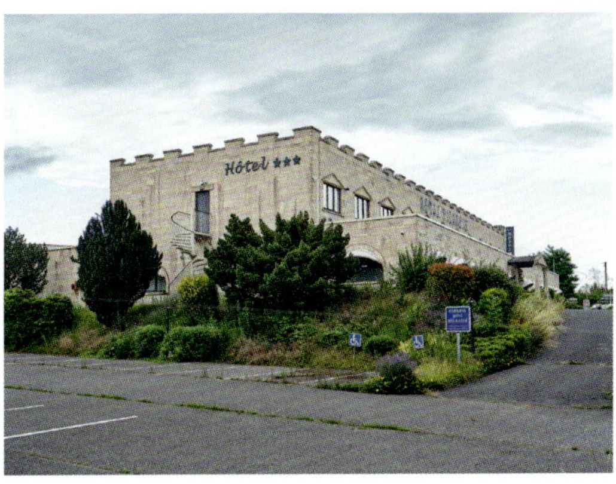

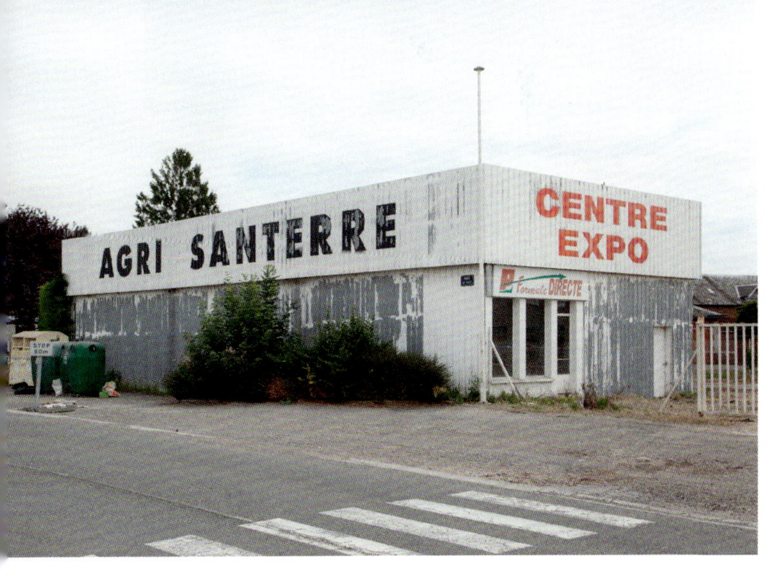

Bussu
Albert
Roye

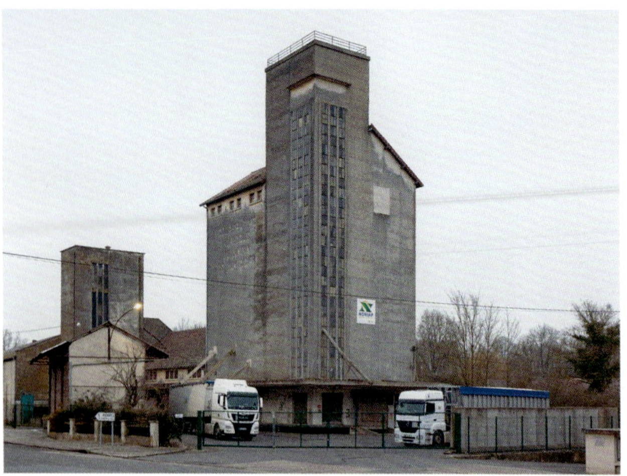

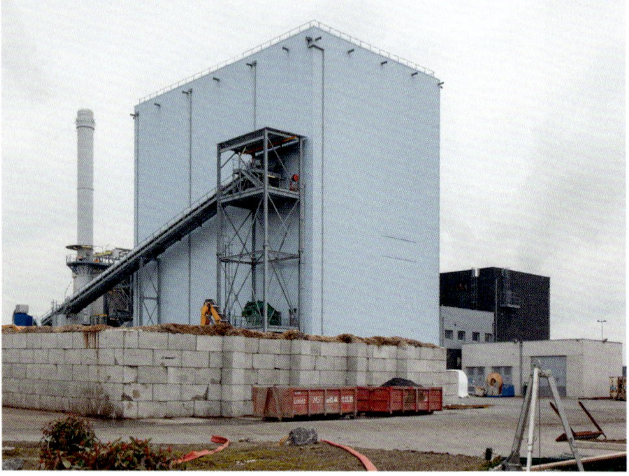

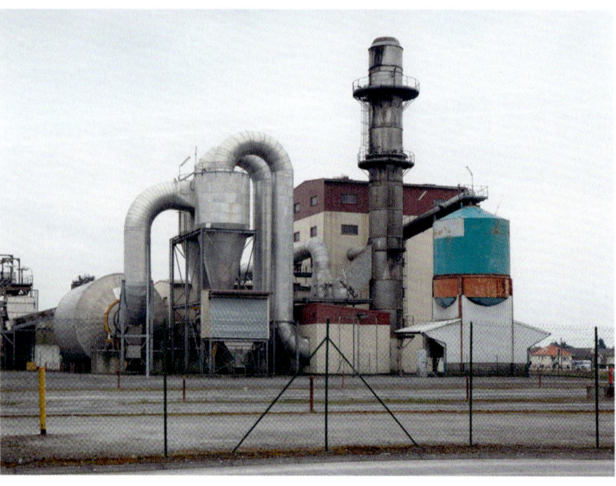

Nesle
Roye   → Montdidier
Mesnil-Bruntel   Nesle (2)

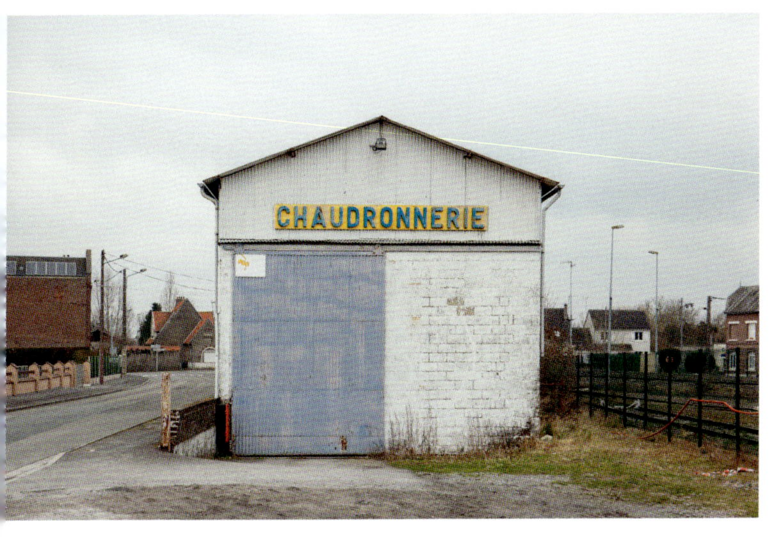
CHAUDRONNERIE

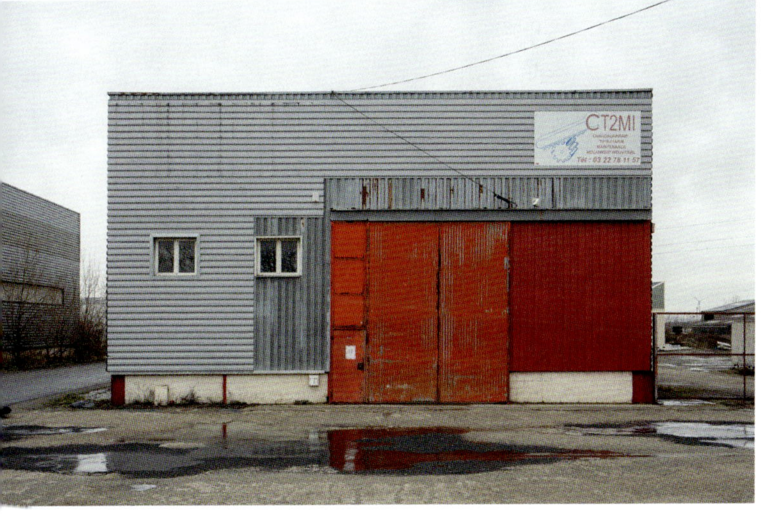
CT2MI

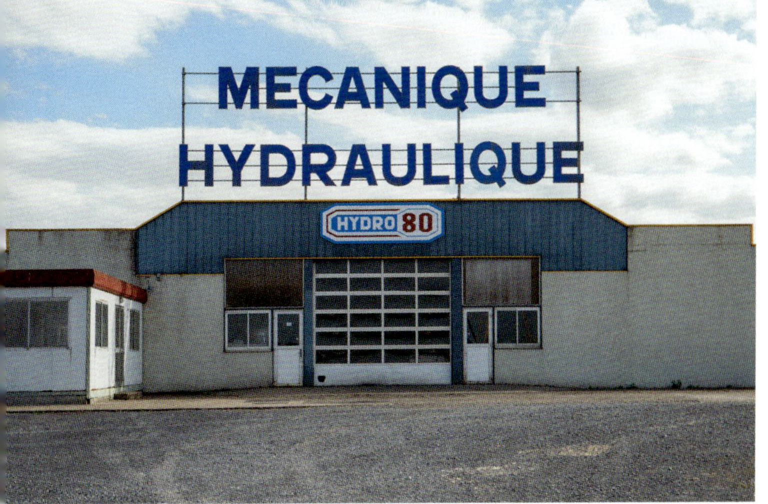
MECANIQUE
HYDRAULIQUE
HYDRO 80

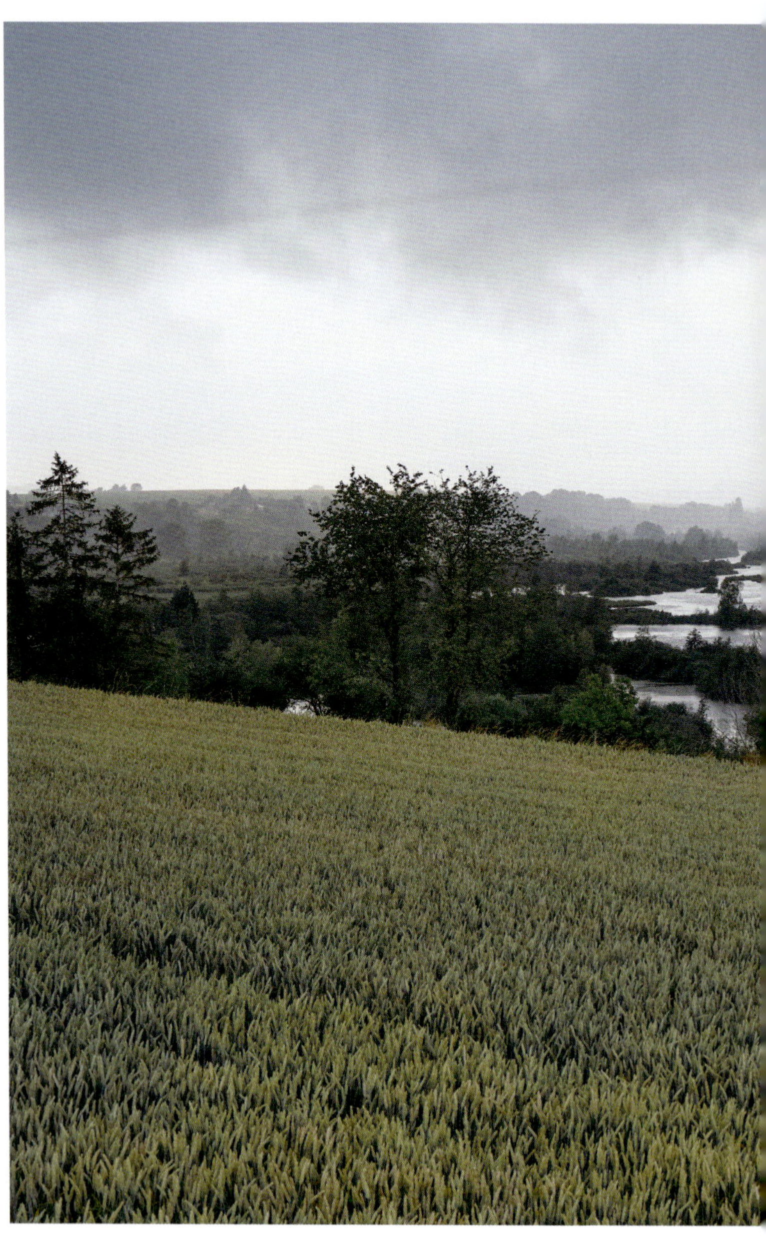

Frise

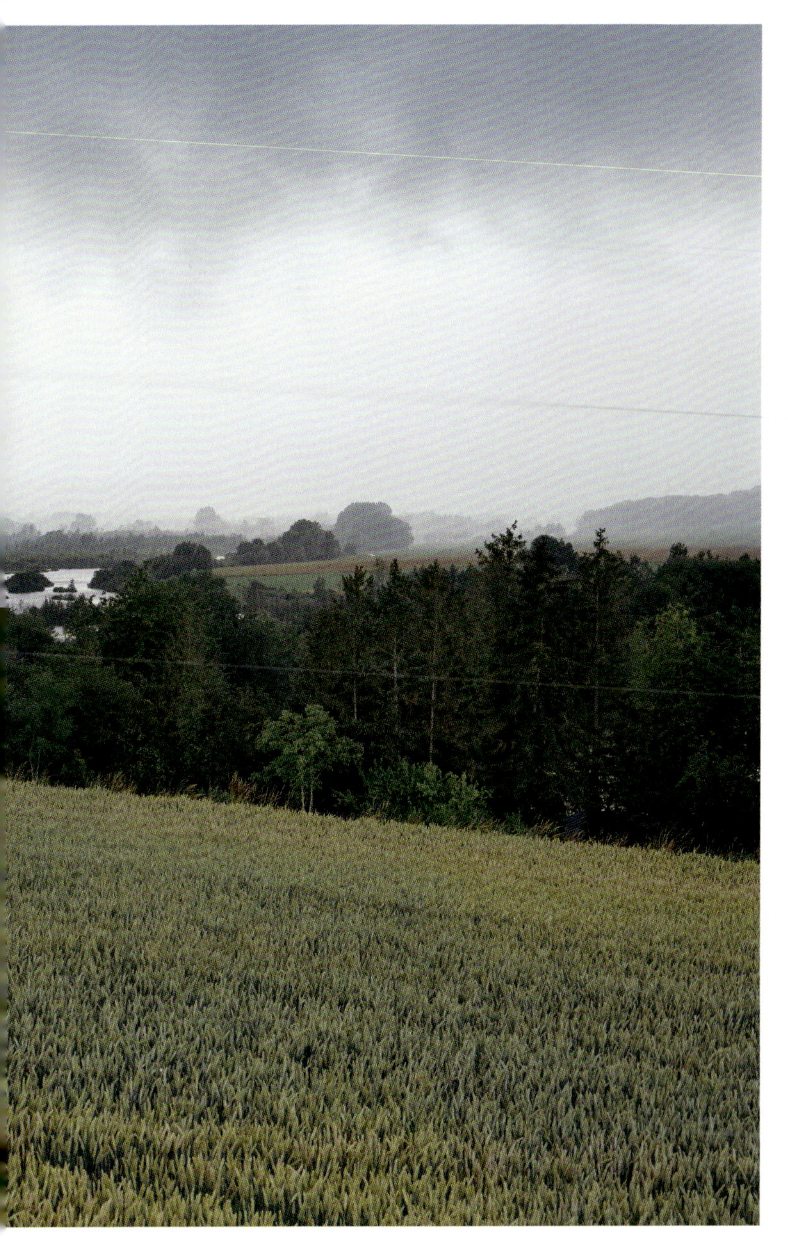

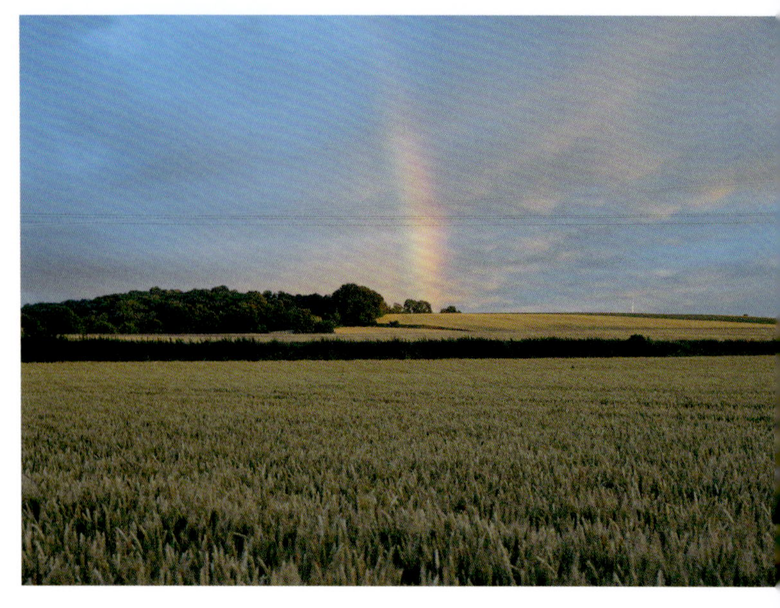

Initiatives personnelles

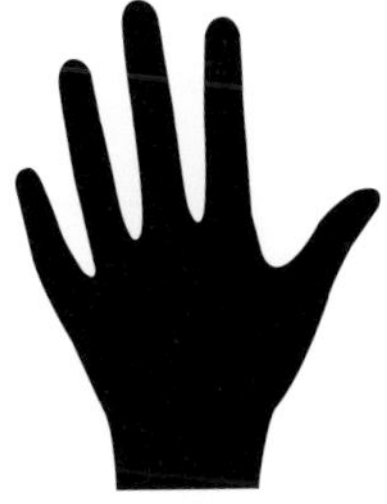

ch. 12

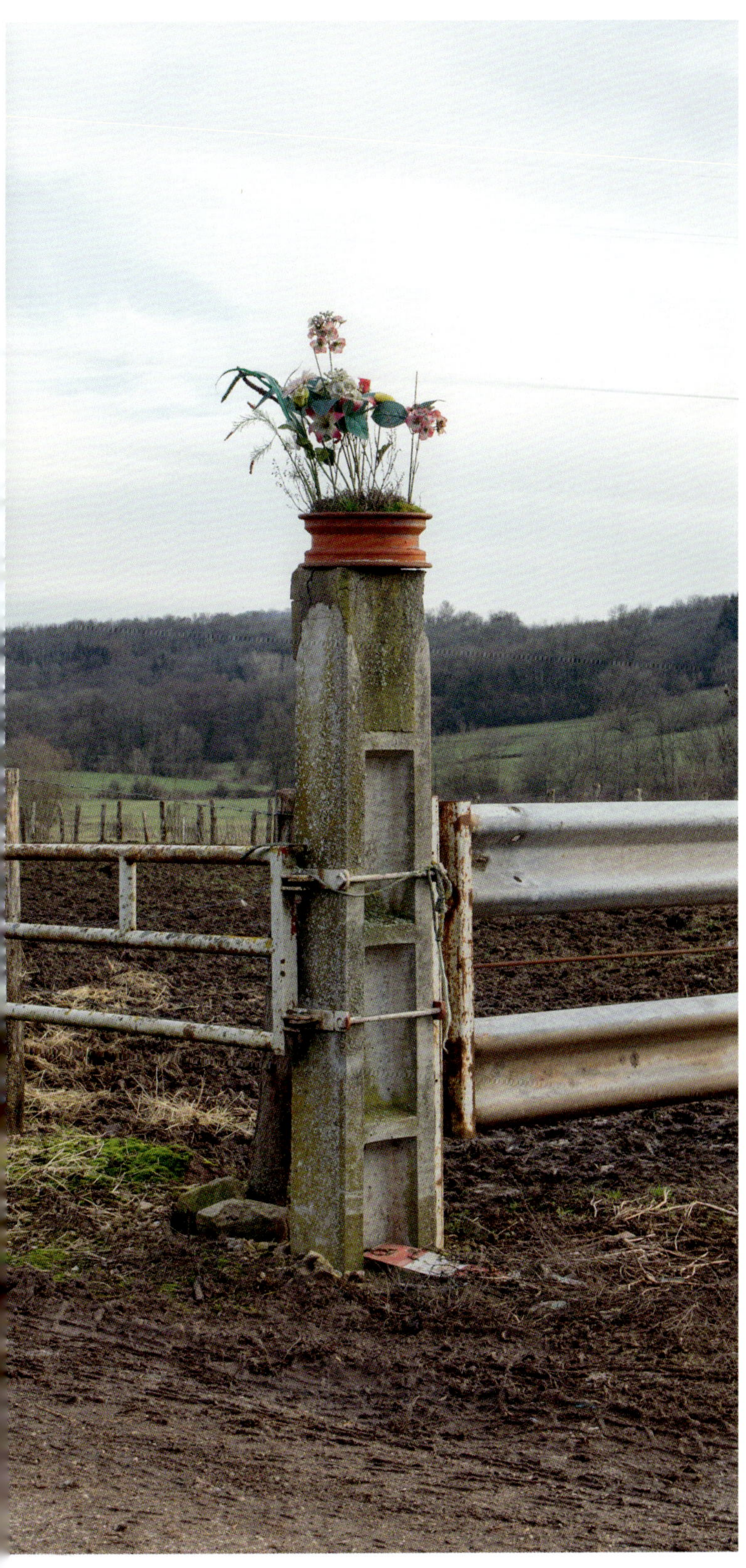

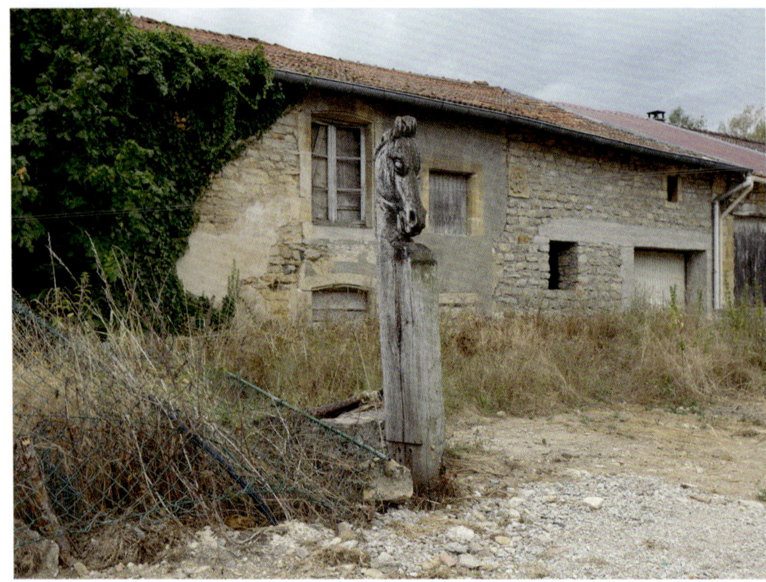

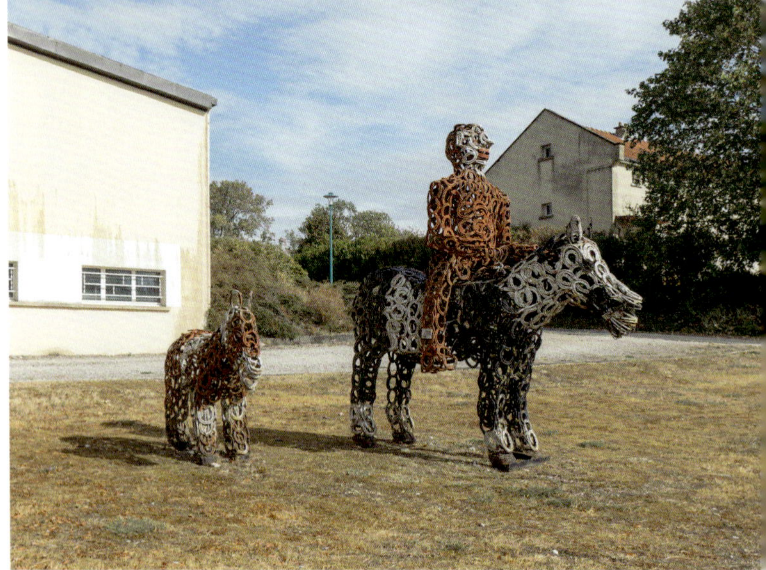

Remoiville, Pays Haut
Gondrecourt-le-Château, Barrois lorrain

← Jonvelle, Vôge

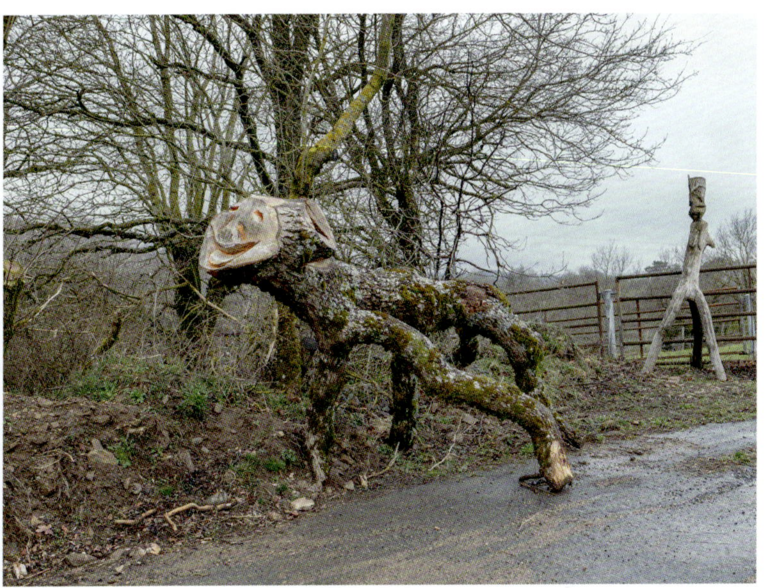

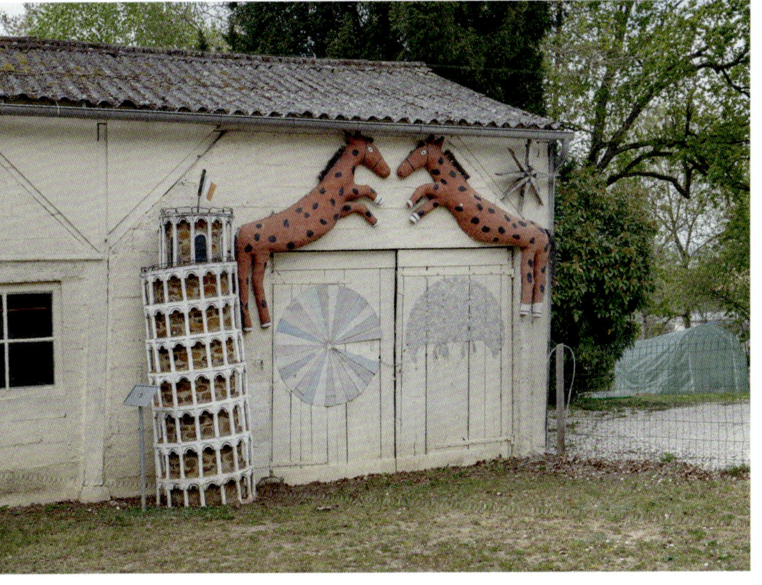

→ Barrois lorrain
Salbris, Sologne
Le Maisnil, Flandre romane

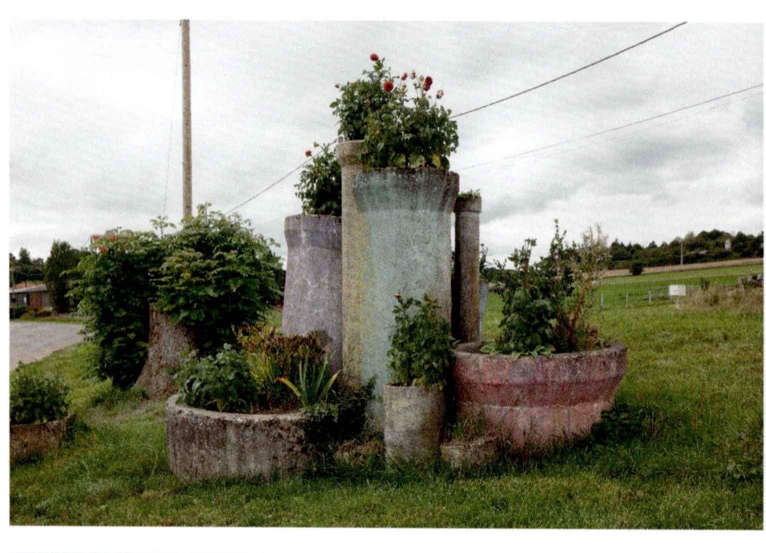

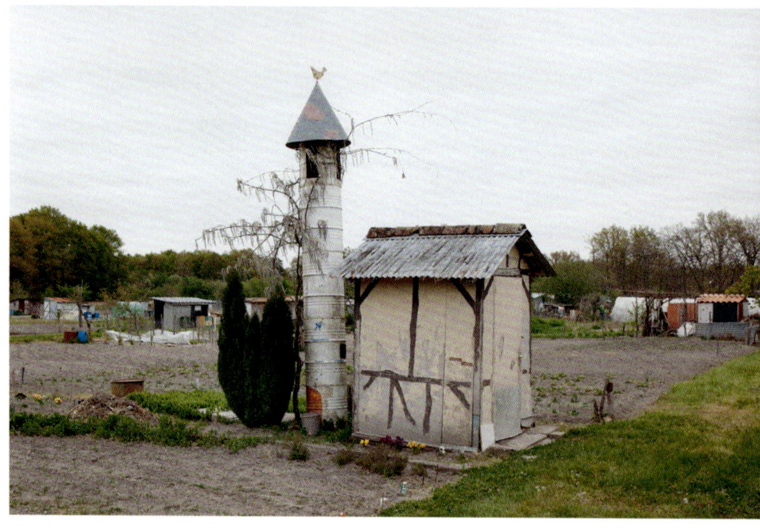

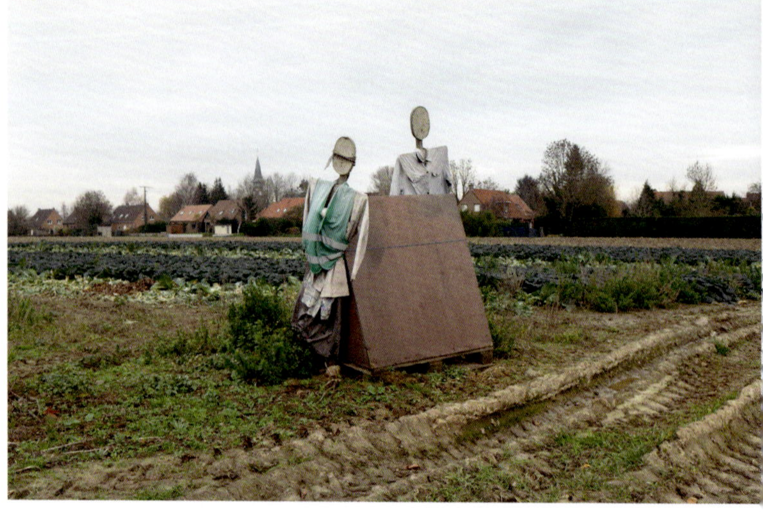

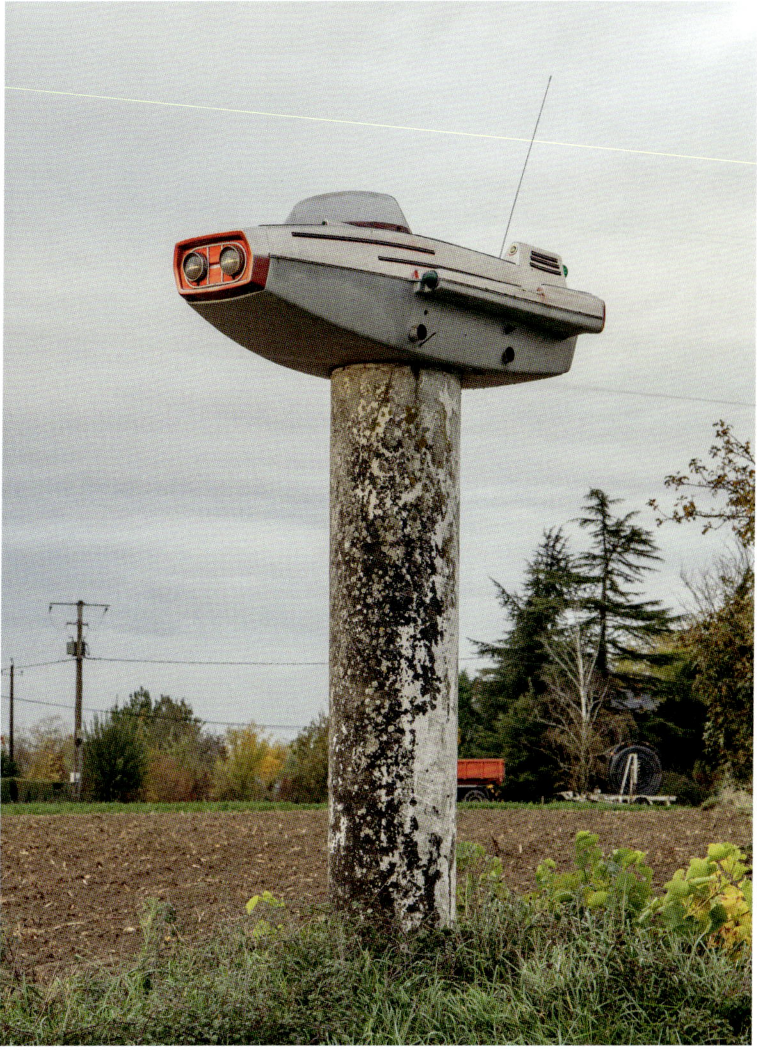

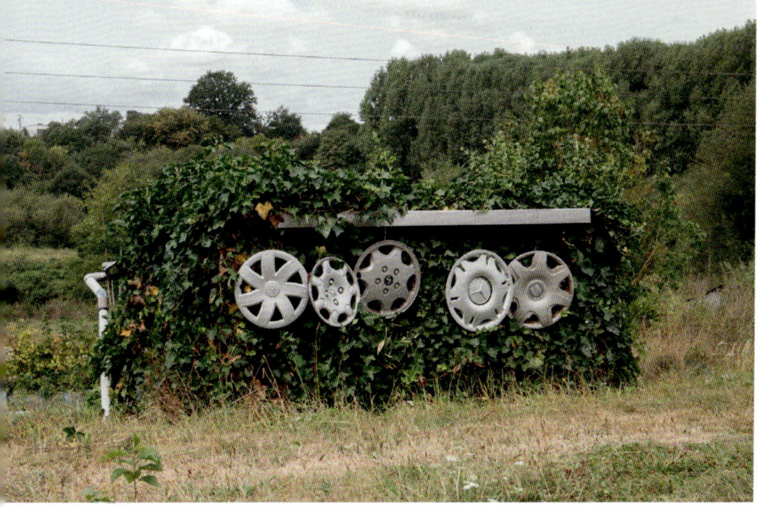

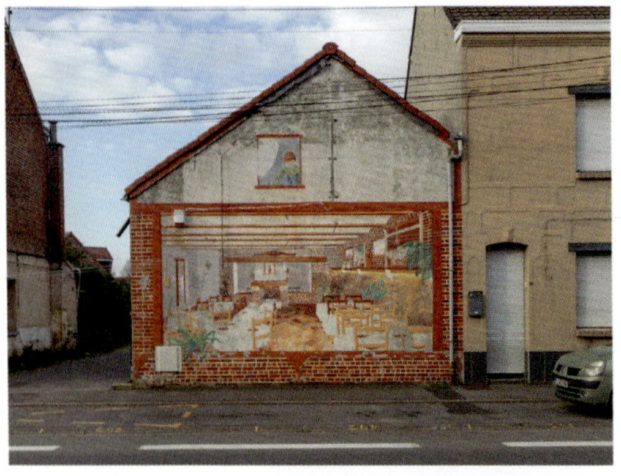

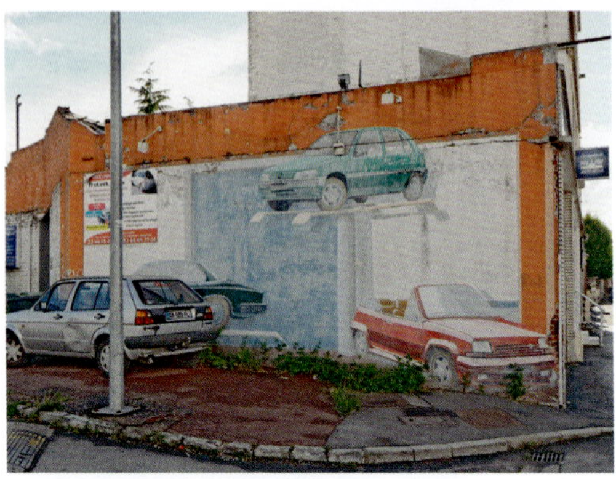

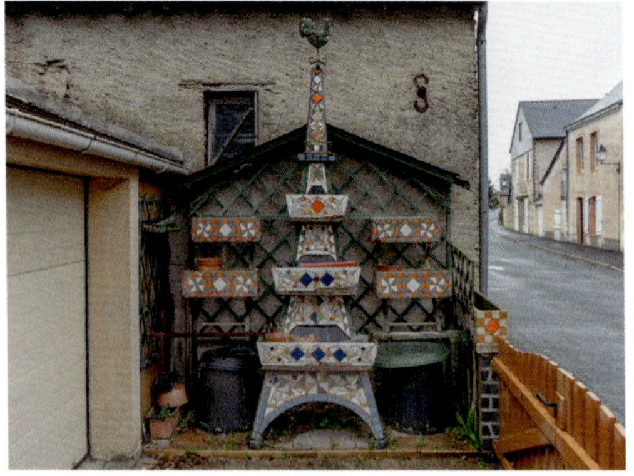

← Mazé, Val d'Anjou
Rugles, Pays d'Ouche

La Bassée, Flandre romane
Beauvais, Beauvaisis
Nyoiseau, Segréen

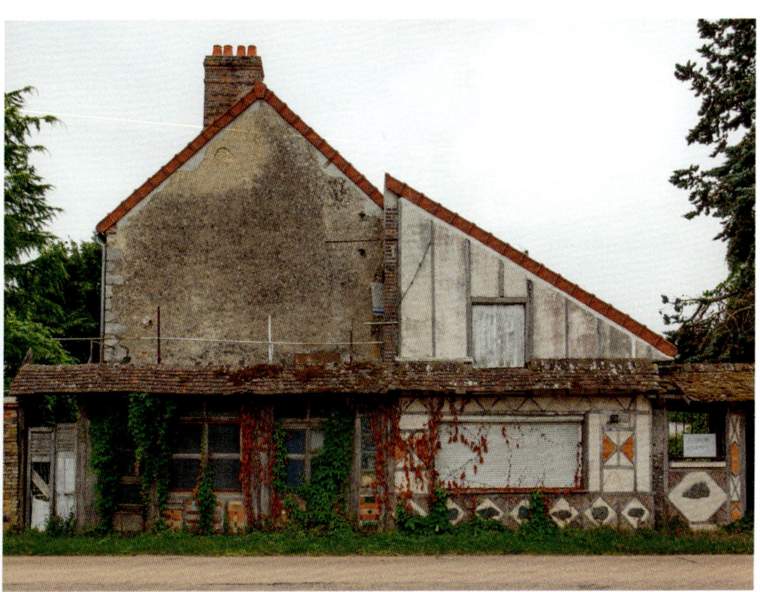

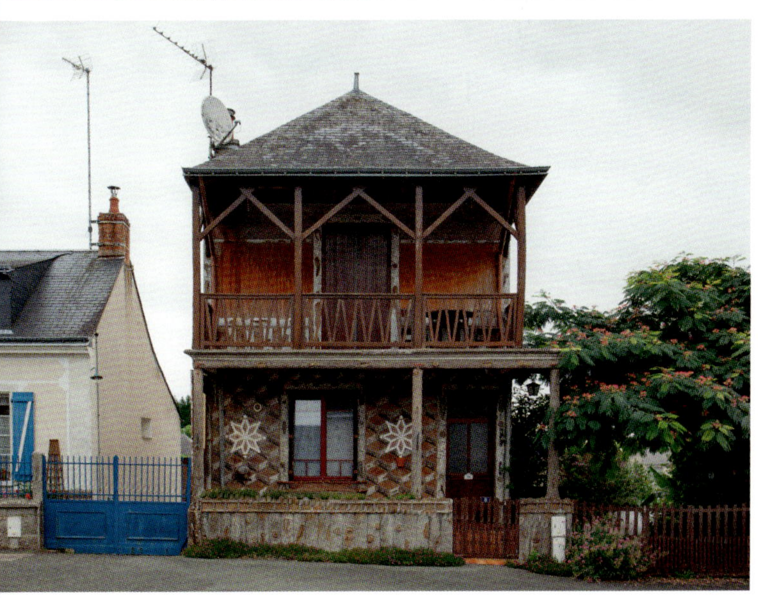

Bussy-le-Repos, Sénonais
Le Grand-Lucé, Calaisien

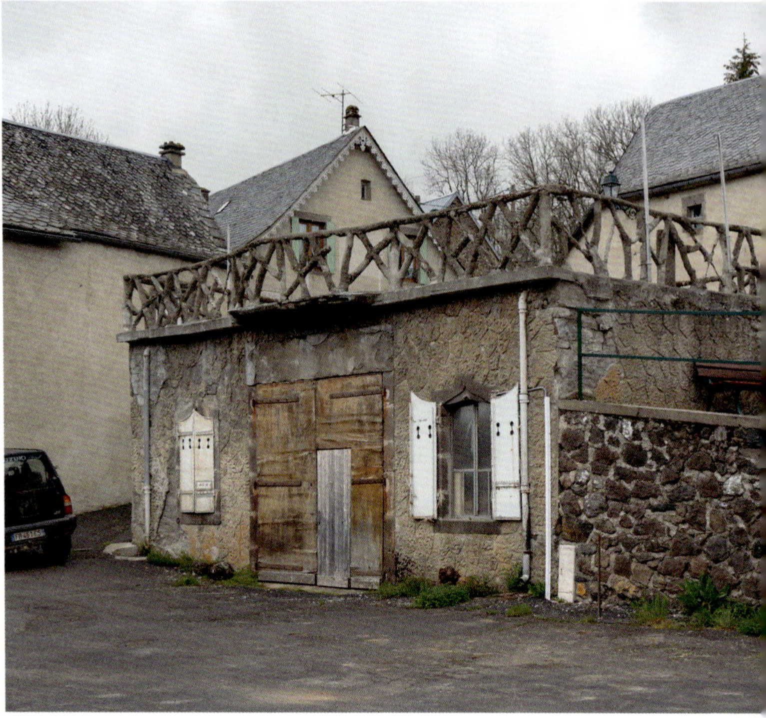

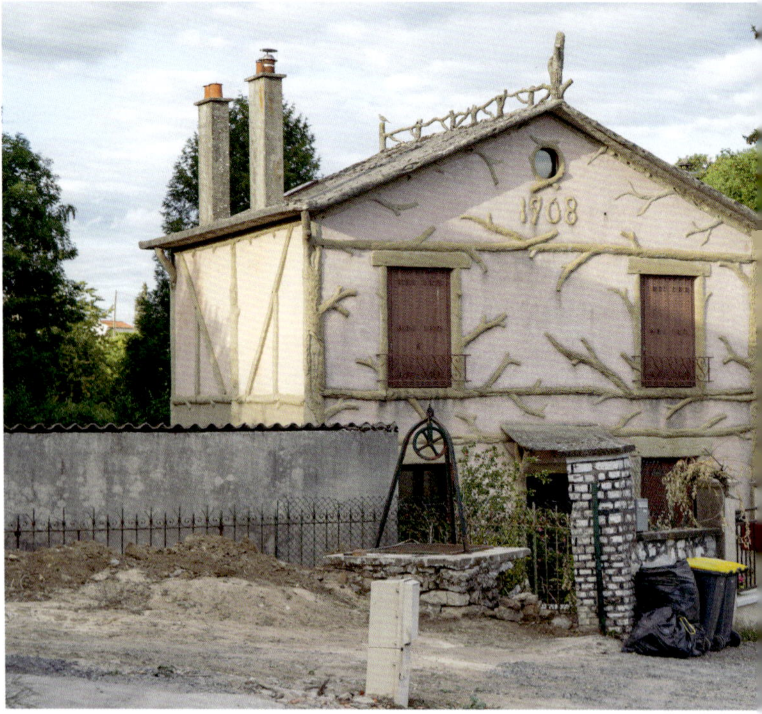

Espinchal, Cézallier
Oulchy-le-Château, Soissonnais

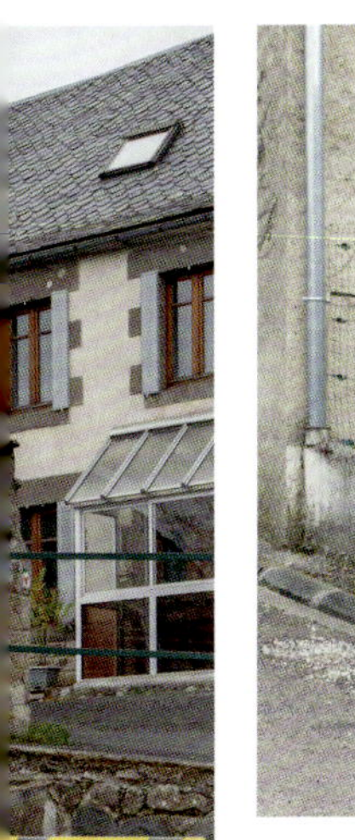
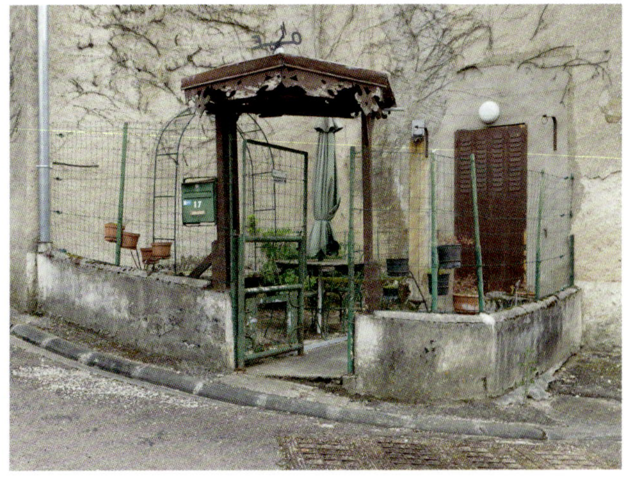
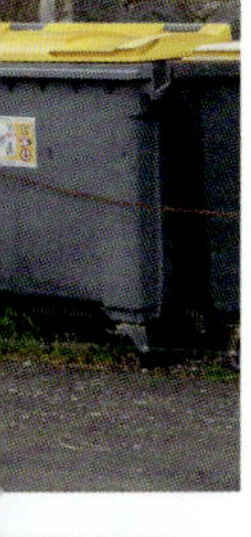
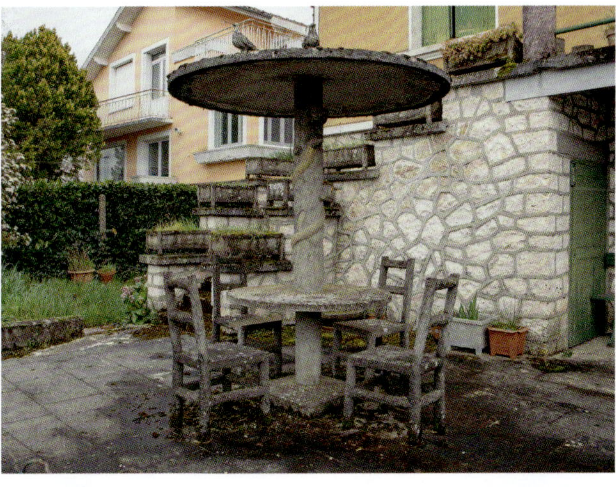

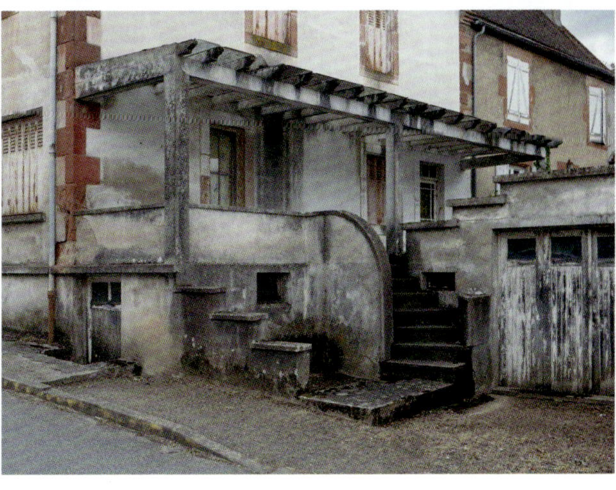

Clinchamp, Bassigny
Gaillac, Gaillacois
Saint-Léon, Sologne bourbonnaise

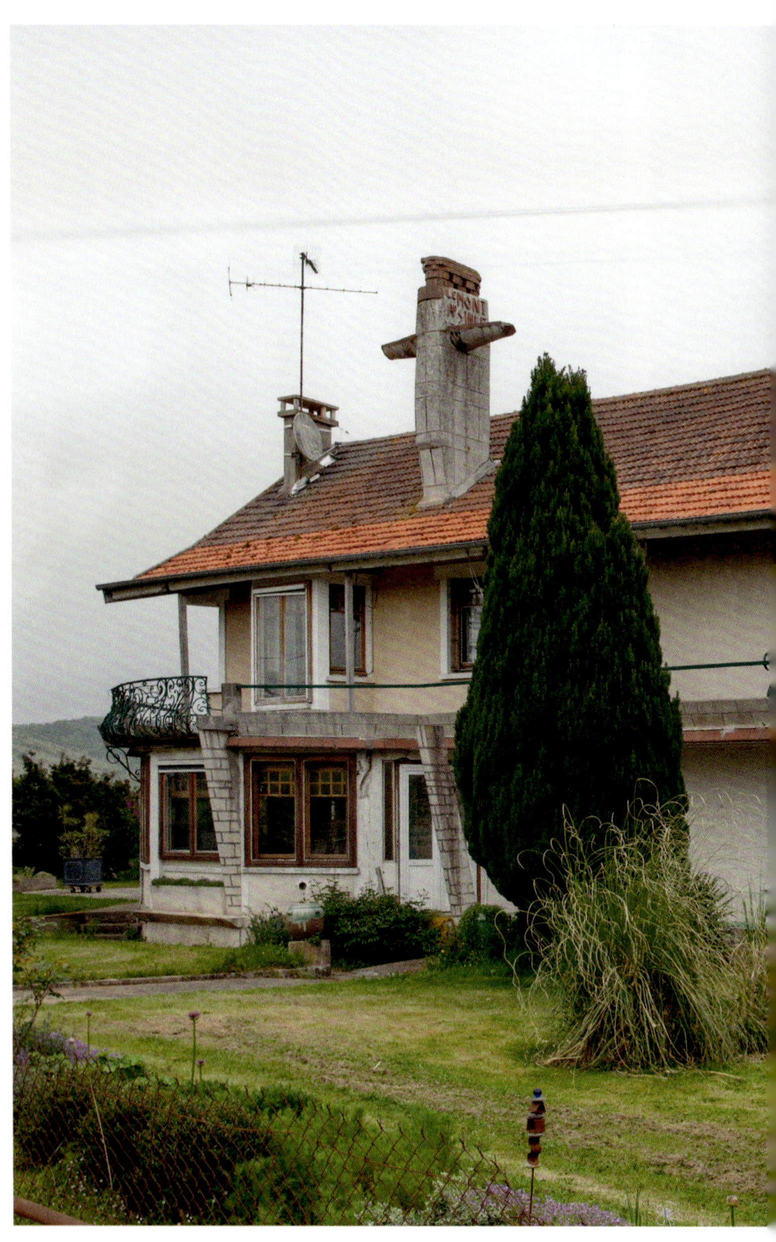

Gournay-en-Bray, Pays de Bray

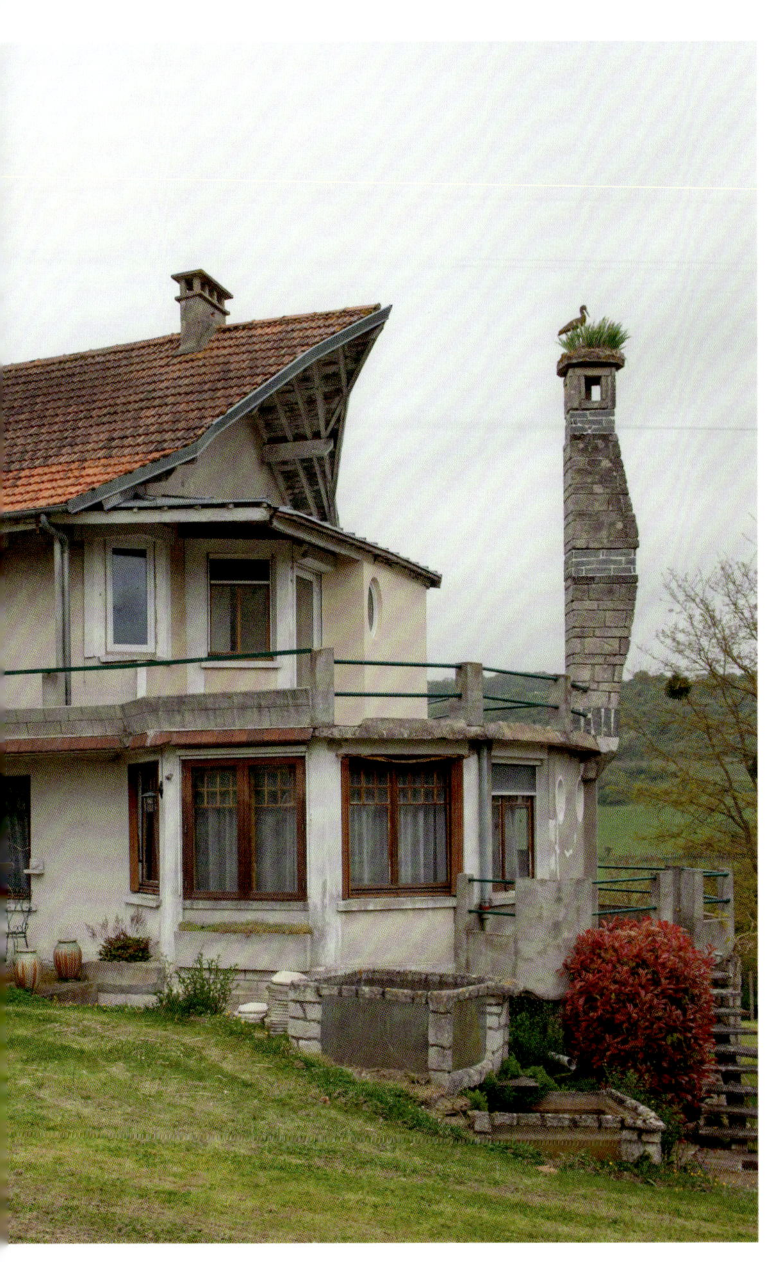

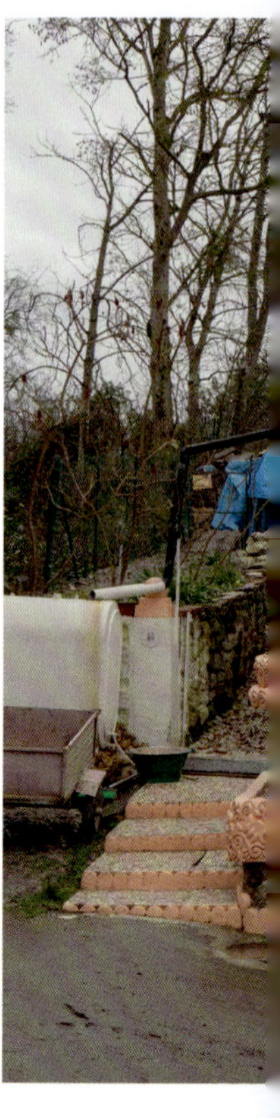

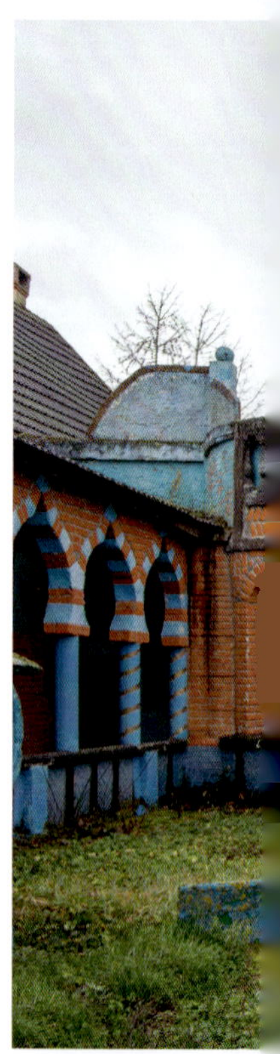

Le Châtelet, Boischaut Sud
Damerey, Bresse bourguignonne

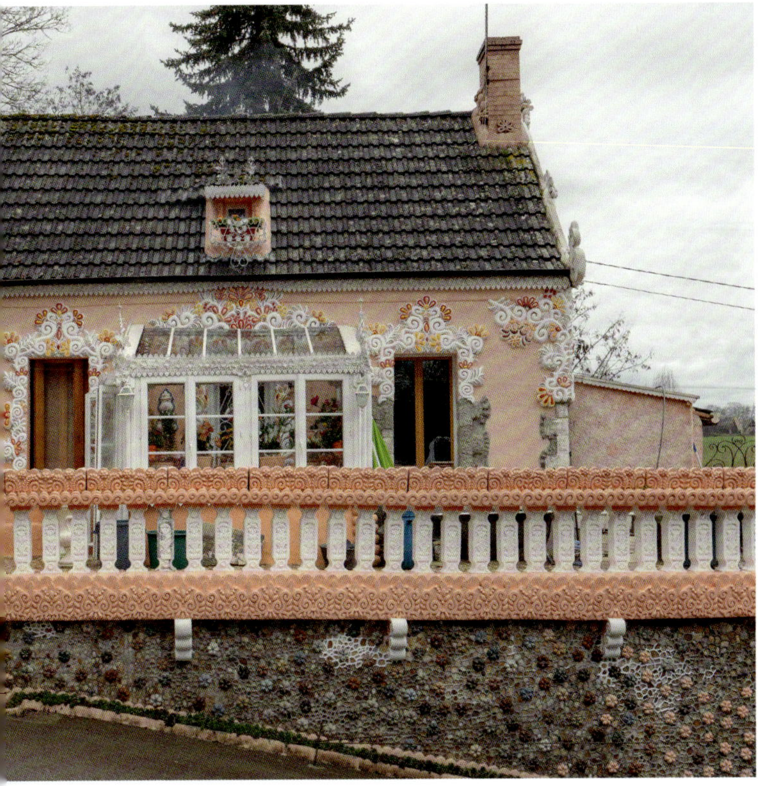

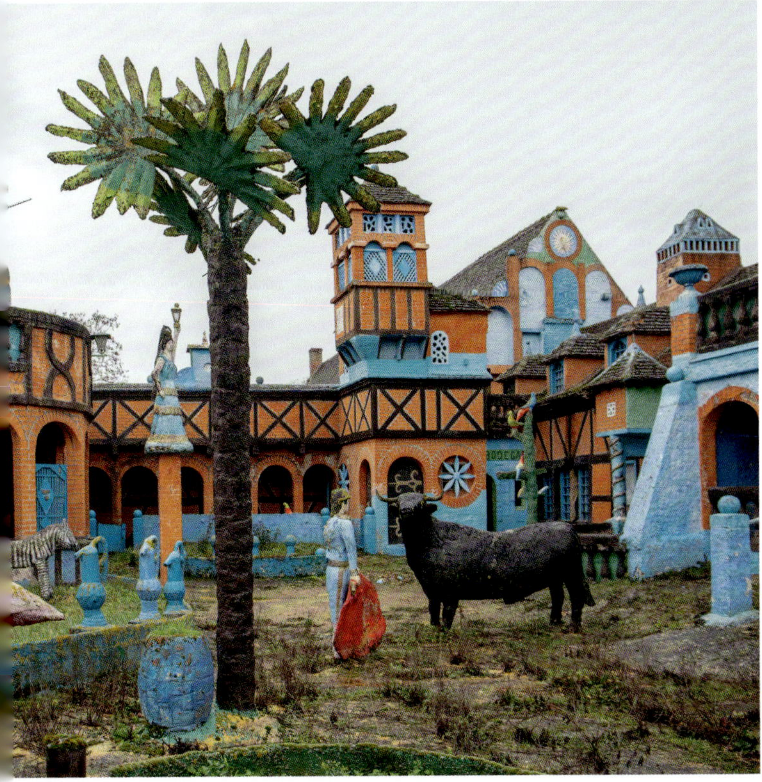

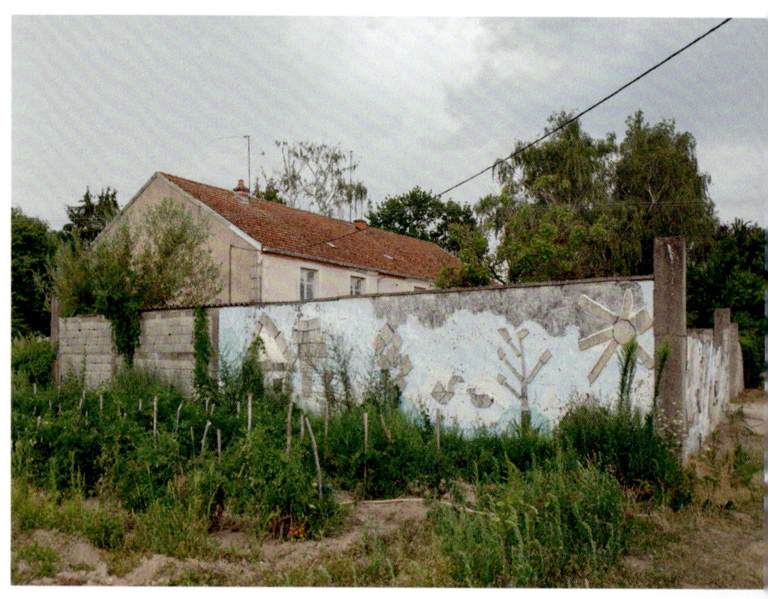

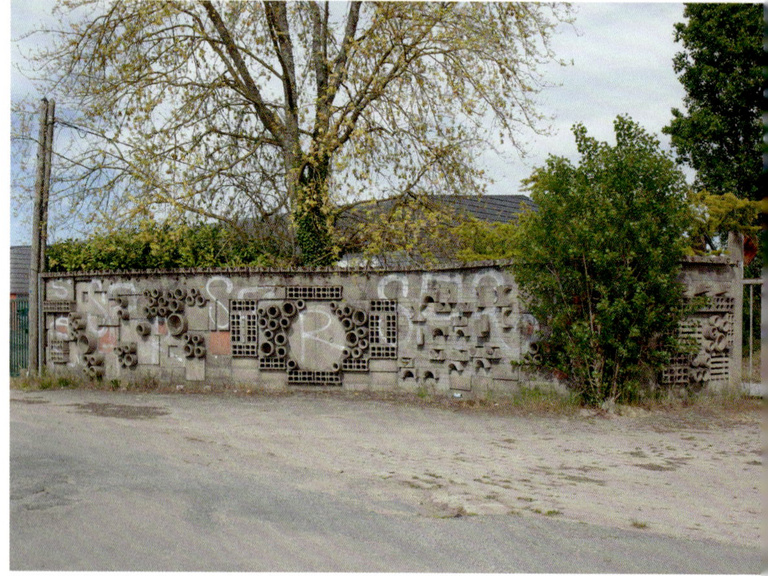

Auxonne, Dijonnais
Vierzon, Champagne berrichonne

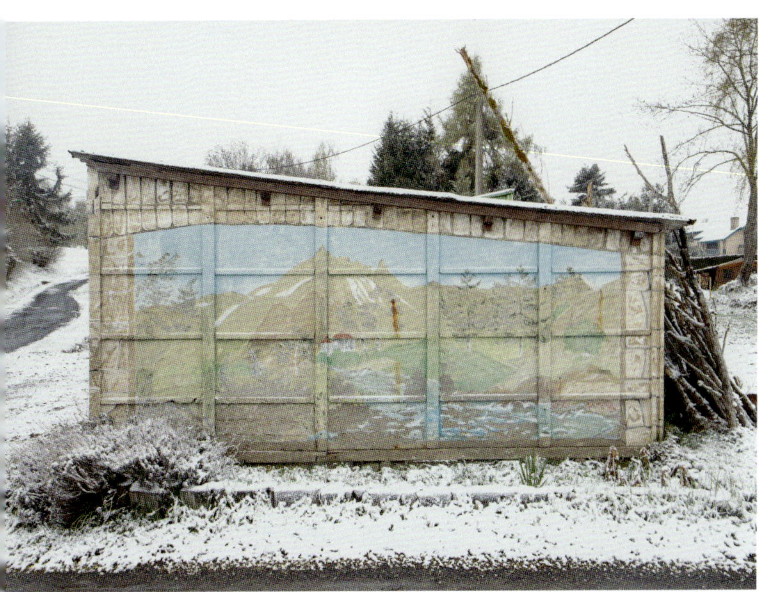

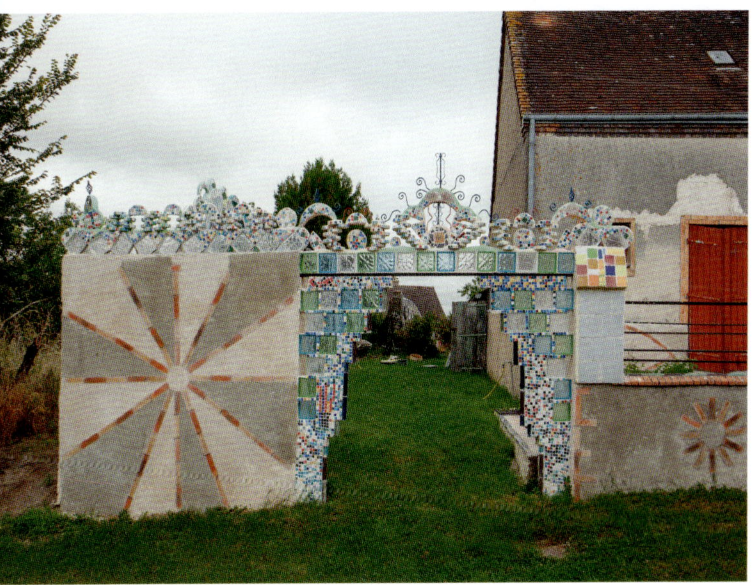

Saint-Germain-l'Herm, Livradois
Ruan-sur-Egvonne, Perche vendômois

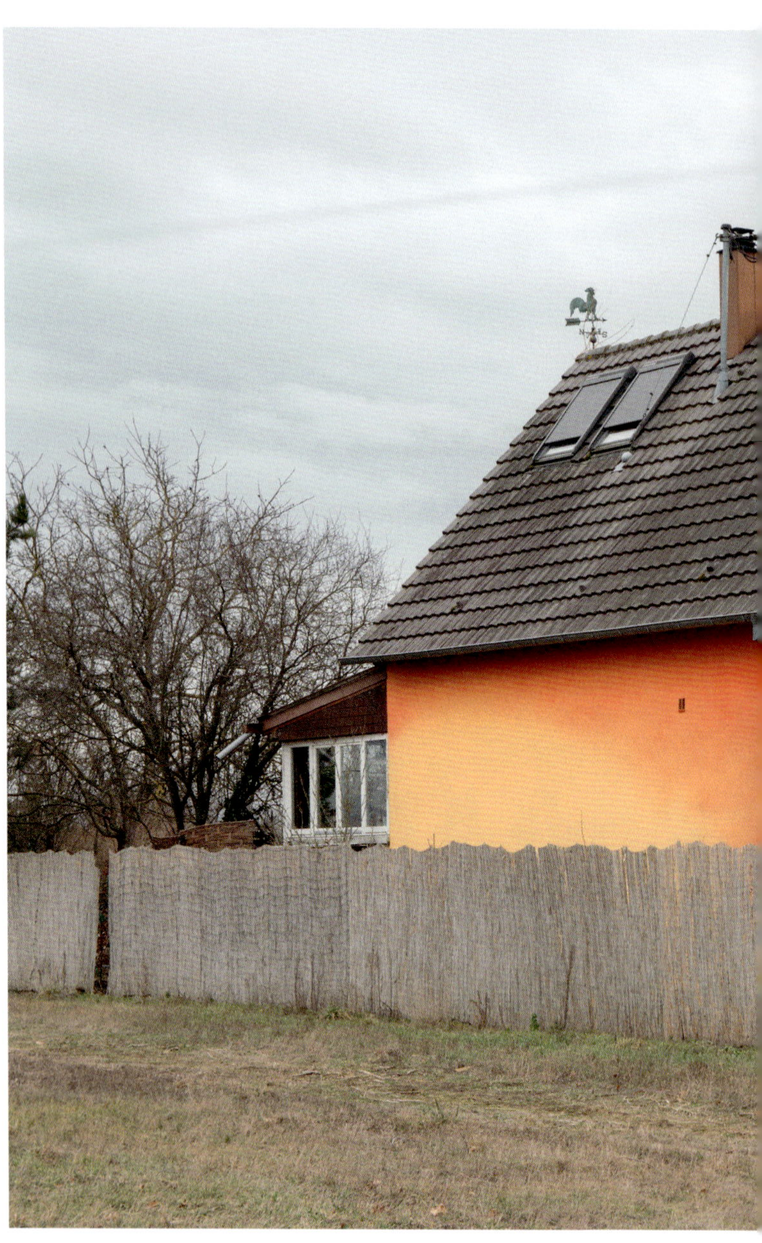

Neuf-Brisach, Hardt

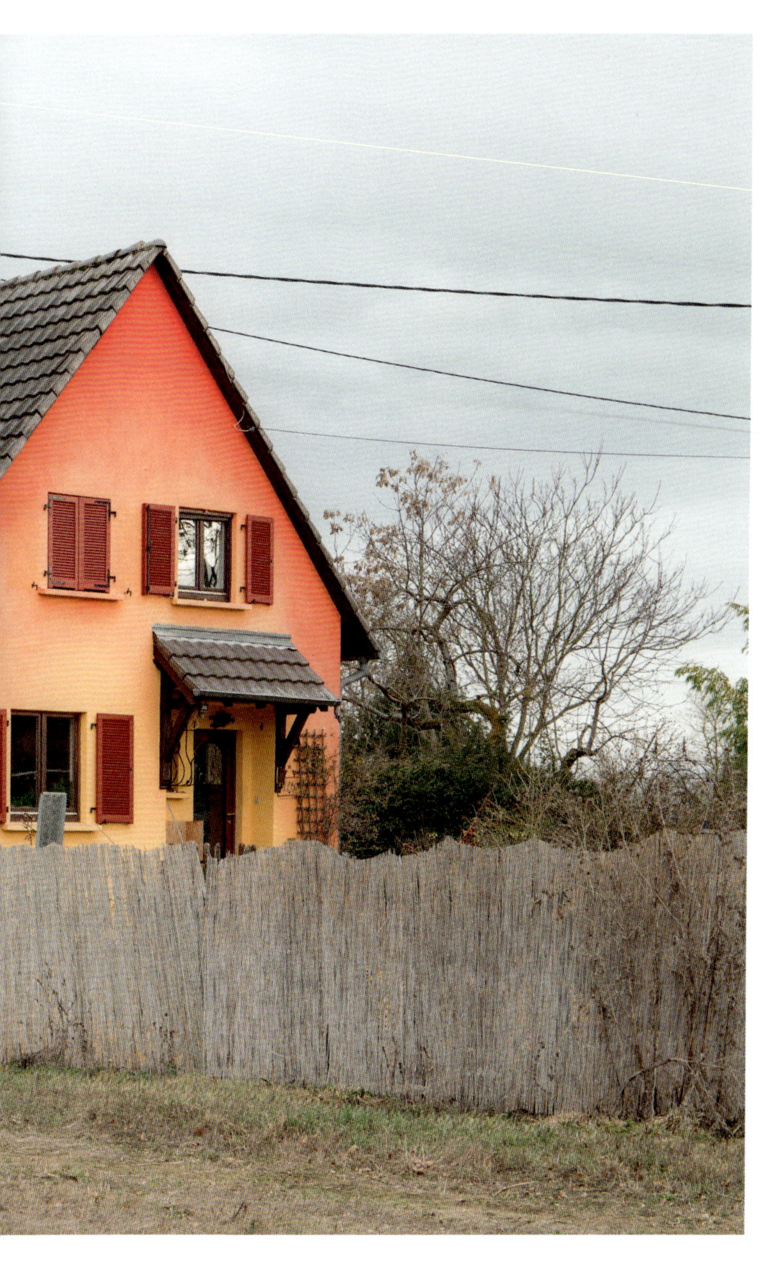

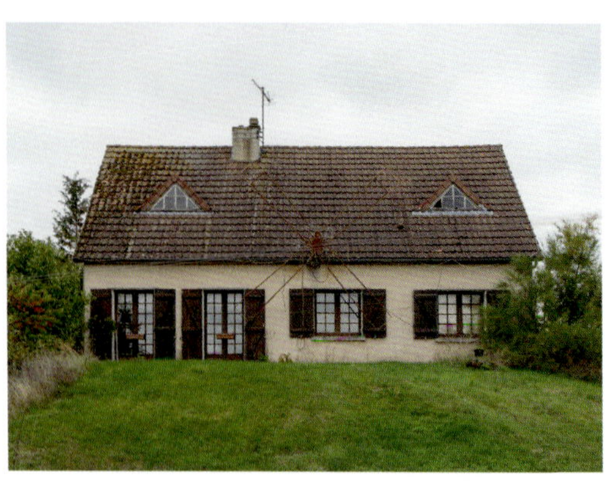

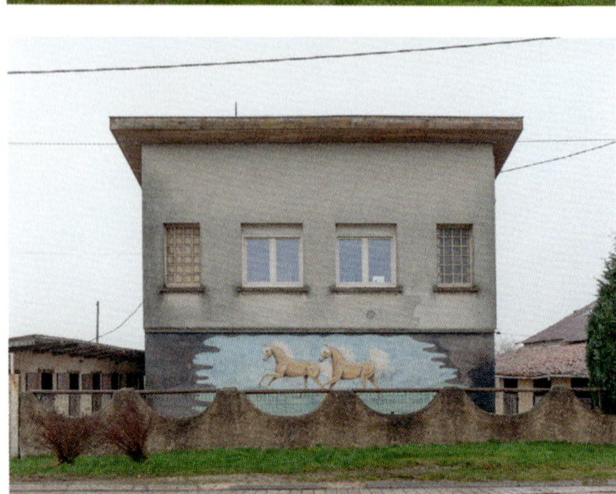

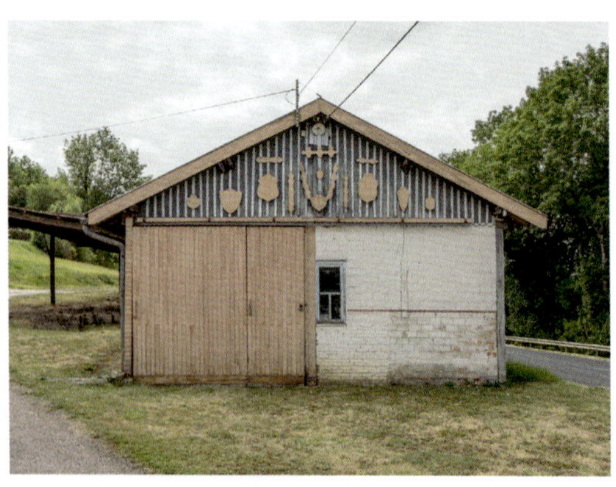

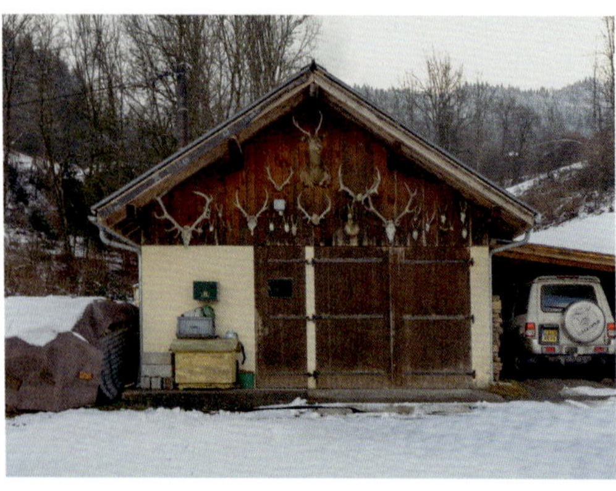

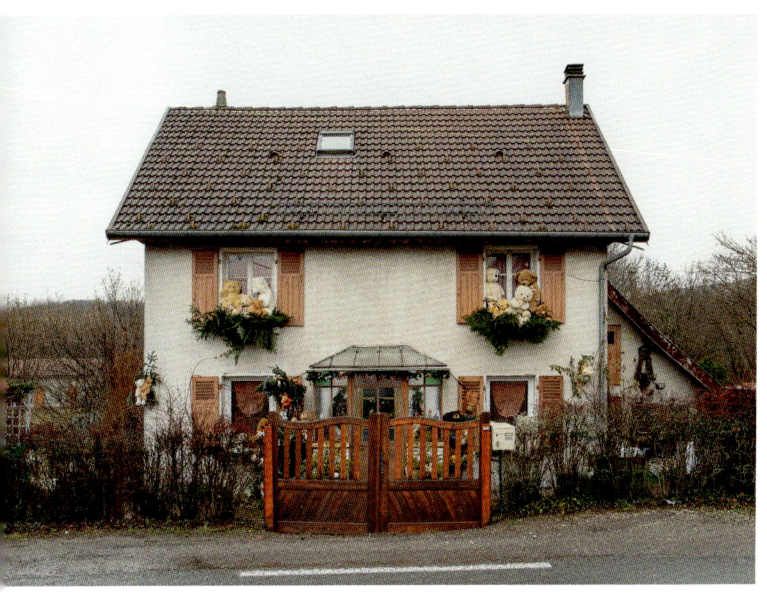

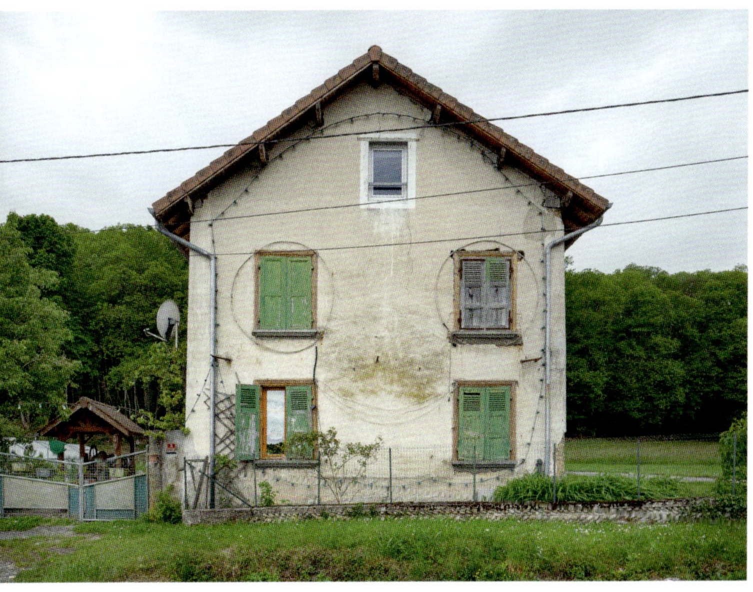

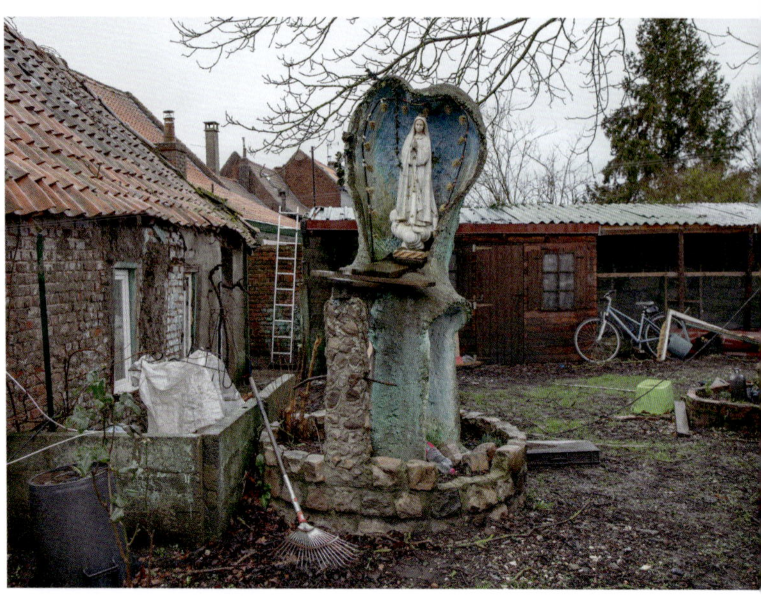

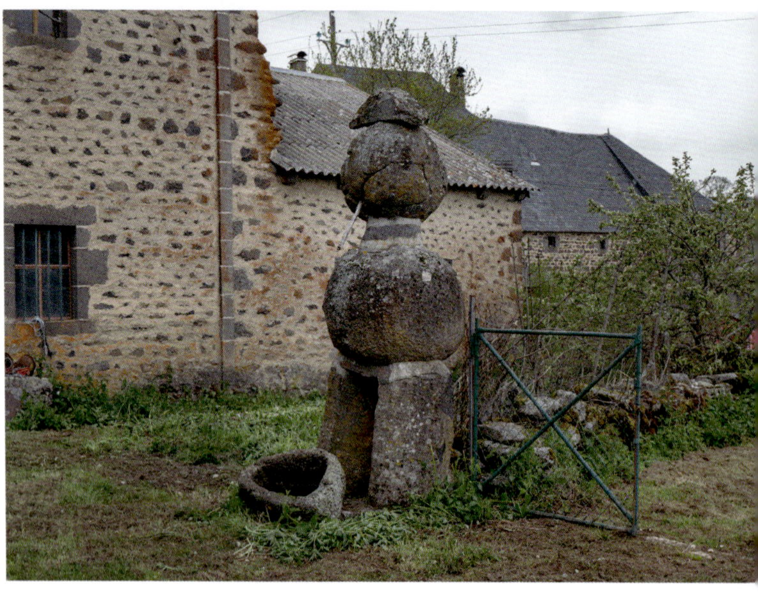

Camphin-en-Pévèle, Flandre romane
Neuvéglise, Planèze

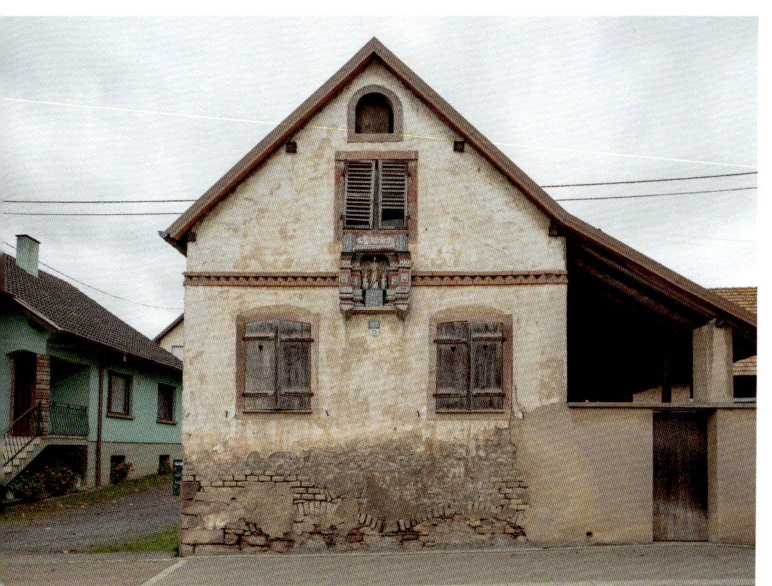

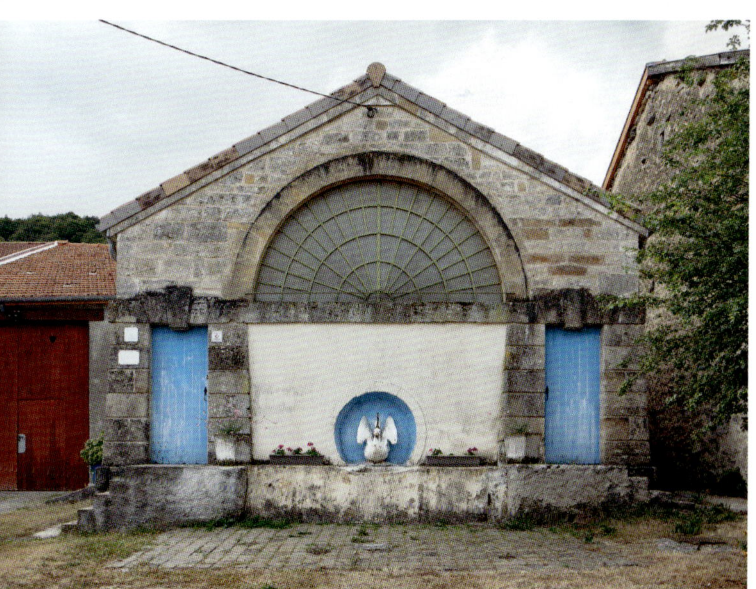

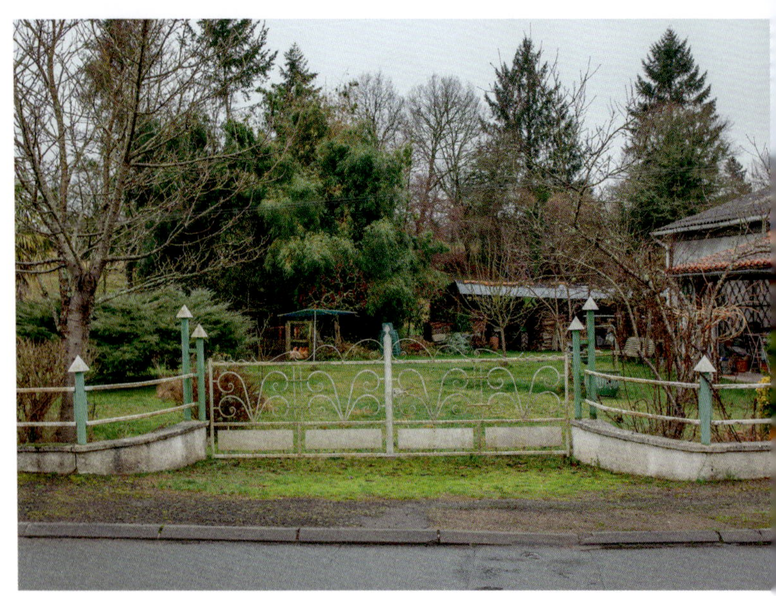

Trégor

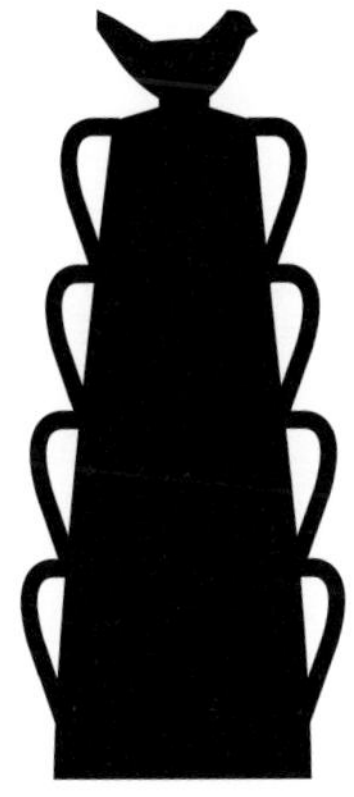

ch. 13

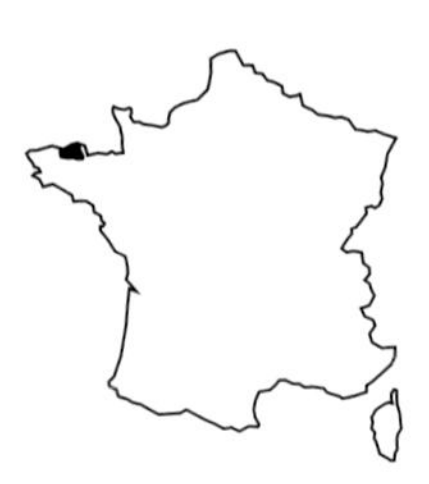

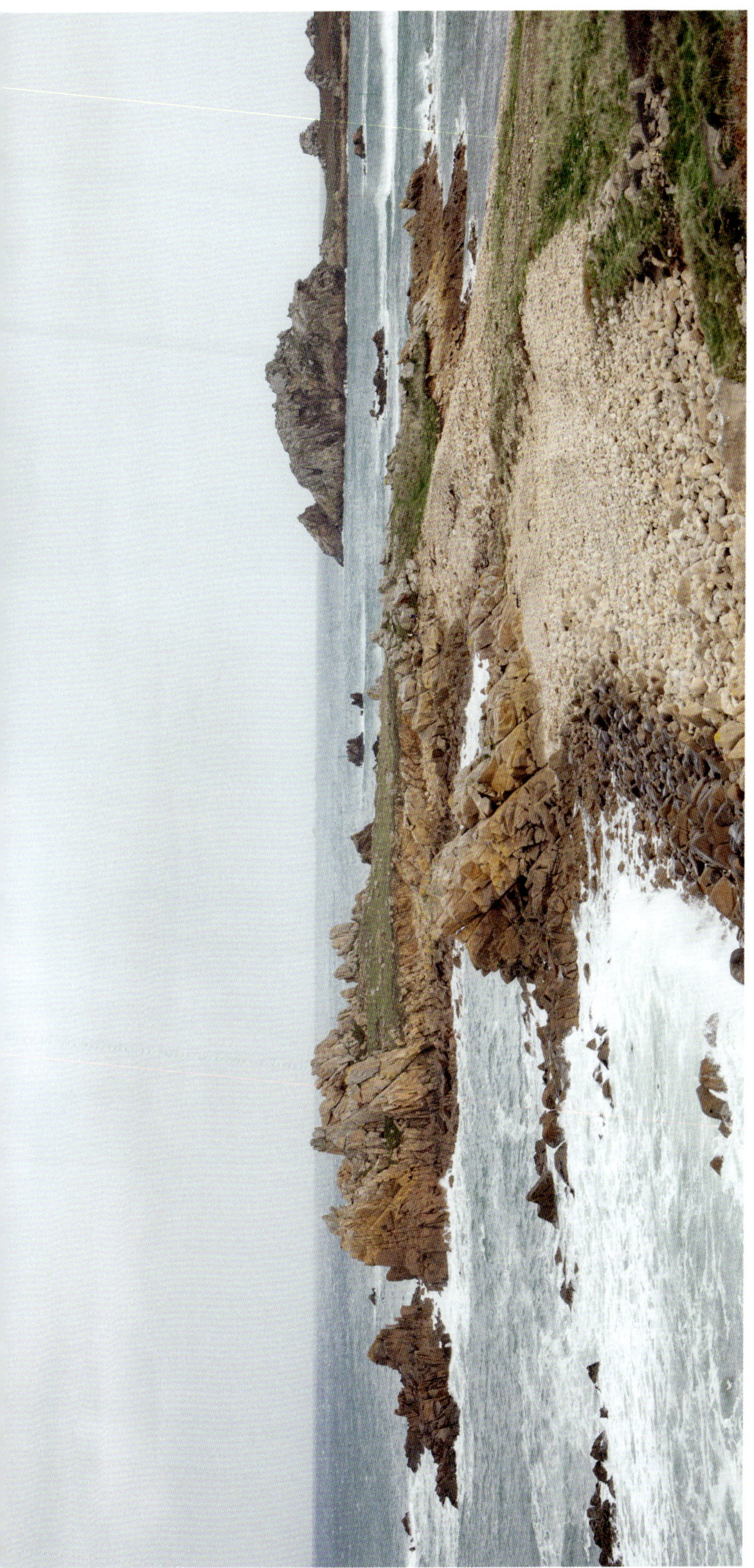

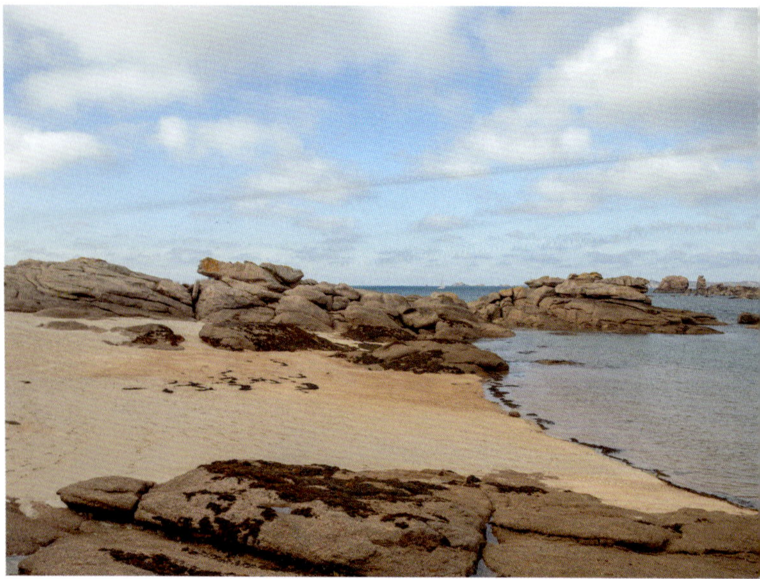

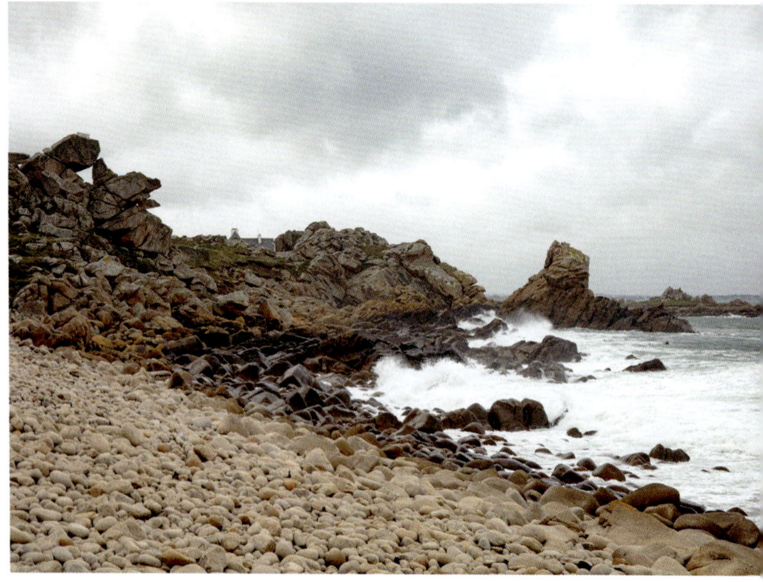

Trégastel, *Beg ar Vir*
Plougasnou, *le Diben*

← Plougasnou, *le Diben*

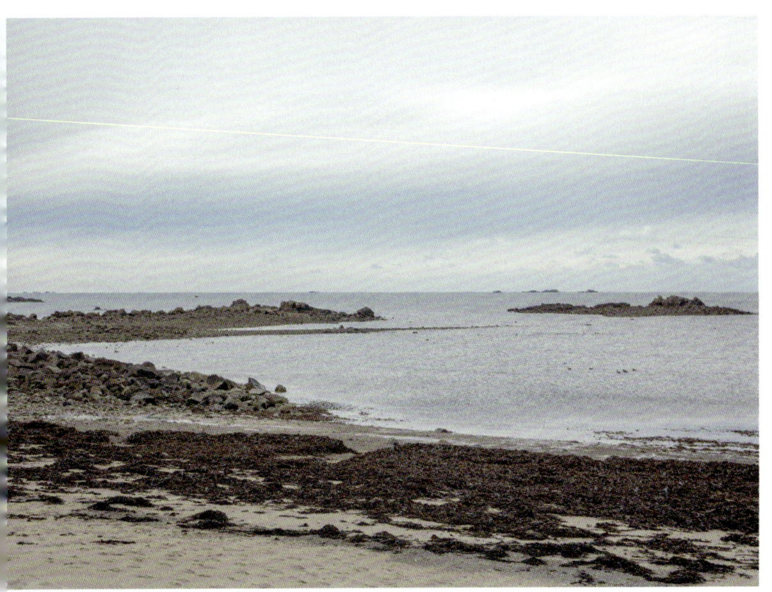

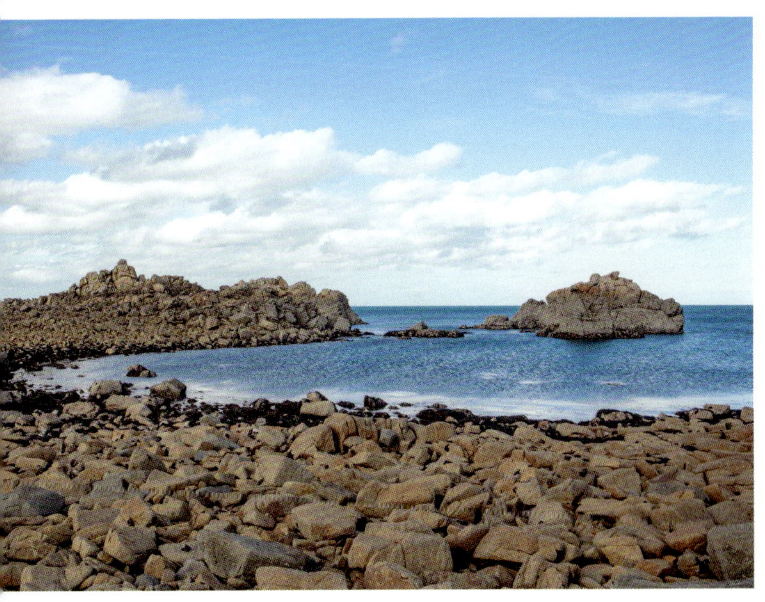

Pleubian, *Sillon de Talbert*
Penvénan, *Port-Blanc*

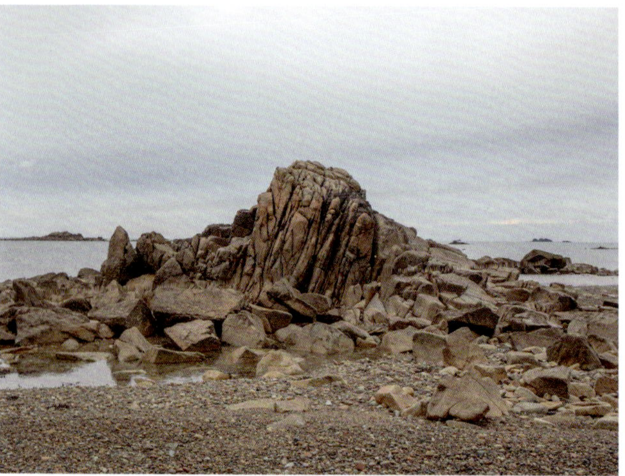

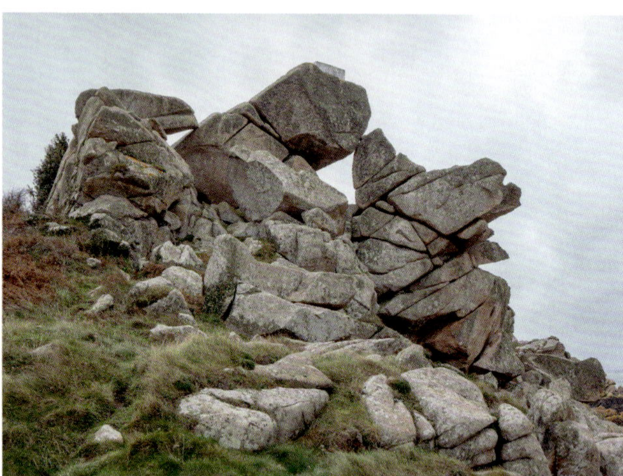

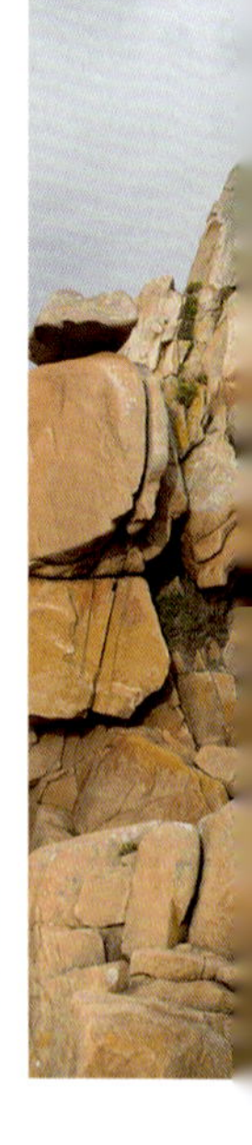

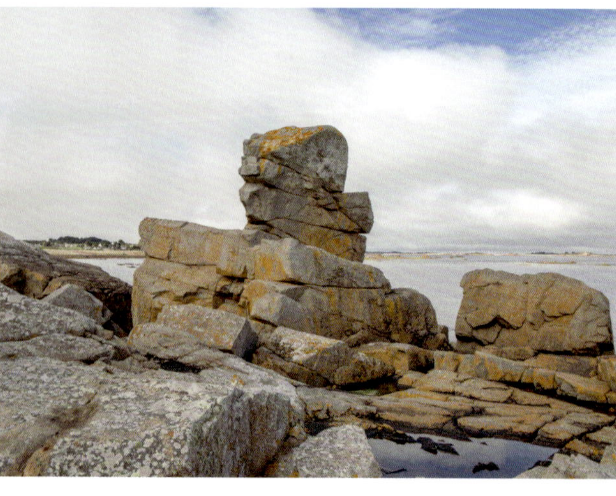

Pleubian, *Sillon de Talbert*
Plougasnou, *le Diben*
Pleubian, *Kermagen*

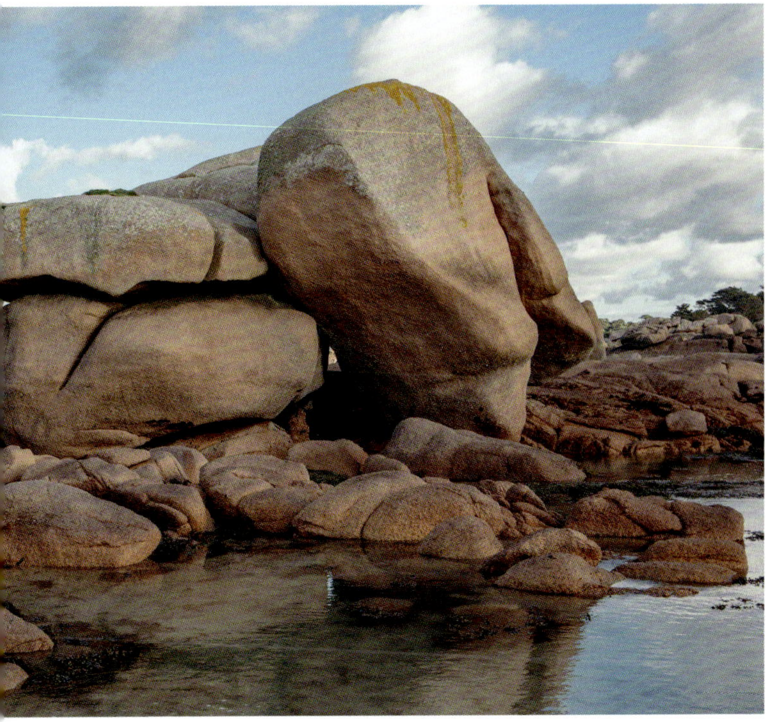

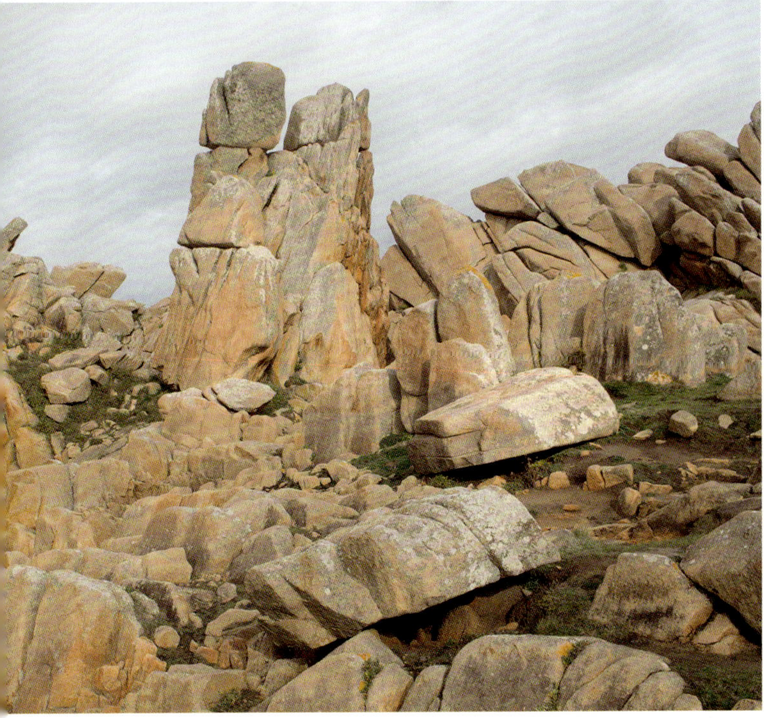

Trégastel, *Île Renote*
Plougasnou, *Pointe du Diben*

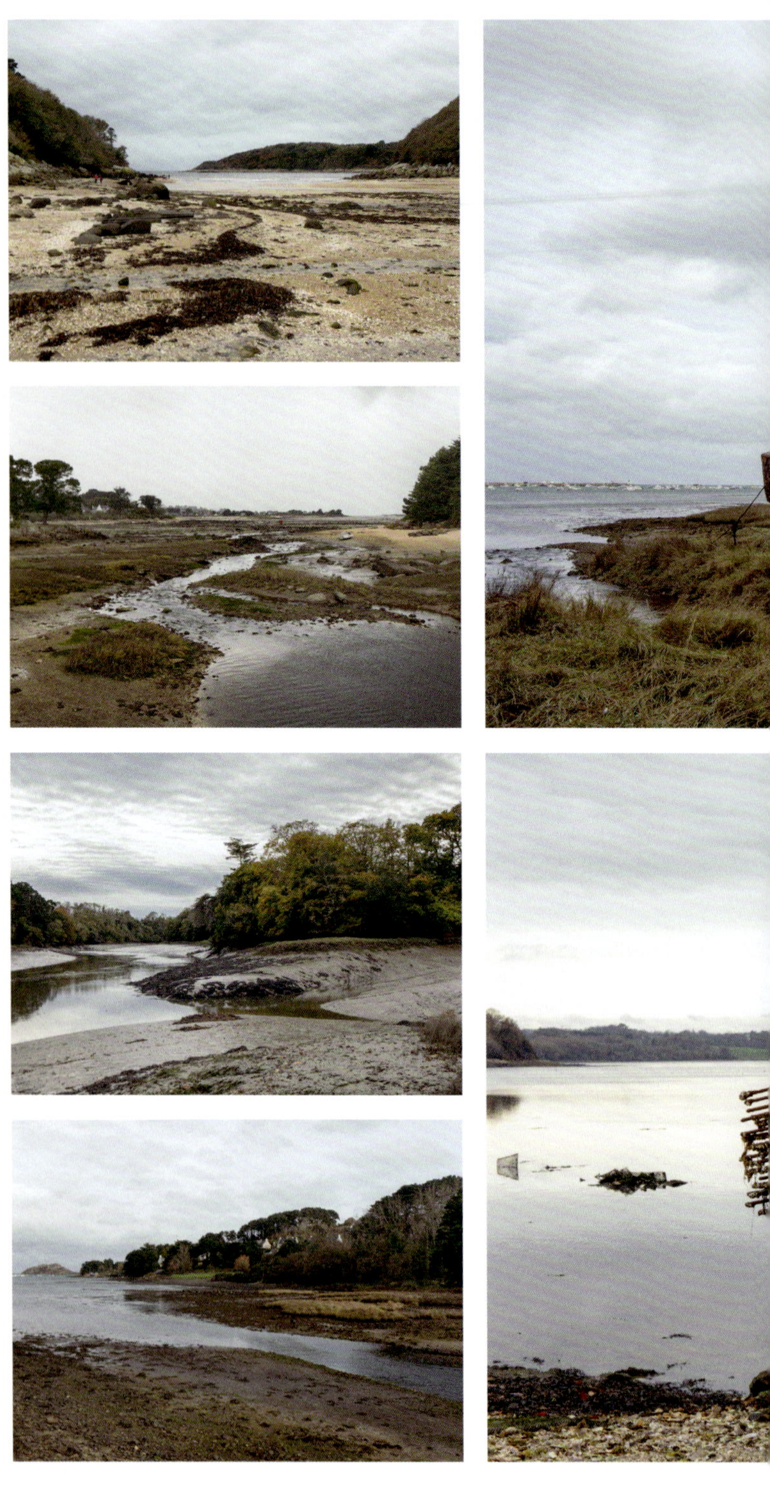

Ploulec'h, *ruisseau du Yaudet*
Trébeurden, *ruisseau de Kerhuel*

Tréguier, *le Guindy*
Plougasnou, *anse du Diben*

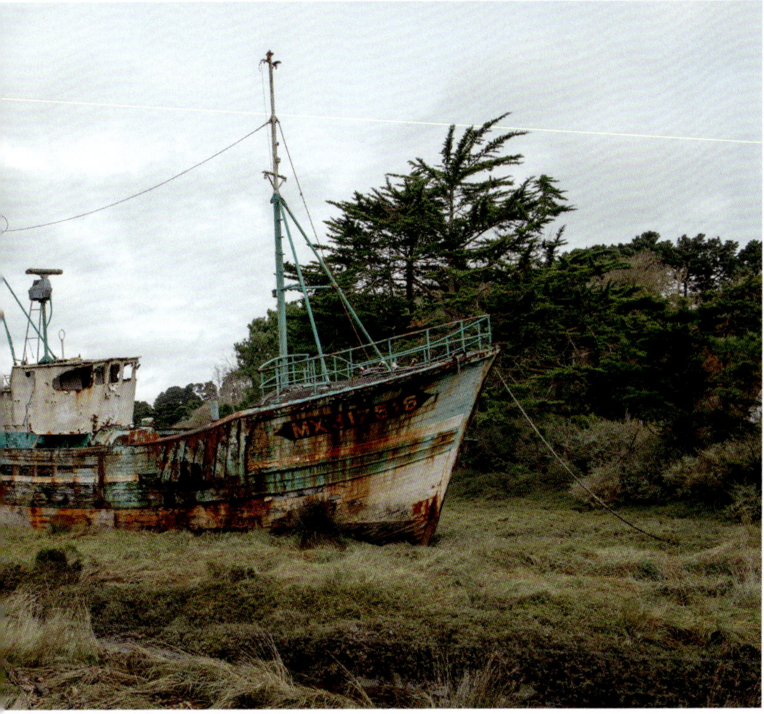

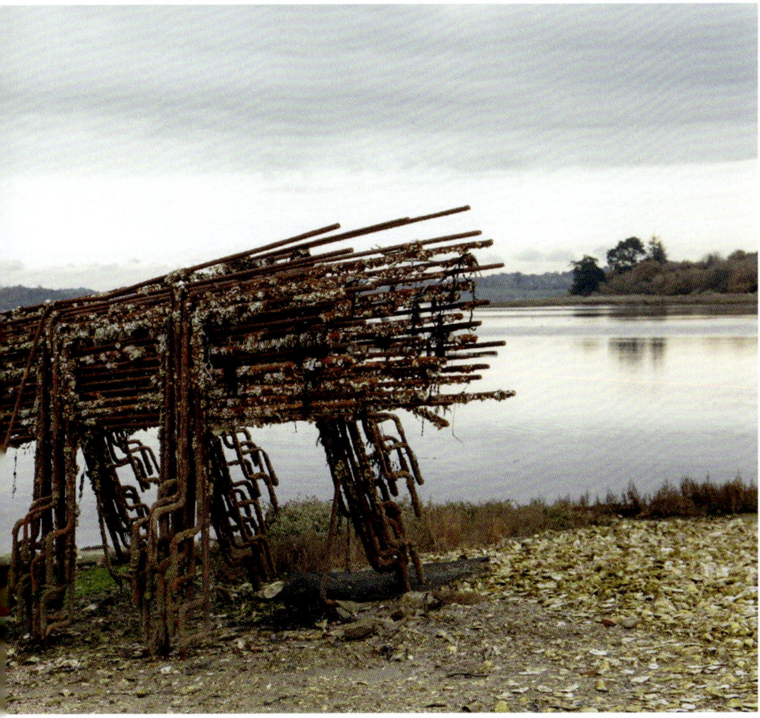

Plougasnou
Pleudaniel

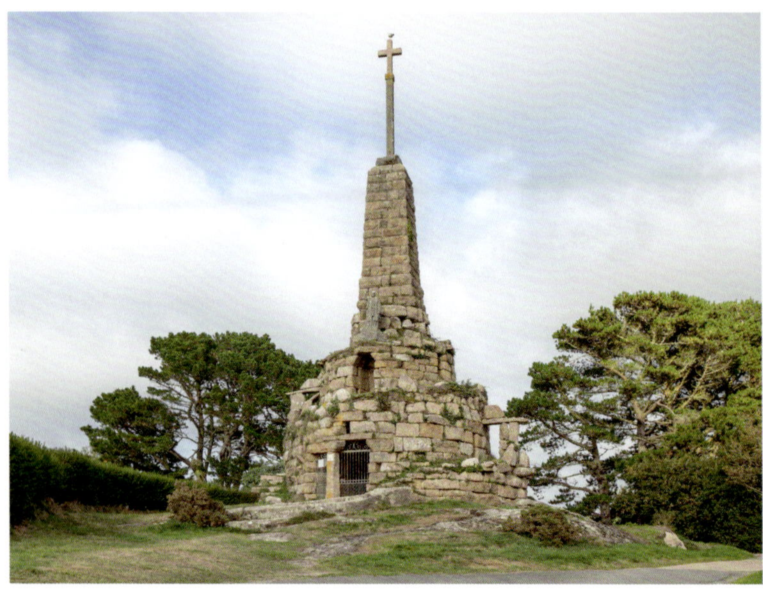

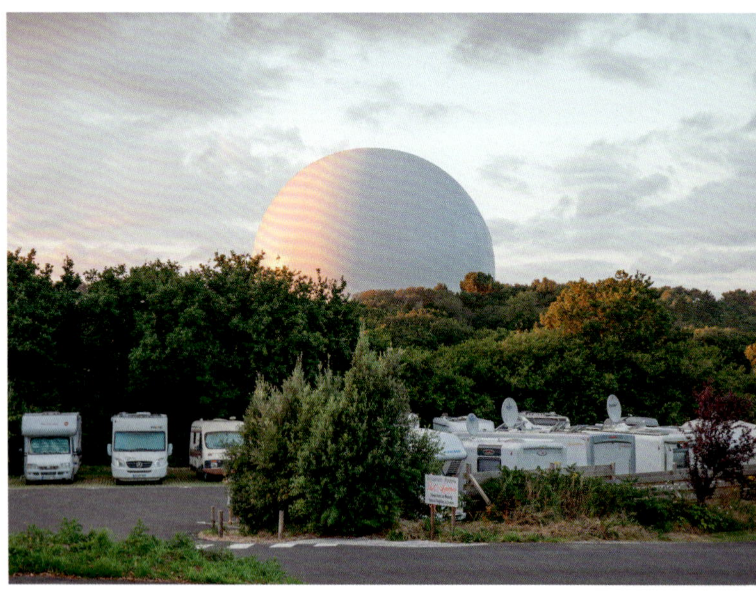

Trégastel
Pleumeur-Bodou

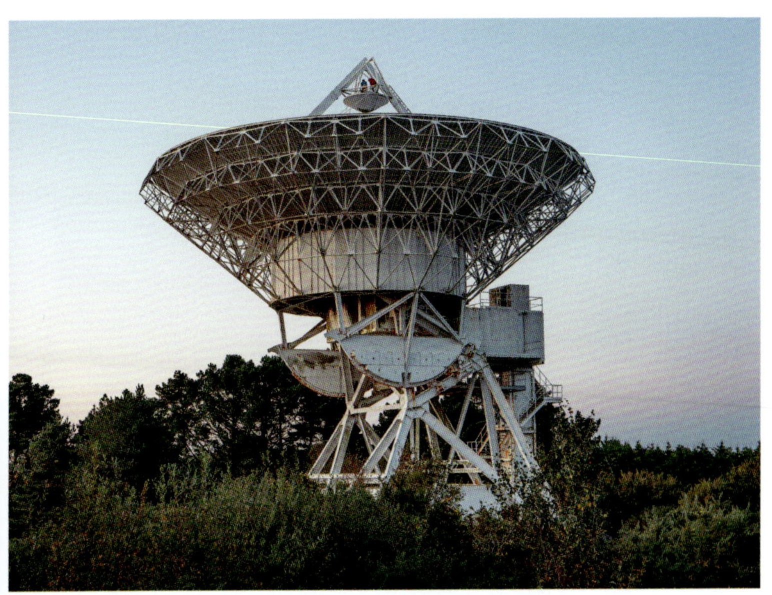

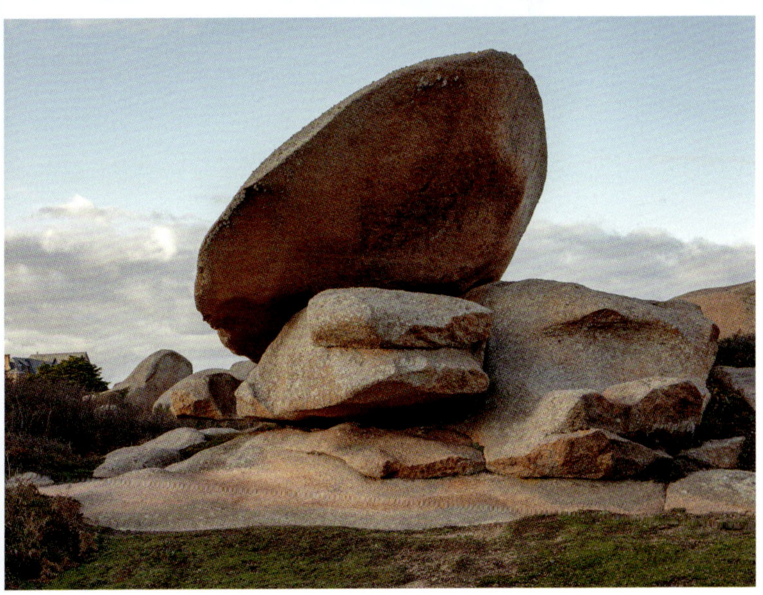

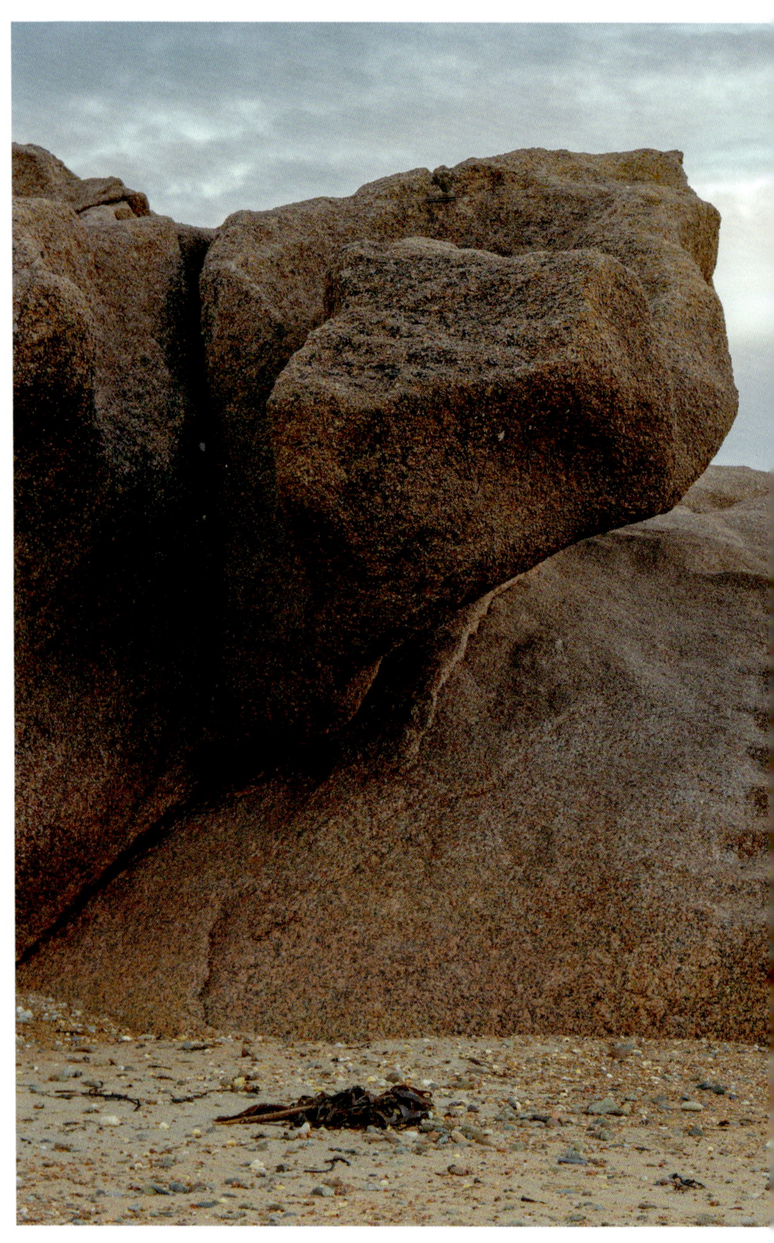

Trégastel

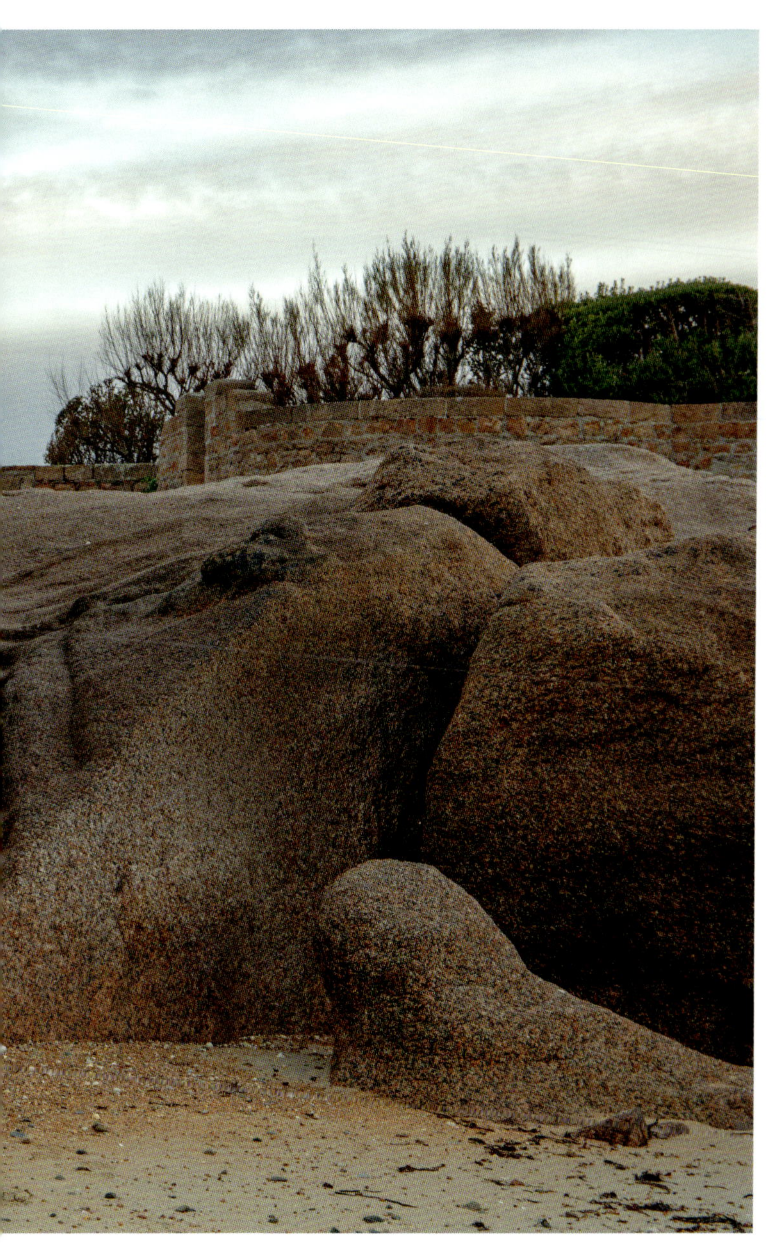

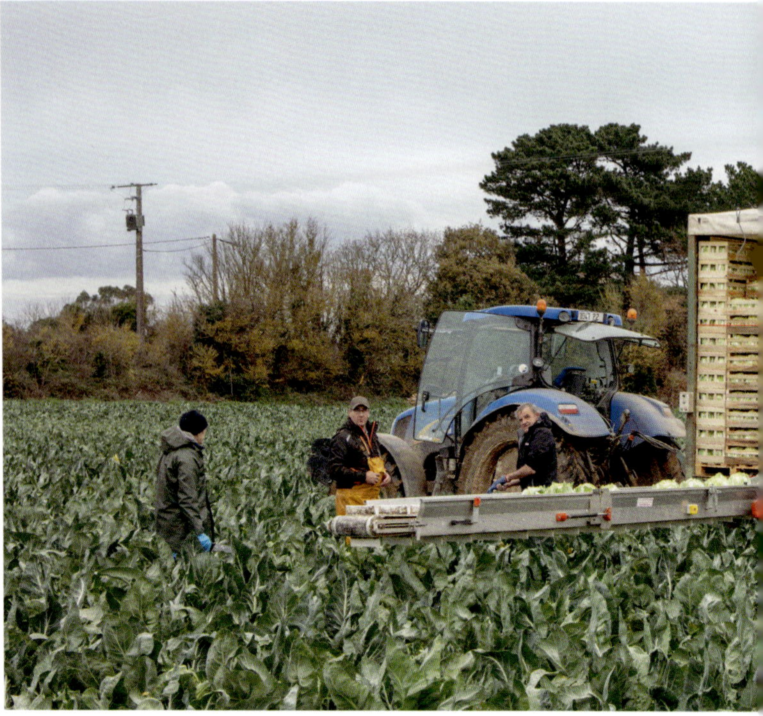

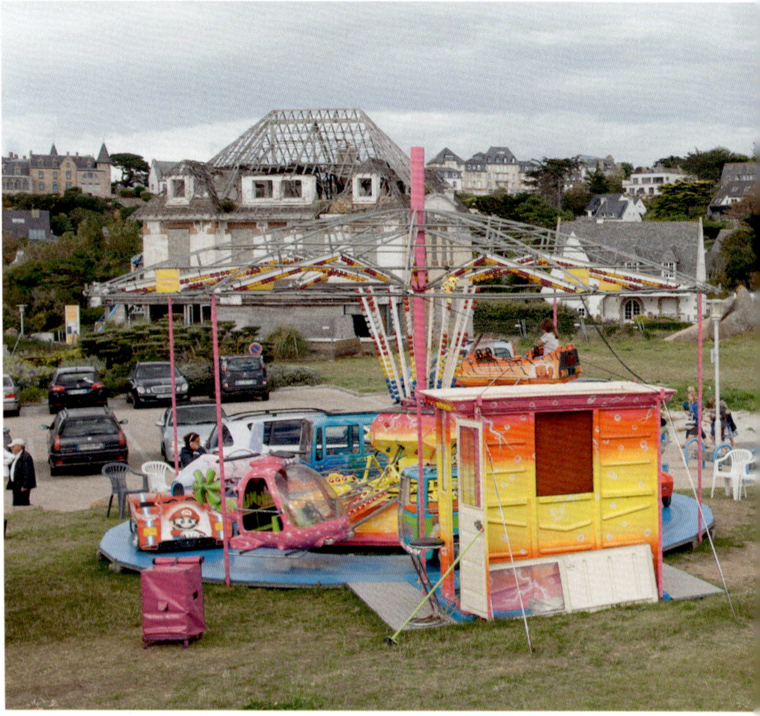

Lézardrieux
Trébeurden

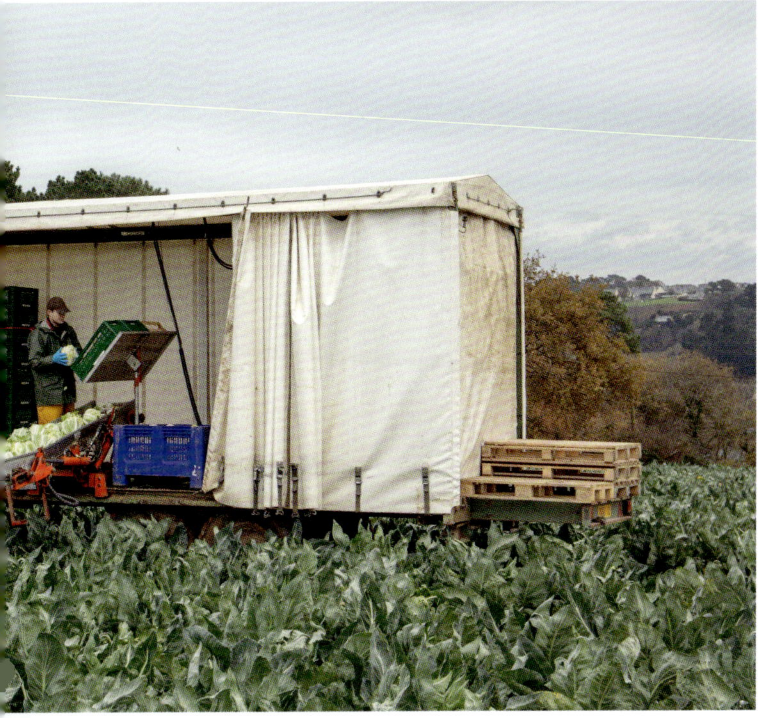

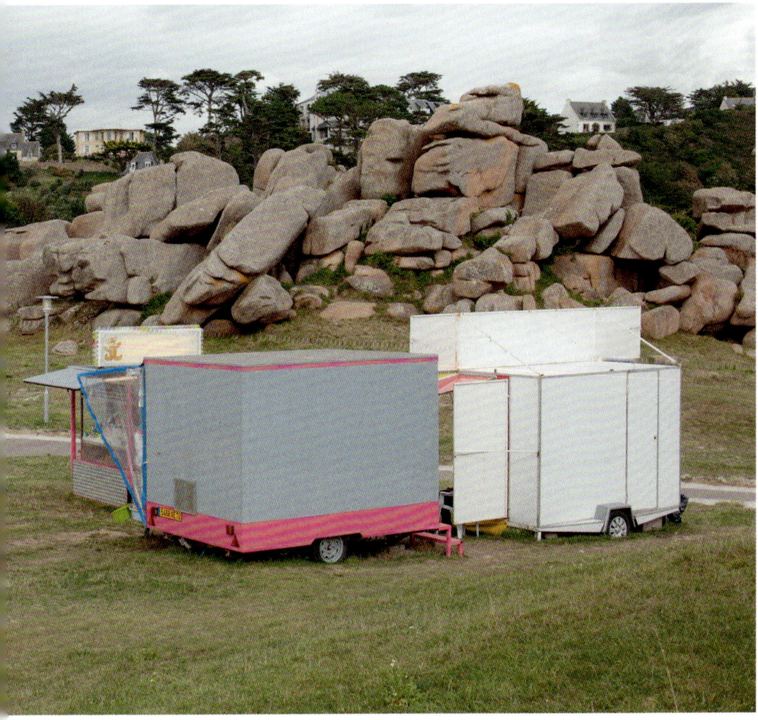

Pleumeur-Bodou, *Saint-Samson*
Lézardrieux, *Bodic*

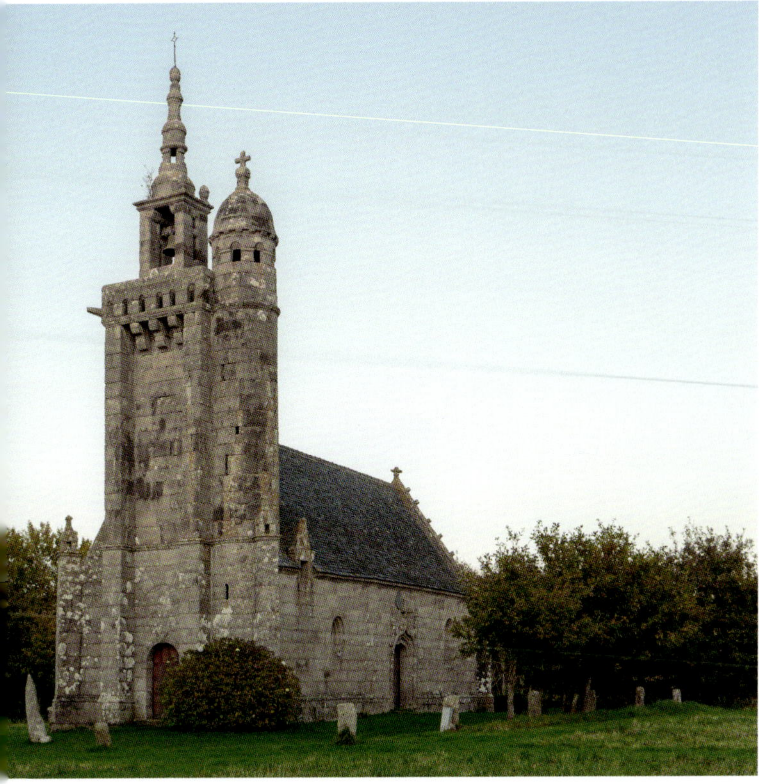

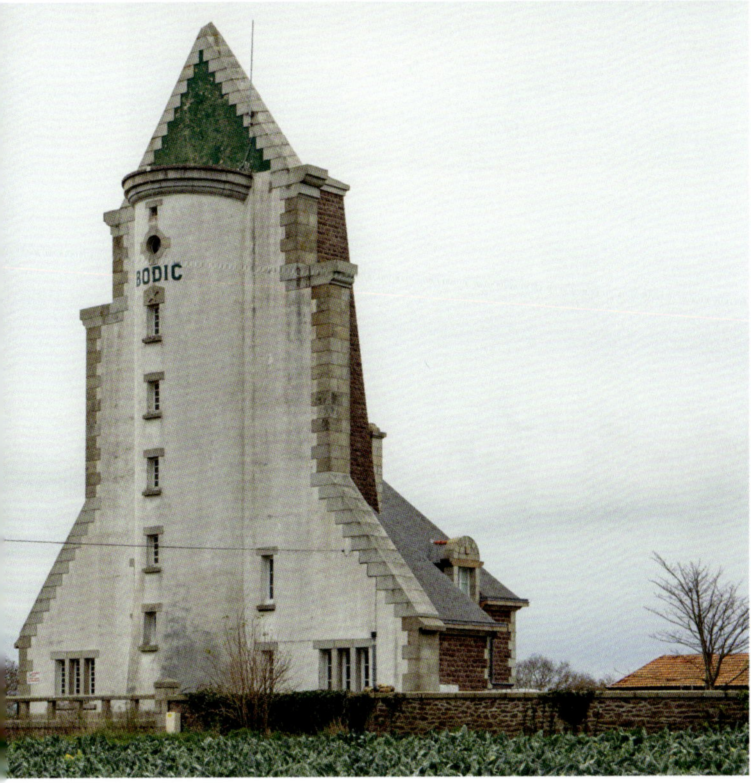

BODIC

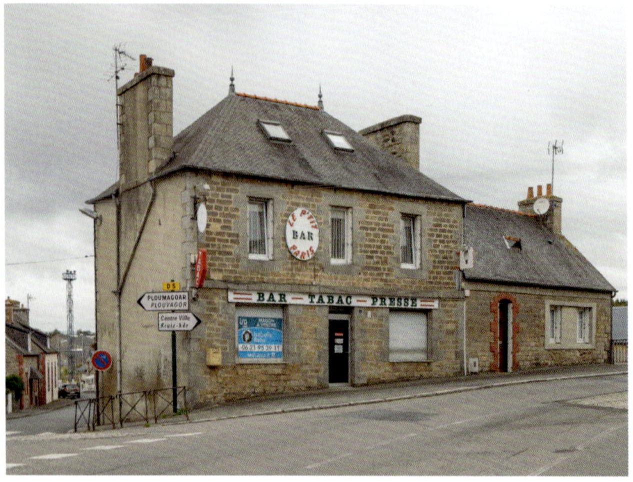

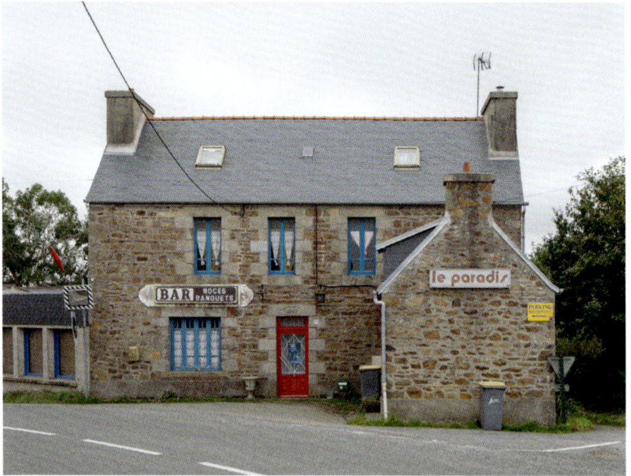

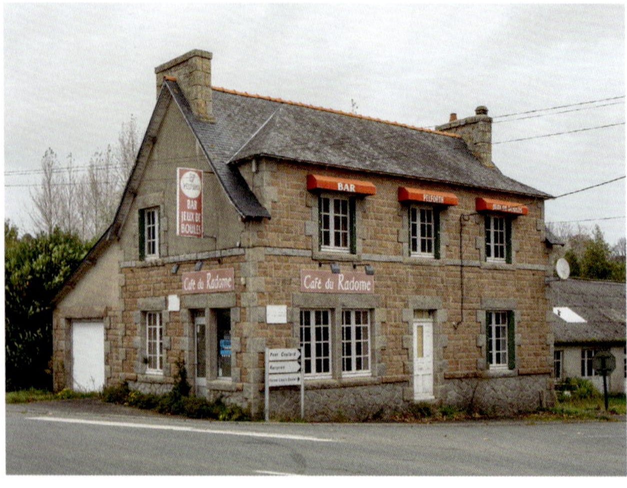

Guingamp
Lanmodez
Pleumeur-Bodou

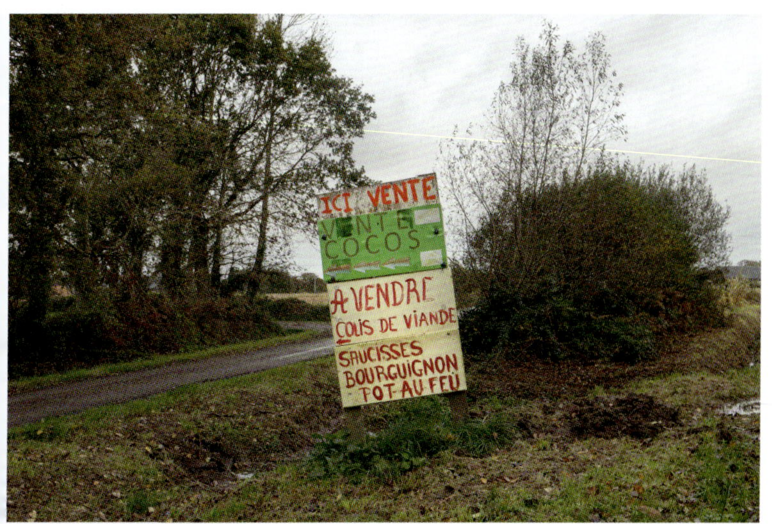

ICI VENTE
VENTE
COCOS
A VENDRE
COLIS DE VIANDE
SAUCISSES
BOURGUIGNON
POT AU FEU

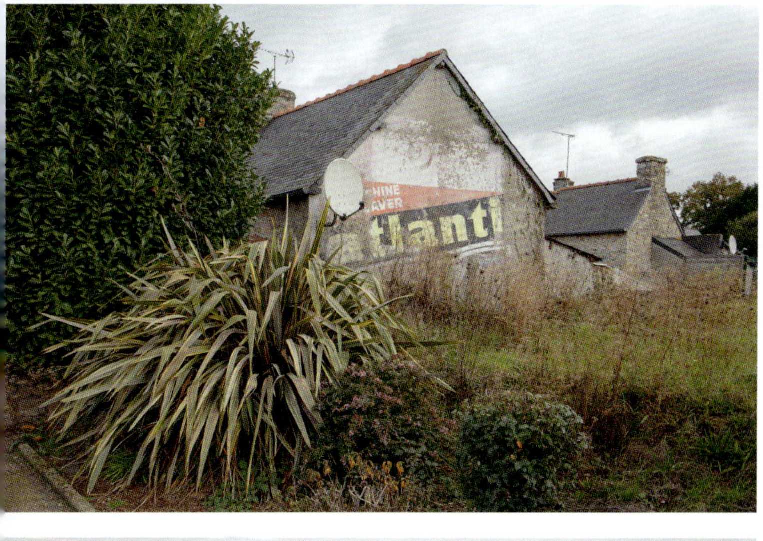

HINE
AVER
tlanti

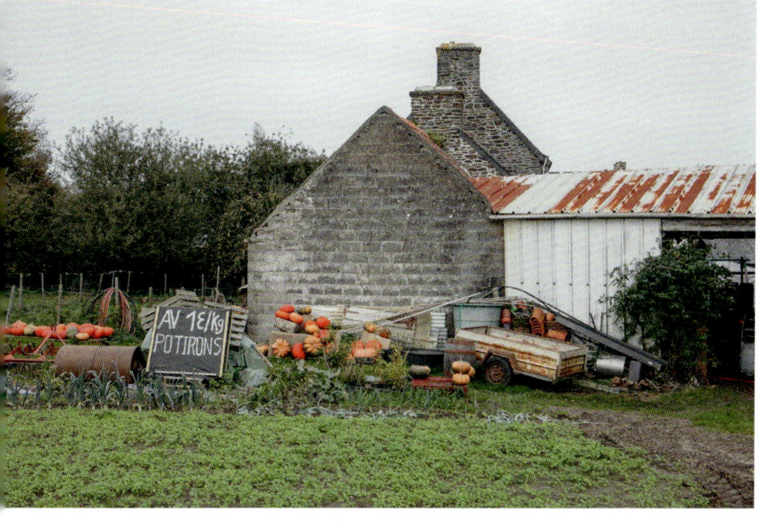

AV 1€/kg
POTIRONS

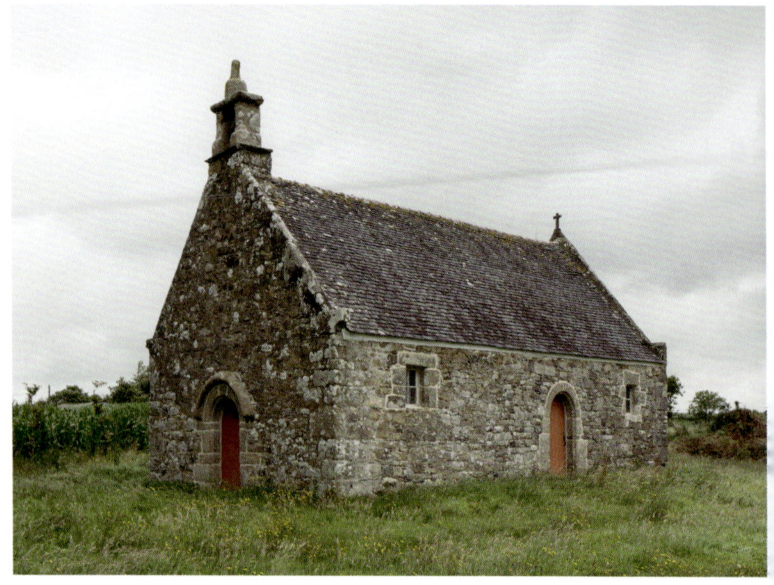

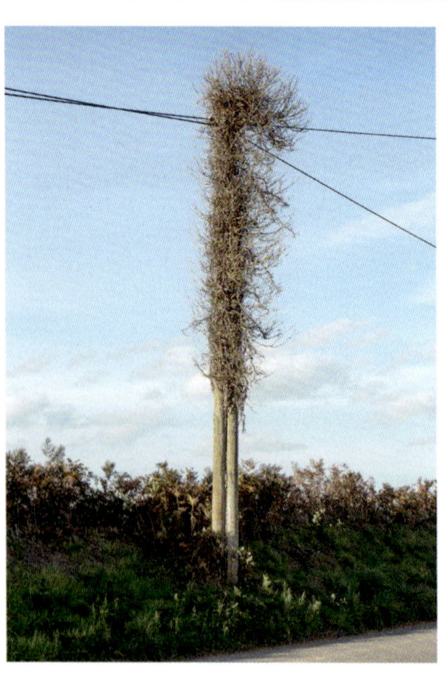

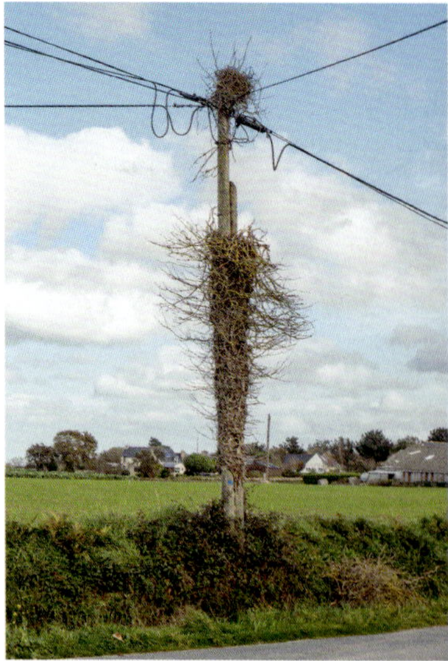

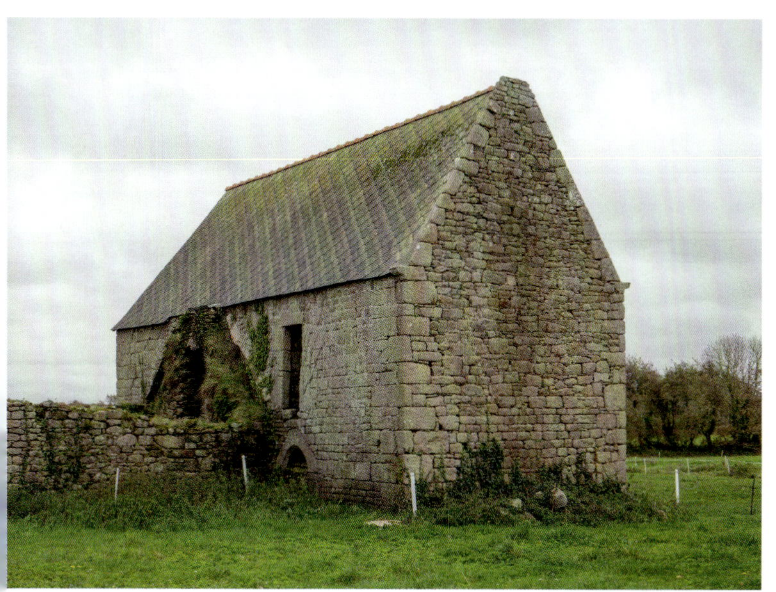

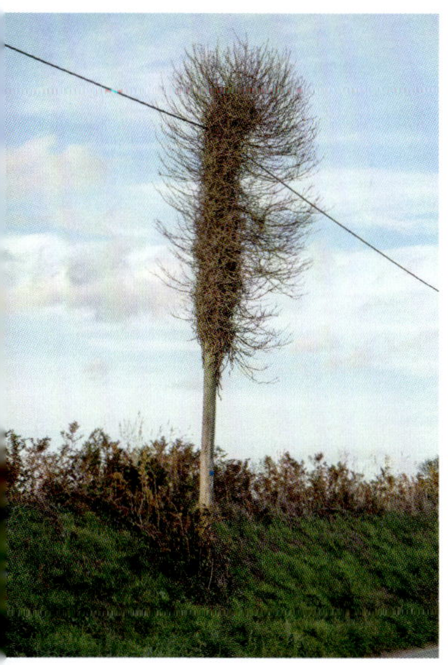

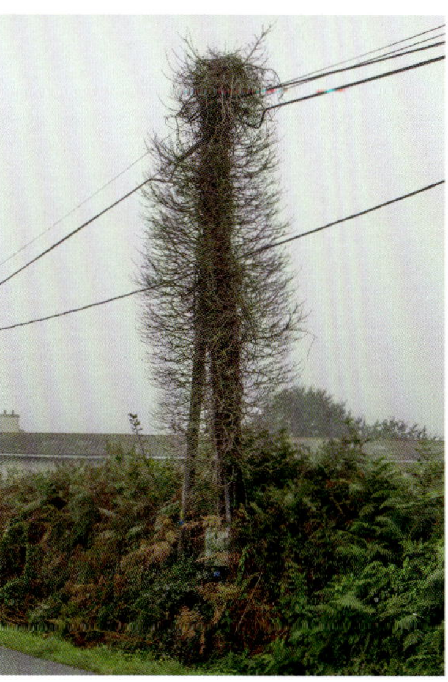

Ploumilliau
Plougrescant
Kermaria-Sulard

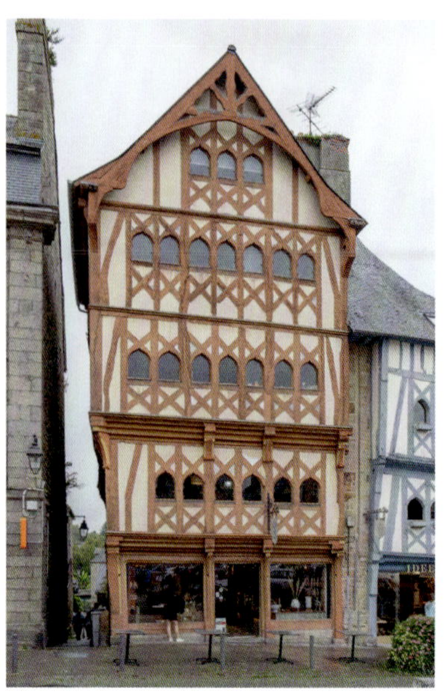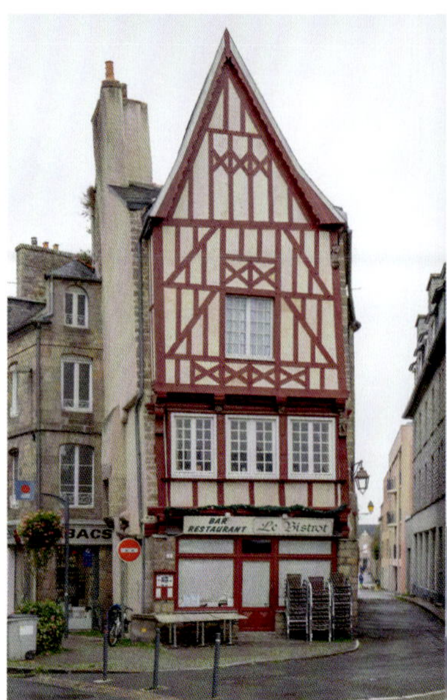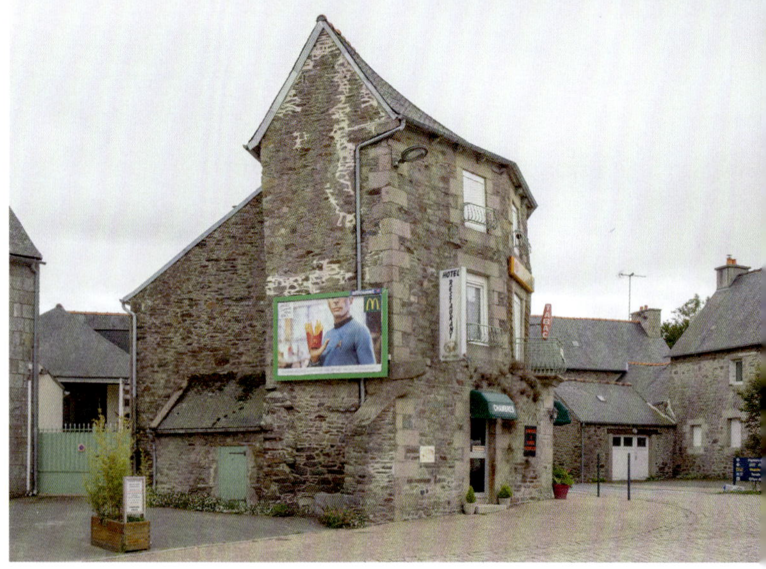

Guingamp (2)
Pleudaniel

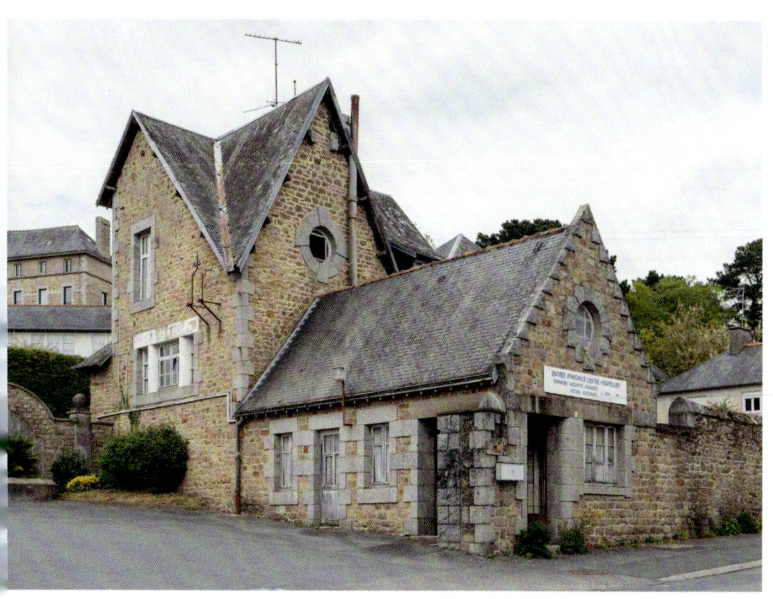

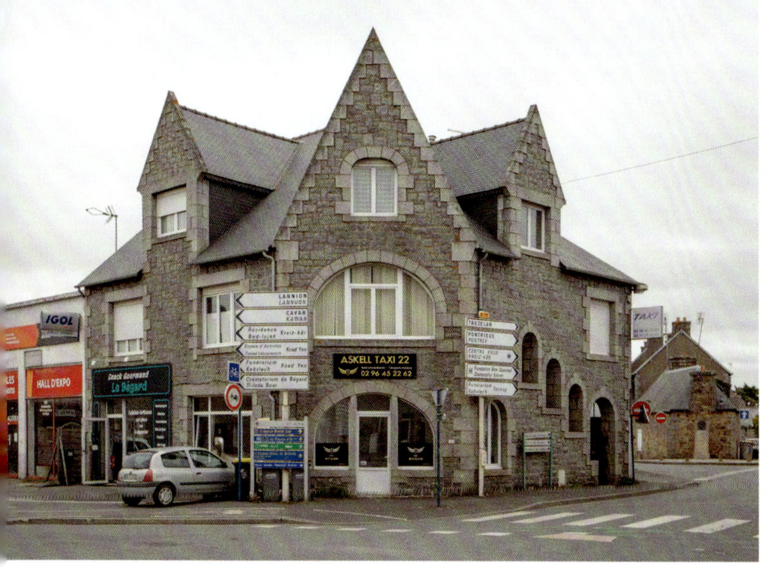

IGOL
HALL D'EXPO
Snack Gourmand
Le Bégard
LANNION
LANNUON
CAVAN
KAVAN
Résidence
Bod-Iojan   Kroiz-kêr
ASKELL TAXI 22
02 96 45 22 62
TREZELAN
PONTRIEUX
PONTREV
Funérarium
Kadaleur   Koad Yon

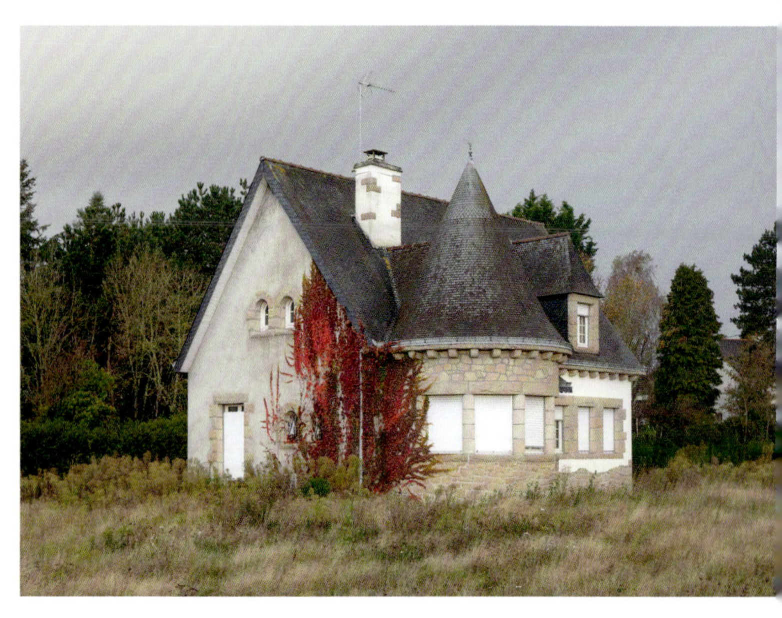

Val de Loire
tourangeau

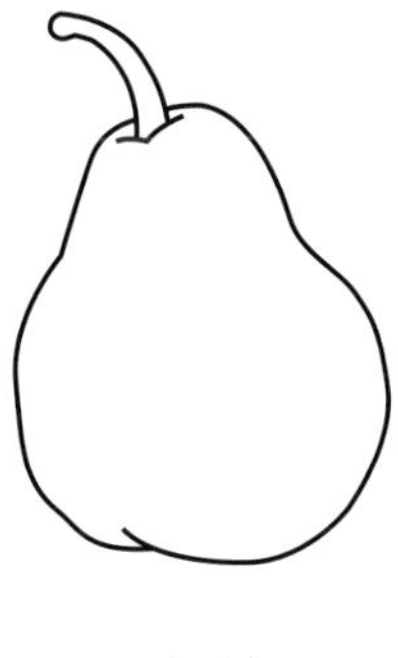

ch. 14

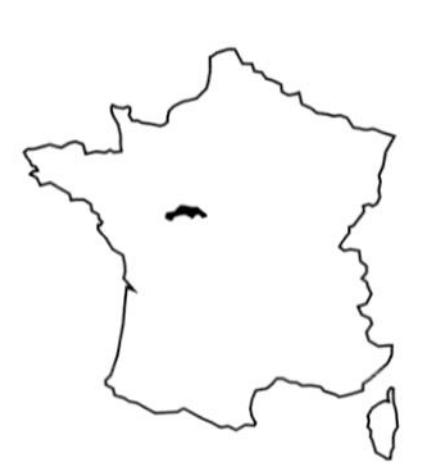

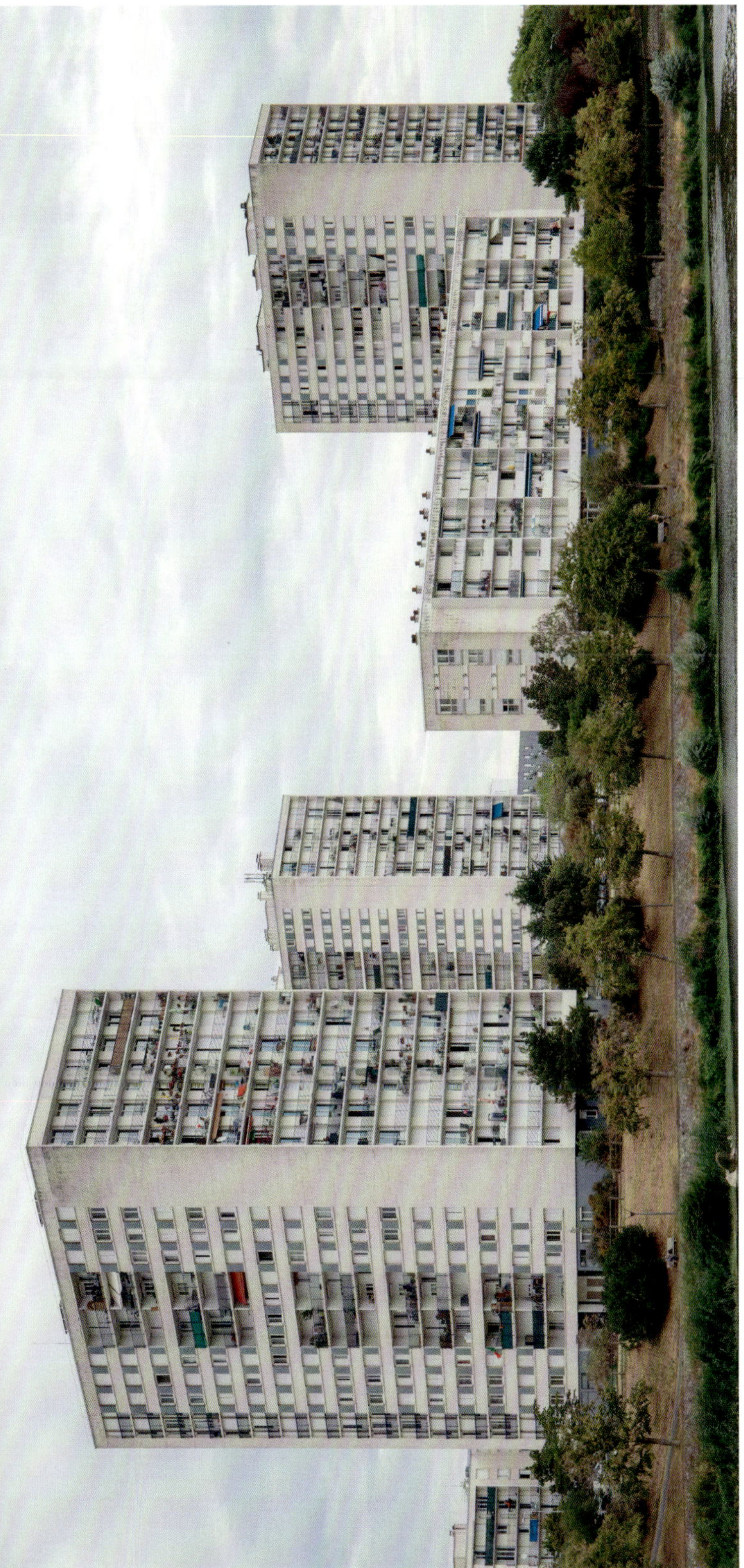

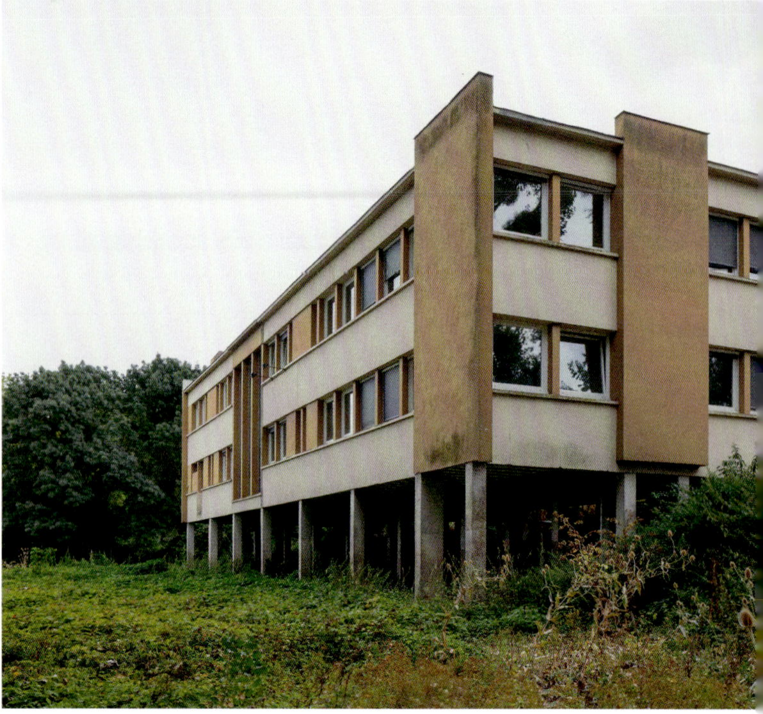

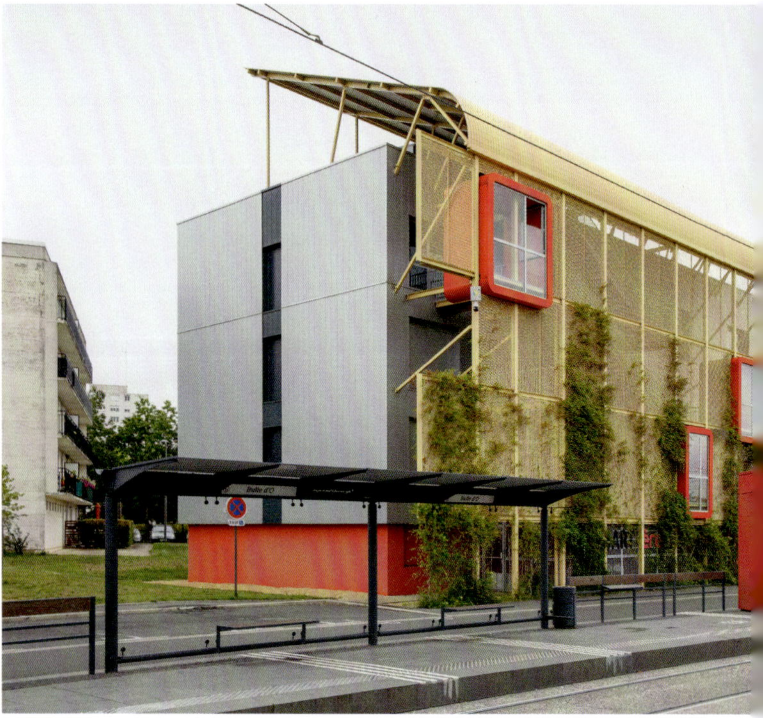

Tours
Joué-lès-Tours

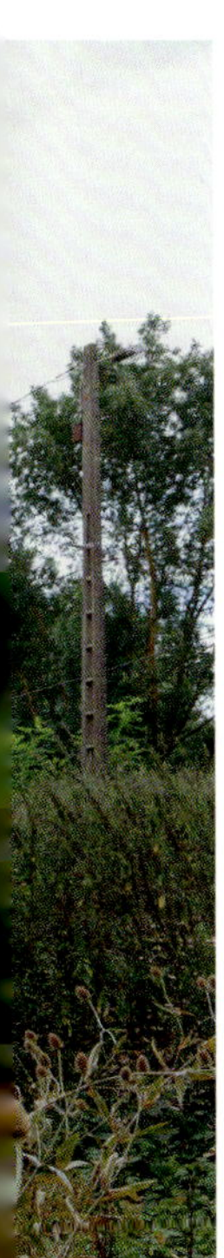

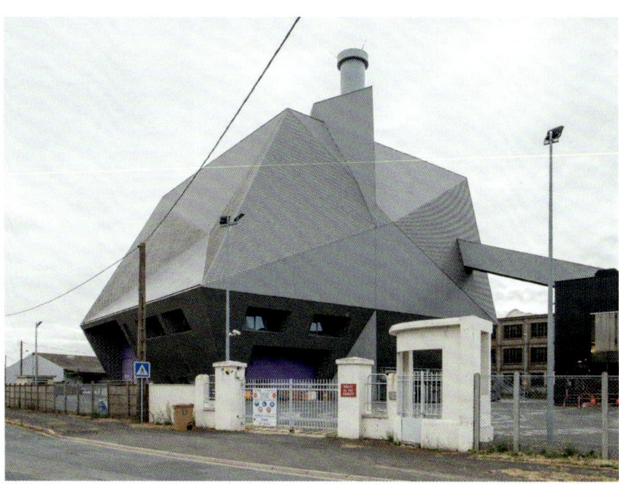

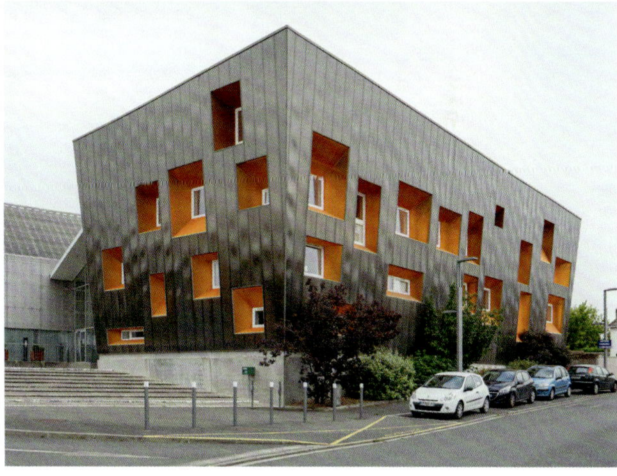

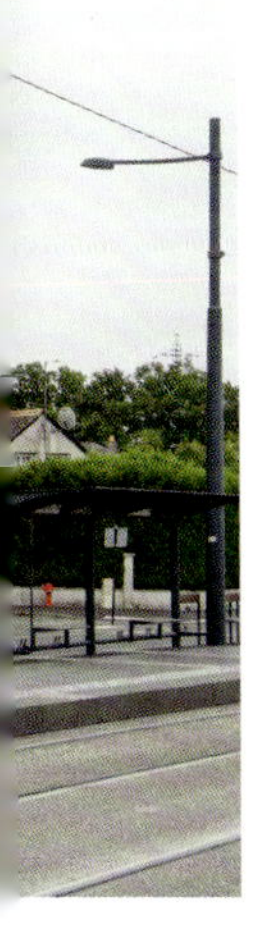

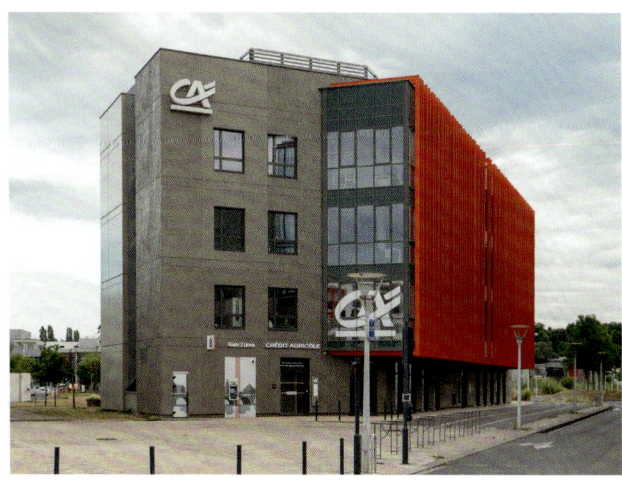

Saint-Pierre-des-Corps
Joué-lès-Tours
Tours

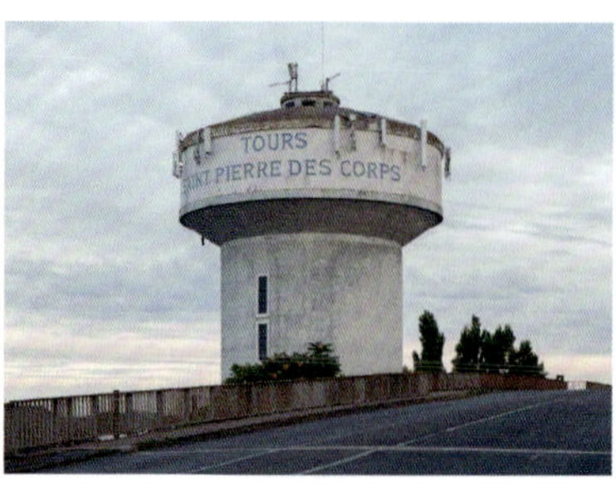

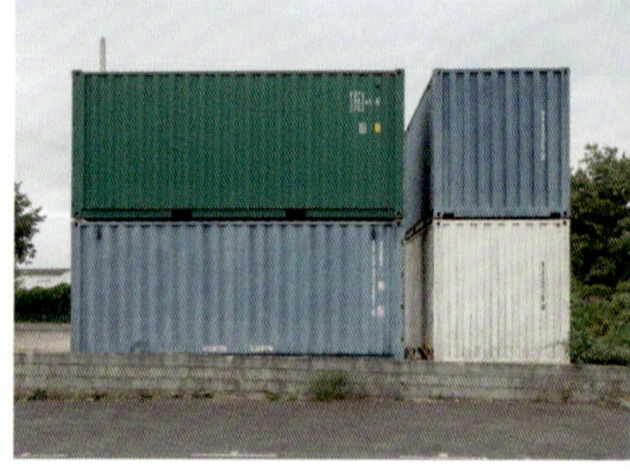

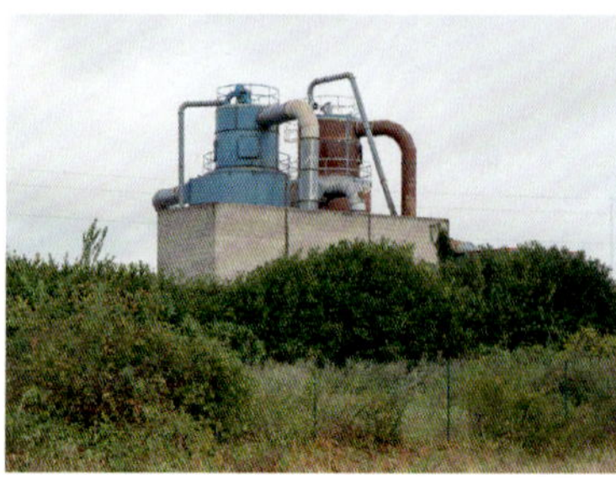

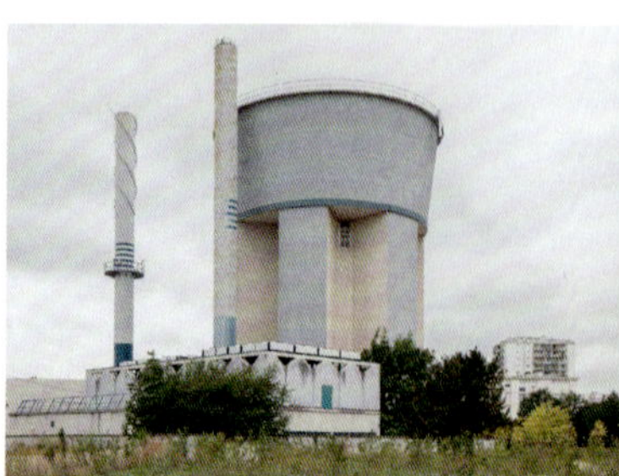

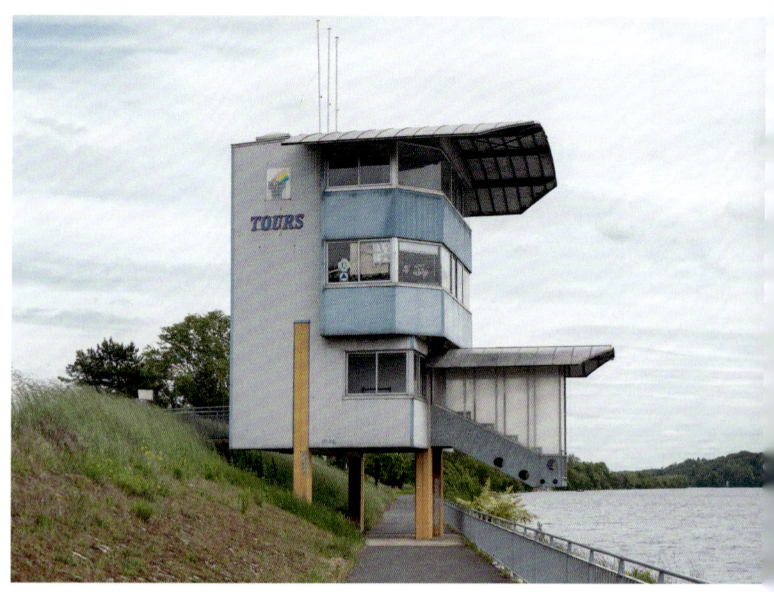

Saint-Pierre-des-Corps (4)
Tours

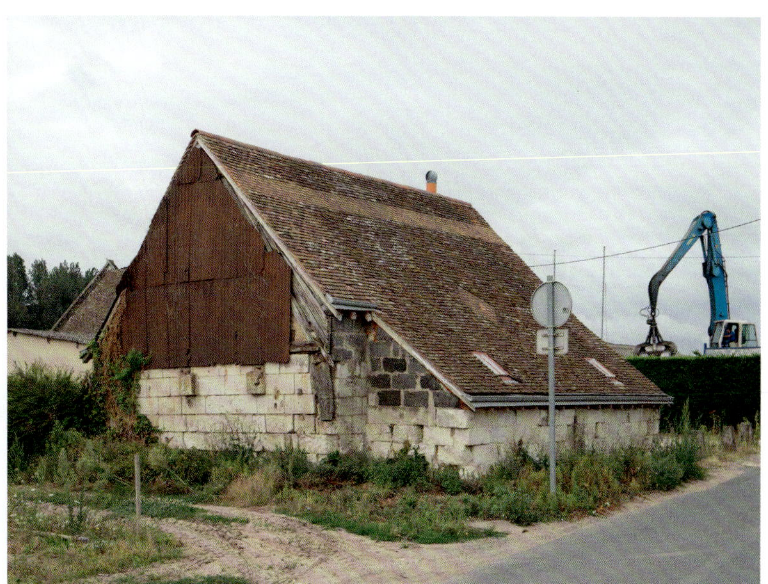

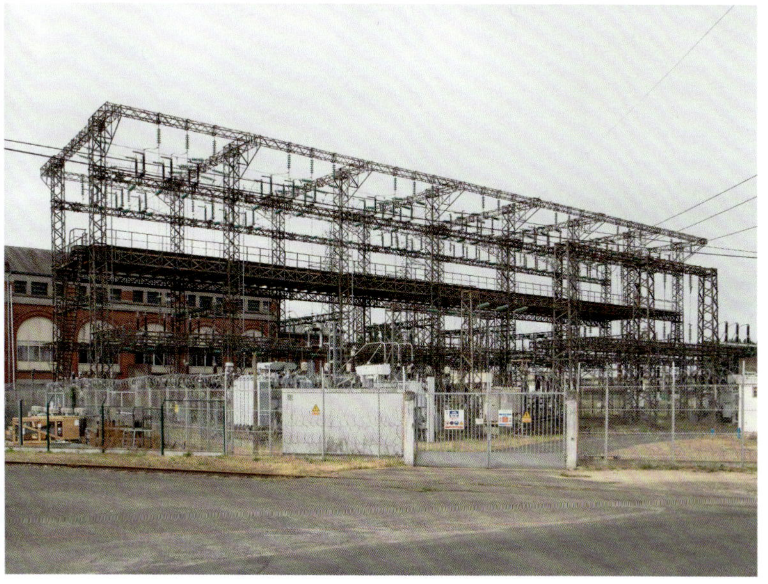

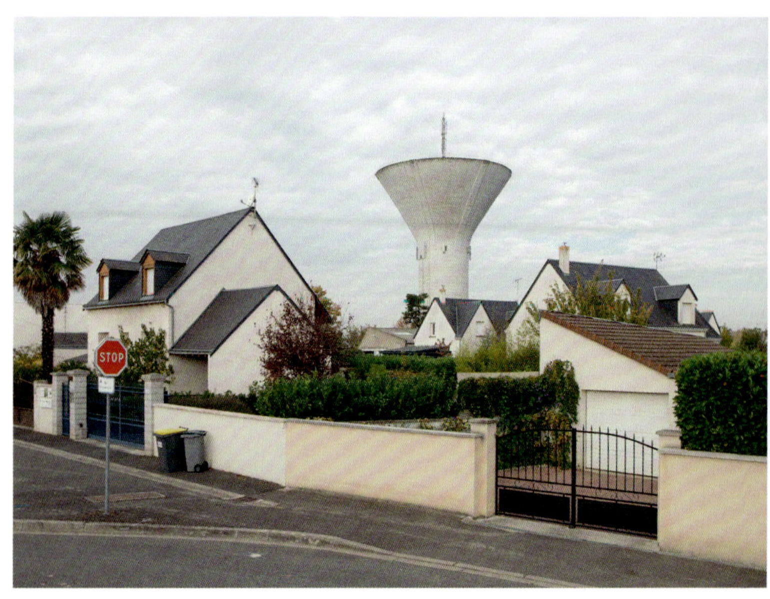

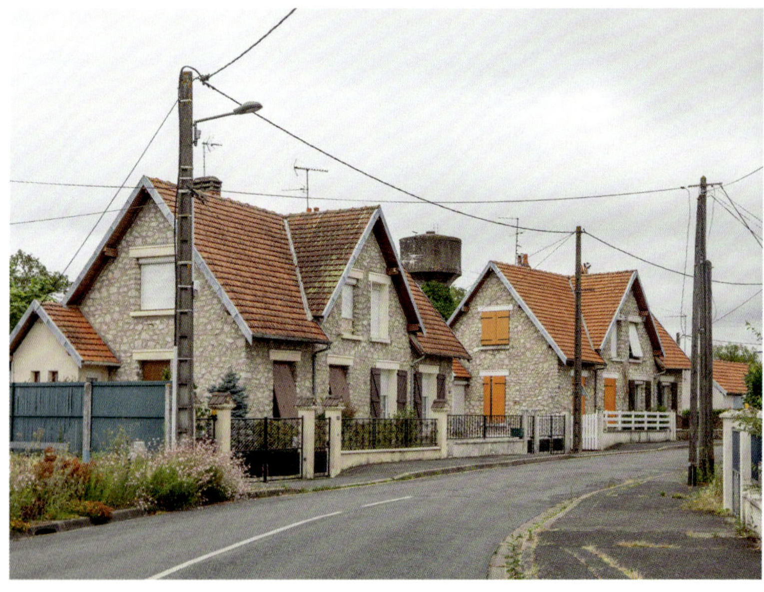

La Riche
Joué-lès-Tours

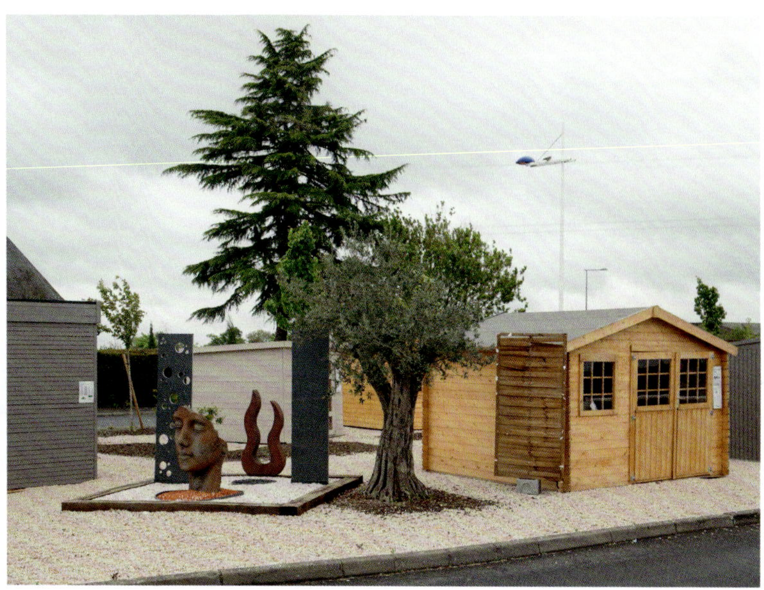

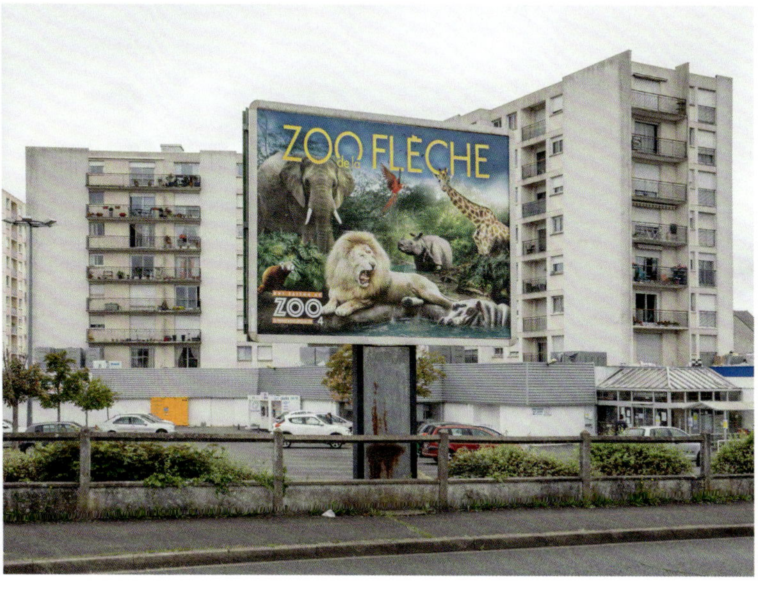

Chambray-lès-Tours
Joué-lès-Tours

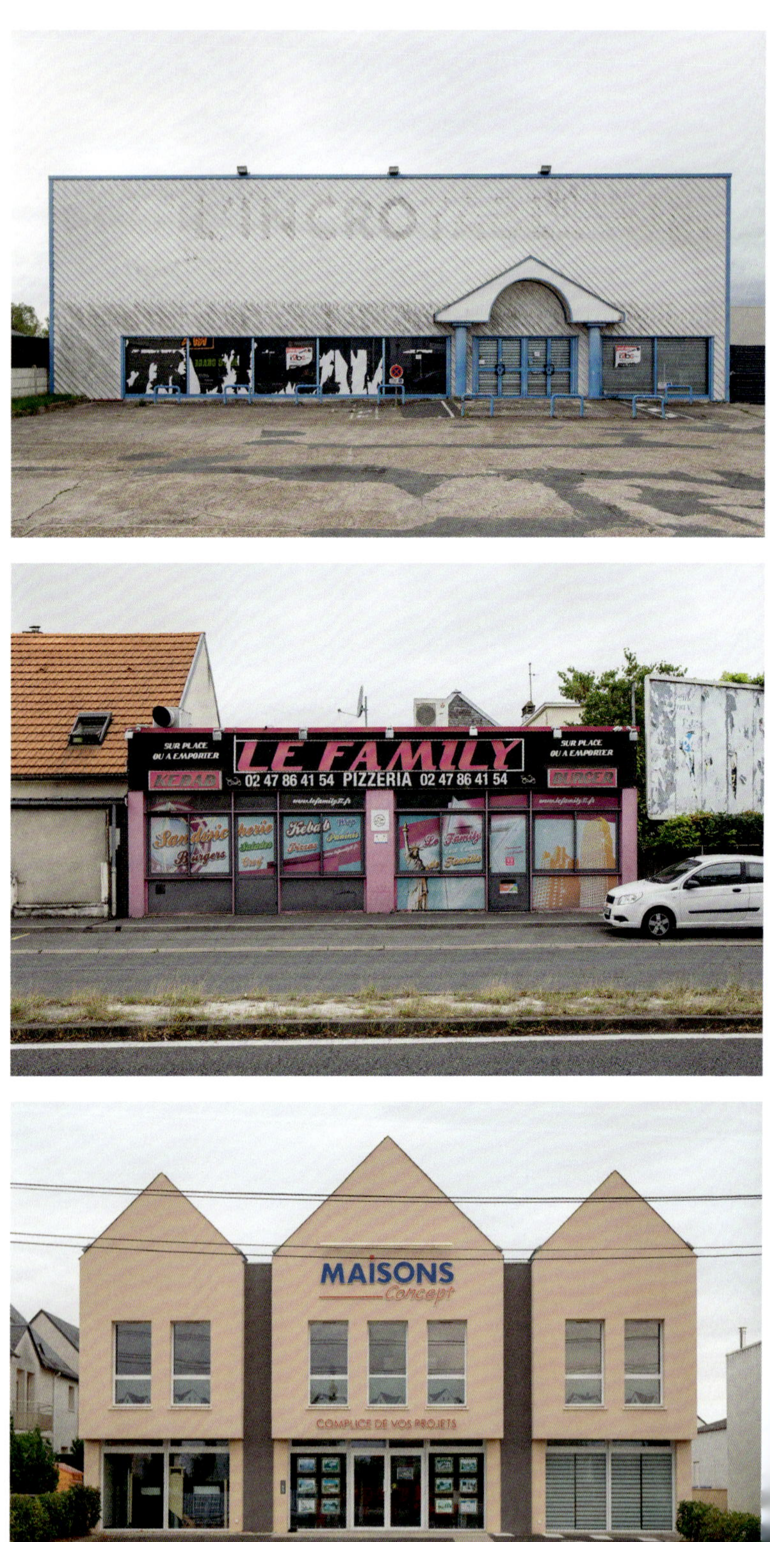

SUR PLACE OU A EMPORTER
LE FAMILY
SUR PLACE OU A EMPORTER
KEBAB
02 47 86 41 54 PIZZERIA 02 47 86 41 54
BURGER
www.lefamily37.fr
www.lefamily37.fr
Sandwicherie
Burgers
Kebab
MAISONS
Concept
COMPLICE DE VOS PROJETS

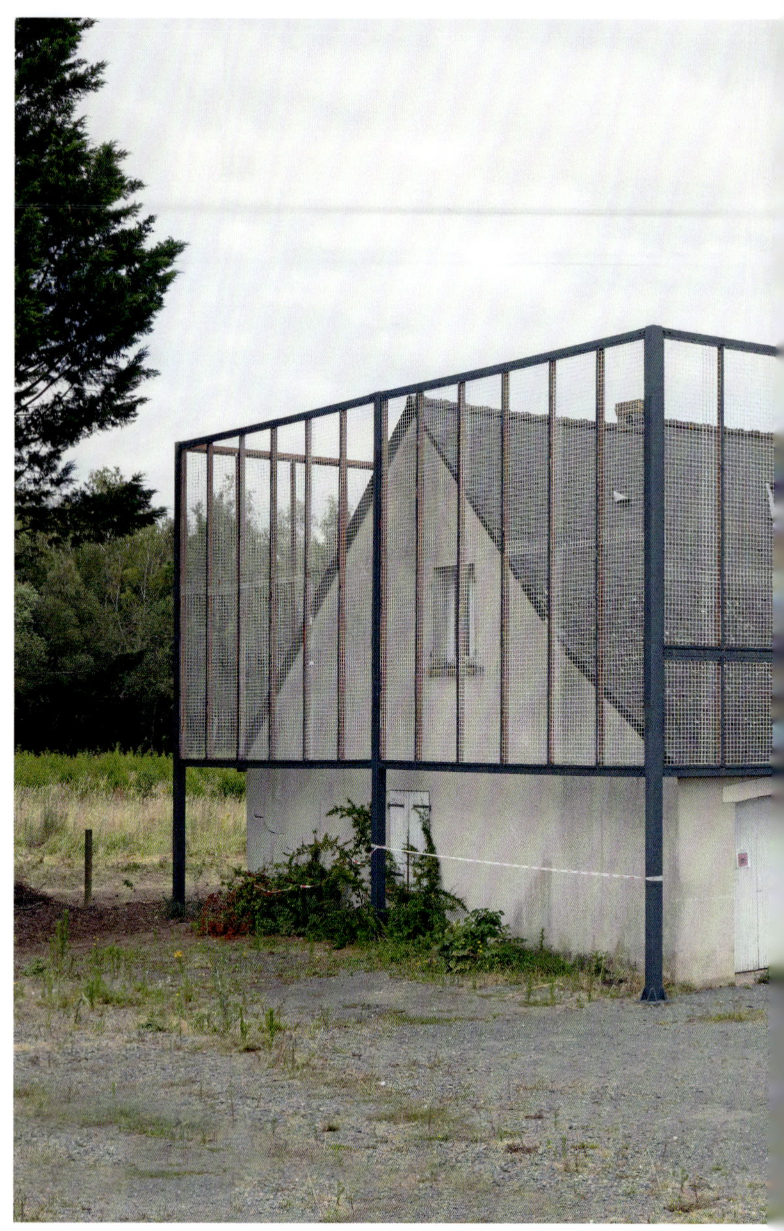

Saint-Cyr-sur-Loire

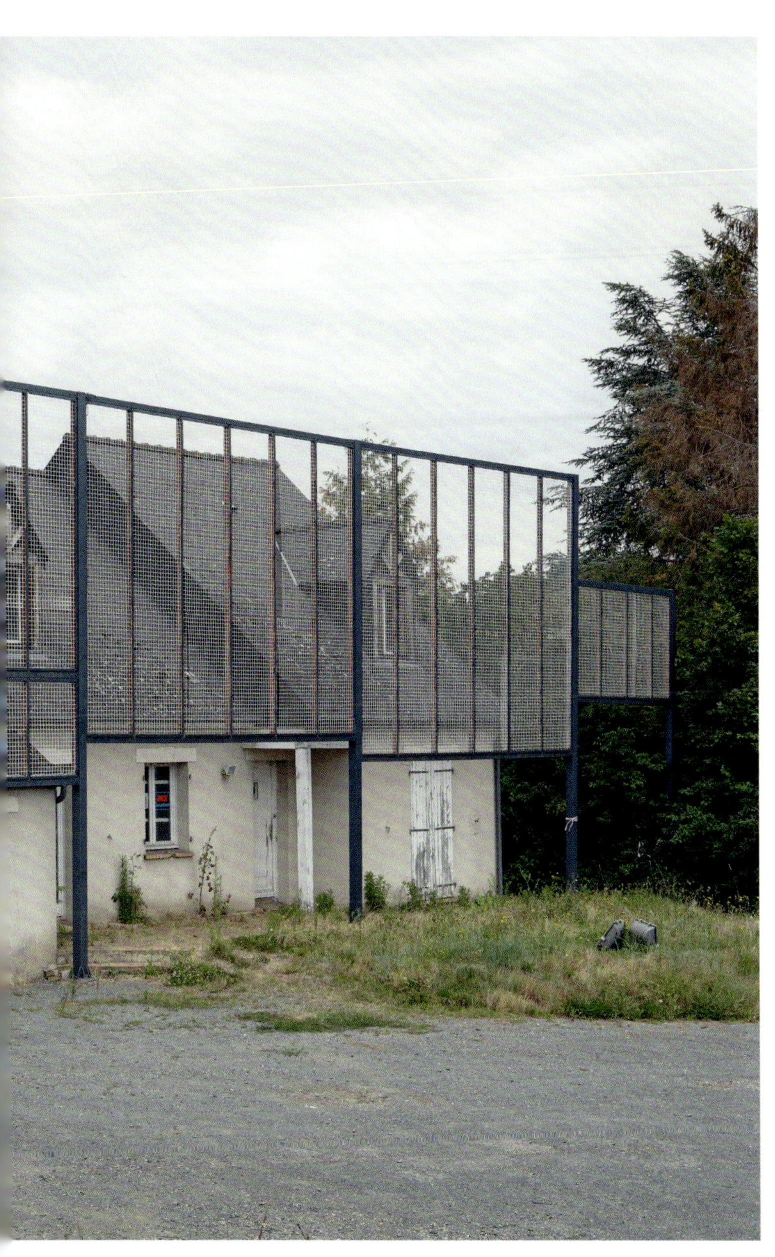

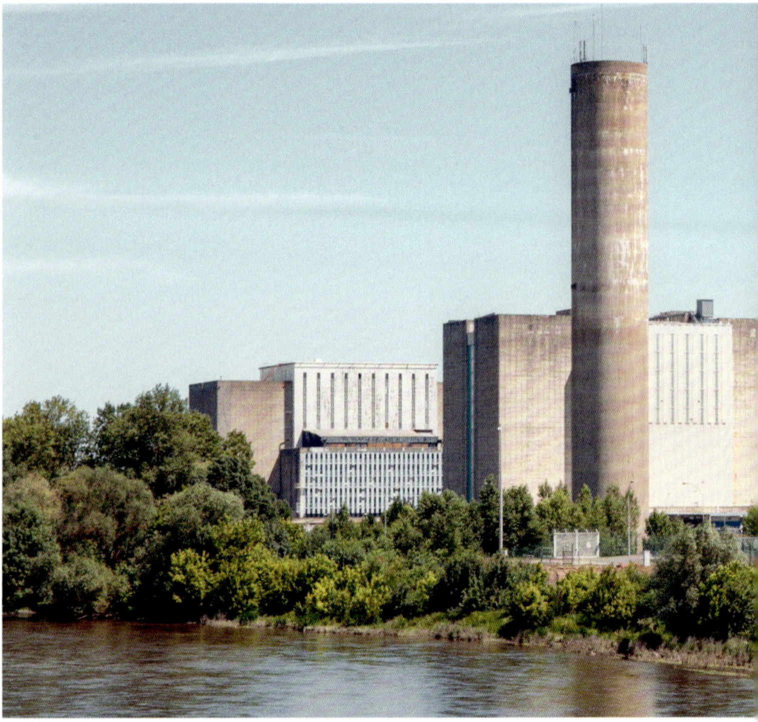

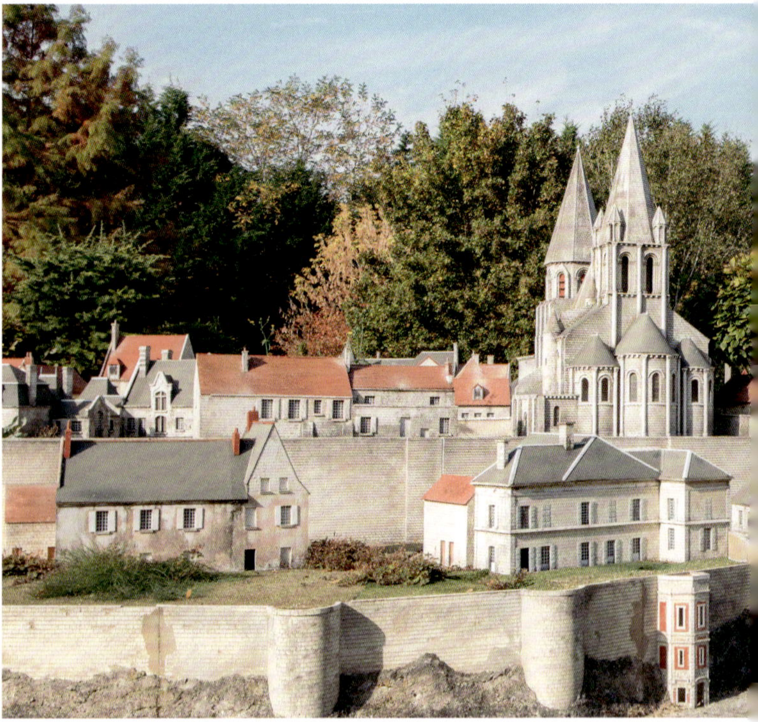

Chinon
Amboise

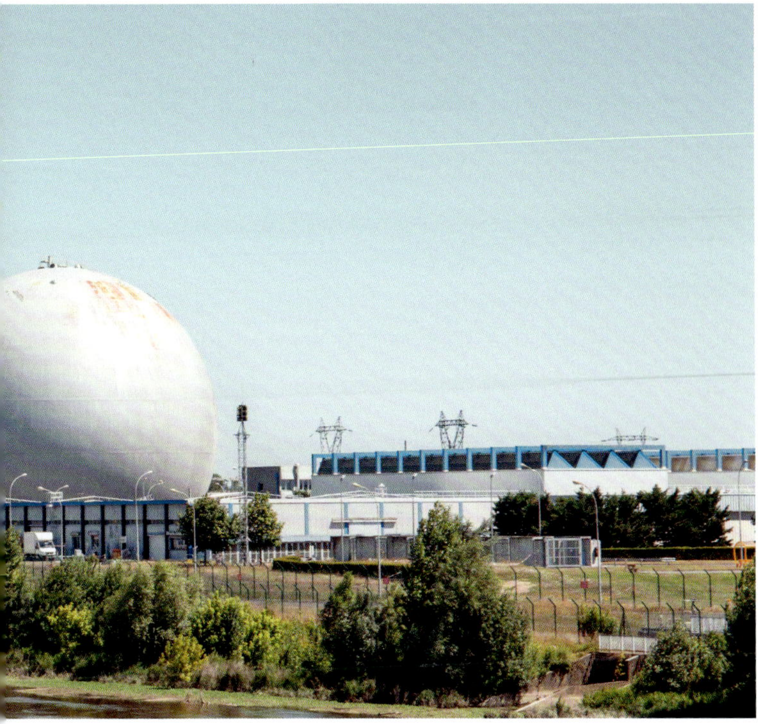

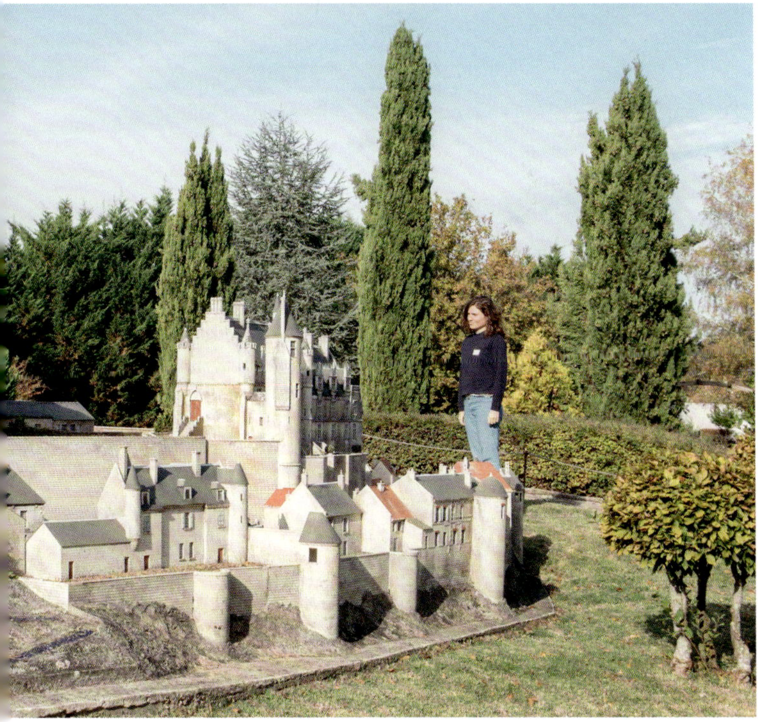

Chenonceau
Chinon
Luynes

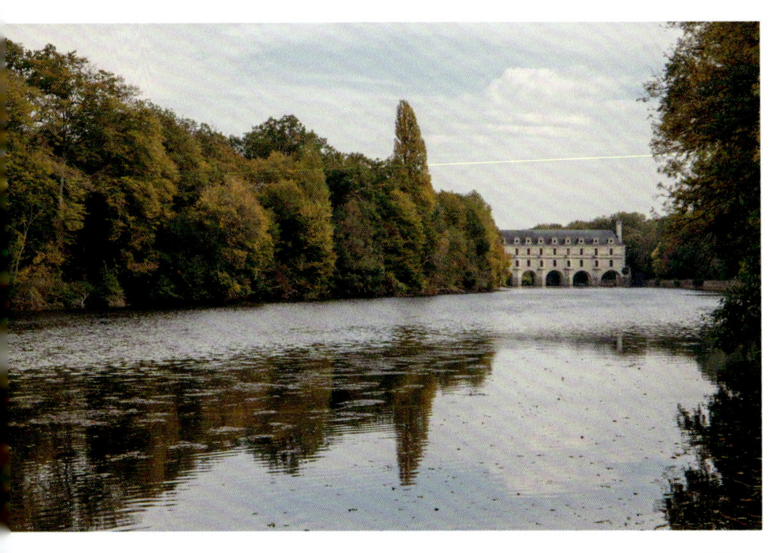

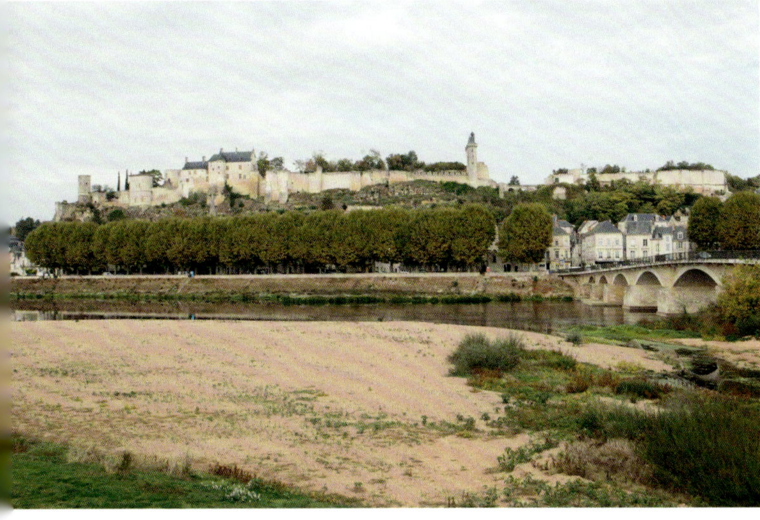

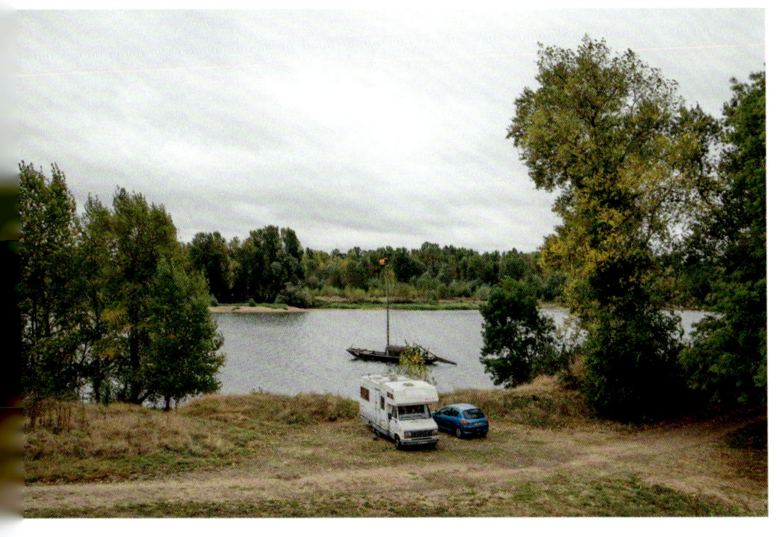

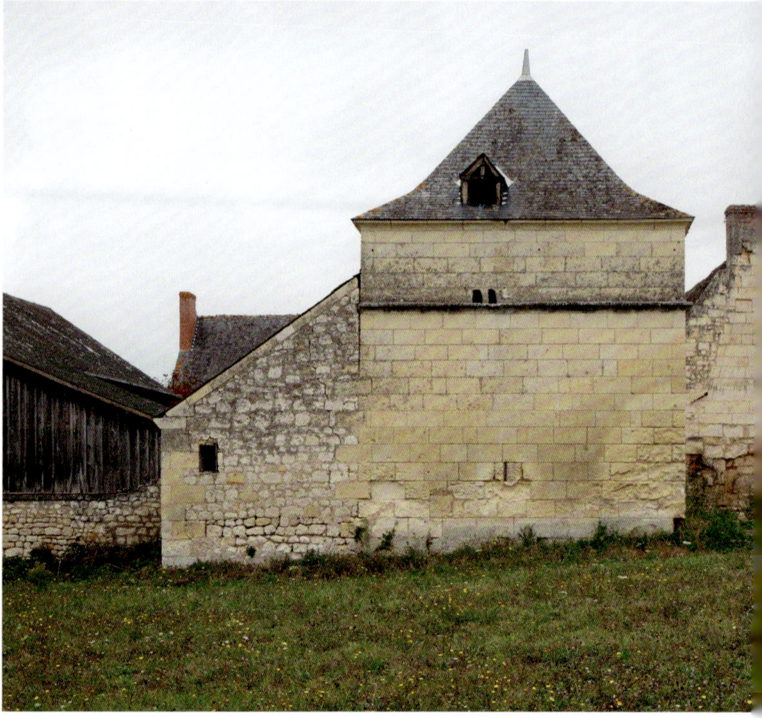

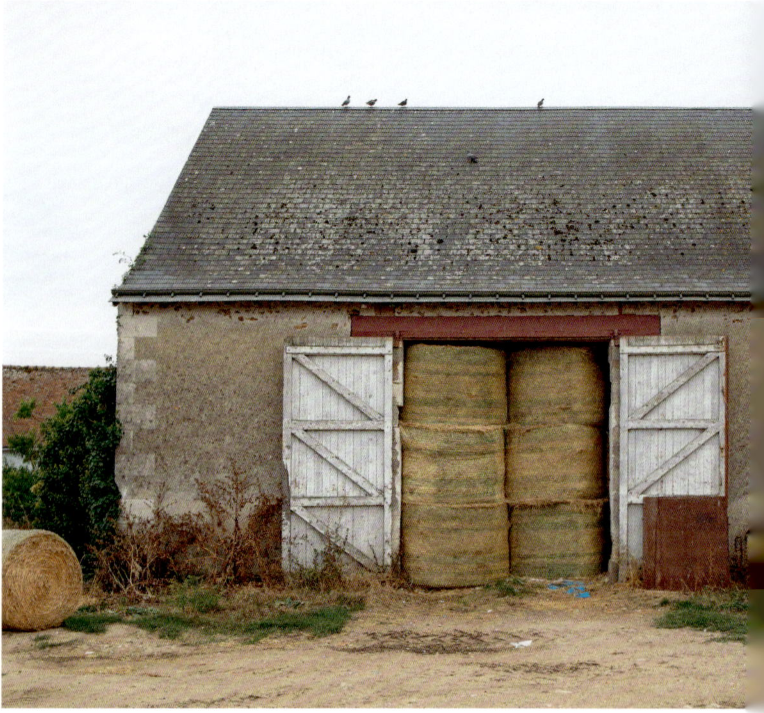

Benais
Joué-lès-Tours

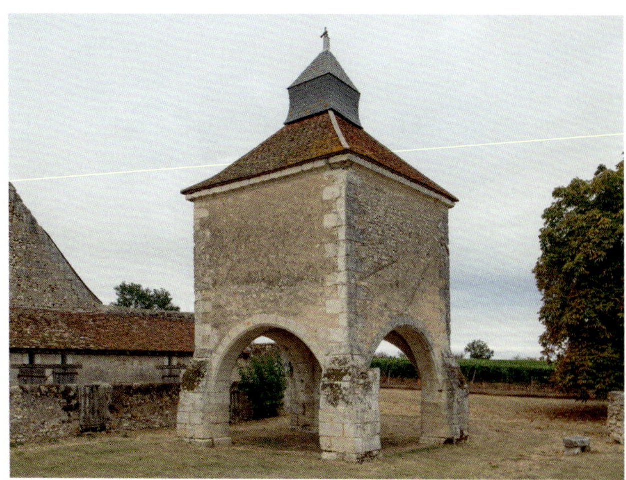

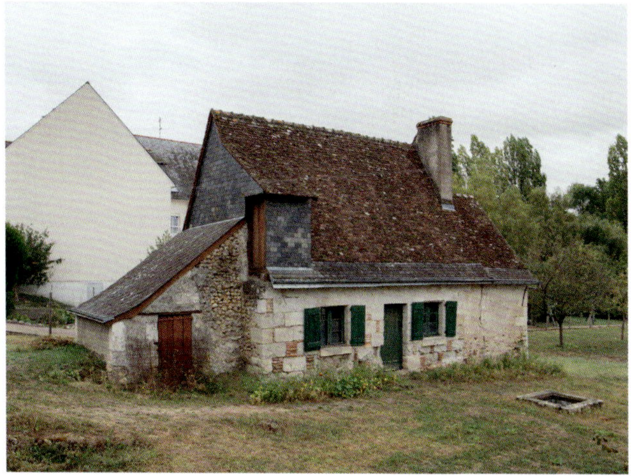

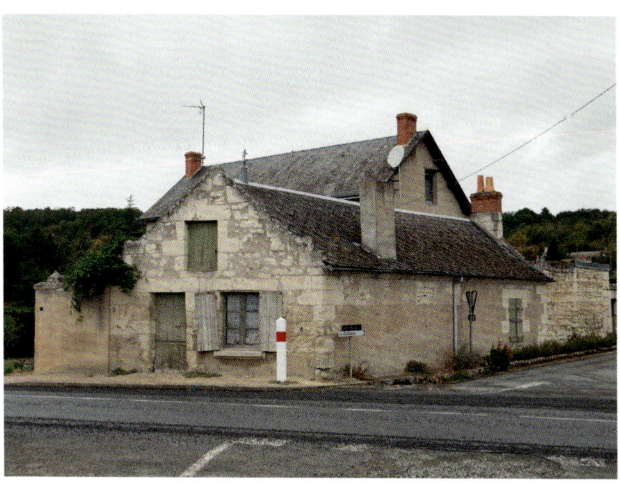

Joué-lès-Tours
Saint-Étienne-de-Chigny
Saint-Patrice

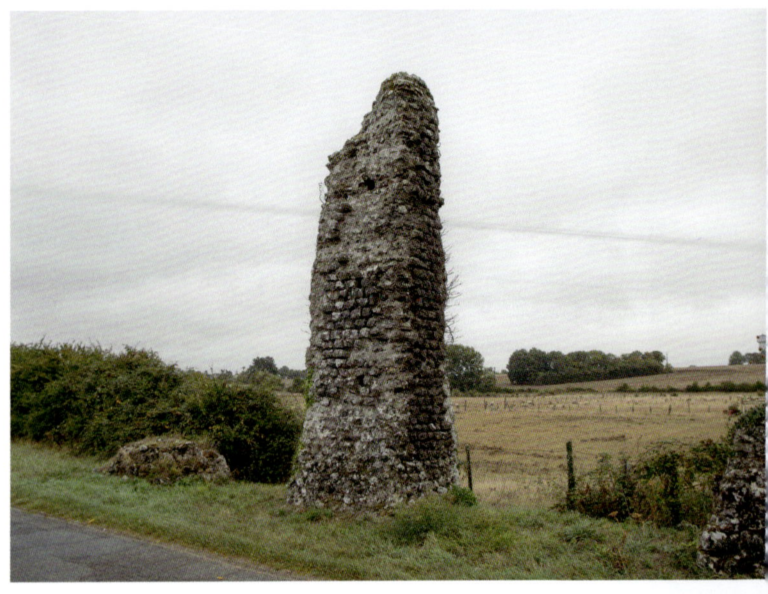

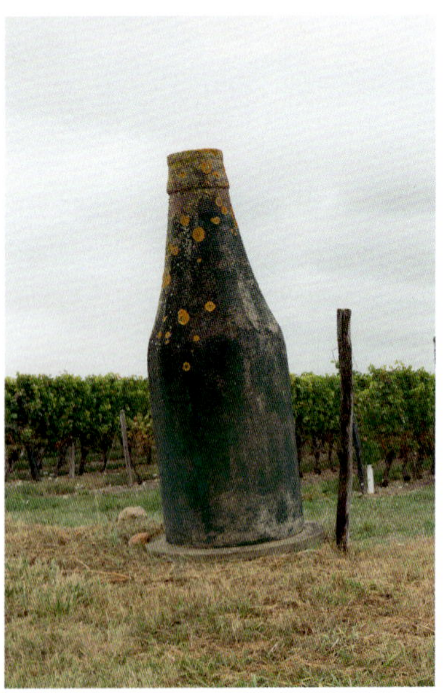

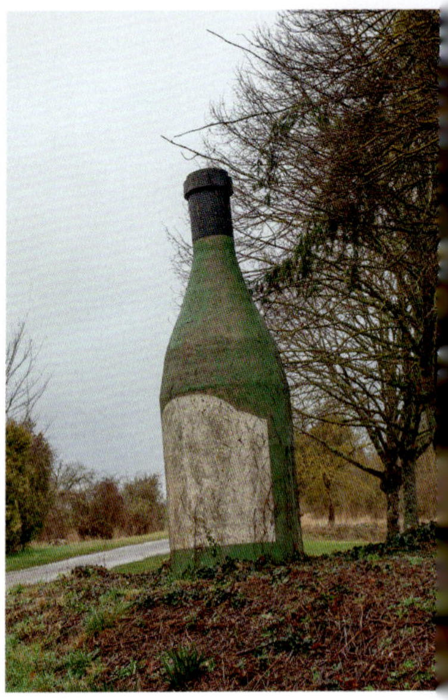

Luynes, *aqueduc gallo-romain*
Benais
Thésée

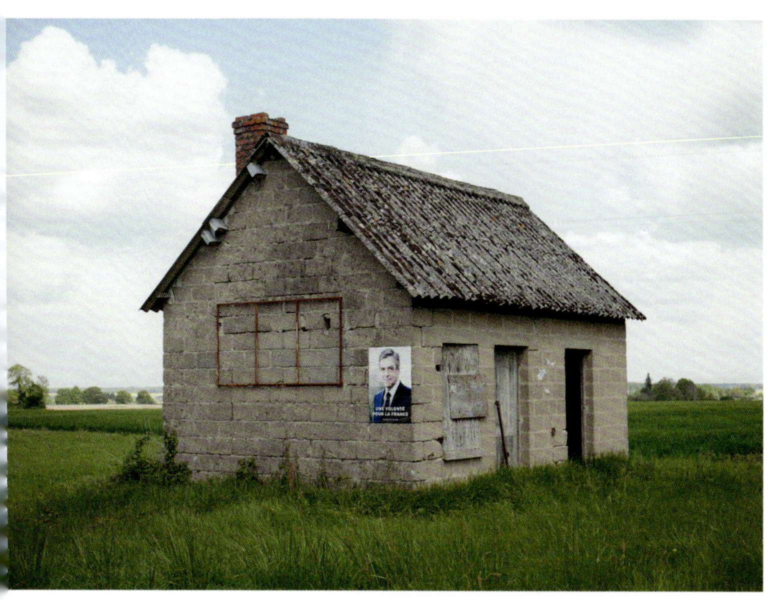

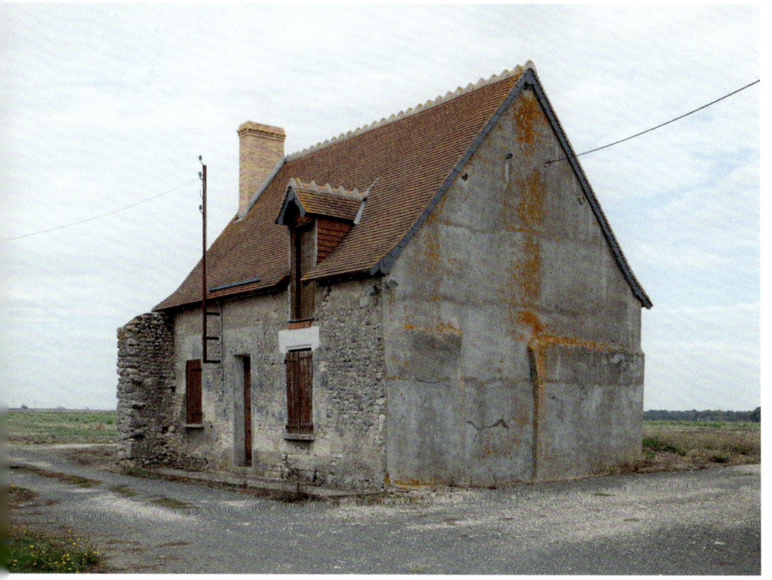

Campagne électorale
Cigogne

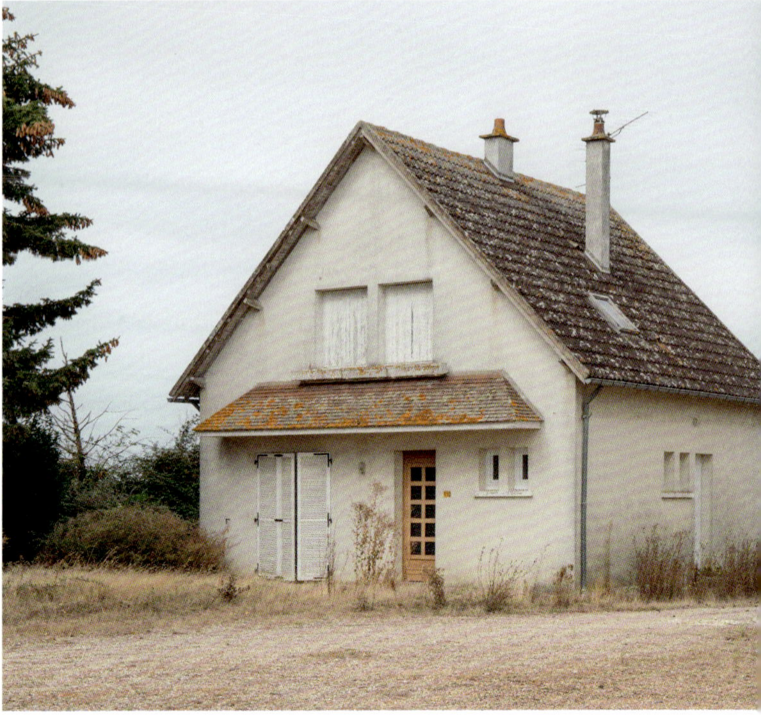

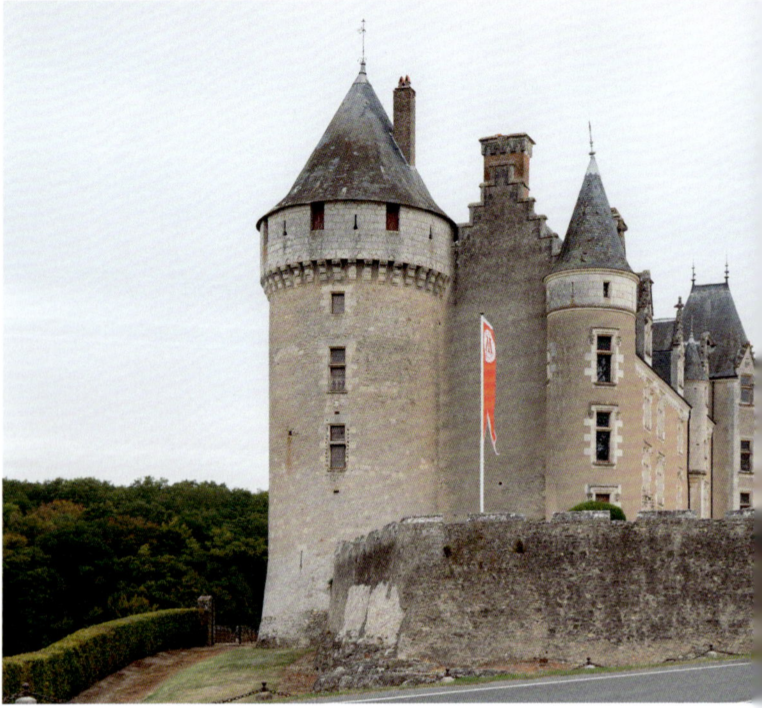

Pontlevoy
Céré-la-Ronde

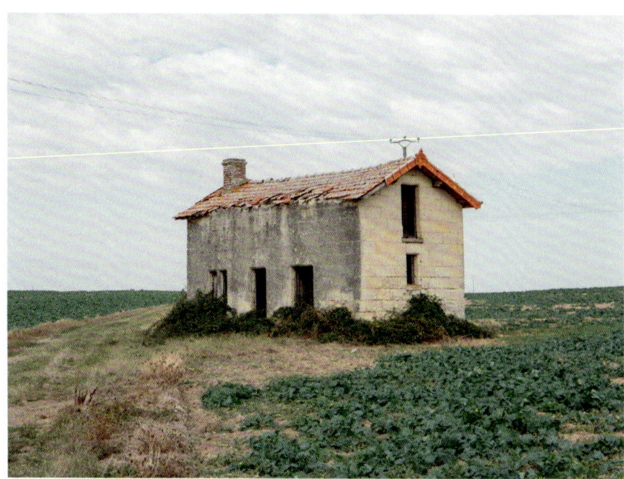

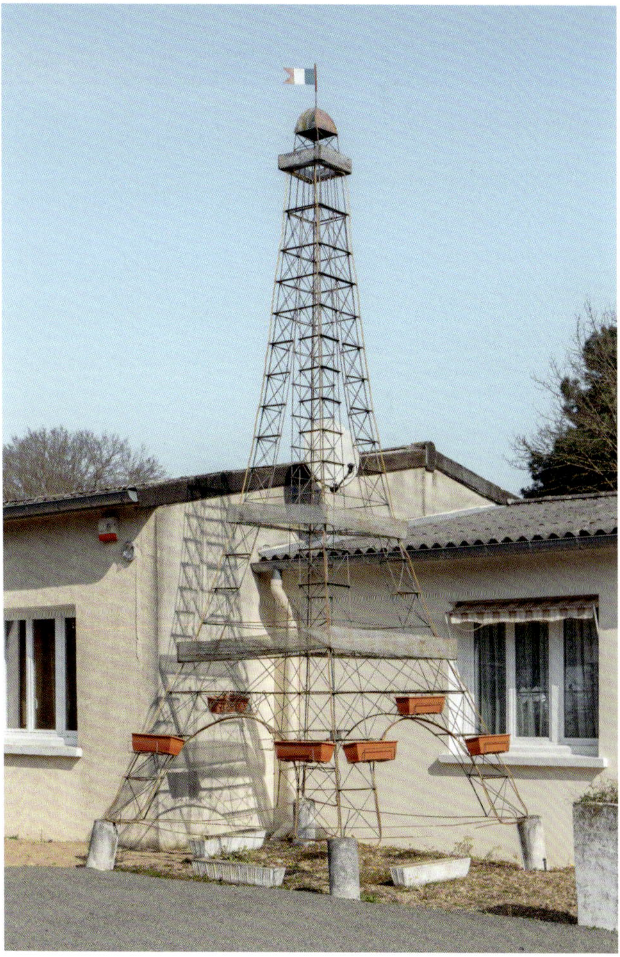

Chissay-en-Touraine
Saint-Médard   → Saint-Avertin

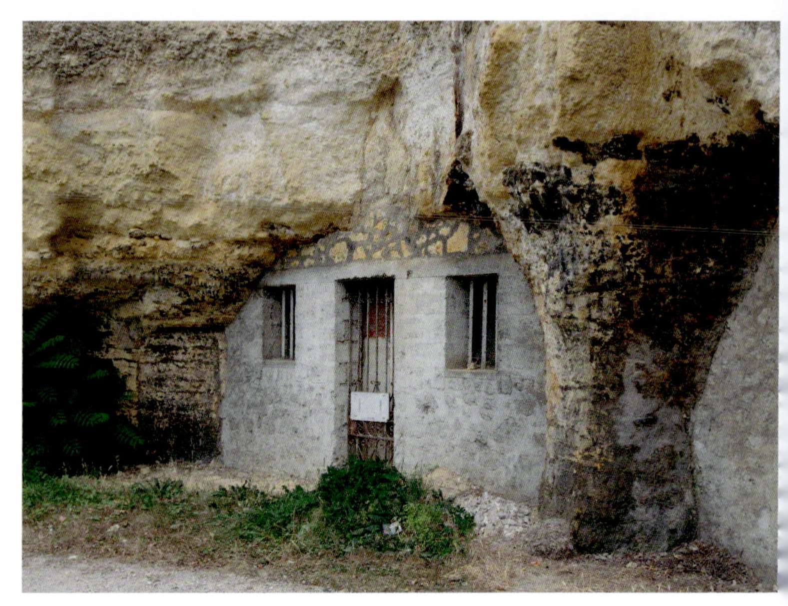

Hautes Vosges lorraines

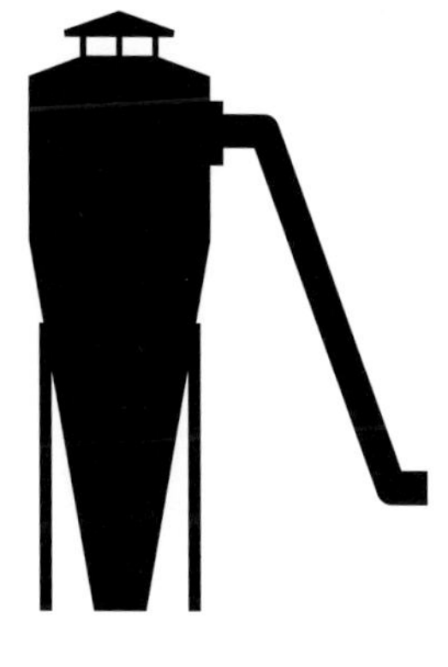

ch. 15

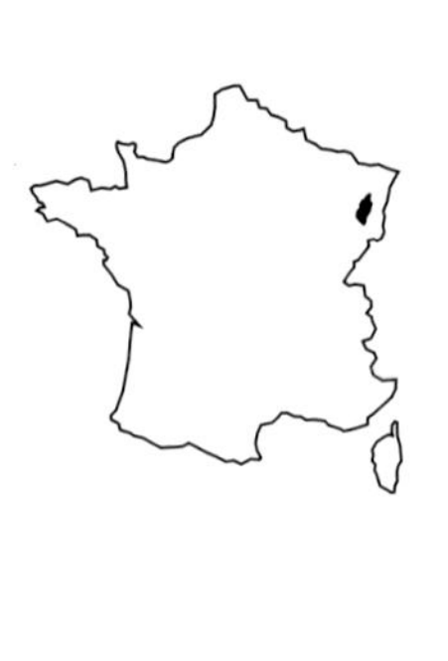

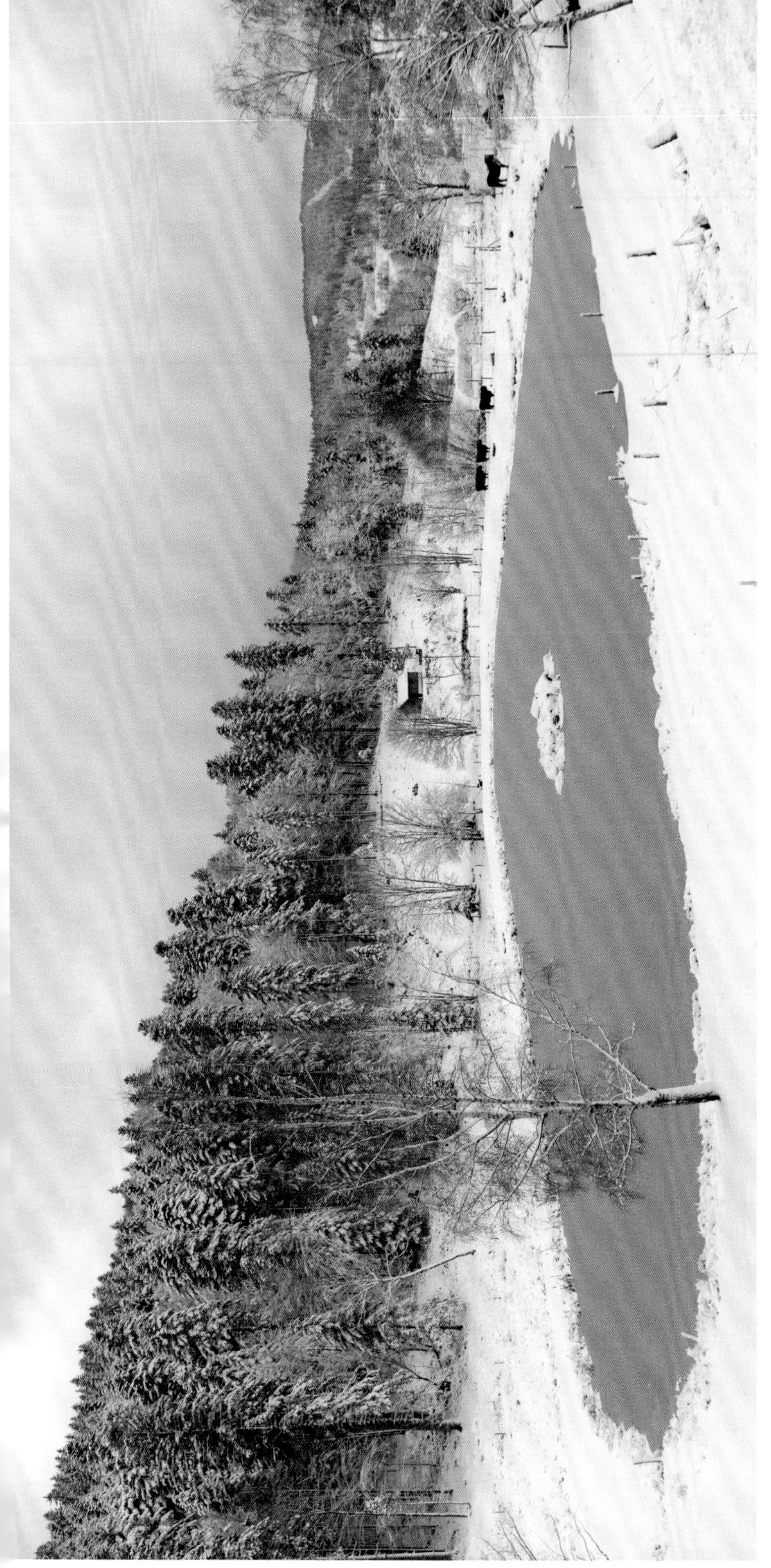

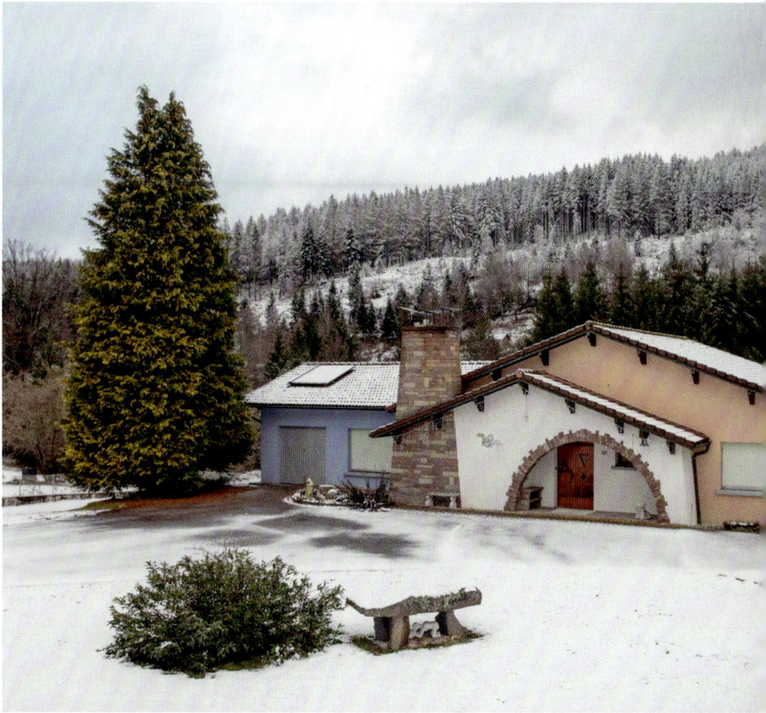

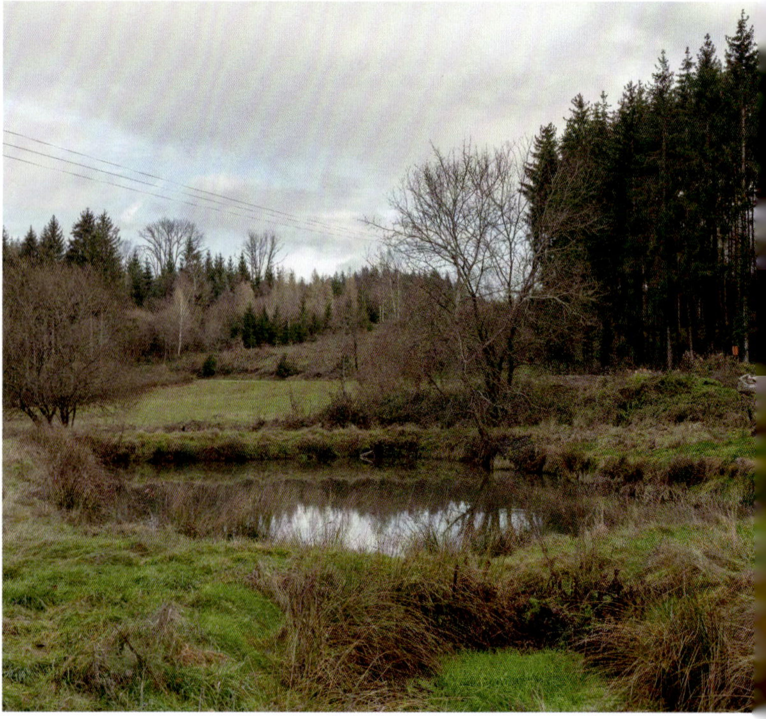

← Ventron

Thiéfosse
Nompatelize

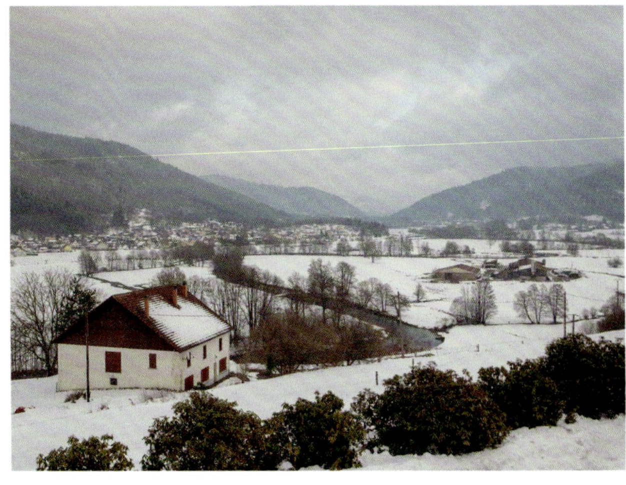
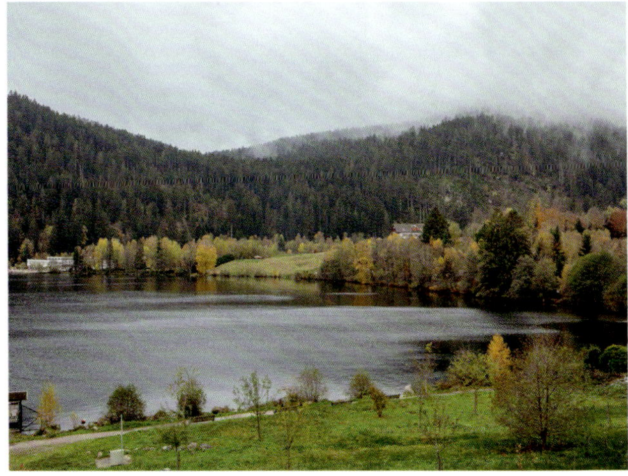
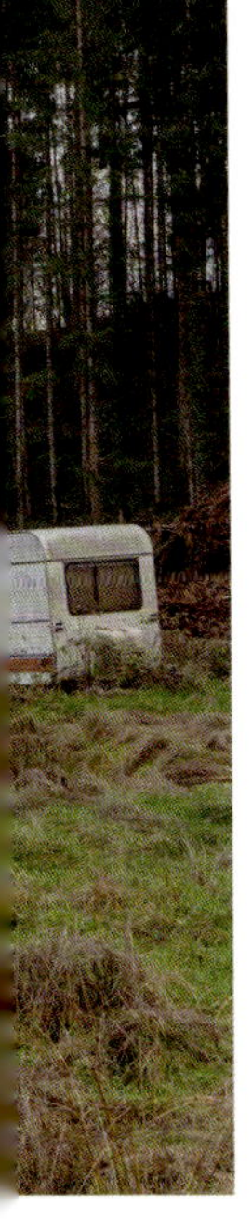
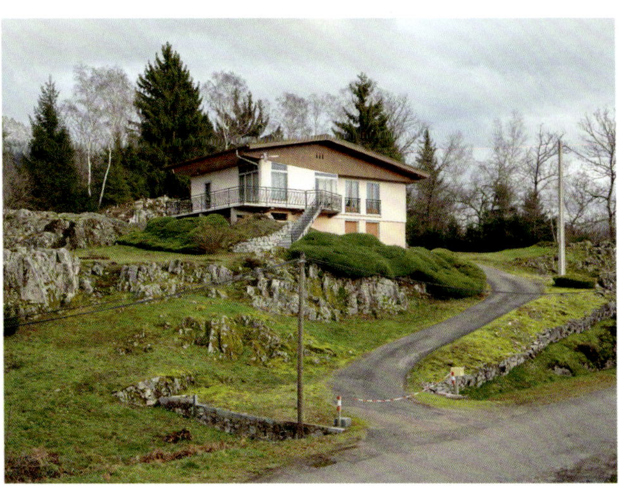

Vallée de la Moselle
Gérardmer
Saint-Amé

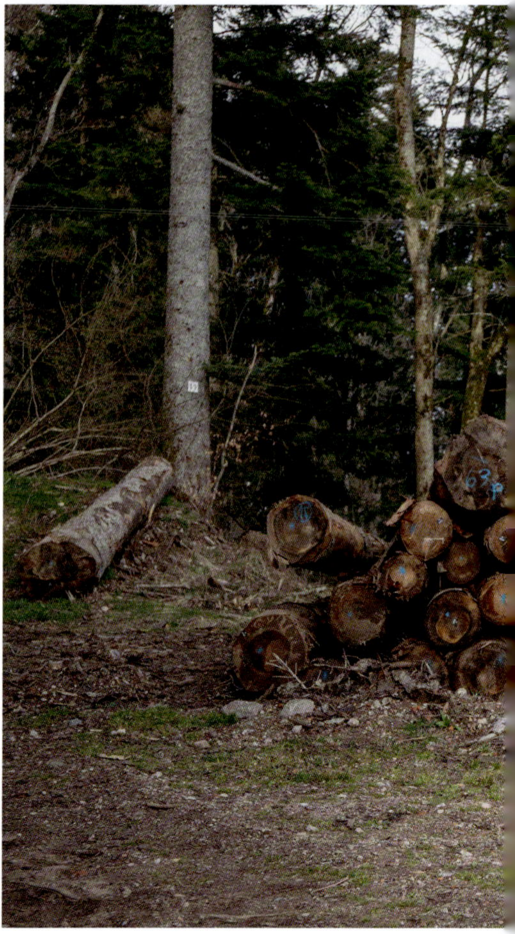

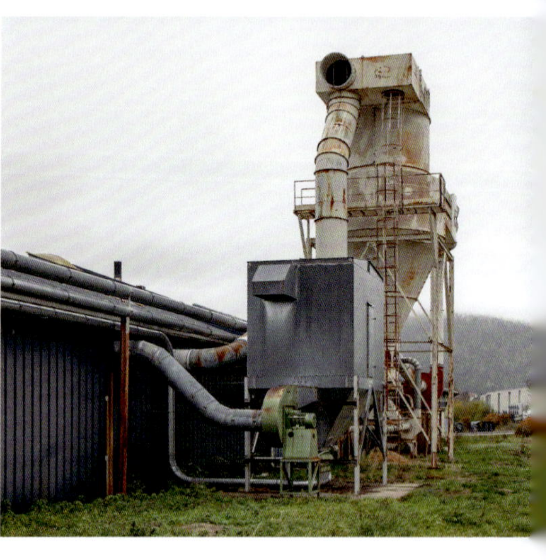

Sainte-Marie-aux-Mines
Gérardmer

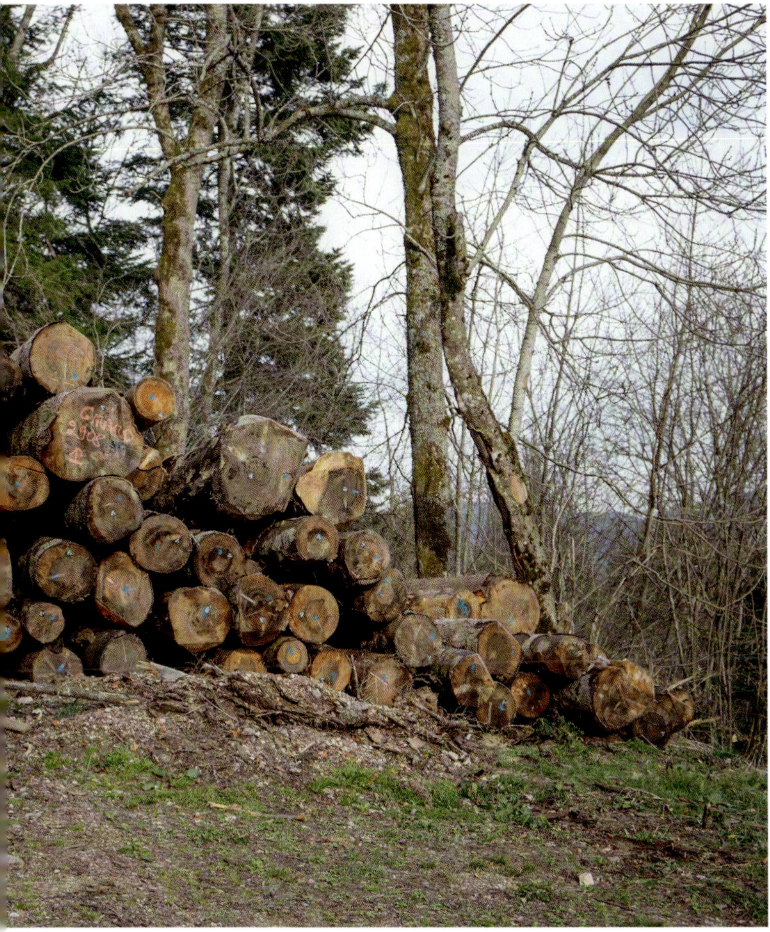

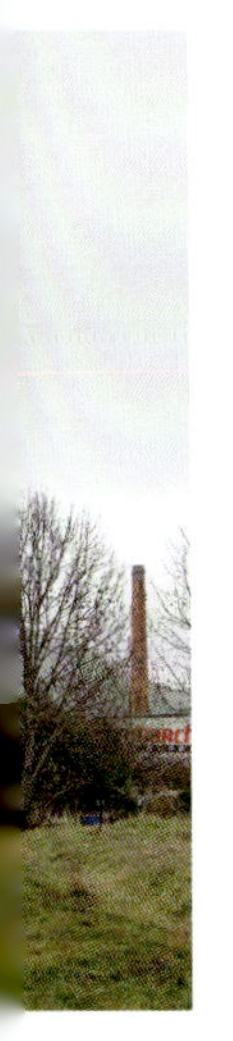

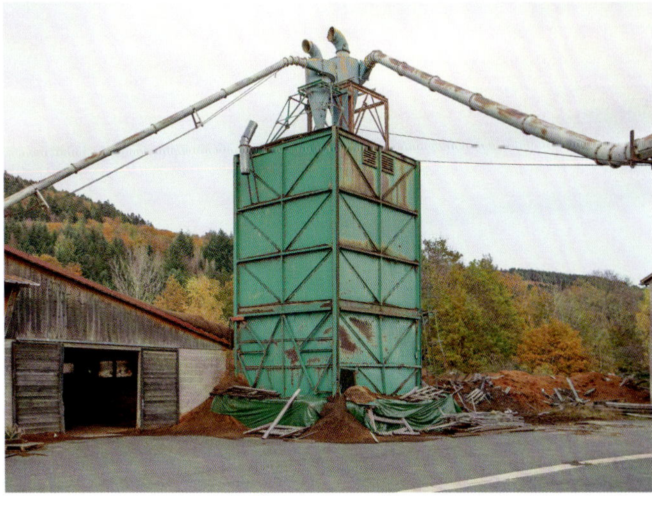

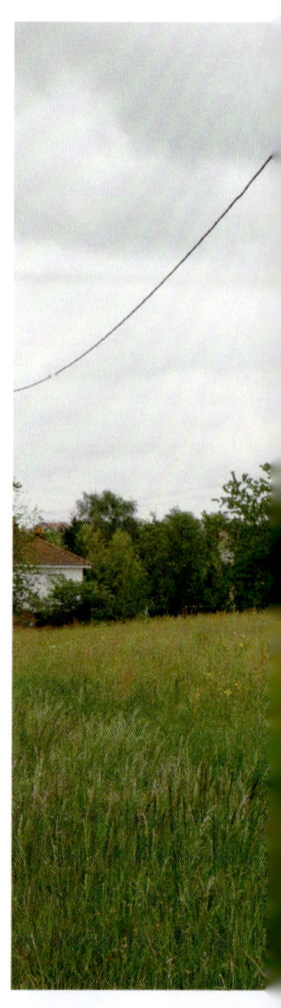

Hautes Vosges lorraines
Laveline-devant-Bruyères

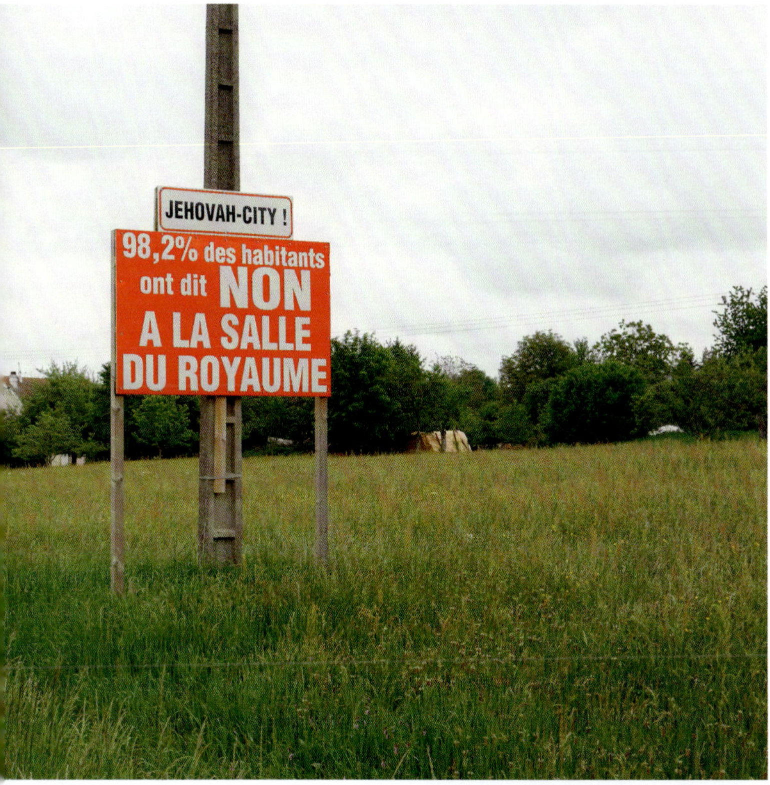

JEHOVAH-CITY !
98,2% des habitants
ont dit NON
A LA SALLE
DU ROYAUME

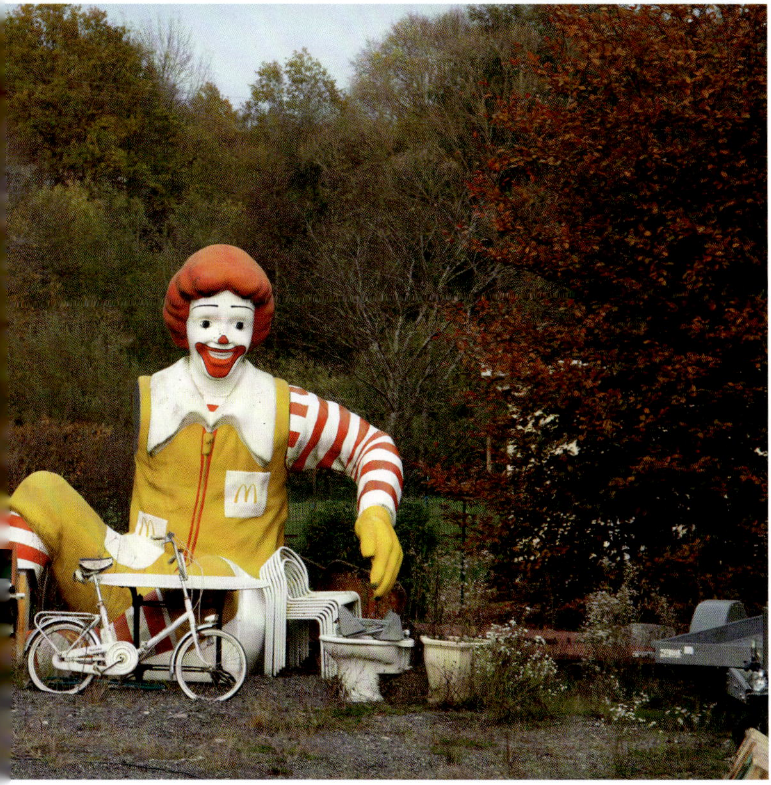

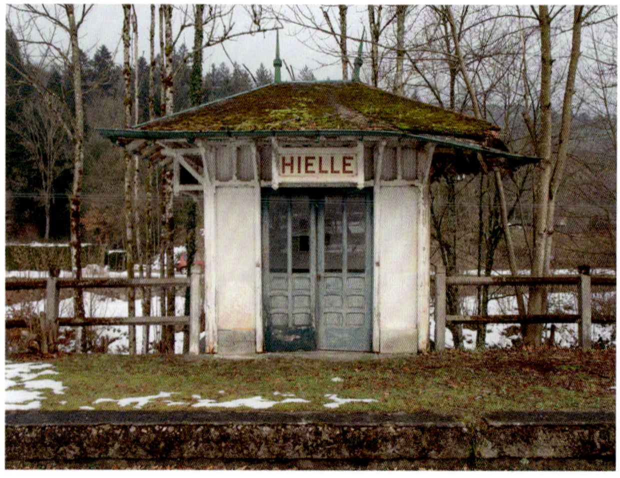

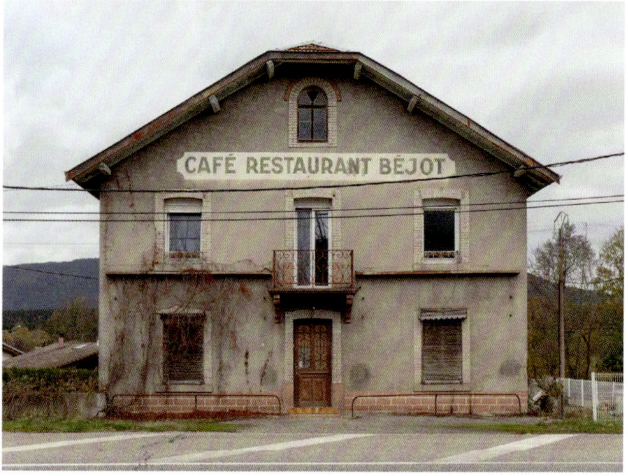

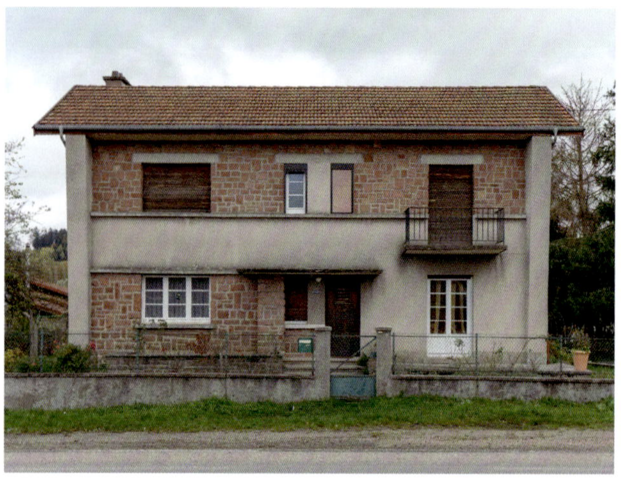

Rupt-sur-Moselle
Raves → Saulcy-sur-Meurthe (2)
Anould Gérardmer

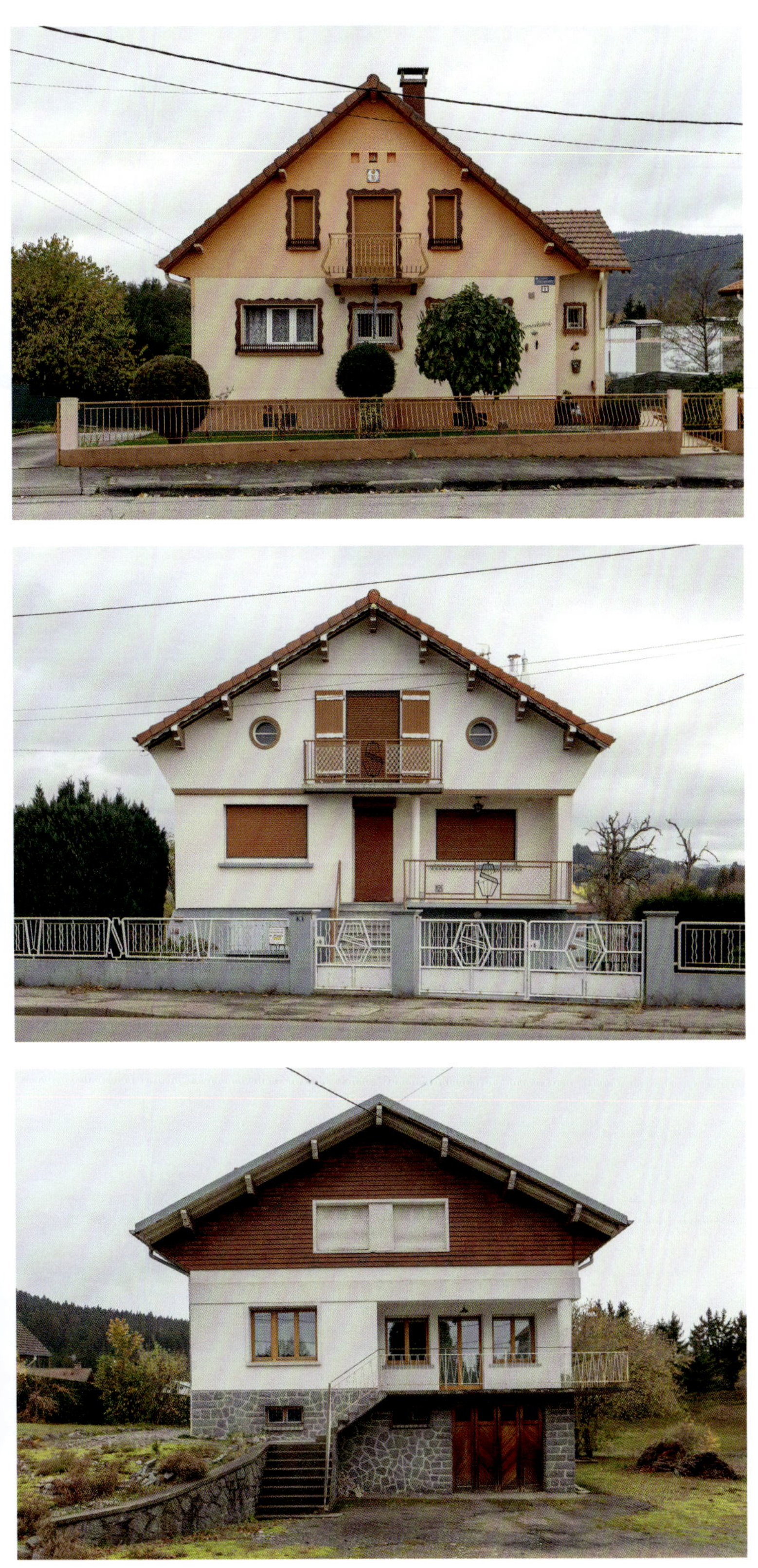

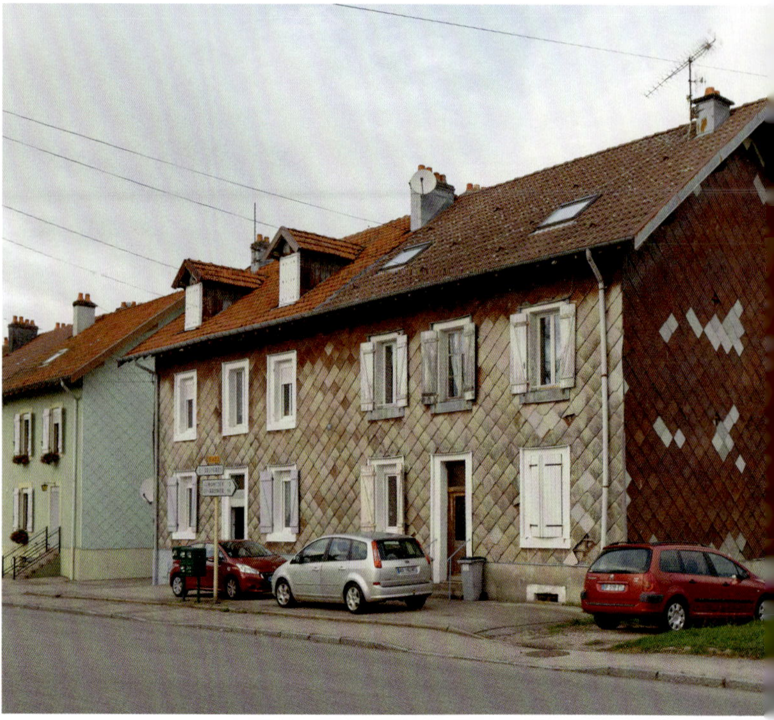

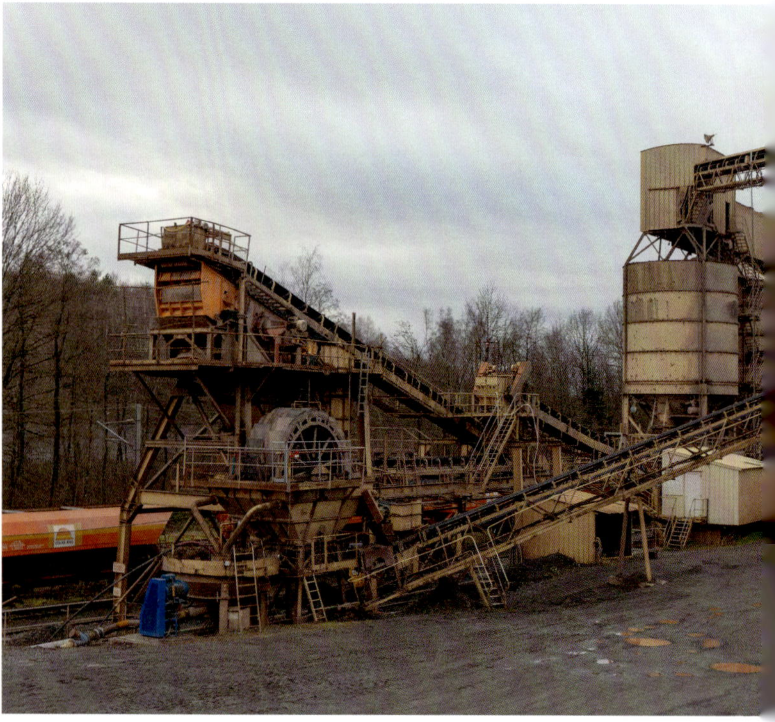

Laveline-devant-Bruyères
Raon-l'Étape

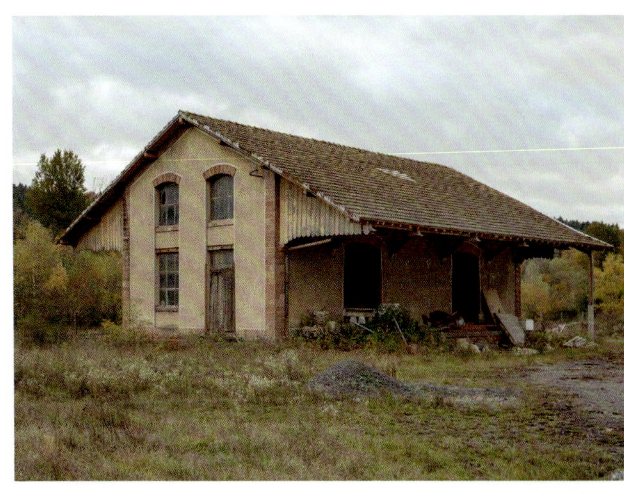

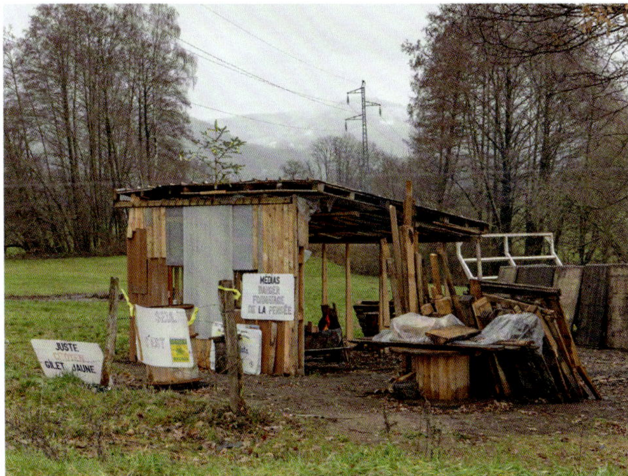

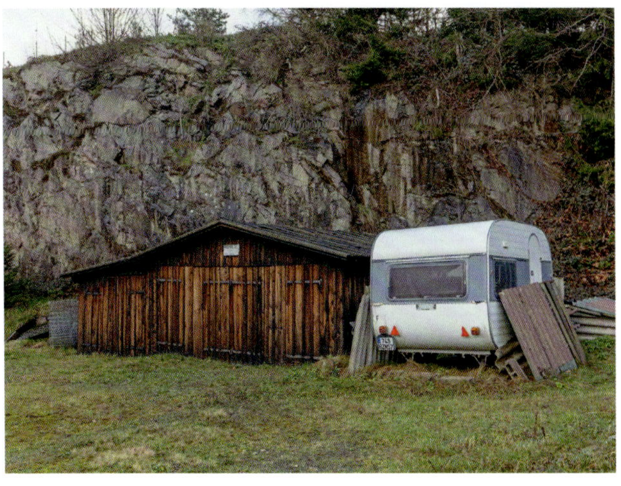

Raves
Remiremont
Saint-Amé

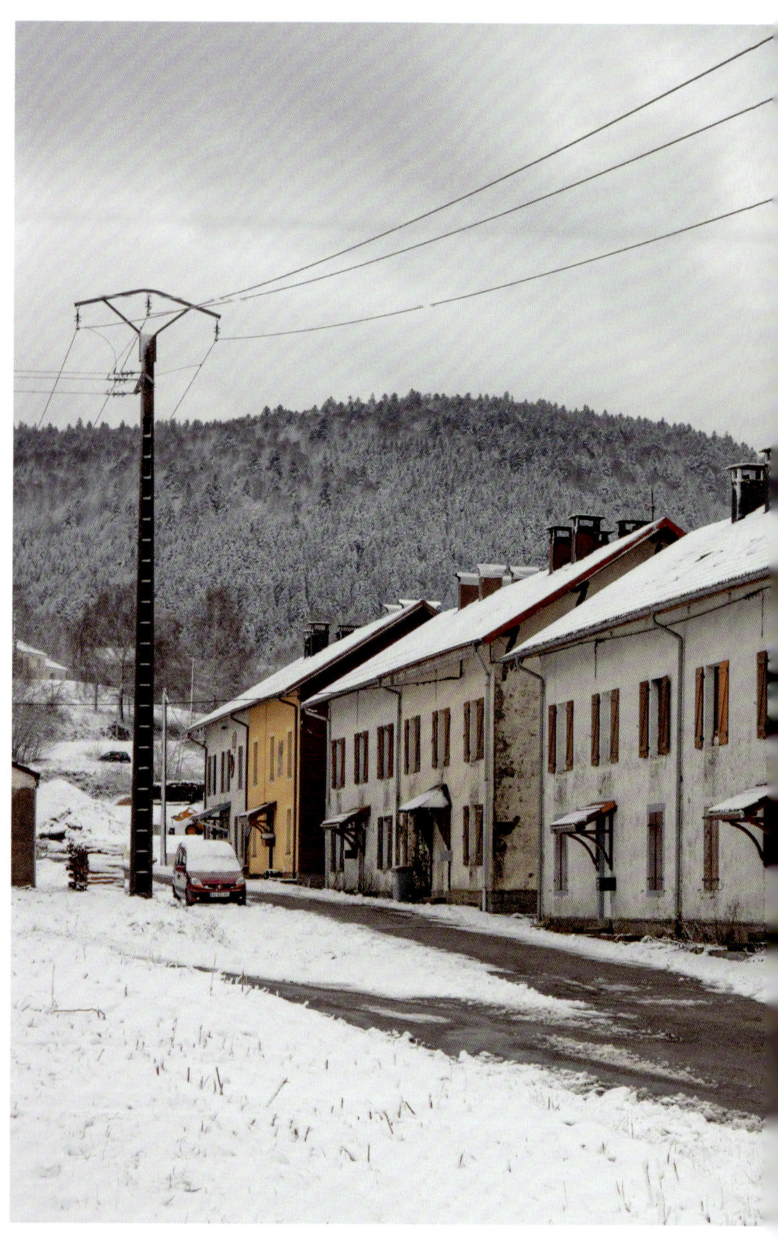

Thiéfosse

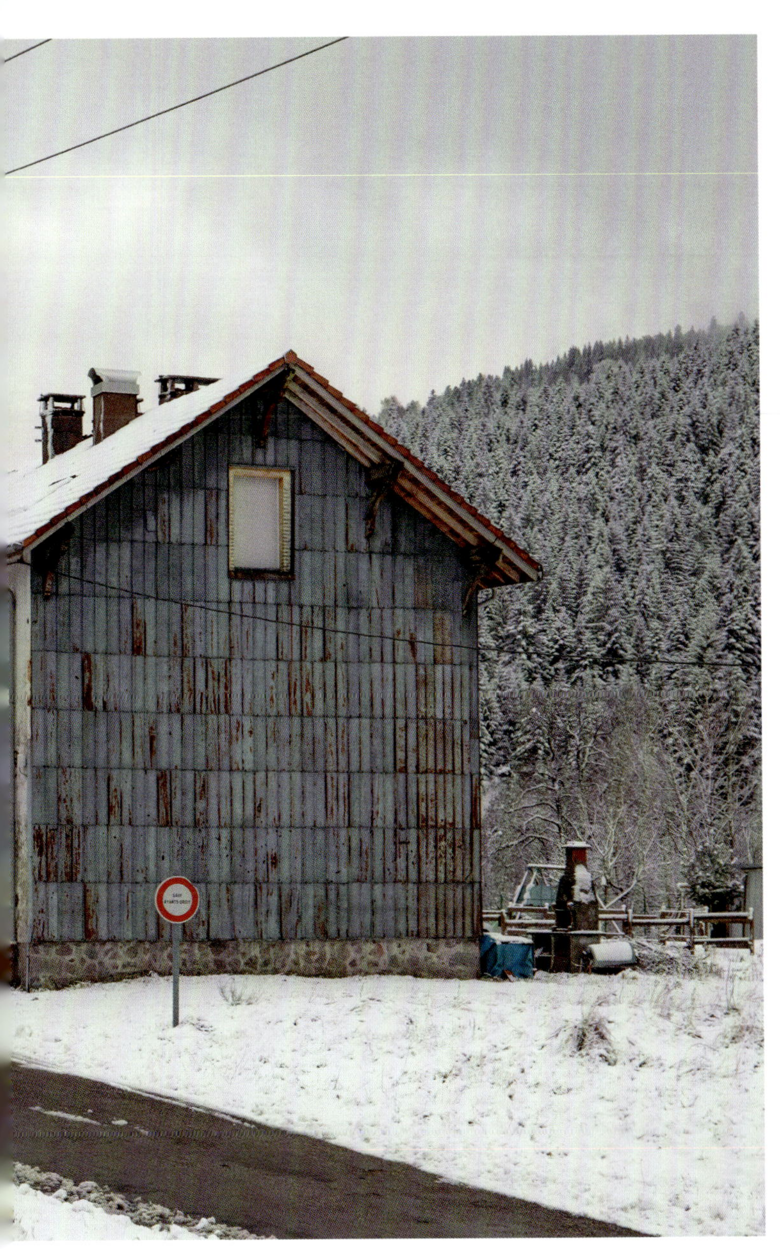

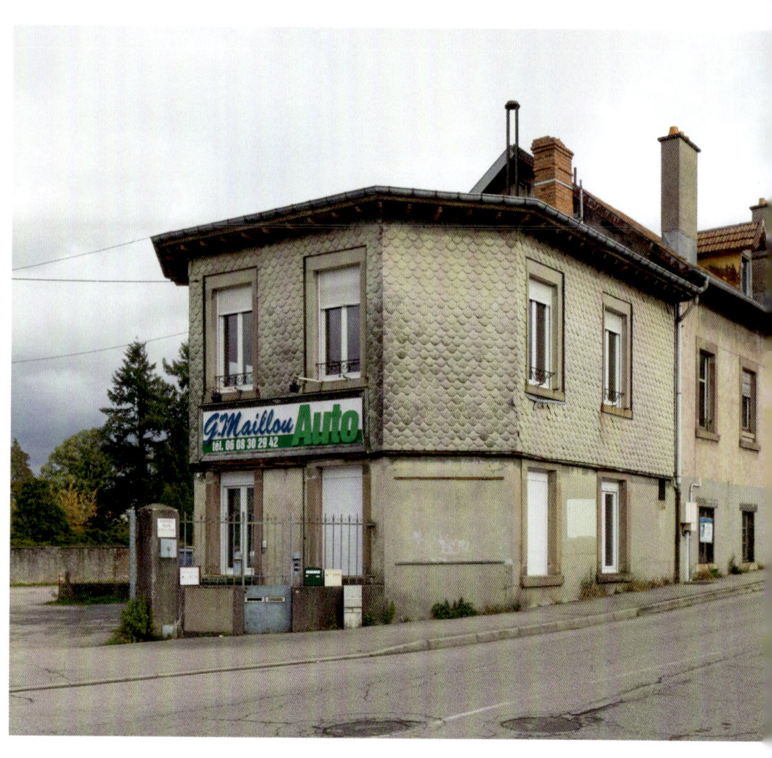

Saint-Dié-des-Vosges

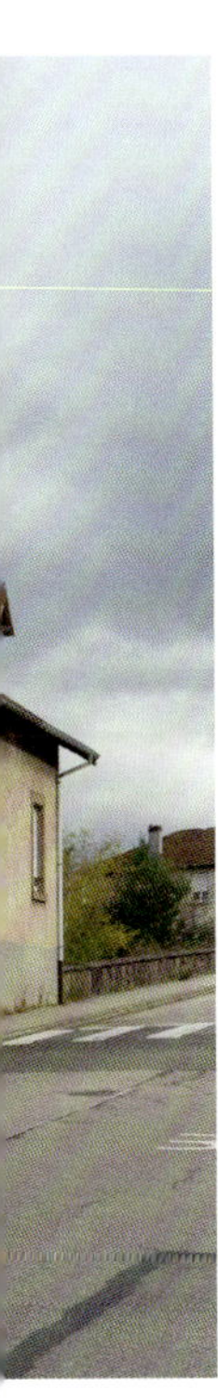

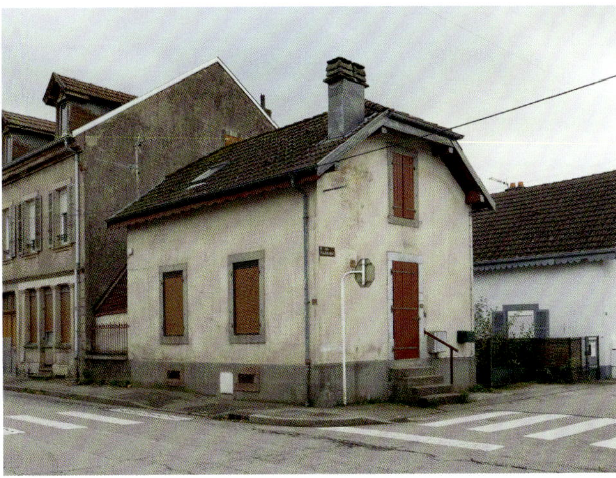

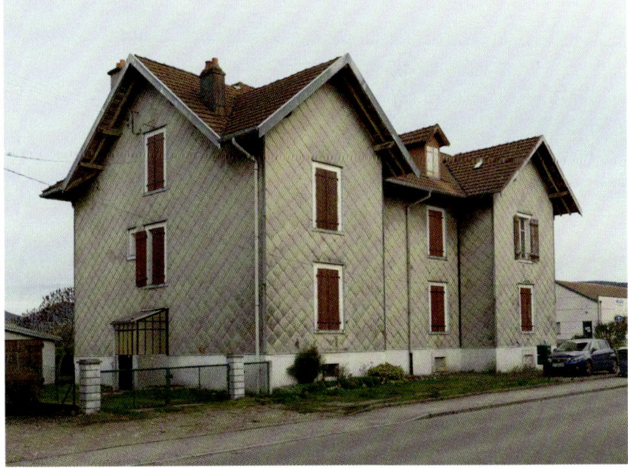

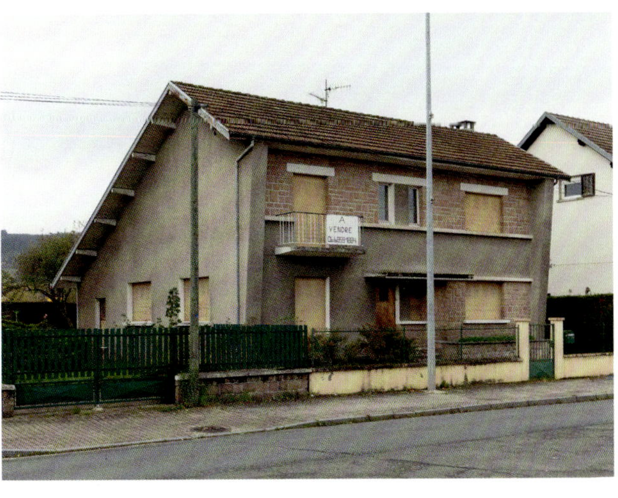

Saint-Dié-des-Vosges
Laveline-devant-Bruyères
Anould

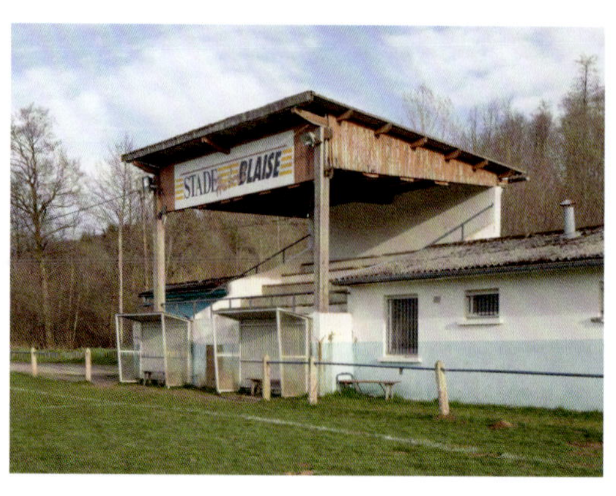
STADE BLAISE

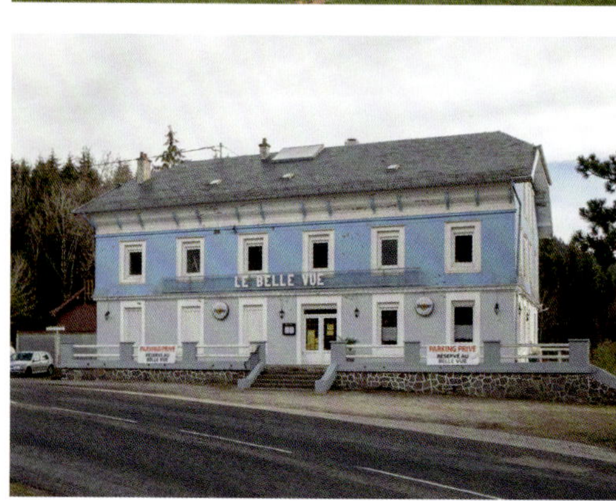
LE BELLE VUE

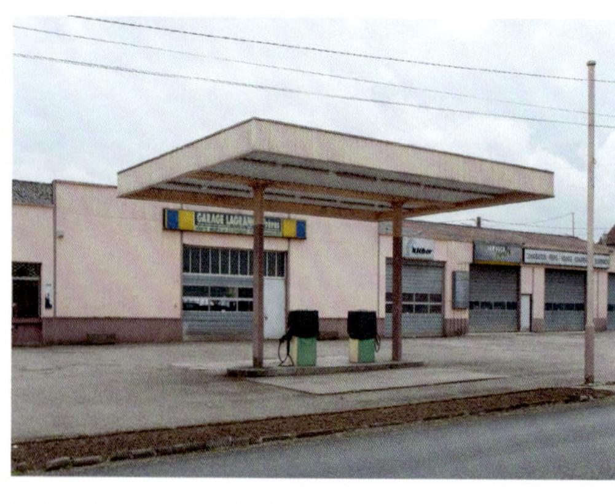
GARAGE LAGRANGE

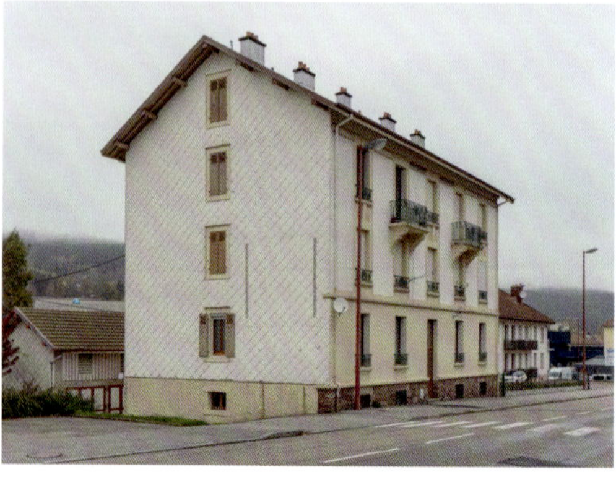

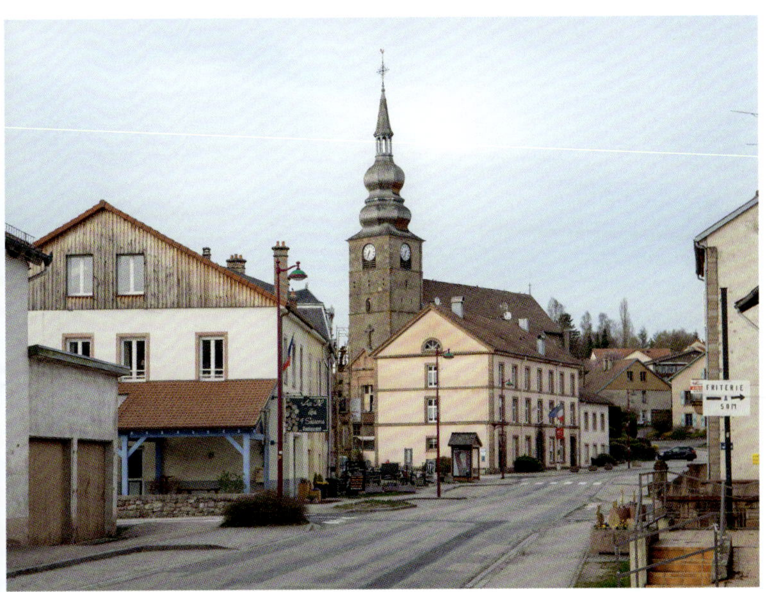

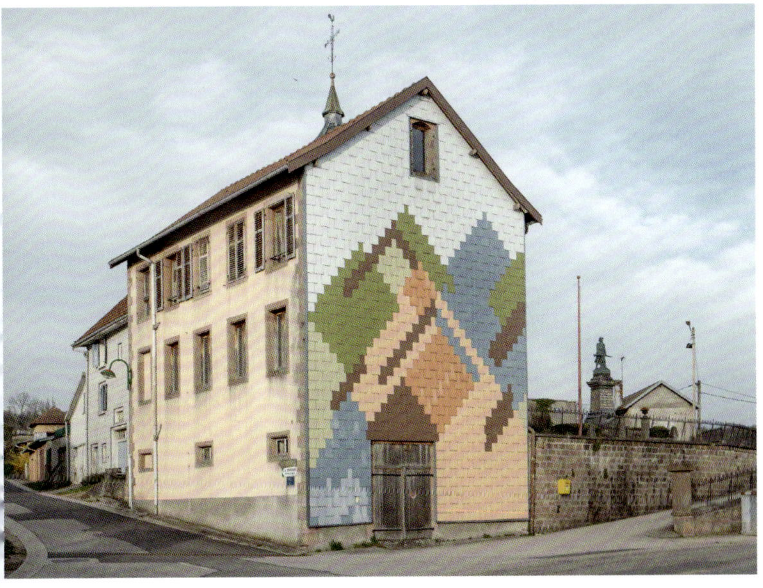

← Provenchères-sur-Fave
Col de Sainte-Marie
Saint-Dié-des-Vosges
Gérardmer

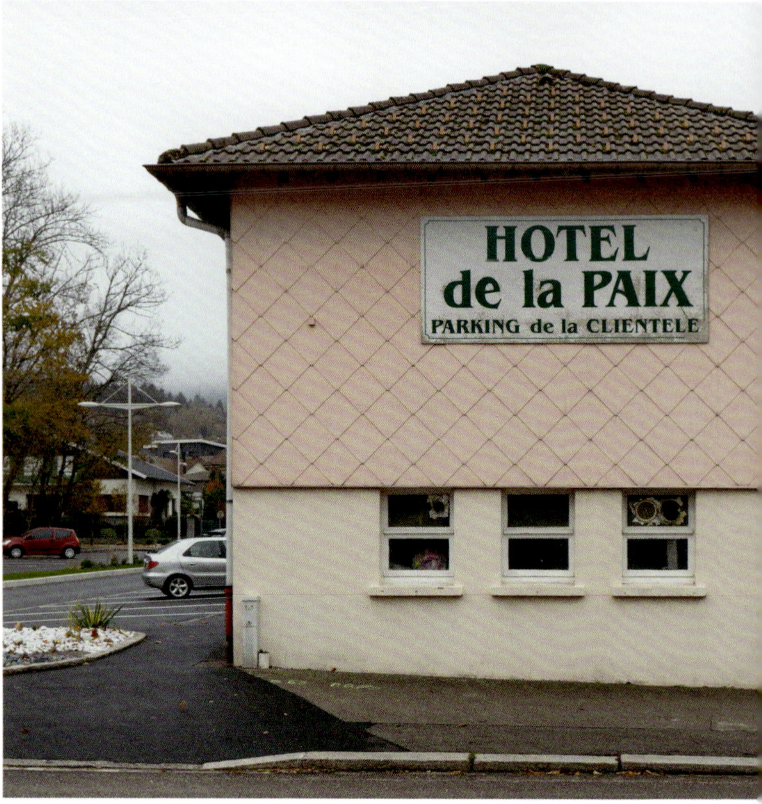

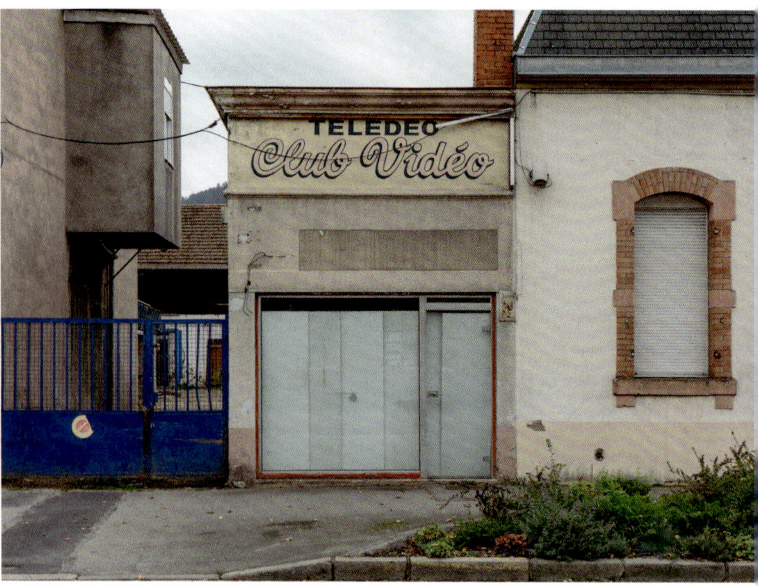

Gérardmer
Saint-Dié-des-Vosges

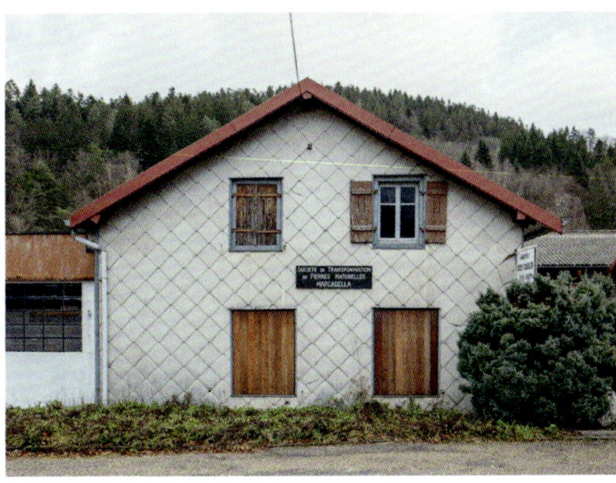

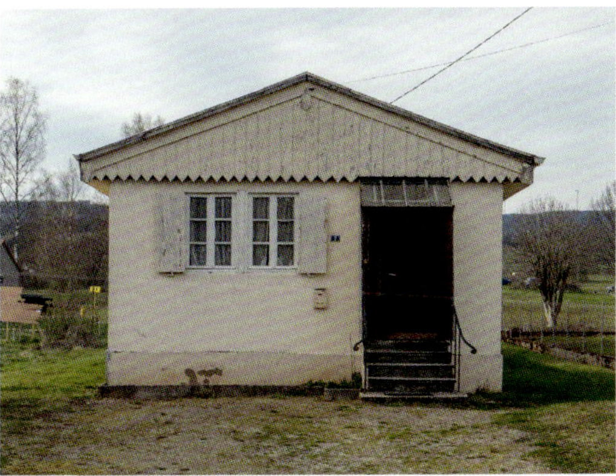

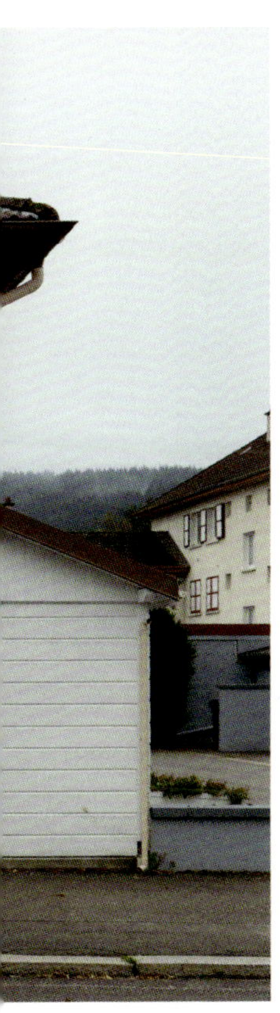

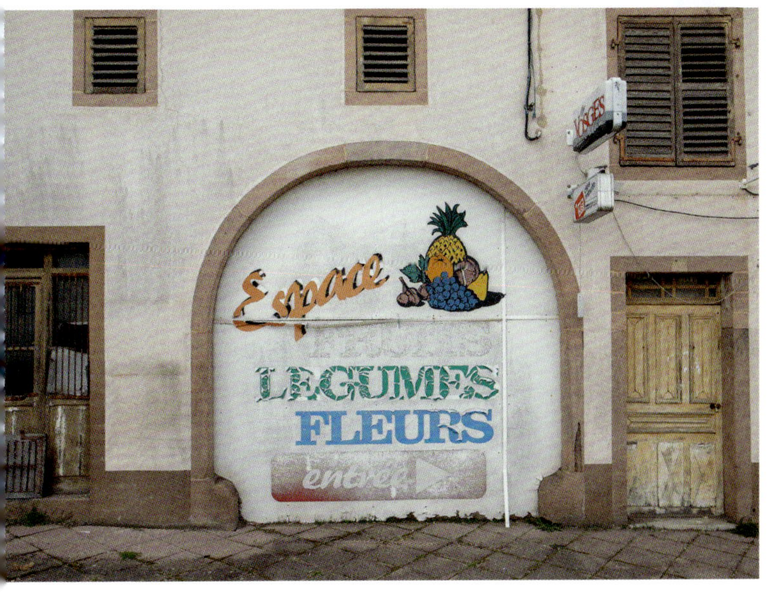

Espace
LÉGUMES
FLEURS
entrée

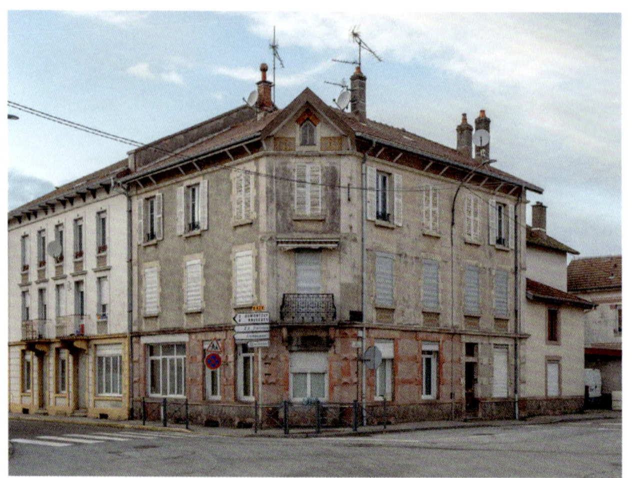

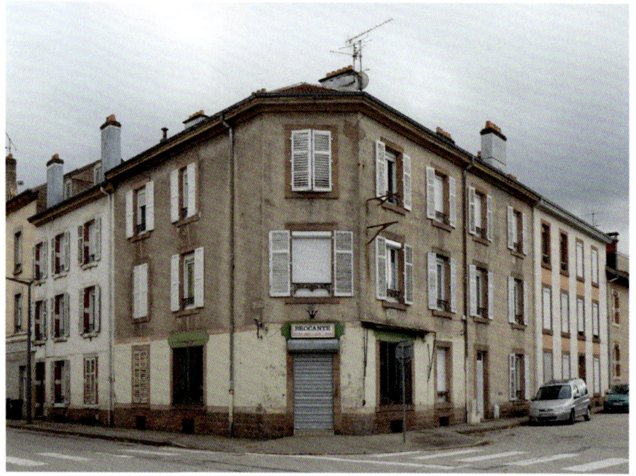

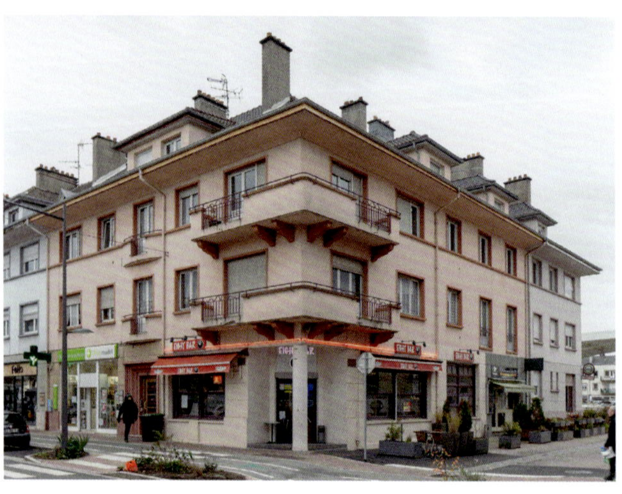

Granges-sur-Vologne
Saint-Dié-des-Vosges (2) → Saint-Dié-des-Vosges (3) →→ Raon-l'Étape

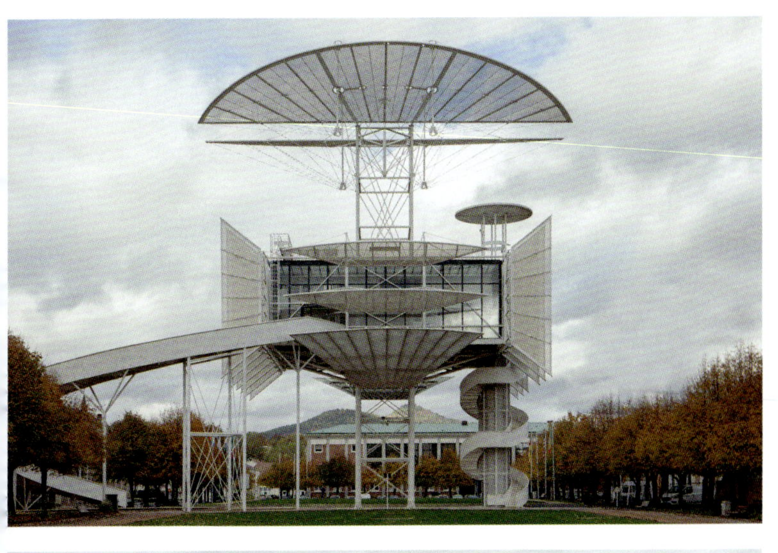

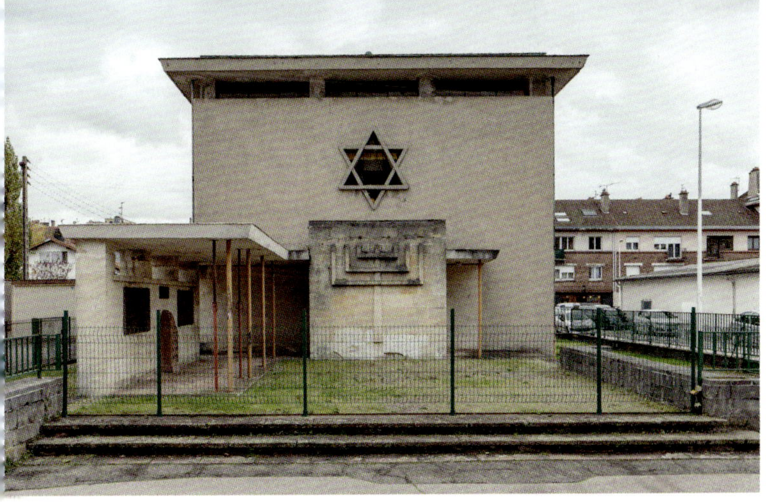

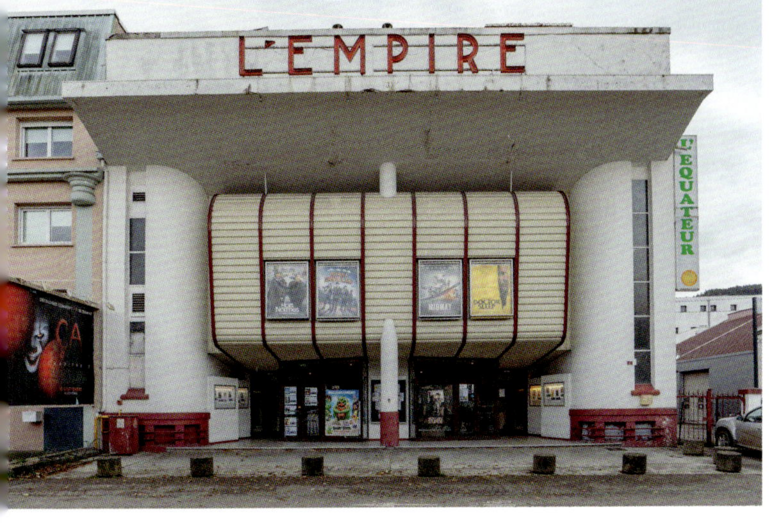
L'EMPIRE
L'ÉQUATEUR

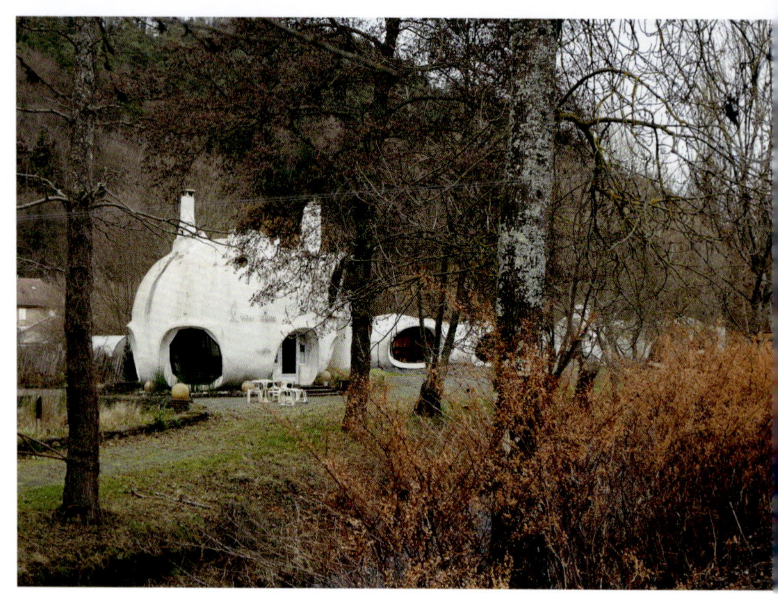

Piscines
Verticales

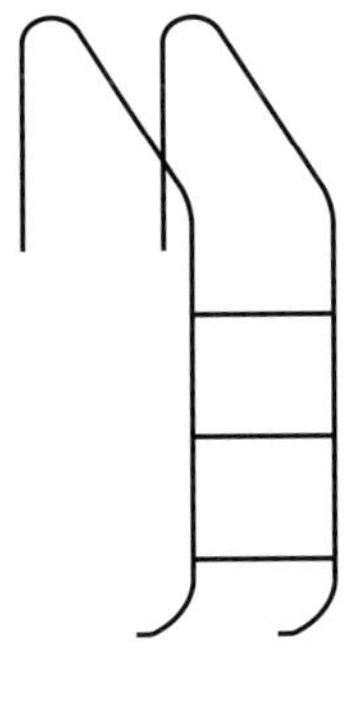

ch. 16

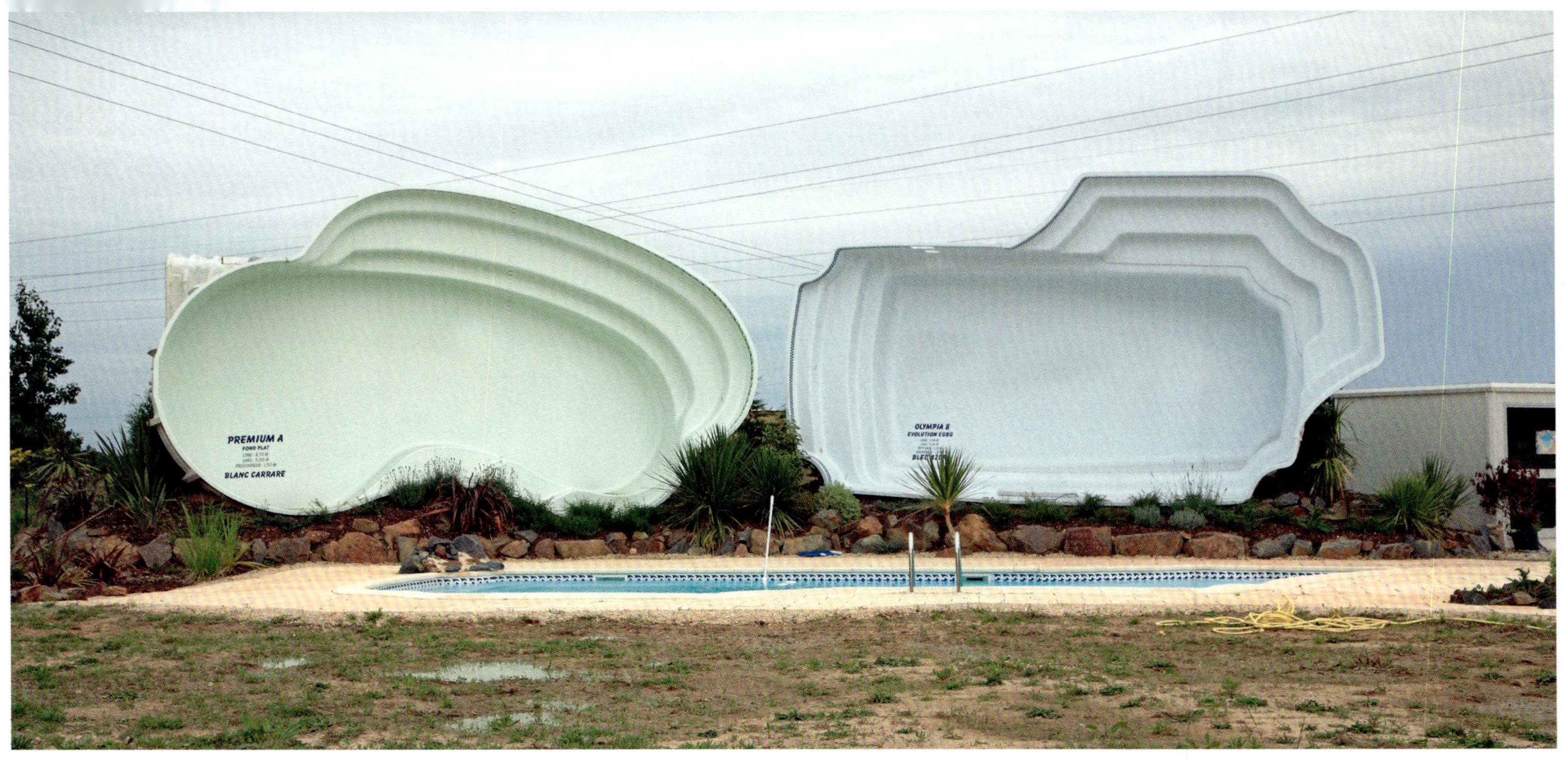
PREMIUM A
FOND PLAT
BLANC CARRARE
OLYMPIA 8
EVOLUTION EG80
BLEU

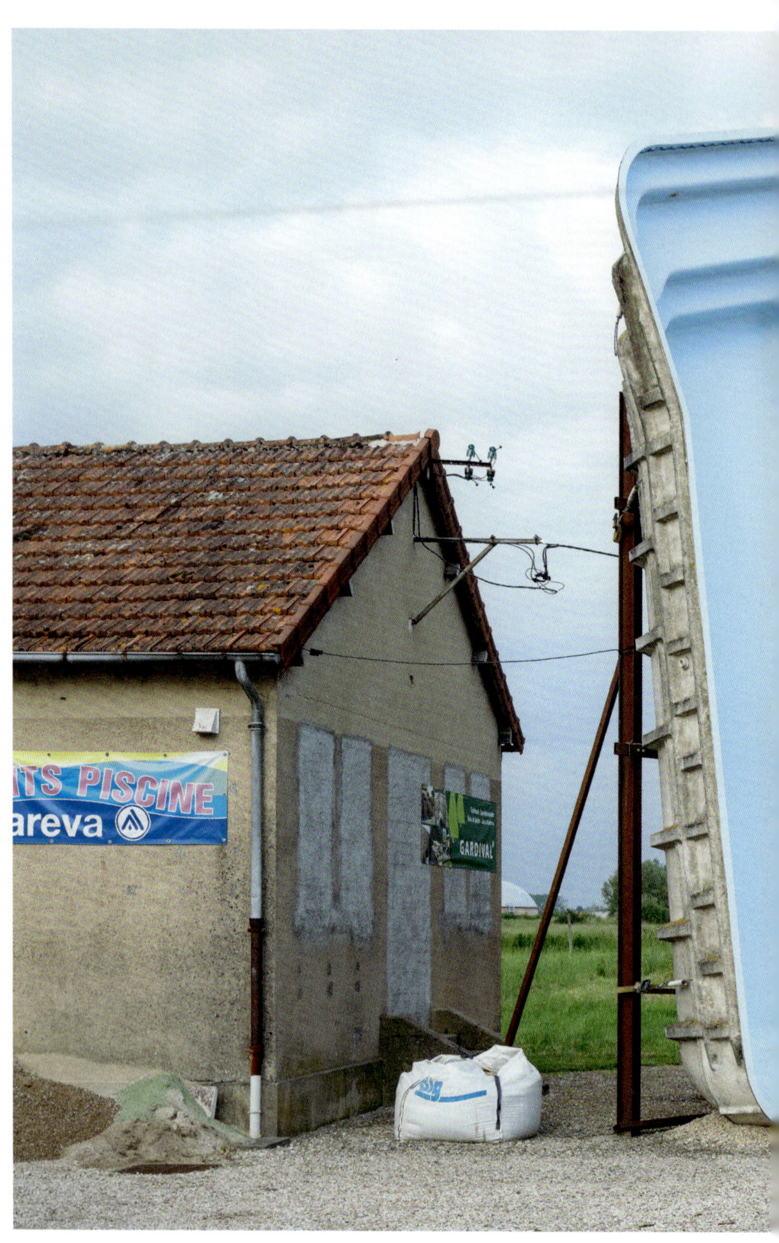

← Rennes, Pays rennais

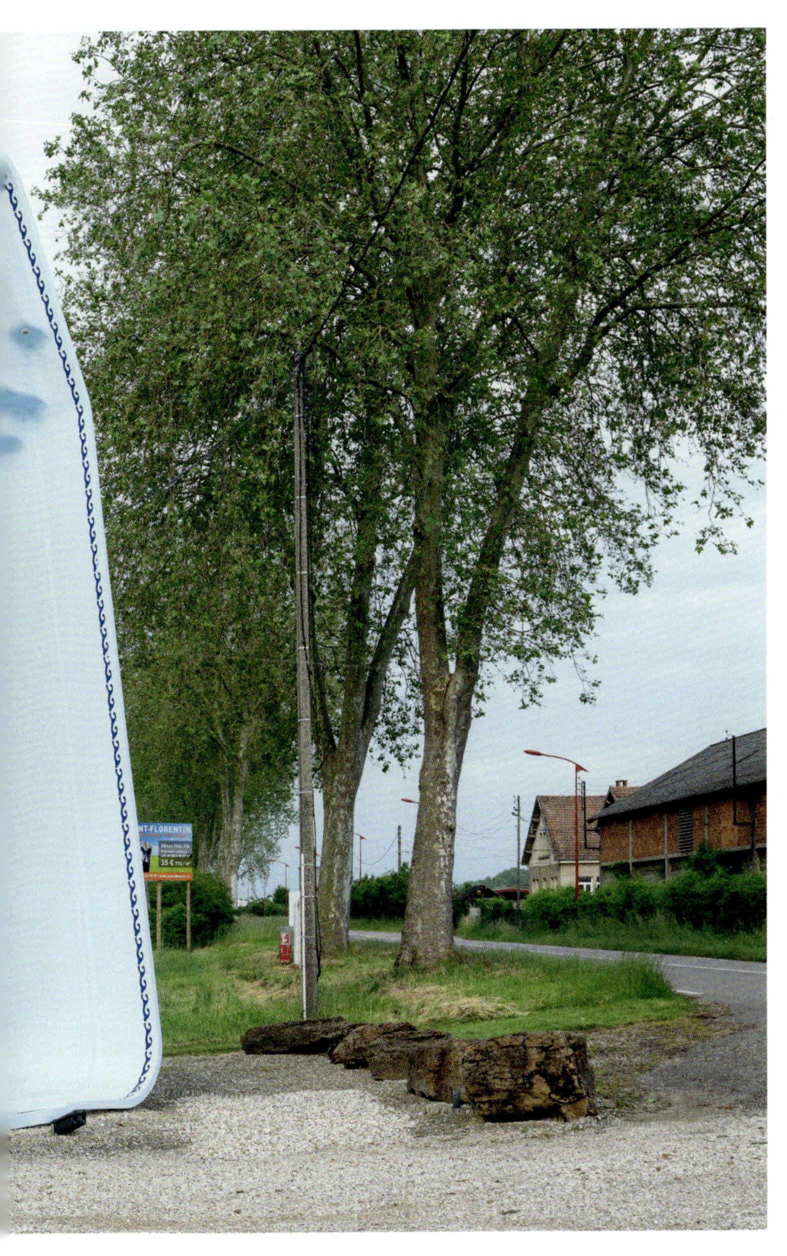
NT-FLORENTIN
15 €

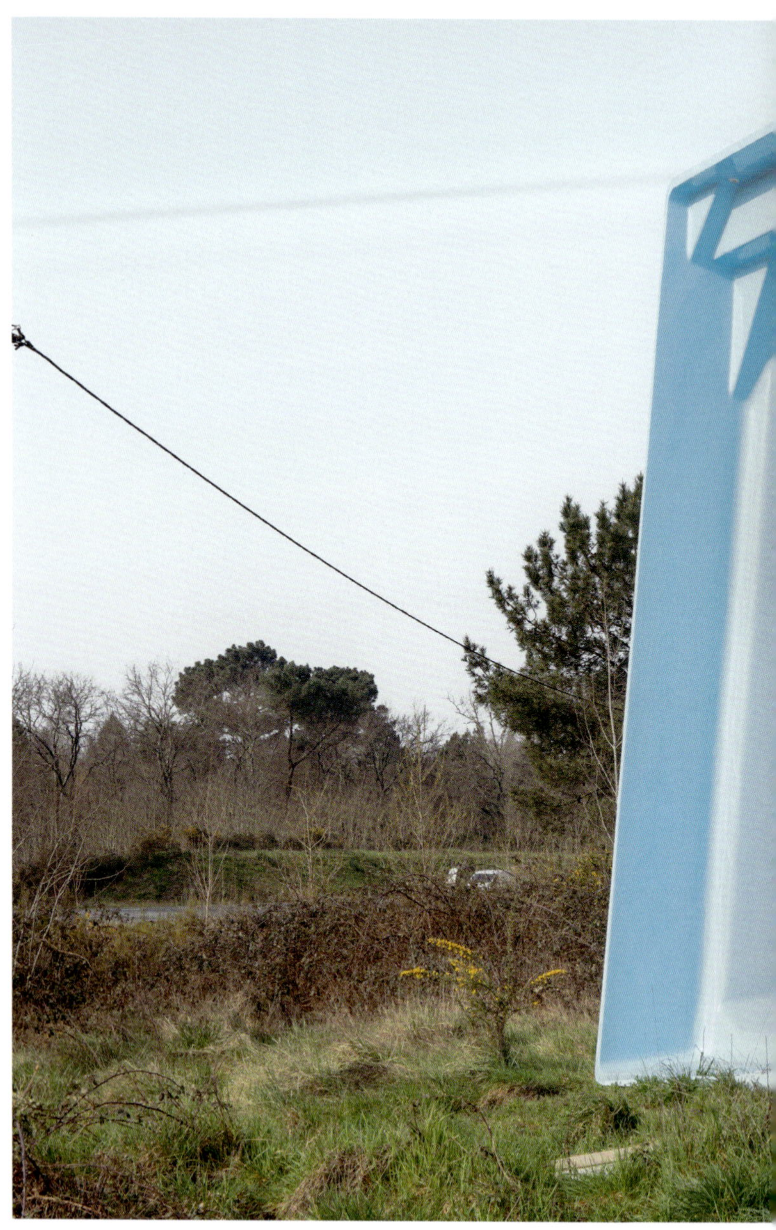

Saint-Médard-en-Jalles, Graves

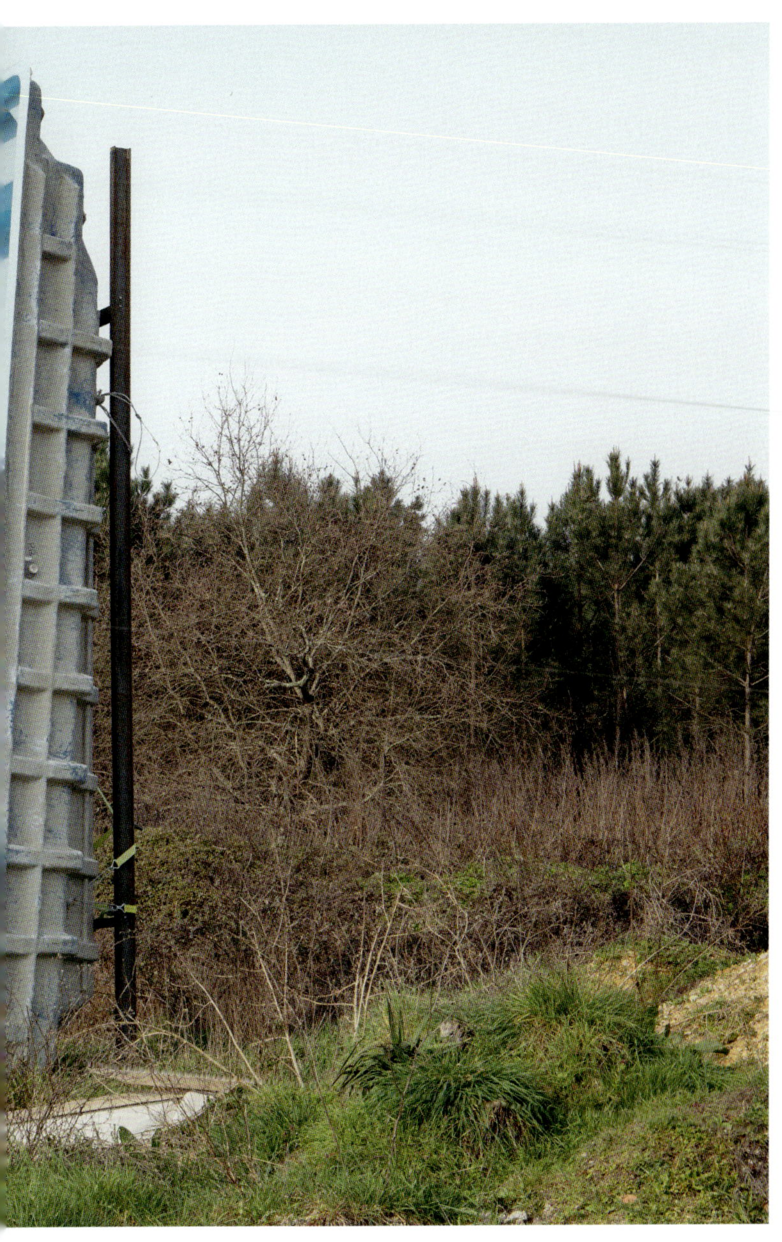

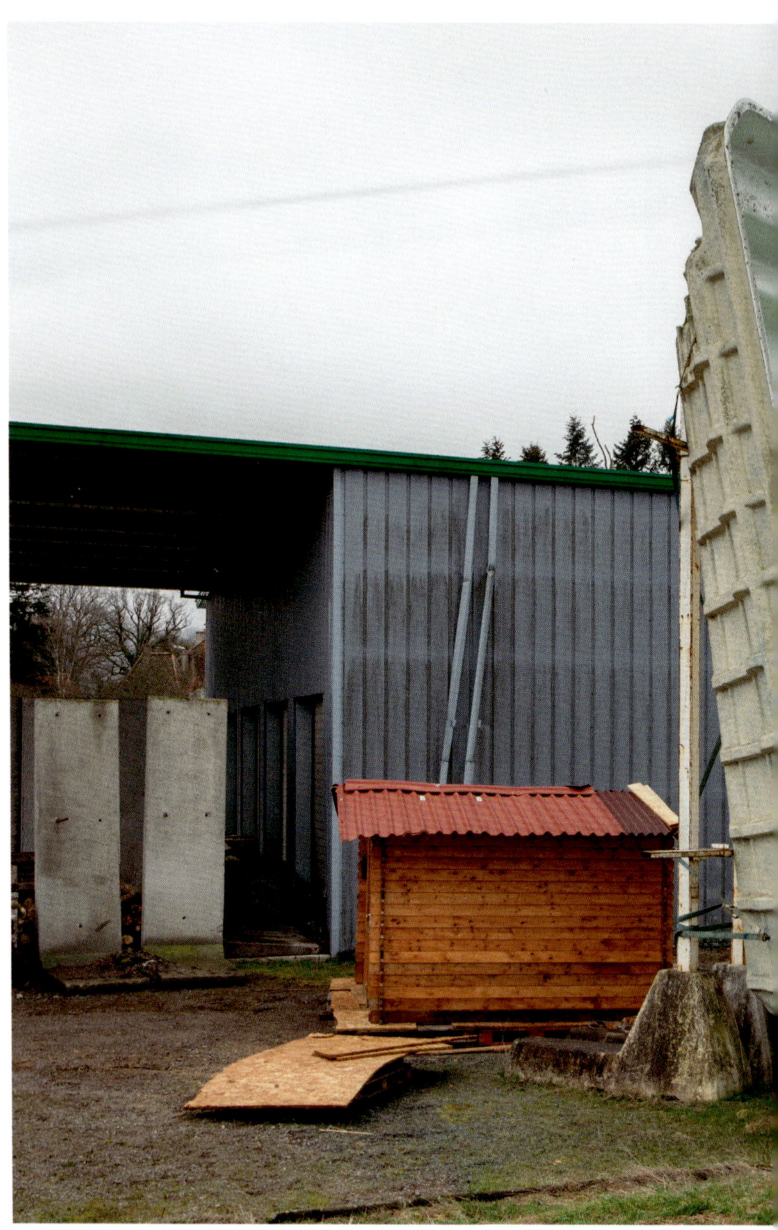

Autun, Autunois

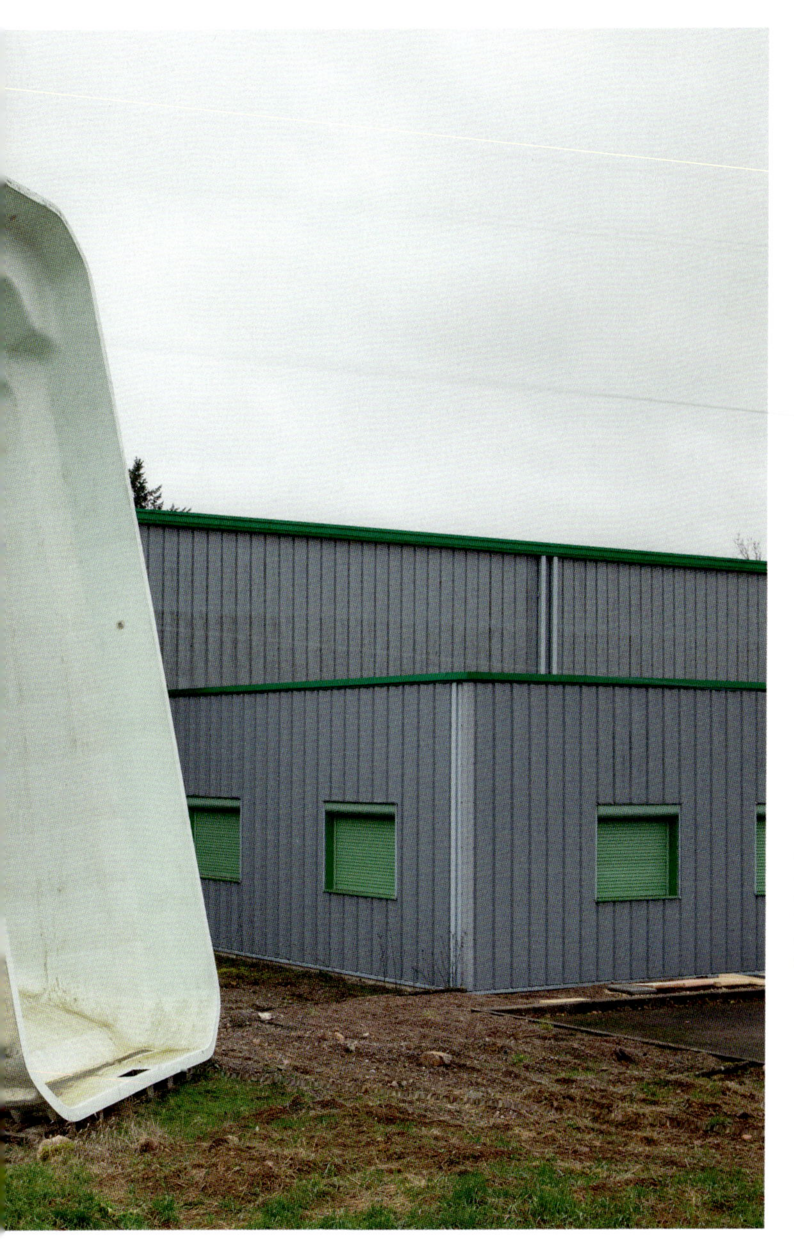

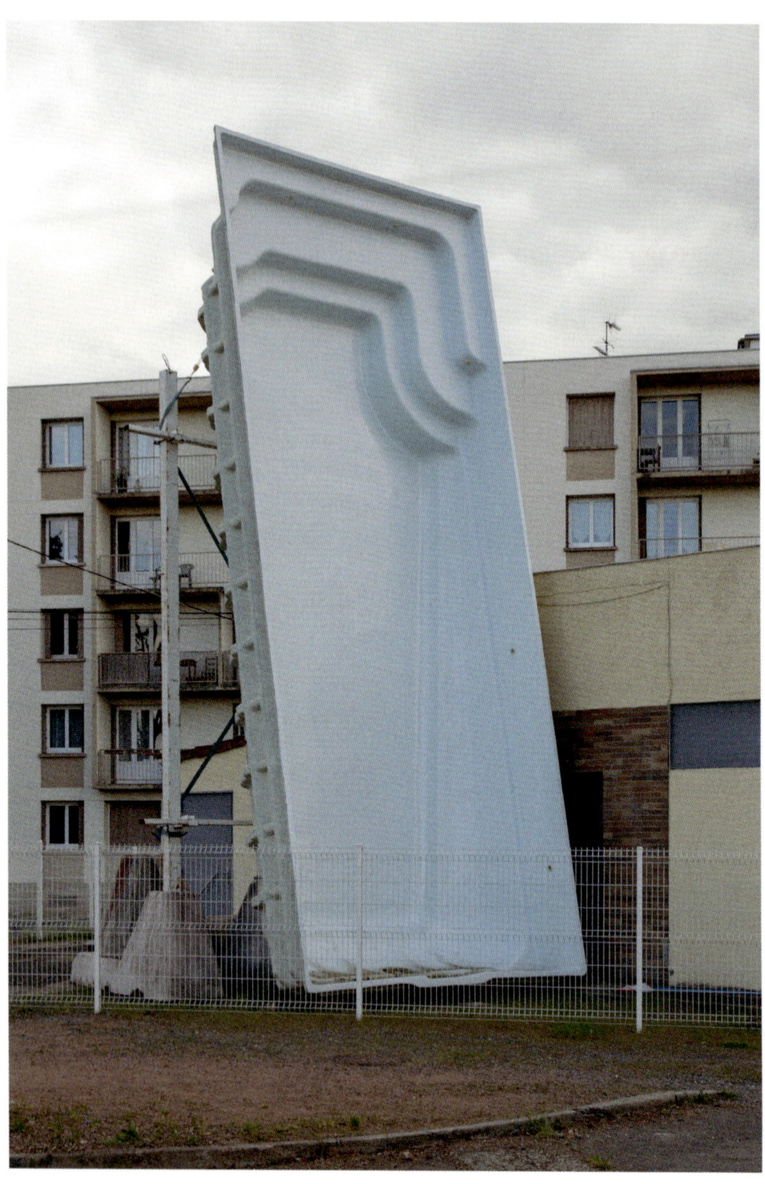

Roanne, Roannais

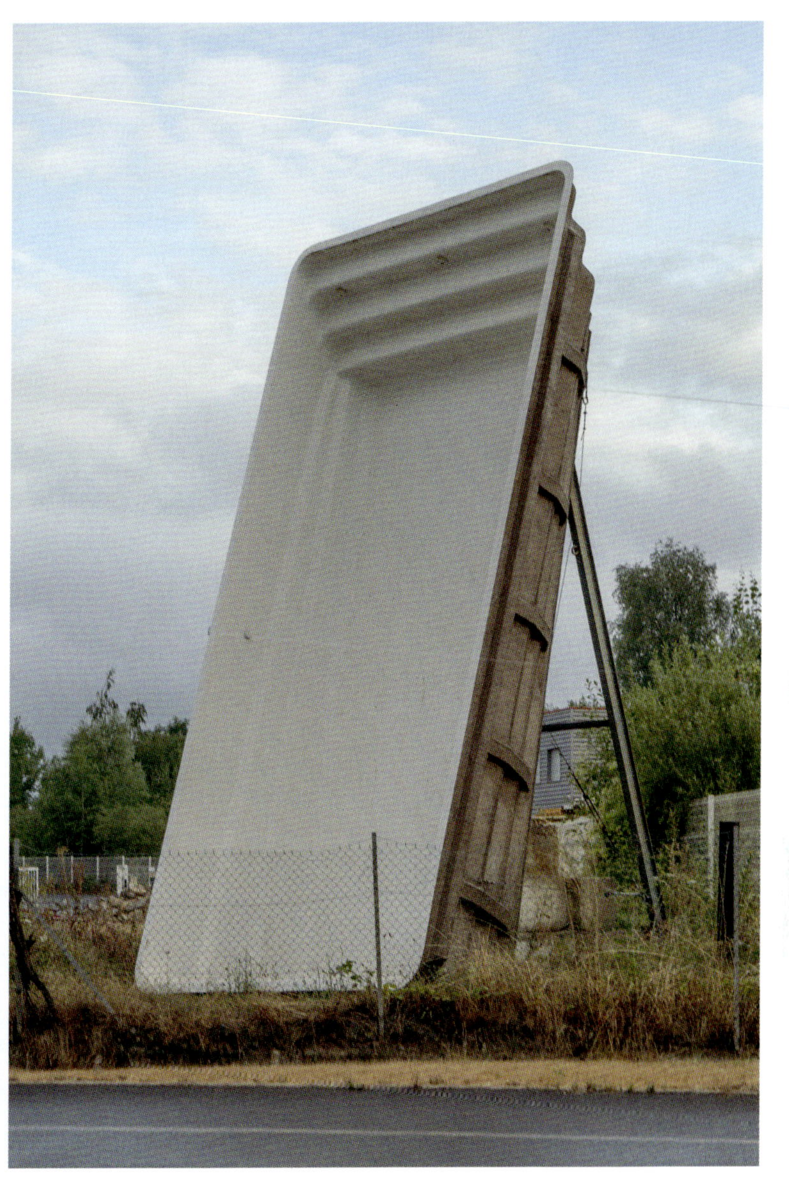

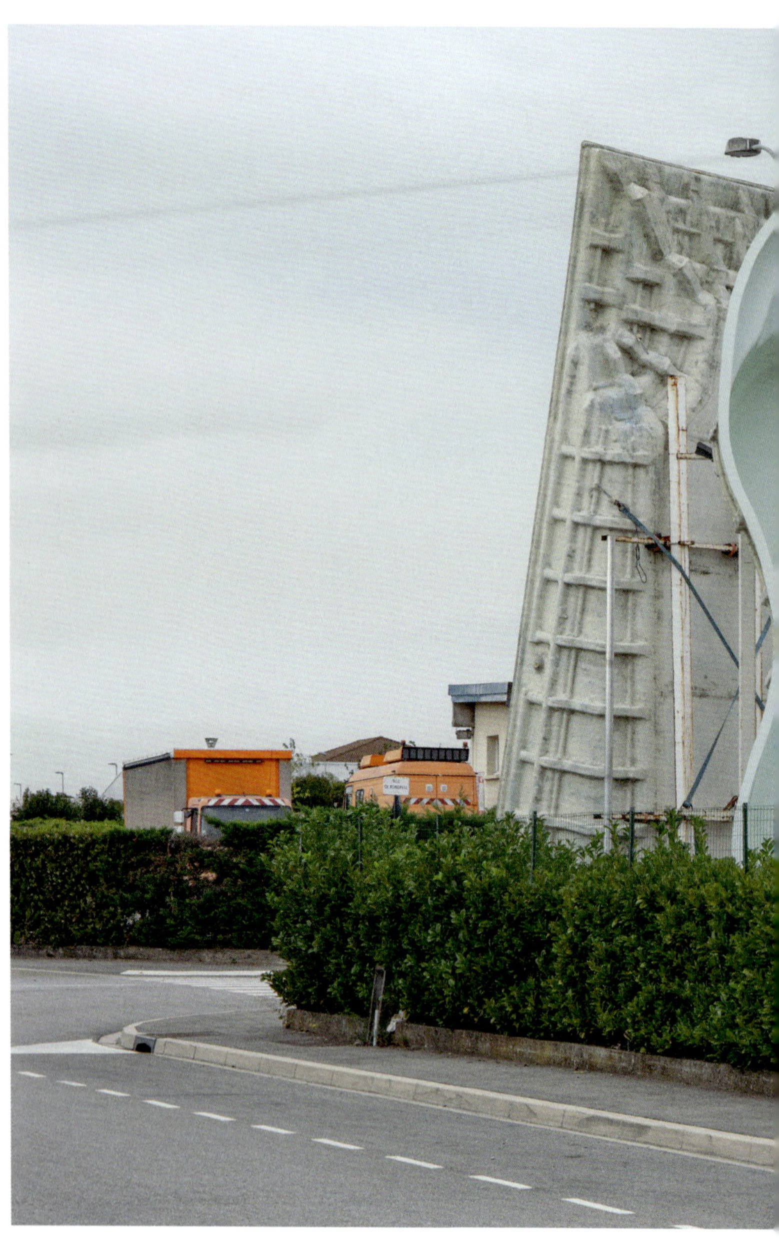

Valence, Valentinois

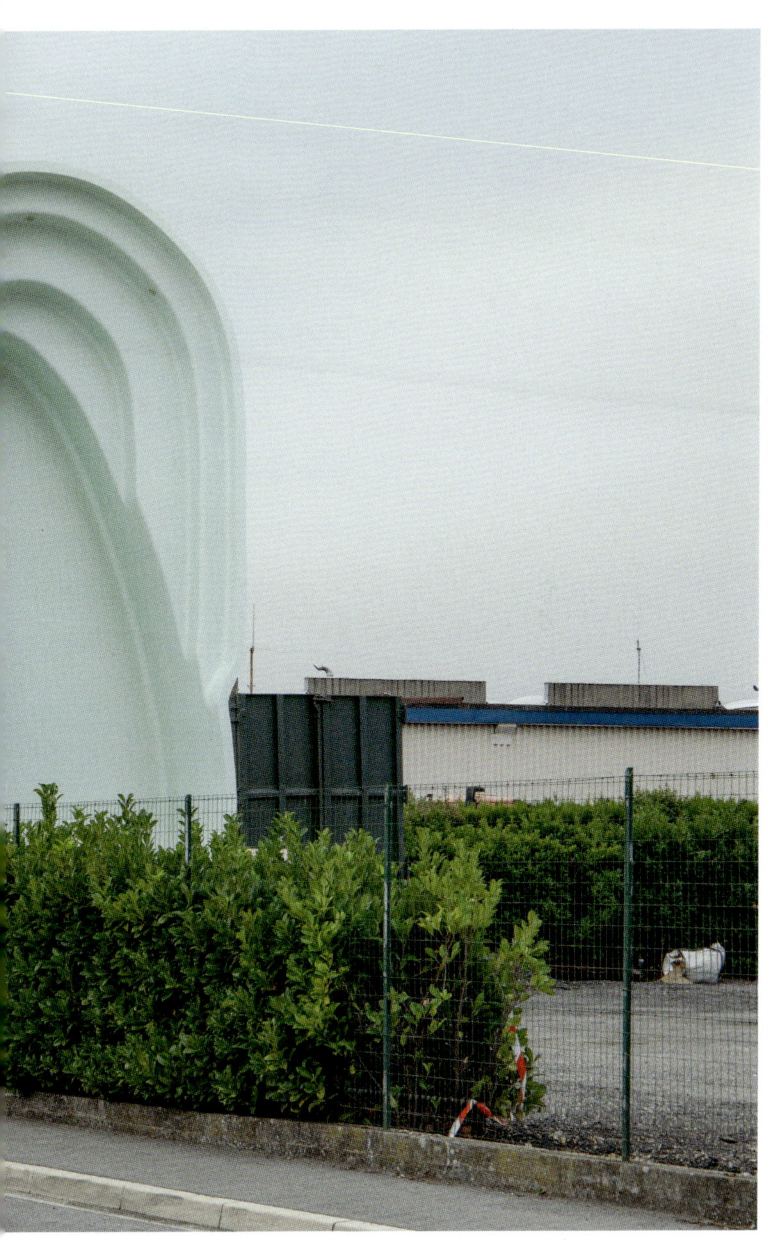

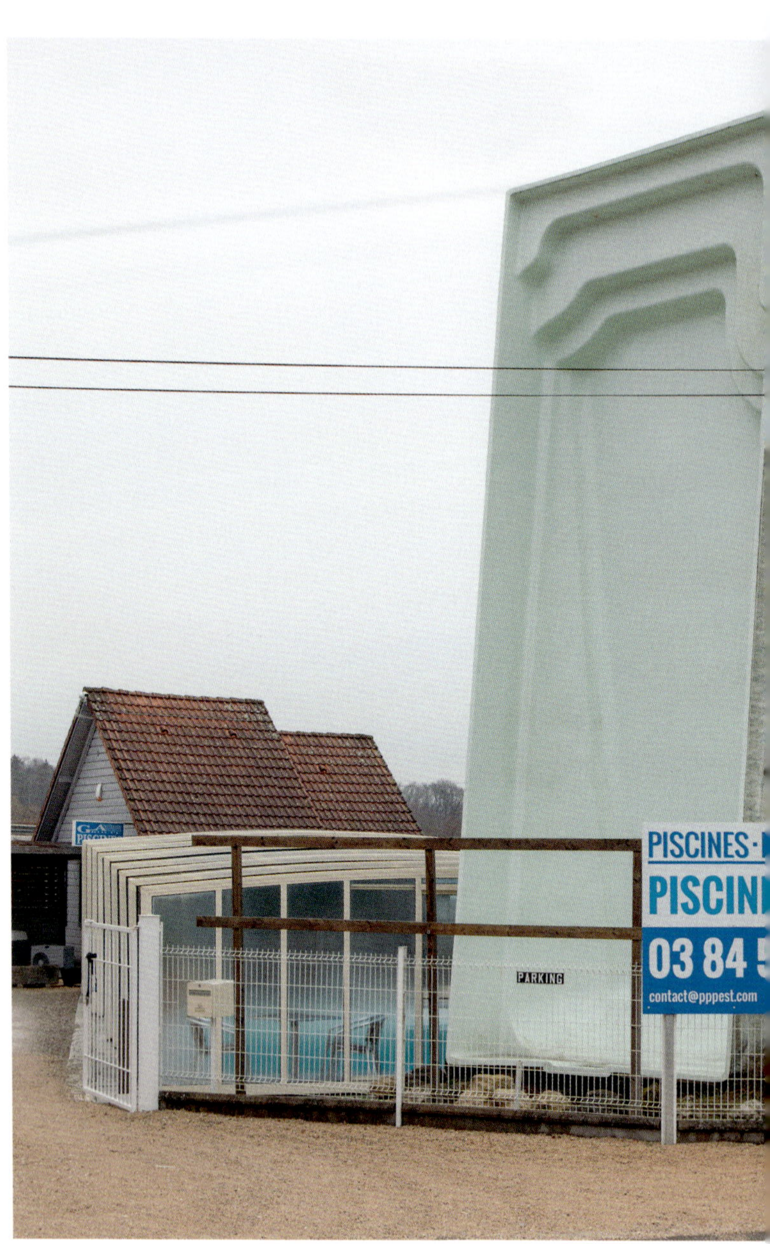

Sevenans, Pays de Belfort

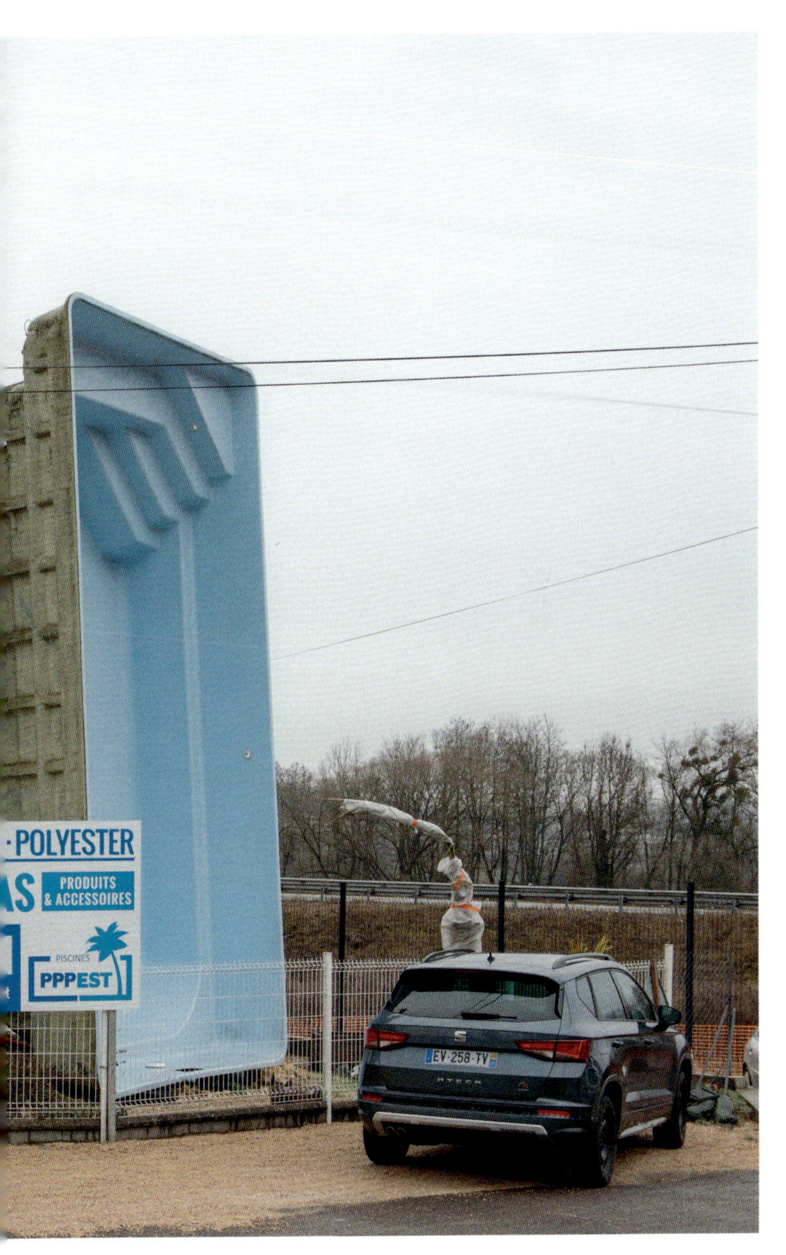
· POLYESTER
PRODUITS
& ACCESSOIRES
PISCINES
PPPEST

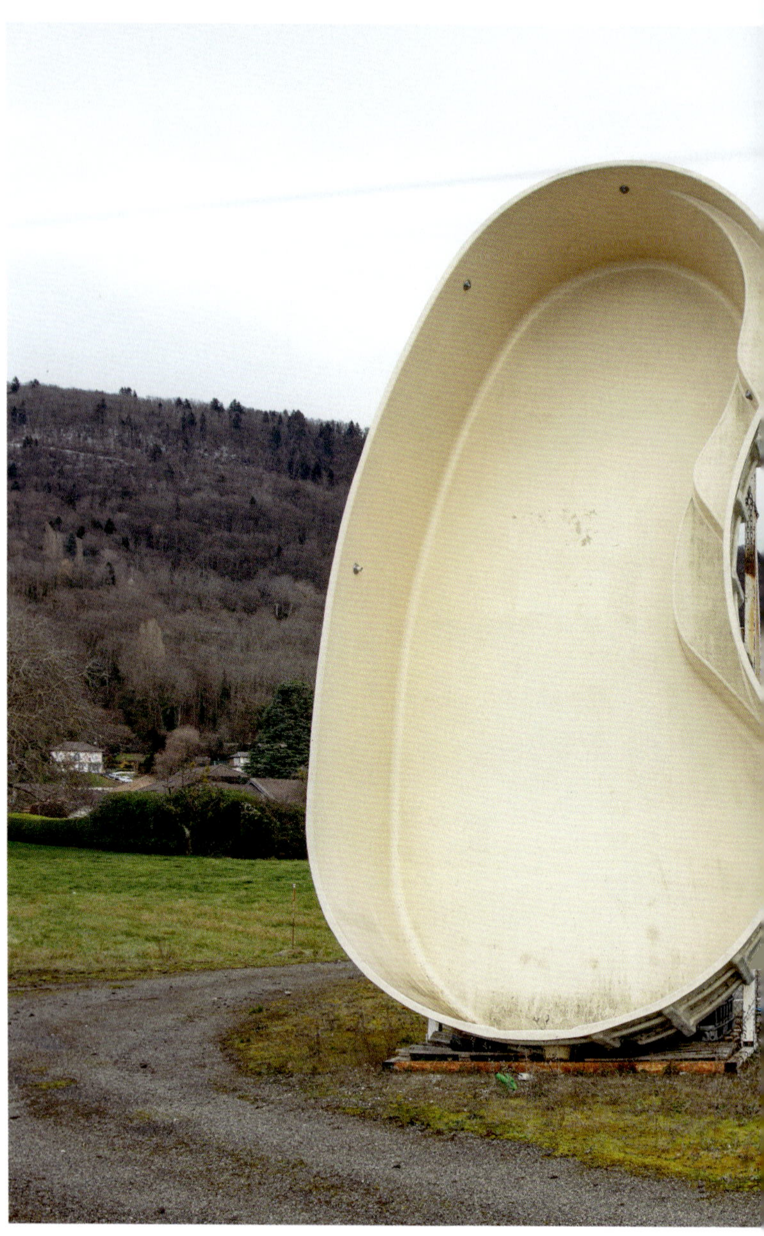

Saint-Cergues, Chablais

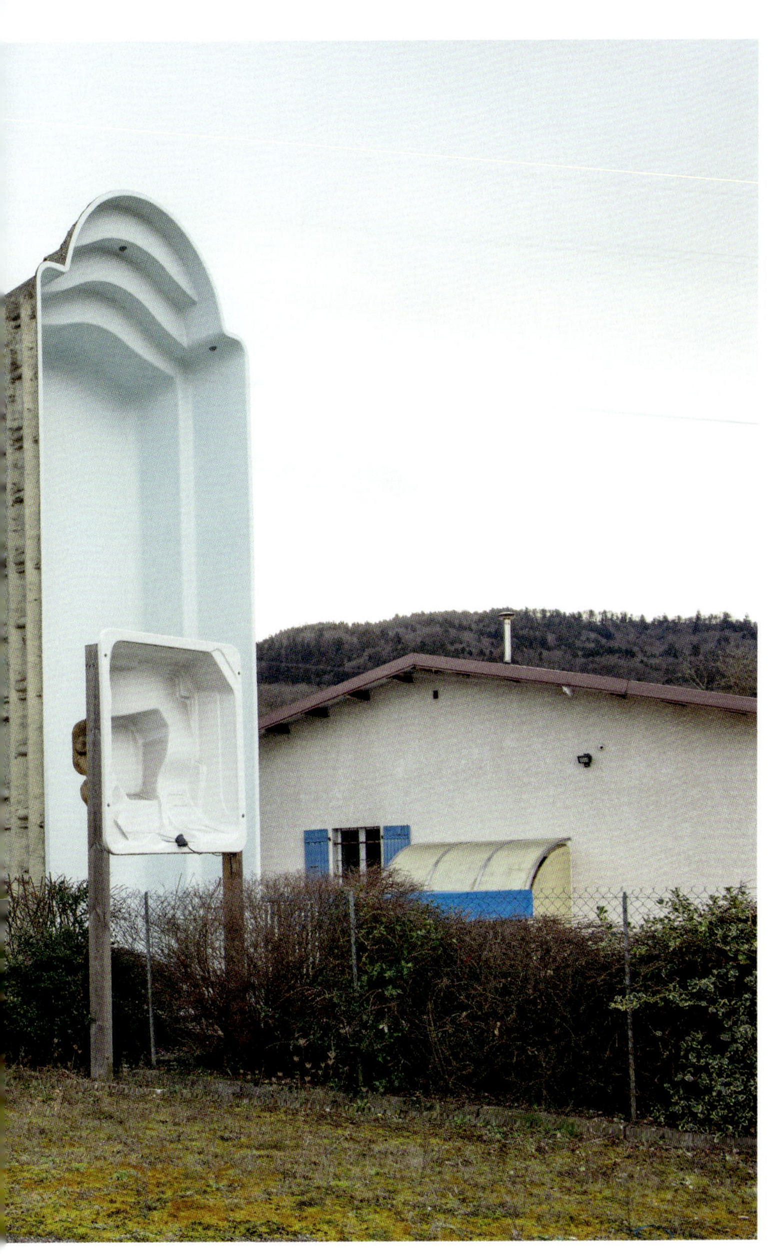

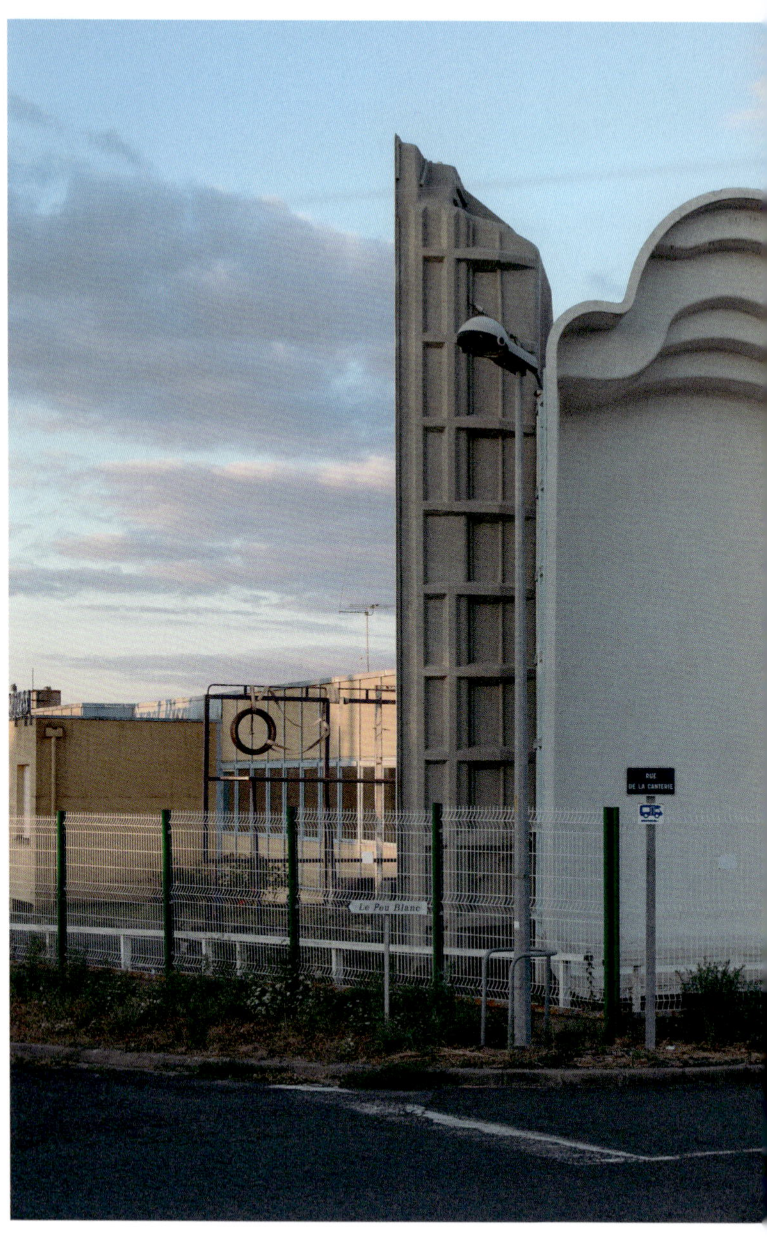

Sainte-Maure-de-Touraine, Plateau de Sainte-Maure

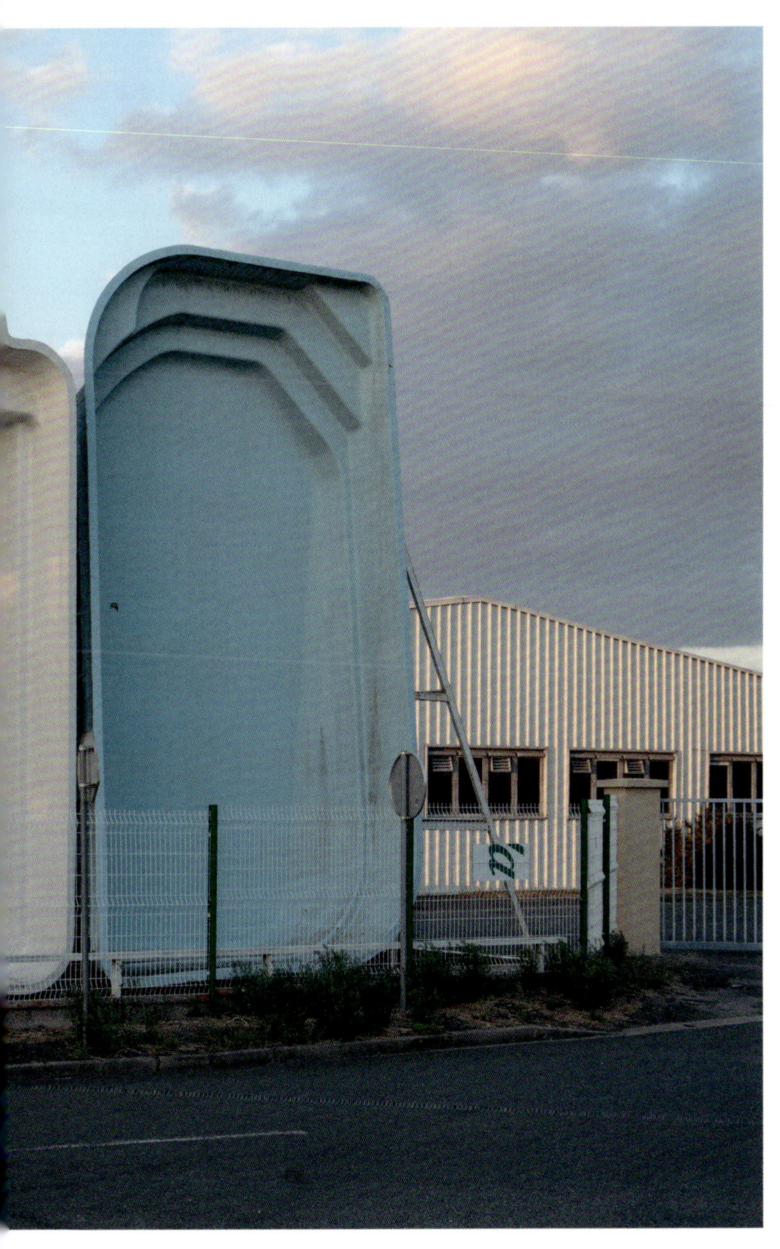

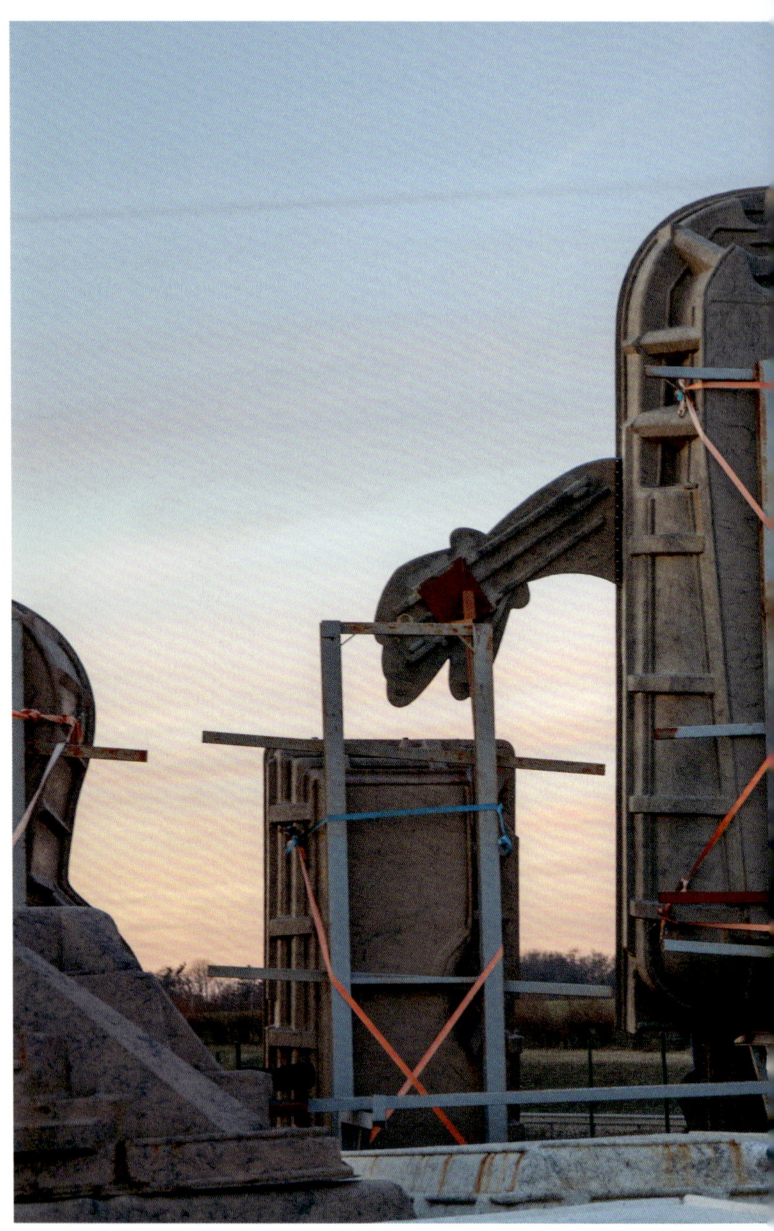

Semoutiers-Montsaon, Chaumontais

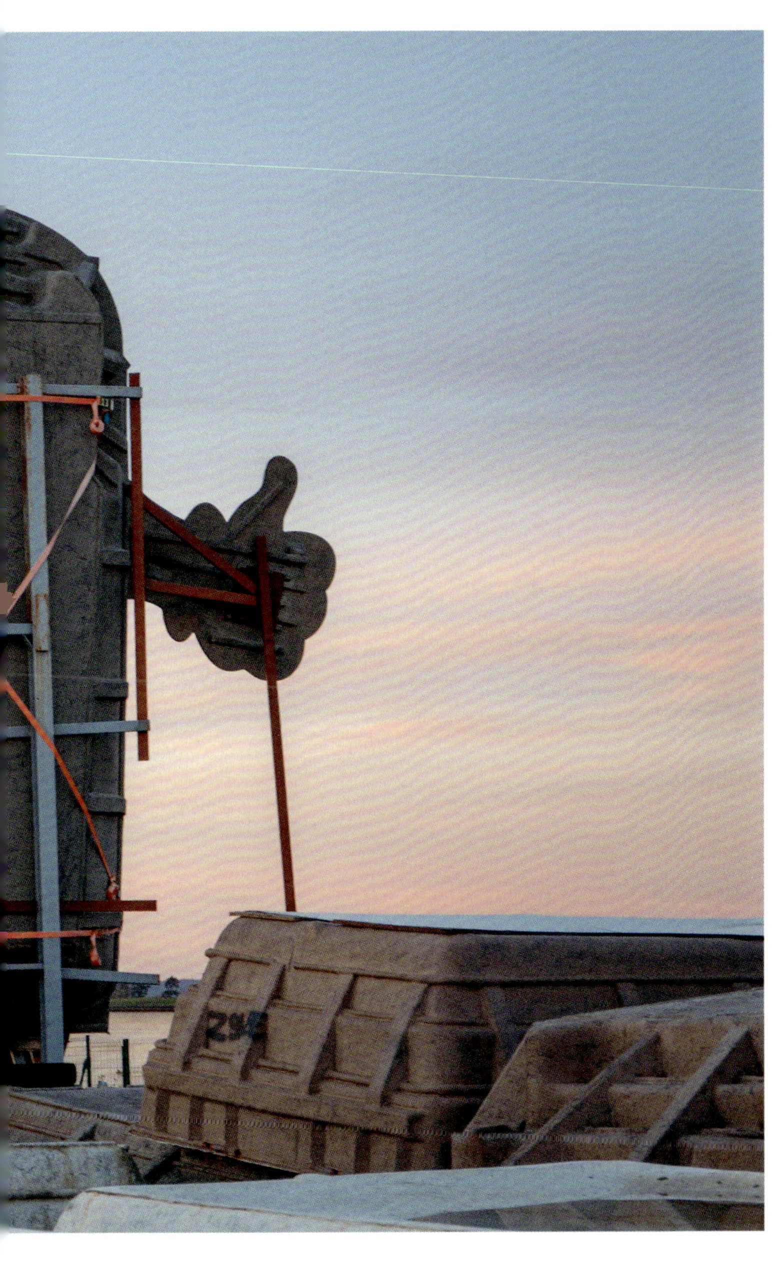

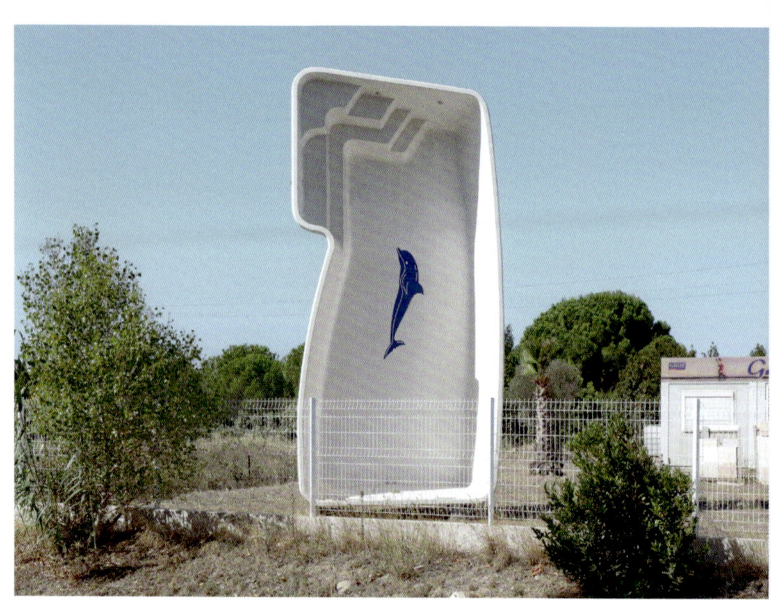

Perpignan, Roussillon

Atlas des Régions Naturelles
Volume 1 Poche

Eric Tabuchi & Nelly Monnier

Publié par • *Published by*
Poursuite

Impression • *Printing*
Kopa, 2023

Typographie • *Typeface*
Maax, 205TF

Remerciements • *Thanks*
CAUE Indre-et-Loire
Centre national des arts plastiques
Département du Gard
GwinZegal, Guingamp
Région Grand-Est
Université Jean-Monnet-Saint-Étienne
Villa du Parc, Annemasse

ISBN • 978-2-490140-45-9

Visiter l'archive • *Visit the Archive*
www.archive-arn.fr